ソーシャルワーカーのための
更生保護
と
刑事法

野﨑和義

[著]

ミネルヴァ書房

はしがき

　本書は，社会福祉専門職（とくに社会福祉士，精神保健福祉士）のために更生保護の各制度を解説するとともに，その基礎にある刑事法の基本的な考え方を紹介したものである。また，解説にあたっては，過去の社会福祉士国家試験で「更生保護制度」の分野から出題された問いをすべて織り込んだ。

　司法と福祉の連携が語られて久しい。だが，それは，非行少年に対する専門的処遇や罪を犯した高齢者・障害者に対する福祉的支援にとどまるものであろうか。犯罪や非行を契機として，生活の困窮などの問題点が発見されることがある。刑務所等への入所それ自体が社会的孤立を招き，出所後の立ち直りを妨げることもあろう。社会福祉は，自立支援の一環としてこうした「生きづらさ」の問題に取り組むのであって，年齢や属性によって対象者を特定するわけではない。

　一方，更生保護は，犯罪者や非行少年の立ち直り（改善更生）を支援し，再犯・再非行を防止することを目的とした活動であるが，この目的を達成するための手段として，法は対象者を社会内で処遇することを予定している（更生保護法1条）。もっとも，この社会復帰に向けた支援は，専門機関のみでなしうるものではない。かれらの自立を阻害する要因を取り除き地域に居場所を提供するためには，医療・福祉・教育・労働など様々な社会資源を活用し，かれらをネットワークで支えることが求められよう。

　この支援のネットワークを構築するにあたってソーシャルワーカーの果たす役割は大きい。福祉的ニーズの充足に向けて効果的な社会資源を整備・調整することはソーシャルワークそのものだからである。ソーシャルワーカーは，その専門性を生かしネットワークを形成していくなかで，刑事司法にかかわる諸

機関とも連携する。だが，この両者が領域を超えて協働していくためには，互いの役割や機能についての理解を欠かせない。刑事司法の各制度の考え方や仕組みについて学ぶことは，更生保護の分野で働くソーシャルワーカーにとって連携の基礎である。

　本書の特色は，以下の3点にある。
①社会福祉専門職に向けた解説
　更生保護の制度は刑事法に属する数多くの法から成り立っているが，本書では，それぞれの法の趣旨にまで立ち戻って解説し，初めて更生保護を学ぶ者も制度を理解できるよう心がけた。また，関連する記述はクロスレファレンスで取り結び，更生保護の全体像が把握できるよう工夫した。さらに，法学特有の専門用語についても適宜解説を施し，専門領域の異なる者も本書を読み進めることができるよう留意した。
②社会福祉士国家試験の分類・配列
　今日，数多くの社会福祉専門職が刑事司法の各分野で活躍しているが，これからこの分野に取り組んでいきたいと考えている者も少なくない。これを受けて，本書では過去の社会福祉士国家試験で「更生保護制度」（平成21年度より受験科目）の領域から出題された問い（選択肢140問）をすべて解説中に織り込んだ。また，掲載にあたっては，設問を体系的に分類し，何がどこまで問われているのかを明らかにした。
③必要な法令の収録
　読者の便宜を図り，更生保護の基本となる法律を巻末に収録した。また，刑事司法の各制度を支える法律も併せて掲載した。

　更生保護は，刑事司法にとっては終着点に位置するが，社会福祉にとっては出発点である。対象も方法も異なる両者が，この更生保護という領域で交錯する。読者に求められるのは，自立支援を目的とするソーシャルワーカーとしての役割である。更生保護の実践のなかで培われたネットワークは，地域の福祉

力の向上に寄与し，ひろく「生きづらさを抱えた人たち」にとっての支えともなることを確信している。

　本書が世に出ることになったのは，ひとえにミネルヴァ書房社長杉田啓三氏の寛大な御理解の賜である。また同編集部部長梶谷修氏には，企画の段階から終始変わらぬ御助力をいただいた。ここに記して両氏に衷心より感謝を申し上げる。

2016年7月

蝶トンボの里　立願寺にて

野﨑和義

凡 例

1 文 献
- 括弧内に［著者名（または編者名）出版年：頁］の順に記し，その詳細は各章末の参考文献欄に掲げた。なお，便宜上，本文中に文献の詳細を記したものもある。

2 法 令
- 条文中の数字は算用数字を用いることを原則とした。
- 本文で引用するにあたって，拗音の「や・ゆ・よ」，促音の「つ」については，その表記を小書きに統一した。

3 判 例
- 判例については，以下のような略記法および出典の略称を用いた。

《略記法》
最判昭和30年5月24日刑集9巻7号1093頁
　⇨最高裁判所昭和30年5月24日判決，最高裁判所刑事判例集9巻7号1093頁
大判（決）　　大審院判決（決定）
最判（決）　　最高裁判所判決（決定）
最大判（決）　最高裁判所大法廷判決（決定）

《判例集の略称》
　刑集　　　大審院，最高裁判所刑事判例集
　民集　　　大審院，最高裁判所民事判例集

なお，『判例時報』（判例時報社），『判例タイムズ』（判例タイムズ社）など，出典をそのまま記載したものもある。

4 社会福祉士国家試験問題
- 社会福祉士国家試験問題を「**Check!**」欄に紹介した。その表記は次の例による。〔22-150-1〕⇒第22回社会福祉士国家試験問題——問題150——肢1

ソーシャルワーカーのための
更生保護と刑事法

目　次

はしがき

凡　例

第1章　更生保護と保護観察 …………………………………… 1

1　更生保護の意義 ………………………………………… 1
1　刑事司法と更生保護　1
2　更生保護の特徴　2

2　社会福祉と更生保護 …………………………………… 4
1　目的・対象の差異　4
2　方法の差異　5

3　保護観察の意義 ………………………………………… 5
1　性　格　5
2　目　的　6

4　保護観察の実施機関 …………………………………… 7
1　国の実施機関　7
2　保護司　9

第2章　保護観察の種類 ………………………………………… 17

1　保護観察の対象者 ……………………………………… 17

2　少年に対する保護観察 ………………………………… 18
1　保護処分優先主義　18
2　保護処分の種類　19
3　1号観察　24
4　2号観察　25

3　成人に対する保護観察 ………………………………… 26
1　仮釈放者に対する保護観察（3号観察）　26
2　保護観察付執行猶予者に対する保護観察（4号観察）　29

　　　　　③　婦人補導院仮退院者に対する保護観察（5号観察）　32

第3章　保護観察の実施方法　37

1　指導監督と補導援護　37
2　指導監督　37
　　　①　指導監督の方法　37
　　　②　一般遵守事項　38
　　　③　特別遵守事項　39
　　　④　生活行動指針　43
3　補導援護と応急の救護　43
　　　①　補導援護　43
　　　②　応急の救護　45
4　保護者に対する措置　45
5　良好措置と不良措置　46
　　　①　意　義　46
　　　②　1号観察と良好措置・不良措置　46
　　　③　2号観察と良好措置・不良措置　48
　　　④　3号観察と良好措置・不良措置　49
　　　⑤　4号観察と良好措置・不良措置　50
　　　⑥　5号観察と良好措置・不良措置　52

第4章　保護観察業務の拡充　53

1　段階別処遇　53
2　類型別処遇　54
3　専門的処遇プログラム　54
　　　①　意義および種類　54
　　　②　認知行動療法　55

4　覚せい剤事犯者処遇プログラム……………………………56
　　　　① 遵守事項に基づく処遇　56
　　　　② 新たな薬物処遇プログラム　57
　　　　③ 更生保護法の改正　59
　5　就労支援……………………………………………………60
　6　更生保護における被害者等施策……………………………61

第5章　更生緊急保護……………………………………………65

　1　意　義………………………………………………………65
　　　　① 目　的　65
　　　　② 実施機関　65
　2　対象者………………………………………………………66
　3　要　件………………………………………………………69
　4　期　間………………………………………………………70
　5　保護措置の内容と方法……………………………………70
　6　実施の手続き………………………………………………72
　　　　① 身柄釈放時の教示　72
　　　　② 対象者からの申し出　73

第6章　生活環境の調整……………………………………………75

　1　被収容者の生活環境の調整………………………………75
　　　　① 意　義　75
　　　　② 調整の対象者　75
　　　　③ 調整の実施者　76
　　　　④ 調整事項　76
　　　　⑤ 調整の方法　77
　　　　⑥ 調整結果の活用　78

目　次

　　2　更生保護施設への委託 ………………………………………… 78
　　　　1　意　義　78
　　　　2　継続保護事業　79
　　　　3　保護の対象者（被保護者）　80
　　　　4　国立の更生保護施設　82
　　　　5　自立準備ホームへの委託　83

　　3　特別調整 ……………………………………………………… 84
　　　　1　意　義　84
　　　　2　対象者　84
　　　　3　特別調整の仕組み　85
　　　　4　特別調整と地域生活定着促進事業　85
　　　　5　指定更生保護施設と特別処遇　89

　　4　保護観察付全部執行猶予の裁判確定前の「生活環境の調整」……90

第7章　資格制限と恩赦 …………………………………………… 93

　　1　刑の言い渡しと資格の制限 …………………………………… 93
　　　　1　資格制限法令　93
　　　　2　社会福祉士と登録欠格　94

　　2　資格制限の形態 ……………………………………………… 98

　　3　資格の回復 …………………………………………………… 99
　　　　1　当該資格制限法令に定められた期間の経過　99
　　　　2　執行猶予期間の経過　99
　　　　3　刑の消滅　100

　　4　恩　赦 ………………………………………………………… 103
　　　　1　恩赦による資格の回復　103
　　　　2　恩赦の方式　103
　　　　3　恩赦の種類　103
　　　　4　恩赦の手続き　108

第8章　刑の執行猶予 …………………………………………………… 111

1　刑法上の執行猶予の要件 ……………………………………………… 111
- ① 前科のない者　111
- ② 過去に実刑を受けた者　114
- ③ 現に全部執行猶予中の者　115

2　猶予期間 ………………………………………………………………… 116

3　執行猶予と保護観察 …………………………………………………… 117
- ① 刑の全部執行猶予と保護観察　117
- ② 刑の一部執行猶予と保護観察　118

4　刑の執行猶予の取り消し ……………………………………………… 118
- ① 全部執行猶予の取り消し　118
- ② 一部執行猶予の取り消し　119

5　薬物使用者等に対する刑の一部執行猶予 …………………………… 120

第9章　少年非行と法 …………………………………………………… 123

1　手続きの多元性（少年保護手続き，児童福祉手続き，刑事手続き）… 123
- ① 少年法の対象　123
- ② 少年保護手続き　124
- ③ 少年法と児童福祉法　124
- ④ 捜査と調査　125

2　犯罪少年の取り扱い …………………………………………………… 126
- ① 犯罪少年の発見・捜査　126
- ② 捜査の終了　129

3　触法少年の取り扱い …………………………………………………… 130
- ① 触法少年の発見・調査　130
- ② 調査後の手続き　132
- ③ 児童相談所の対応　134

4　虞犯少年の取り扱い……………………………………………136
　　　　1　虞犯少年の調査　136
　　　　2　調査後の手続き　136
　　5　家庭裁判所における調査………………………………………137
　　　　1　調　査　137
　　　　2　観護措置　139
　　6　少年審判の手続き………………………………………………139
　　　　1　審判の開始　139
　　　　2　審判の方式　140
　　　　3　試験観察　142
　　　　4　終局決定　143
　　7　刑事処分の特則…………………………………………………146

第10章　医療観察制度……………………………………………147

　　1　触法精神障害者の処遇…………………………………………147
　　　　1　刑罰目的と責任非難　147
　　　　2　措置入院の制度と医療観察法　149
　　2　審判手続きの概要………………………………………………153
　　　　1　対象者および対象行為　153
　　　　2　審判手続き　154
　　　　3　地方裁判所の決定　155
　　3　保護観察所の役割………………………………………………156
　　　　1　医療観察法と保護観察所　156
　　　　2　審判と生活環境の調査　158
　　　　3　入院と生活環境の調整　158
　　　　4　地域処遇と精神保健観察　161
　　4　強制医療の法的性格……………………………………………167

1　医療の強制　167
　　　2　医療の必要性と再犯の可能性　168

資料編（関係法令一覧）……………………………171
　更生保護法　172
　更生保護事業法　184
　保護司法　191
　少年法　192
　少年院法　200
　少年鑑別所法　217
　心神喪失等の状態で重大な他害行為を行った者の医療及び観察等に関する法律　232
　薬物使用等の罪を犯した者に対する刑の一部の執行猶予に関する法律　246
　刑法（抄）　246
　刑事訴訟法（抄）　253
　犯罪被害者等基本法　259
　恩赦法　261

索　　引……263

●コラム一覧●
1　成年後見制度　12
2　刑罰の種類　27
3　保護観察の性格　34
4　入口支援と出口支援　87
5　更生緊急保護と生活環境の調整　91
6　前科とその抹消　101
7　逮捕と勾留　127

第1章

更生保護と保護観察

1 更生保護の意義

1 刑事司法と更生保護

> **Check!**〔23-147-5〕
> 更生保護は，犯罪をした者及び非行のある少年が，再び犯罪をすることを防ぎ又はその非行をなくし，善良な社会の一員として自立し，改善更生することを助けるものである。
> 〔正しい ➡1-1〕

> **Check!**〔24-148-2〕
> 更生保護制度は，警察，検察，裁判，矯正の諸制度とは異なり，刑事司法制度の枠外にある。
> 〔下線部が誤り ➡1-1〕

1-1 改善更生，再犯・再非行の防止

犯罪をした者や非行のある少年[*1]は，捜査（警察・検察），公判（審判・裁判），矯正施設[*2]収容と続く刑事司法の一連の流れのなかで処分を受けたとしても，いずれは社会に戻ってくる。**更生保護**は，この地域社会に立ち戻った犯罪者や非行少年の立ち直り（改善更生）を支援し，再犯・再非行を防止する活動であり（更生保護法1条➡〔23-147-5〕），上述の諸制度と並んで刑事司法の重要な一翼を担っている（➡〔24-148-2〕）。

 *1 非行のある少年（非行少年）は，犯罪少年・触法少年・虞犯少年に3分類される（少年法3条1項➡9-1）。
 *2 刑事施設と少年院（➡2-16）・婦人補導院（➡2-43）などを総称して**矯正施設**という。このうち**刑事施設**といわれるのは，「刑事収容施設及び被収容者等の処遇に関する法律」（以下，「刑事収容施設法」と略記）によれば，刑務所，少年刑務所（➡9-42），拘置所

(➡コラム7：逮捕と勾留〔127頁〕）である（同法1条，3条）。

2　更生保護の特徴

①　社会内処遇

> **Check!**〔24-148-5〕
> 更生保護制度は，あらゆる資源を活用して対象者の刑事施設内での処遇を支援するものである。　　　　　　　　　　　　　　　〔下線部が誤り➡1-2〕

1-2　日常生活下の処遇　犯罪者や非行少年の改善更生を図るためには，大別して二つの方法がある。一つは，刑務所や少年院などの矯正施設に収容して処遇する方法であり，これは**施設内処遇**といわれる。これに対して，更生保護は対象者を社会内におき通常の生活を送らせながら処遇する方法であり，**社会内処遇**といわれている（➡〔24-148-5〕）。

②　公的な制度

> **Check!**〔24-148-1〕
> 更生保護制度は，「更生保護」の語を法律上初めて使用した犯罪者予防更生法によって創設された。　　　　　　　　　　　　　　　　　〔正しい➡1-3〕

1-3　犯罪者予防更生法から更生保護法へ　わが国の更生保護が公的な制度として確立されたのは，第2次世界大戦後，1949（昭和24）年に**犯罪者予防更生法**が制定されてからのことである。この法律は制度の基本法ともいうべきものであり，「更生保護」という語を法律上初めて使用している（➡〔24-148-1〕）。「更生」という言葉には，犯罪者が社会の健全な一員として「甦る（甦＝更＋生）」ことへの期待が込められているといってよい。

　2007（平成19）年，犯罪者予防更生法は廃止され，更生保護の新たな基本法として**更生保護法**が成立し今日に至っているが，それによって制度の骨格が変

わったわけではない。もっとも，犯罪者予防更生法には，その目的として再犯防止が記されていなかったが，新たに制定された更生保護法では，犯罪者・非行少年の改善更生と並んで再犯・再非行の防止が目的として明記されている点が（更生保護法1条），注目されよう。

③ 民間・地方公共団体の協力

> **Check!**〔23-147-4〕
> 更生保護は，刑事司法の一翼を担うが，脱施設化の社会的趨勢(すう)の中で，地方公共団体が行う法定受託事務とされている。　　　　　〔下線部が誤り➡**1-5**〕

> **Check!**〔24-148-4〕
> 更生保護制度は，民間篤志家である保護司や更生保護施設がその責任において自発的に行うものである。　　　　　　　　　　　　　〔下線部が誤り➡**1-4**〕

1-4 民間の協力　　たしかに，更生保護は刑事司法の一翼を担うものとして，国の施策である。しかし，犯罪者や非行少年がいずれは社会に戻ってくる以上，その改善更生には地域社会の人々の理解と協力を欠かすことができない（更生保護法2条3項参照）。法が，国の責務として，民間団体や個人による更生保護の自発的な活動＊を促進し，これらの者と連携協力するよう求めているのは（更生保護法2条1項），そのためにほかならない（➡〔24-148-4〕）。

* 更生保護活動を自発的に行なう団体または個人として，**更生保護女性会**（更生保護の支援活動を行なう女性のボランティア団体），**BBS会**（Big Brothers and Sisters——主として非行少年の改善更生を支援する青年団体），**協力雇用主**（犯罪歴・非行歴のある人の雇用に協力する事業者➡**4-16**）がある。また，法律に根拠をもつ**保護司**（民間の篤志家のなかから国が委嘱した非常勤の国家公務員➡**1-12**）や**更生保護施設**（民間篤志家によって行なわれた「免囚保護」〔身寄りのない刑務所出所者の保護〕の伝統をもつ➡**6-8**）など，わが国の更生保護は，民間の篤志家との協働で取り組まれている点に特色がある。

1-5 地方公共団体の協力　　また，更生保護法は，地方公共団体に対しても，更生保護活動への協力を促している（更生保護法2条2項）。犯罪者・非行少年を再び地域社会に受け入れ，その社会復帰を支援するために

は，地域住民と直接に関わる地方公共団体の協力も必要とされるからである。かつて，地方公共団体は「刑罰及び国の懲戒に関する事務」の処理を禁止されており（旧地方自治法2条10項2号），それゆえ，国家刑罰権の一端を担う更生保護についても関与を許されなかった。しかし今日，そうした規定は削除されており，地方公共団体は，その**自治事務**[*]として更生保護への取り組みを否定されてはいない（➡〔23-147-4〕）。

* 地方公共団体が処理する事務のうち，国が本来果たすべき事務であるが，地方公共団体に処理が委託されたものを**法定受託事務**といい（例：戸籍の作成，旅券の発給），それ以外のものを自治事務という（地方自治法2条8項）。

2　社会福祉と更生保護

1　目的・対象の差異

> **Check!**〔23-147-1〕
> 更生保護は，社会の保護を目的とすることから，社会福祉とは方法は異なっても対象とする者は全く同じである。　〔下線部が誤り ➡1-6〕

> **Check!**〔23-147-3〕
> 更生保護とは，心神喪失等の状態で重大な他害行為を行った者に対し，その病状の改善及びこれに伴う同様の行為の再発の防止を図ることにある。
> 〔下線部が誤り ➡1-6〕

> **Check!**〔24-148-3〕
> 更生保護制度は，犯罪者予防更生法が廃止され更生保護法が成立したことにより，主たる目的が受刑者等の福祉的支援に転換した。　〔下線部が誤り ➡1-6〕

1-6　再犯防止目的の有無　更生保護は，犯罪者や非行少年の改善更生と再犯・再非行の防止を目的として行なわれる（➡〔24-148-3〕）。これに対して，社会福祉は再犯防止を目的として行なわれるものではない。その対象は高齢者・障害者など日常生活に困難を抱える人々であり（➡〔23-147-

1]），そうした人々に福祉サービスを提供し自立を支援することが社会福祉の目的である（社会福祉法3条参照）。

> * なお，「心神喪失等の状態で重大な他害行為を行った者」は，**医療観察制度**（➡第10章）の対象であって，更生保護の直接の対象とはされない（➡〔23-147-3〕）。この制度は，上記のような者について必要な医療を確保することで，病状の改善と他害行為の防止を図ろうとするものであり（心神喪失等の状態で重大な他害行為を行った者の医療及び観察等に関する法律1条1項），更生保護の枠内には収まり切れない性格をもつものといえよう（➡10-16）。

2 方法の差異

1-7 強制の有無　更生保護の対象者と社会福祉の対象者とが競合することもある。例えば，非行少年（20歳未満——少年法3条1項）のうち18歳未満の者は，その多くが児童福祉法でいう「要保護児童」（児童福祉法4条1項柱書き〔各号列記以外の部分〕，6条の3第8項➡9-17）にも当たる。もっとも，児童福祉法上の措置が基本的に任意の処分（➡2-11）であるのに対して，社会内処遇（例：保護処分としての保護観察➡2-8，9-38）は，強制の契機を内在させたケースワーク（➡1-8）であり，援助を望まぬ者への動機づけ［三浦 2011：129］といった課題にも取り組むことになる。

3　保護観察の意義

1　性　格

> **Check!**〔22-147-1〕（保護観察について）
> 犯罪をした者及び非行のある少年に対し，本人の申請に基づき，社会内で適切な処遇を行うことにより，再犯を防ぎ，又はその非行をなくし，これらの者の自立と改善更生を助ける。　　　　〔下線部が誤り➡1-8〕

> **Check!**〔22-147-2〕（保護観察について）
> 犯罪をした者及び非行のある少年に対し，矯正施設内で適切な処遇を行うことに

より，再犯を防ぎ，又はその非行をなくし，これらの者の自立と改善更生を助ける。
〔下線部が誤り ➡1-8〕

Check!〔22-147-5〕（保護観察について）
犯罪をした者及び非行のある少年に対し，社会内で適切な処遇を行うことにより，これらの者が生業に就く機会を保障し，社会的に自立し改善更生することを助ける。
〔下線部が誤り ➡1-8〕

Check!〔28-147-3〕（保護観察について）
犯罪をした者及び非行のある少年に対し，矯正施設や社会内において適切な処遇を行うことにより改善更生を助けることが保護観察の目的である。
〔下線部が誤り ➡1-8〕

1-8 指導的な援助関係

以上にみた社会内処遇の中核に位置するのが保護観察である（➡〔22-147-2〕，〔28-147-3〕）。保護観察は，対象者の改善更生を図るための援助活動であるが，この援助関係は，本人の意思とは無関係に法の執行という形で開始される（➡〔22-147-1〕）。それは，いわば「権力関係下のケースワーク」〔平野 1963：53参照〕であり，対象者を遵守事項によって行動規制する（**指導監督**）一方，本人の自立した生活に向けた支援（例：就職の支援➡〔22-147-5〕）を行なうこと（**補導援護**）を内容としている（➡3-1）。

2 目 的

Check!〔22-147-3〕（保護観察について）
犯罪をした者及び非行のある少年に対し，社会内で適切な処遇を行うことにより，再犯を防ぎ，又はその非行をなくし，これらの者の自立と改善更生を助ける。
〔正しい ➡1-9〕

Check!〔22-147-4〕（保護観察について）
犯罪及び非行を行うおそれのある者に対し，予防的に社会内で適切な処遇を行う

ことにより，再犯を防ぎ，又はその非行をなくし，これらの者の自立と改善更生を助ける。　　　　　　　　　　　　　　　　〔下線部が誤り➠1-9〕

Check!〔26-147-1〕
保護観察の目的は，犯罪をした者及び非行のある少年に対する適切な社会内処遇を行うことにより，再犯を防ぎ，非行をなくすことである。〔正しい➠1-9〕

1-9 対象者の改善更生　保護観察は対象者の自由の制限を伴うが，それは，過去に行なわれた犯罪や非行を契機とした働きかけであって（➠〔22-147-3〕），犯罪や非行のたんなる「おそれ」を根拠としているわけではない（➠〔22-147-4〕）。そうした将来的な予測は不安定であり，公権力の恣意的な介入を許すことにもなりかねないからである。

　犯罪者や非行少年に対する働きかけを通じて，その「改善更生を図ること」（更生保護法49条1項）が保護観察の目的である。もともと保護観察は，刑事司法制度の一環として実施されるものであり（➠1-1），対象者の再犯・再非行の防止を図らなければならないことは言うまでもない（更生保護法1条参照）。しかし，再犯・再非行は，改善更生という手段を用いなくても防止することができる（例：対象者の監視）。この点，現行法は，対象者の改善更生を保護観察の目的として明記するのであり，再犯・再非行の防止にあたって，改善更生のほかにその手段を予定してはいない。対象者の改善更生を通じた再犯・再非行の防止［川出＝金 2012：249］が制度の目指すところといえよう（➠〔26-147-1〕）。

4　保護観察の実施機関

1 **国の実施機関**

① **保護観察所**

Check!〔23-147-2〕
更生保護の対象者のうち18歳未満の者は，児童福祉法が規定する児童に該当する

から，基本的には児童相談所が主務庁となる。　　　〔下線部が誤り ➡︎1-10〕
　　（注）　非行少年（20歳未満）に対する社会内処遇（更生保護）としては，保護処分としての保護観察（➡︎2-8），少年院仮退院中の者に対する保護観察（➡︎2-22）が中心となるが，そのいずれも保護観察所によって実施される。

> *Check!*〔25-149-1〕
> 少年法では少年を20歳に満たないものと規定しており，少年の社会内処遇及び指導について，18歳未満の者は児童相談所，18歳以上20歳未満の者は保護観察所が所管する。　　　　　　　　　　　　　　　　　〔下線部が誤り ➡︎1-10〕

> *Check!*〔26-147-2〕
> 保護観察を実施する機関は，仮釈放については裁判所，保護処分については地方更生保護委員会である。　　　　　　　　　　〔下線部が誤り ➡︎1-10〕

> *Check!*〔28-147-2〕
> 少年事件の保護観察を実施する機関は児童相談所であり，そこには保護観察官が配属されている。　　　　　　　　　　　　　〔下線部が誤り ➡︎1-10〕

1-10　同一機関による保護観察

保護観察を実施する国の機関は**保護観察所**である（更生保護法29条1号）。対象者によって実施機関が異なることはない。保護観察には成人に対するものと少年に対するものとがあるが（➡︎2-2），いずれも同一機関である保護観察所において行なわれる（➡︎〔23-147-2〕，〔25-149-1〕，〔26-147-2〕，〔28-147-2〕）。保護観察所は，地方裁判所の管轄区域に対応して，各都道府県の県庁所在地（北海道については，札幌のほか4か所）に設置されている。

②　保護観察官

> *Check!*〔28-148-1〕
> 保護観察官の職務は，法執行に関わる保護観察の実施であり，犯罪予防活動については，地域社会の実情に精通した保護司の職務とされている。

第1章 更生保護と保護観察

〔下線部が誤り ►►1-11〕

1-11 保護観察所に配置された国家公務員

保護観察所には，**保護観察官**が配置されている。保護観察官は常勤の国家公務員であり，心理学，教育学，社会学その他の専門的知識に基づき，保護司と協働して保護観察や再犯予防活動にあたっている（更生保護法31条►►〔28-148-1〕）。

2 保護司

① 保護司の法的地位

> ***Check!*** 〔27-148-2〕
> 保護観察官同様に保護司にも，国家公務員法が全面的に適用される。
> 〔下線部が誤り ►►1-12〕

> ***Check!*** 〔27-148-3〕
> 保護司の任期は2年であり，対象者との関係が適正に保たれるように，原則として再任はされない。
> 〔下線部が誤り ►►1-13〕

> ***Check!*** 〔27-148-5〕
> 更生保護活動への社会的関心の高まりに伴い，ここ数年，全国の保護司定数は毎年増員されている。
> 〔下線部が誤り ►►1-13〕

> ***Check!*** 〔28-148-3〕
> 保護司には給与は支給されないが，職務に要した費用は実費弁償の形で支給されている。
> 〔正しい ►►1-13〕

> ***Check!*** 〔28-148-5〕
> 保護観察対象者の信教の自由に配慮して，宗教家は保護司になることが認められていない。
> 〔下線部が誤り ►►1-13〕

1-12 身分　**保護司**は，保護観察に付された者の立ち直りを地域で支えるボランティアであるが，後述のように（➥1-17）広範で高度な責任を負うことから，法務大臣の委嘱による（保護司法3条1項柱書き）非常勤の国家公務員とされている。もっとも，保護司に対して「国家公務員法」が全面的に適用されるわけではない。民間の篤志家であるという特殊性から，例えば政治的行為の禁止または制限に関する規定は適用されず（➥〔27-148-2〕），また「国家公務員倫理法」の適用も受けない。*

　　＊　一方，「国家公務員災害補償法」の適用は認められており，例えば保護司が職務の執行中に負傷したという場合，公務上の災害として補償の対象とされる。

1-13 任期，定数，報酬　保護司の任期は2年であるが，再任を妨げない（保護司法7条（➥〔27-148-3〕）。また，その定数は，全国で5万2500人以内とされており（保護司法2条2項➥〔27-148-5〕），職種でみると，無職（主婦を含む），会社員，宗教家（➥〔28-148-5〕），農林漁業従事者など幅広い層の者が保護司の活動に従事している。

　委嘱された保護司は，法務大臣の定める各保護区に配置され（保護司法2条1項・2項），その保護区域内の保護観察事件等を担当する。なお，保護司に給与は支給されないが，その職務遂行にあたって要した費用の全部または一部は実費弁償の形で支給される（保護司法11条（➥〔28-148-3〕）。

② 保護司の選任

> **Check!**〔25-148-1〕
> 保護司に委嘱する条件として社会的信望，時間的余裕，活動力などが挙げられているが，生活の安定については，法律上特に定めは置かれていない。
> 〔下線部が誤り➥1-14〕

> **Check!**〔25-148-2〕
> 保護司は，地域住民という立場から更生保護に貢献することが求められるので，市町村長の推薦によって都道府県知事がこれを委嘱する。
> 〔下線部が誤り➥1-16〕

> **Check!**〔27-148-1〕
> 保護司には，一定の刑に処せられた者のほか，成年被後見人又は被保佐人はなれないなどの欠格条項が定められている。　　　〔正しい➨1-15〕

1-14　具備条件　保護司は，以下のすべての条件を具備する者の中から，法務大臣が委嘱する（保護司法3条1項➨〔25-148-1〕）。

❶人格および行動について社会的信望を有すること
❷職務の遂行に必要な熱意および時間的余裕を有すること
❸生活が安定していること
❹健康で活動力を有すること

1-15　欠格条項　もっとも，この具備条件を備えていても，以下のいずれか一つにでも該当する者は，保護司になることができない（保護司法4条➨〔27-148-1〕）。

❶成年被後見人または被保佐人（➨コラム1：成年後見制度〔12頁〕）
❷禁錮以上の刑に処せられた者（➨7-4，7-5）
❸日本国憲法の施行の日以後において，日本国憲法またはその下に成立した政府を暴力で破壊することを主張する政党その他の団体を結成し，またはこれに加入した者

1-16　保護司の委嘱　保護司は法務大臣から委嘱されるが，その委嘱にあたっては，保護観察所長が，保護司選考会（保護司法5条）の意見を聴いた上で，候補者を法務大臣に推薦する（保護司法3条3項・4項➨〔25-148-2〕）という手続きがとられる。

③　保護司の職務

> **Check!**〔25-148-3〕（保護司の職務）
> 保護観察官で十分でないところを補い，保護観察所長等の指揮監督を受けて，保護観察所等の所掌事務に従事するものとされている。　　〔正しい➨1-17〕

コラム1

成年後見制度

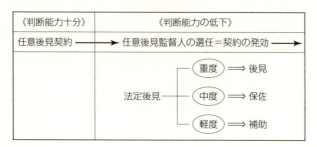

〈保護の必要な大人〉

　民法上，20歳以上の人は一律に成年者とされ（民法4条），その者が結んだ契約は，未成年者による場合（民法5条参照）と異なり，原則として有効なものとされている。高齢であるとか精神上の障害があるといった理由だけで，取り引きについて特有の保護が与えられることはない。とはいえ，成年者であっても加齢や障害のため判断能力が低下し，一定の支援（後見）を必要とする場合は少なくない。この成年者に対する支援の制度が，**未成年後見**[*]（民法838条1号，857条）との対比で成年後見と呼ばれる。

　　* 未成年者の保護は**親権**（身上監護権および財産管理権〔民法820条，824条〕）を通じて行なわれるのが原則であり，その担い手は，通常であれば未成年の子の父母である（民法818条1項）。しかし，親の死亡などで未成年の子に親権を行なう者がいないときは，その者に代わって子の利益を守る制度が必要となる。これが未成年後見であり，その職務の担い手を**未成年後見人**という。

〈法定後見〉

　成年後見制度は，大別して二つの制度からなっている。すでに本人の判断能力が十分でないときは，家庭裁判所によって保護機関が選任される。これを**法定後見**といい，その判断能力の低下の程度（重度：判断能力を欠く常況，中度：判断能力が著しく不十分，軽度：判断能力が不十分）に応じて後見・保佐・補助の3類型に分けられる[*]（民法7条，11条，15条）。

　この各類型によって保護機関のもつ権限は異なる。本人に判断能力がほとんどないというのであれば，契約などの法律行為も自分ではできない。それゆえ，法定代理人を選任し，本人の財産に関する法律行為はこの代理人に包括的に委ねるをえない（後見類型）。しかし，そうでない限り，本人みずからが法律行為をするのが原則であり，保護機関は，その足りないところを補えば足りる（保佐・

補助類型)。後見の類型では代理権が大きな位置を占めるが,保佐・補助の類型では代理権は特定の事項に限定され,支援はむしろ同意権(および取消権)へと重点を移すのである。

* 「成年後見」という言葉はいささか紛らわしい。法定後見と後述の任意後見とを併せた制度全体を示すときは「成年後見制度」と表現される。一方,保佐・補助と並ぶ法定後見の一類型として「後見」が指し示されることもあり,この後見類型において選任される保護機関は成年後見人,保護をうける本人は**成年被後見人**といわれる。また,保佐を必要とする人には保佐人,補助を必要とする人には補助人という保護機関が選任されるが,この場合,保護を受ける本人は,それぞれ**被保佐人・被補助人**と呼ばれる。

〈任意後見〉
　一方,成年後見制度には,契約に基づく後見の仕組みもある。**任意後見**がそれであり,あらかじめ本人が,その判断能力に問題のない時点で能力低下後の後見を特定の者(任意後見人)に委任し,契約(任意後見契約)を結ぶ。もっぱら本人の意思で,「生活,療養看護に関する事務」(例:介護サービス利用契約の締結)や「財産の管理に関する事務」を後見人に委託し,その事務処理に必要となる代理権を与えるのである(任意後見契約に関する法律2条1号)。この任意後見による支援は,代理権を用いて本人のために必要な手配をすることを内容とする点に特色がある。

Check!〔25-148-4〕(保護司の職務)
保護観察所から保護観察事件を全面的に付託されて保護観察を実施しており,自らの権限で保護観察の終了や延長等法の執行場面での判断を行っている。
〔下線部が誤り ➡ 1-17〕

Check!〔25-148-5〕
保護司は民間人であるので,その職務を行うに当たって知り得た関係者の身上に関する情報の取扱いについては,公務員としての法的責任は課されない。
〔下線部が誤り ➡ 1-18〕

Check!〔28-148-4〕
保護司は,保護観察官と異なり,職務上知り得た関係者の身上に関する秘密を尊

> 重する義務はない。　　　　　　　　　　　〔下線部が誤り ➡1-18〕

1-17　保護観察所長による指揮監督　保護司の職務は，保護観察官で十分でないところを補い，地方更生保護委員会または保護観察所の長の指揮監督を受けて，それぞれ地方更生保護委員会または保護観察所の所掌事務に従事することである（更生保護法32条➡〔25-148-3〕）。その職務範囲は広く，保護観察のほかに，生活環境の調整（➡第6章），恩赦（➡**7-19～7-35**），犯罪予防活動など多様な領域に及んでいる。この保護司の職務のうち，保護観察および生活環境の調整の事務は，その内容も明確であることから，個別に保護観察所長の指揮監督を受けて実施される（指定事務➡〔25-148-4〕）。一方，犯罪予防活動など地域の実情に応じて様々な活動形態がありうるものについては，保護司会が計画を策定し，保護観察所の長の承認を得たものを保護司の職務としてなしうるとされている（非指定事務，保護司法8条の2）〔法務総合研究所 2014：432〕。

1-18　服務　保護司は，以上のような職務を行なうにあたっては，その使命を自覚し，常に人格識見の向上と必要な知識および技術の修得に努め，積極的態度をもってのぞむこと（保護司法9条1項），また，その職務を行なうにあたって知り得た関係者の身上に関する秘密を尊重し，その名誉保持に努めること（保護司法9条2項➡〔25-148-5〕〔28-148-4〕）が求められている。

④　保護観察官と保護司

> **Check!**〔26-147-4〕
> 保護観察官は指導監督を行い，保護司は補導援護を行うといった役割分担が更生保護法に明記されている。　　　　　〔下線部が誤り ➡1-19〕

> **Check!**〔27-148-4〕
> 対象者の福祉的支援を含む補導援護については保護司が担い，遵守事項を守らせるための指導監督は保護観察官が担っている。　〔下線部が誤り ➡1-19〕

> **Check!**〔27-150-3〕
> 個々の保護司への支援の必要性や，保護司会がより組織的に処遇活動や犯罪予防活動を行う観点から，更生保護サポートセンターが設置された。
> 〔正しい➡1-20〕

> **Check!**〔28-147-4〕
> 保護観察官が指導監督，保護司が補導援護を行う役割分担を行っている。
> 〔下線部が誤り➡1-19〕

> **Check!**〔28-148-2〕
> 保護観察官が，保護司なしに直接，保護観察事件を担当することはない。
> 〔下線部が誤り➡1-19〕

1-19 保護観察の協働実施とその例外

保護観察は，保護観察官と保護司とが協働で実施する。一人の保護観察対象者を保護観察官と保護司がともに担当し，指導監督および補導援護にあたる（更生保護法61条1項➡〔26-147-4〕,〔27-148-4〕,〔28-147-4〕）。これが原則であるが，ただし，処遇が困難な事案や対象者の暴力的性向が強く処遇に特別な配慮を要する事案については，保護司を介することなく，保護観察官が直接担当している（➡〔28-148-2〕）。

1-20 更生保護サポートセンター

保護観察は官民協働を基軸として実施されるが，具体的には，保護観察官が処遇方針を策定し，保護司が面接を通じて日常的な指導監督・補導援護にあたっている。面接指導に際しては対象者を自宅に招くのが一般的であったが，近時は住宅事情の変化等によりそれが必ずしも容易でないという状況がみられる。そこで，今日では，全国各地に**更生保護サポートセンター**が設置され，面接場所の確保が困難な保護司のために，そこに面接室が用意されている。また，このサポートセンターには一定の処遇経験をもつ企画調整保護司が常駐して個々の保護司の処遇活動への支援にあたっているが，ほかに犯罪予防活動の企画・立案を行な

うなど，地域における更生保護の拠点［法務総合研究所 2014：435］としての活用も期待されている（➡〔27-150-3〕）。

> 参考文献

川出敏裕＝金　光旭『刑事政策』成文堂，2012年。
平野龍一『矯正保護法』有斐閣，1963年。
法務総合研究所『研修教材　平成26年度版　更生保護』2014年。
三浦恵子「社会内処遇と福祉との連携」『犯罪と非行』167号（2011年），112-135頁。

第2章
保護観察の種類

1 保護観察の対象者

2-1 対象者の限定，期間の法定　保護観察は，その対象者の法的地位によって1号から5号に区分され，それぞれの観察期間が法定されている。保護観察の目的は対象者の改善更生を図ることにあるが，その方法は対象者に遵守事項を守るよう義務づけるなど，自由制約的な側面をも有する（➡1-8）。法が保護観察の対象者と期間をあらかじめ定めているのは，そのためにほかならない。

2-2 対象者の区分　保護観察は，裁判で非行事実を認定された者あるいは有罪と認定された者について行なわれる。前者に対する保護観察は，非行少年に対する処分であり，その対象者は，❶少年事件における保護処分として保護観察に付された少年（**1号観察**），および❷少年院を仮退院した少年（**2号観察**）である。

一方，後者（有罪と認定された者に対する保護観察）は，刑事処分を受けた者についての保護観察であり，その対象とされるのは，❸刑務所から仮釈放を許された者（**3号観察**），❹刑の執行を猶予され保護観察に付された者（**4号観察**），❺売春防止法違反で婦人補導院に収容されたが，その収容期間満了前に仮退院を許された成人女子（**5号観察**）である。

なお，少年に刑事処分が科された場合は（➡9-42），3号観察・4号観察も問題となるが，これに該当する例は極めて少ない。それゆえ，以下では非行事実を認定された者に対する保護観察を少年に対する保護観察として一括し，有罪と認定された者に対する保護観察は成人に対する保護観察として整理する。

2 少年に対する保護観察

1 保護処分優先主義

2-3 教育的措置の優先　成人の刑事事件では，犯罪事実が認定されると，それに対する制裁として刑罰を科すことが基本となる。これに対して，少年の刑事事件では，それがどのような事件であろうと，刑罰を科すのではなく，教育的な措置を行なうことが優先される。少年に対しては，その「性格の矯正および環境の調整」（少年法1条）という教育的性格をもつ**保護処分**が原則とされるのであり，刑事処分は例外的なものにとどまる。これを**保護処分優先主義**という。

2-4 少年の可塑性　たしかに，少年であっても14歳以上であれば刑罰を科すことが認められている（刑法41条）。しかし，少年は，心身ともに未成熟で人格の発達も途上にあることから，教育的な措置によって立ち直る可能性が高い（**少年の可塑性**）。少年法が「**少年の健全な育成**」（少年法1条）を基本理念として掲げ，少年の改善教育を通じて再非行・再犯の防止を図ろうとしているのは，そのためにほかならない。

2-5 例外としての刑罰　保護処分は，この健全育成という理念を達成するための手段であり（少年法1条参照），家庭裁判所が行なう主要な処遇形式である。犯罪少年の事件はすべて家庭裁判所に送られるが，家庭裁判所がみずから刑罰を科すことはない。家庭裁判所が刑事処分を相当と判断した場合，事件は検察官に送致される（**逆送**➡➡9-39）。少年に処罰の可能性が残るのは，この場合に限られる。

＊　これを**全件送致主義**という（➡➡9-11）。一方，触法少年の事件については，児童相談所の判断が優先され（**児童福祉機関先議主義**➡➡9-16），また，虞犯少年の事件については，その年齢によって取り扱いが異なる（➡➡9-21～9-23）。以上のいずれの場合も，事件がひとたび家庭裁判所に係属すると，その後の手続きは同様であるが，ただし，触法少年や虞犯少年は犯罪を行なったわけではなく（➡➡9-12，9-20），その事件について処罰されることはない。

第2章　保護観察の種類

2　保護処分の種類

① 処分の3類型

> **Check!**〔24-147-2〕
> 家庭裁判所が決定する保護処分には，児童相談所送致，保護観察，少年院送致がある。
> 〔下線部が誤り➡**2-6**〕

2-6　種類の限定　　非行少年に対する調査・審判を行なうのは家庭裁判所であり（➡9-24, 9-29），その審判により言い渡される保護処分の種類は，保護観察，児童自立支援施設・児童養護施設送致，少年院送致の3種類に限定されている（少年法24条1項➡〔24-147-2〕）。少年を現在の生活環境から切り離す必要がなければ，社会内で通常の生活をさせながら指導監督・補導援護（➡1-8, 3-1）を実施する（保護処分としての保護観察➡**2-8**）。一方，少年を現在の生活環境に戻すことが困難な場合，少年は少年院に送致され矯正教育を受けるが（➡**2-14**），児童自立支援施設や児童養護施設といった児童福祉法上の施設で改善更生が図られる（➡**2-11**）こともある。

② 保護と強制

> **Check!**〔24-147-5〕
> 政府が批准した児童の権利に関する条約における自由を奪われた児童の取扱いに関する規定は，保護を理念とする少年司法には適用されない。
> 〔下線部が誤り➡**2-7**〕

> **Check!**〔25-149-5〕
> 少年法の基本理念に少年の健全育成があるが，これは児童自立支援施設又は児童養護施設に送致された少年に適用され，保護観察に付された少年には適用されない。
> 〔下線部が誤り➡**2-7**〕

2-7 自由の制約　　以上にみた3種の保護処分は，いずれも少年の健全育成を目的とするものであるが（➠〔25-149-5〕），この健全育成という考え方は，さらに少年法を貫く指導理念として，少年事件手続きのすべてにまで及んでいる。もっとも，本人保護を目指しているとはいえ，保護処分には少年の自由を制約するという側面もみられるのであり，処分の決定にあたっては，**適正手続きの保障**（憲法31条）にも十分な配慮がなされなければならない。また，こうした少年司法の手続きをめぐる問題については，**児童の権利に関する条約**（**子どもの権利条約**）＊も指針としての役割を果たしている。同条約には少年司法と深くかかわる条項が規定されており（例：不法・恣意的な自由剥奪の禁止，自由を奪われた児童に対する適切な取扱い〔37条〕），この条約の視点から国内法の整備と実施を行なうことが求められるのである（➠〔24-147-5〕）。

　　＊　我が国は，子どもの権利条約を1994年に批准しており，この条約の内容は国内法としての効力をもつ。

③　保護処分としての保護観察（1号観察——少年法24条1項1号）

2-8 意義　　保護処分としての保護観察（**1号観察**）は，少年を施設に収容することなく，社会内処遇（➠1-2）によって少年の改善更生を図ろうというものである。具体的には，家庭や職場等で少年に通常の社会生活をさせながら，指導監督および補導援護を行なうことを内容としている。

2-9 1号観察の期間　　1号観察は，その決定の日から開始され，原則として少年が20歳に達するまで行なわれる。ただし，20歳に達するまでの期間が2年に満たない場合（18歳・19歳の少年），保護観察の期間は決定の日から2年間とされ（更生保護法66条），成人となっても保護観察が続くことになる。

④　児童自立支援施設・児童養護施設送致（少年法24条1項2号）

2-10 児童福祉法に基づく施設　　家庭裁判所は，少年に対する保護処分として，少年を児童自立支援施設または児童養護施設に送致することもできる（少年法24条1項2号）。児童自立支援施設および児童養

護施設は，いずれも児童福祉法に基づいて設置された施設であり（児童福祉法41条, 44条), 厚生労働省が所管している。

2-11 強制的な収容 これらの施設への入所経路には大別して二つのものがある。一つは, 児童福祉法上の措置（同法27条1項3号）による場合であり, 都道府県知事（または, その委任を受けた児童相談所長〔児童福祉法32条〕）の決定（**行政処分**）として入所措置がとられる。この措置にあたっては, 親権者あるいは未成年後見人（▶コラム1：成年後見制度〔12頁〕）の監護教育権（民法820条）・居所指定権（民法821条）などに対する制限を伴うことから, 親権者等の同意が必要とされる＊（児童福祉法27条4項）。

一方, 児童自立支援施設・児童養護施設への入所が少年法上の措置としてなされる場合もある。家庭裁判所から保護処分として送致された場合がそれであり, 都道府県は, 親権者等の同意を得ることなく入所を強制することができる（児童福祉法27条の2第2項）。行政機関である都道府県知事または児童相談所長は, 施設送致処分という司法機関の決定を執行するにとどまるのである〔児童福祉法規研究会編 1999：217〕。

＊ これが原則であるが, ただし, 親権者等の同意が得られないときは, 家庭裁判所の承認を得ることで施設収容の措置をとることができる（児童福祉法28条1項1号）。

2-12 開放処遇と自由の制限 これらの施設での処遇は開放的な雰囲気のなかで行なわれるが, 児童に無断外泊の性癖や粗暴な行状があるため一時的に自由を制限する強制的措置（例：施錠した部屋への隔離）が必要とされることもある。しかし, 児童福祉法に基づく施設では, 施設長がもつ監護等の権限（同法47条3項）行使として認められる場合を除き, 入所者の自由を制限することは許されない。入所者に対して強制的措置を必要とするときは, 改めて司法機関の判断が求められるのであり, 知事または児童相談所長は, 事件を家庭裁判所に送致し, 強制的措置の許可を申請するものとされている（児童福祉法27条の3, 少年法6条の7第2項, 18条2項）。

2-13 処遇の終了 児童自立支援施設・児童養護施設ともに, 処遇の終了は措置解除, 満齢（原則として18歳）による。

入所措置が継続している間は保護処分も継続しており，措置が解除された場合，少年法の保護処分についても終了したことになる〔児童福祉法規研究会編1999：217-218〕。この措置の解除，停止または変更は，都道府県知事または児童相談所長の権限とされている（児童福祉法27条5項・6項，27条の2）。

　児童自立支援施設・児童養護施設は児童福祉法上の施設のため，在所は18歳に達するまでである（児童福祉法4条1項参照）。もっとも，必要な場合には20歳まで在所が可能とされている（児童福祉法31条2項）。

⑤　少年院送致（少年法24条1項3号）

> **Check!**〔25-149-2〕
> 家庭裁判所で決定する保護処分のうち，保護観察に付する決定の場合は保護観察官が，少年院送致の場合は<u>家庭裁判所調査官</u>が，その少年の処分終了まで継続して担当する。　　　　　　　　　　　　　　　　　　〔下線部が誤り➡2-18〕

2-14　意義　　少年院送致は，少年を少年院に収容する保護処分である。保護観察（1号観察）のような社会内処遇では少年の健全育成を図ることが難しい場合に行なわれる。少年は，それまでの生活環境から切り離され，身柄を強制的に収容される。少年の自由を物理的に制約する点で，3種の保護処分のうちでは最も強力である。

2-15　少年院の被収容者　　少年院は，保護処分の一つとして少年院送致決定を受けた少年を収容するだけではない。ほかに，少年院で懲役または禁錮の刑の執行を受ける者（14歳以上16歳未満）も少年院に収容される（少年院法3条2項）。**犯罪少年**（罪を犯した14歳以上20歳未満の者➡9-1）が**実刑判決**（実際に刑務所等で服役する判決）を受けた場合，16歳になるまでは後述の第4種少年院で刑を執行され，その後は少年刑務所で受刑する（少年法56条➡9-42）。

2-16　少年院の種類　　少年院は，矯正教育を行なう国立の施設であり（少年院法3条），以下の4種類に分けられている（少年院法4条1項）。

❶第1種少年院：おおむね12歳以上23歳未満の者
❷第2種少年院：おおむね16歳以上23歳未満で犯罪的傾向の進んだ者
❸第3種少年院：おおむね12歳以上26歳未満で心身に著しい障害のある者
❹第4種少年院：少年院で刑の執行を受ける者

　少年を上記の4種類のうちいずれの少年院に収容するかは，家庭裁判所が少年院送致決定にあたって指定するが（少年審判規則37条1項），指定された種類のうち具体的にどこの少年院に送致するかは**少年鑑別所**＊が判断する。

　＊　少年鑑別所は法務省所管の国立の施設であり，その主な業務は（少年鑑別所法3条参照），家庭裁判所が審判のために必要と認めたとき，その**観護措置**（少年法17条➡9-26）の決定を受けて少年を収容するとともに，少年の心身の状態を調査・分析し，非行の原因を解明することにある。家庭裁判所の審判を受ける前の少年を収容する施設であり，その審判後に少年を収容し矯正教育を実施する少年院とは役割が異なる。

2-17　処遇の方法　　少年院での処遇は，児童福祉施設での処遇と同じく**施設内処遇**であるが，後者とは異なり非開放的である。在院者に対しては，規律ある集団生活のなかで矯正教育が行なわれ，規律に違反した場合の懲戒（少年院法113条1項），逃走した場合の連れ戻し（少年院法89条1項）も認められている。

2-18　法務教官　　矯正教育の中心的な担い手は**法務教官**である（➡〔25-149-2〕）。法務教官は主に少年院や少年鑑別所に勤務する国家公務員であり，少年院では，在院者と生活を共にしながら，生活指導・教科指導・職業指導などの矯正教育を担当するほか，出院後の就学・就労に向けた支援も行なっている。

2-19　少年院の収容期間　　少年院に収容できる期間は，原則として少年が20歳に達するまでの期間（その期間が1年未満のときは1年間）であるが（少年院法137条1項），ただし，その期間内に矯正教育の目的が達成されない場合，家庭裁判所の決定を得て，23歳または26歳を超えない範囲で収容を継続することもできる（少年院法138条2項，139条2項）。

⑥ 保護処分と保護観察

> **Check!**〔24-147-1〕
> 非行のために児童自立支援施設に送致された少年は，退所後は保護観察に付される。
> 〔下線部が誤り ➡2-20〕

> **Check!**〔28-147-1〕
> 少年院からの仮退院者や児童自立支援施設からの退所者には保護観察が付される。
> 〔下線部が誤り ➡2-20〕

2-20　児童福祉法関連施設の例外　以上のように，少年に対する保護処分には三つの種類（保護処分としての保護観察，児童自立支援施設・児童養護施設送致，少年院送致）があるが，このうち，児童福祉法上の施設（児童自立支援施設，児童養護施設）に送致される場合を除いて，保護処分の決定を受けた少年には保護観察が用意されている（➡〔24-147-1〕，〔28-147-1〕）。

当初より社会内処遇を選択された少年が保護観察（保護処分としての保護観察〔1号観察〕）に付されていることは言うまでもない。一方，少年院に送致された者が，その収容期間満了前に**仮退院**（➡2-22）となった場合にも保護観察（**2号観察**）に付される。少年をなるべく早期に社会に戻すことが望ましいとしても，社会へのソフトランディングは必ずしも容易ではない。施設と社会とを橋渡しする役割が保護観察には期待されているのである［後藤 1999：77］。

3　1号観察

2-21　独立した処分　保護処分として行なわれる保護観察は**1号観察**と呼ばれる。これは，家庭裁判所が言い渡す終局処分であるが（➡9-38），その内容についてはすでにみた（➡2-8）。

この1号観察は，別の処分に付随してなされる措置ではない。仮退院者・仮釈放者に対する保護観察（2号観察，3号観察）が仮退院・仮釈放中に，また，

執行猶予者に対する保護観察（4号観察）が執行猶予中になされるのに対して，保護処分としての保護観察は独立の処分として行なわれる点に特徴をもつ。

4 2号観察

> **Check!**〔24-147-4〕
> 非行のため少年院に送致された少年は，仮退院後は保護観察に付される。
> 〔正しい▶2-22〕

> **Check!**〔27-147-1〕
> 1号観察は家庭裁判所が決定するが，2号観察は少年院の長が決定する。
> 〔下線部が誤り▶2-22〕

> **Check!**〔27-147-4〕
> 1号観察も2号観察も，対象者が成人（20歳）に達した後でも行われることがある。
> 〔正しい▶2-23〕

2-22 仮退院と保護観察　少年院を仮退院中の者に対する保護観察（更生保護法48条2号）は **2号観察** といわれる。**仮退院** は，本人の改善更生の度合いが高く，社会内処遇に移行することが社会復帰にとって望ましいと判断される場合，**地方更生保護委員会** の決定により認められる[*]（更生保護法41条）。

仮退院には必ず保護観察が伴う（更生保護法42・40条）（▶〔24-147-4〕，〔27-147-1〕）。仮退院後の保護観察を少年院における矯正教育と一体のものとみて，保護処分としての実効性を確保しようというのである［法務総合研究所2014：50］。

[*]　後述する仮釈放の場合（▶2-26）と異なり，収容期間に関する要件はない。

2-23 保護観察の期間　保護観察の期間は少年を少年院に収容できる期間（▶2-19）とされているが，保護観察の状況が良好と認められたときは，地方更生保護委員会の決定により **退院** が許され（更生保護法74条），

保護観察も終了する。一方，こうした**良好措置**（→3-21）がなされないときは，それぞれ定められた収容期間に達するまで，仮退院者は保護観察に付されることになる（→〔27-147-4〕）。

3　成人に対する保護観察

1　仮釈放者に対する保護観察（3号観察）

① 仮釈放の制度

> **Check!**〔22-148〕
>
> 事例を読んで，この場合の法律関係に関する次の記述のうち，仮釈放の手続として，正しいものを一つ選びなさい。
> 〔事例〕
> 　裁判所によって3年の懲役刑の言渡しを受けた受刑者が，まじめに刑務所生活を送り，改悛の状があると評価され，2年を経過したところで，仮釈放の手続がとられることになった。
> 1　仮釈放は，検察官が許可した場合に許される。　　　〔下線部が誤り〕
> 2　仮釈放は，地方更生保護委員会の決定があれば許される。〔正しい→2-27〕
> 3　仮釈放は，裁判員の合意があれば許される。　　　　〔下線部が誤り〕
> 4　仮釈放は，裁判所の判断があれば許される。　　　　〔下線部が誤り〕
> 5　仮釈放は，矯正施設の長が認めれば許される。　　　〔下線部が誤り〕

> **Check!**〔25-150-1〕（保護観察所が連携する機関）
>
> 仮釈放の決定に関して検察庁。　　　　　〔下線部が誤り→2-27〕

2-24　3号観察　自由刑のうち懲役または禁錮（→コラム2：刑罰の種類〔27頁〕）の受刑者は刑期の満了によって釈放されるが（**満期釈放**），それ以前であっても仮に釈放が許されることがある（刑法28条）。**仮釈放**を許された者は必ず保護観察に付される（更生保護法40条）。この仮釈放者に対する保護観察を**3号観察**という。

2-25 仮釈放の目的および期間

仮釈放の制度は，受刑者に早期釈放の希望を与えることで改善更生の意欲を促す一方，釈放後は保護観察を実施することでその円滑な社会復帰を図る制度である。

仮釈放の期間については，仮釈放の日から残刑期間が満了する日までとされている（**残刑期間主義**）。

2-26 仮釈放の要件

仮釈放を認めるための形式的要件として，有期刑については刑期の3分の1，無期刑については10年の法定期間を経過していることが必要とされる（刑法28条）。また，実質的要件として「改悛の状」のあることが必要とされているが，その具体的な基準は，「犯罪をした者及び非行のある少年に対する社会内における処遇に関する規則」（以下，「社会内処遇規則」と略記）28条に示されており，そこでは，❶「悔悟の状」が認められること，❷「改善更生の意欲」が認められること，❸「再び犯罪をするおそれ」がないと認められること，❹「社会の感情がこれを是認する」と認められることという四つの事項を総合的に判断することが求められている。

2-27 仮釈放の決定機関

刑法上，仮釈放は「行政官庁の処分」（刑法28条）によると規定されるにとどまるが，更生保護法により，仮釈放の許否を判断する行政機関は**地方更生保護委員会**とされている（更生保護法16条➡〔22-148〕，〔25-150-1〕）。地方更生保護委員会は，法務省の地方支分部局として，各高等裁判所の管轄区域ごとに全国に8か所に設置されており，仮釈放の審理は，その委員で構成する合議体で行なわれる。

コラム2

刑罰の種類

〈刑種の限定〉

現行刑法が定める刑罰は，死刑・懲役・禁錮・罰金・拘留・科料および没収の7種類だけである（刑法9条）。

〈生命刑と自由刑〉

死刑は生命を奪う刑罰であることから（刑法11条）**生命刑**といわれる。また，

懲役・禁錮・拘留は自由を拘束する刑罰であることから**自由刑**と総称されている。このうち懲役と禁錮とは刑務作業が強制されるかどうかにより区別される（刑法12条2項，13条2項）。一方，拘留は刑務作業が科されない点で禁錮と同じであるが，懲役・禁錮と比べて刑の期間が短いという特徴がある（刑法12条1項，13条1項，16条）。

〈財産刑〉

罰金・科料・没収は**財産刑**と呼ばれる。金銭その他の財産を奪うからにほかならない。罰金と科料とでは，支払う金額の範囲が異なる（刑法15条，17条）。

〈主刑と付加刑〉

以上にみた刑罰のうち，死刑・懲役・禁錮・罰金・拘留・科料を**主刑**といい，この6種類は重い順に列挙されている（刑法10条）。主刑とはそれだけで独立に科すことのできる刑である。一方，これらの刑の言い渡しのあるとき，それに付け加えて科される刑を**付加刑**といい，没収がそれに当たる。例えば，殺人に用いた凶器は国が取り上げる。犯罪に関係したものについて，その所有権を犯人から剥奪して国庫に帰属させるのである（刑法19条）。

② 必要的保護観察

2-28　3号観察の期間　　仮釈放中の者は，必ず保護観察に付される。この3号観察の期間は，仮釈放の期間と一致する（更生保護法40条）。仮釈放のなされた日から残刑期間の満了する日まで保護観察は継続するのであり，2号観察等と異なり，期間満了前に保護観察を終了させる措置（**良好措置**➜**3-16**）があるわけではない。＊なお，無期刑の者が仮釈放となった場合は，**恩赦**（刑の執行免除➜**7-31**）によらない限り，終身にわたって保護観察を受けることになる。

＊　ただし，少年のとき不定期刑の言い渡しを受けた者については，**不定期刑の終了**という特則がある（更生保護法78条1項➜**3-23**）。

2-29　刑の一部執行猶予と3号観察　　仮釈放は，刑の一部執行猶予制度（➜**2-36**）の対象者にも認められる。猶予期間に先立って執行される実刑部分についても仮釈放の規定は適用されるのであ

り，その場合，宣告刑の刑期（実刑部分だけでなく猶予刑の期間も合わせた刑期）の３分の１を経過するなど仮釈放の要件（➡2-26）を満たすことが必要とされる。仮釈放の期間は，実刑部分からすでに執行した期間を除いた部分であり（**残刑期間主義**），その間は必ず保護観察に付される。これは仮釈放に伴う保護観察（３号観察）であり，一部執行猶予に付される保護観察（４号観察）とは別個のものである*。

> * ３号観察の有無と４号観察の有無とを組み合わせることで，柔軟な処遇が可能となる。例えば，｜実刑（施設内処遇）⇒ 仮釈放（３号観察──社会内処遇）⇒ 保護観察のつかない執行猶予（心理的威嚇）｜といった段階処遇的な方法も考えうる［太田 2014：54］。

2　保護観察付執行猶予者に対する保護観察（４号観察）

①　執行猶予と保護観察

2-30　４号観察　執行猶予に付随した保護観察は**４号観察**といわれ，これには，刑の全部執行猶予期間中に実施されるもの（刑法25条の２第１項）と一部執行猶予の期間中に実施されるもの（刑法27条の３第１項，薬物使用等の罪を犯した者に対する刑の一部の執行猶予に関する法律〔以下，「**薬物法**」と略記〕４条１項）とがある（更生保護法48条４号）。

②　刑の全部執行猶予

2-31　実刑の回避　有罪判決が下され自由刑（懲役または禁錮）の言い渡しを受けたとしても，必ずしも刑務所に収容されるとは限らない。一定の期間，刑の執行を見合わせ，その猶予期間を無事に経過した場合，刑を執行しないで終わるということも認められている*。**刑の全部執行猶予**という制度がこれであり，一方，執行猶予のつかない自由刑は**実刑**と呼ばれている。

> * ひとまず猶予し，やがて執行するということを主たる目的とするわけではない。執行するのは，不都合のあった例外的な場合のみである。例えば，「懲役３年，執行猶予５年」というときは，５年間，刑の執行を見合わせ，その間を無事に過ごせば，懲役３年の刑はもはや執行しないで終わる。

2-32　自由刑の執行に伴う弊害

たしかに，言い渡された刑は執行されるのが当然のようにも思われる。しかし，自由刑の執行には様々な弊害が伴う。受刑者は社会から切り離され，社会的地位や職業を失うだけではない。刑務所内で悪風に感染したり，「刑務所帰り」という烙印を押されることで社会復帰に支障を来すこともあろう。

2-33　心理的威嚇

こうした自由刑のもつ弊害を回避するにあたって刑の全部執行猶予は有用であるが，制度の意義はそれにとどまらない。有罪者は，猶予期間中に再び罪を犯せば，執行猶予を取り消され実刑の執行を受ける可能性がある（➡8-20）。この心理的威嚇によって再犯を防止するという役割も，執行猶予には期待されている。

2-34　保護観察との結合

また，現行法では，執行猶予中，保護観察（4号観察）に付すことも認められている。保護観察は対象者の改善更生を図ることを目的とするものであり（更生保護法49条），こうした社会内処遇の方法と結びつくことで，全部執行猶予は，犯罪者の自発的な社会復帰を促す手段としての性格も併せもつに至っている。

2-35　全部執行猶予期間の経過

刑の執行を全部猶予され，その言い渡しを取り消されることなく猶予期間を無事に経過したときは，初めから刑の言い渡しがなかったものとして扱われる（刑法27条）。たしかに，刑の全部執行猶予は無罪ではないため，猶予期間中は「刑に処せられた者」として扱われ（➡7-5），それに伴い，特定の職業につく資格を制限されるなど法律上の不利益を受ける（➡7-1）。しかし，猶予期間を満了したときは，「刑に処せられた」ということ自体がなくなり，資格制限も消滅する[*]（➡7-9）。

[*]　ただし，有罪の言い渡しにより生じた効果がさかのぼって効力を失うことはない。例えば，有罪判決の効果として失職した公務員が，執行猶予期間の経過によって当然に復職するわけではない。

③ 刑の一部執行猶予

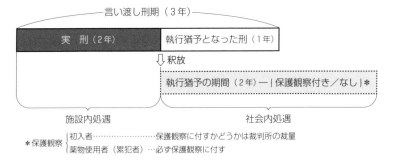

例：「懲役3年，うち1年につき2年間の執行猶予」という判決が言い渡された場合

```
┌─────────言い渡し刑期（3年）─────────┐
│  実　刑（2年）  │ 執行猶予となった刑（1年）│
└─────────────────┴─────────────────────┘
                   ⇩釈放
                  ┌─────────────────────┐
                  │執行猶予の期間（2年）—｛保護観察付き／なし｝*│
                  └─────────────────────┘
    施設内処遇            社会内処遇
```

*保護観察｛初入者………………保護観察に付すかどうかは裁判所の裁量
　　　　　薬物使用者（累犯者）…必ず保護観察に付す

2-36 施設内処遇と社会内処遇の連携　　以上にみた執行猶予制度は宣告刑の全部の執行を猶予するものであるが，それに対し，今日では刑の一部の執行を猶予する制度（**刑の一部執行猶予**）も導入されている。この制度は，犯罪者が刑務所を出所した後も十分な社会内処遇の期間を確保することを目的として構想されたものである。

　犯罪者の改善更生を図り再犯を防止するためには，その出所後も社会内で見守ることが必要とされよう。しかし，満期で釈放された者が，そうした社会内処遇を受けることはない。**更生緊急保護**（➡第5章）という制度はあるが，それは本人からの申し出に基づく任意の対応にとどまる（➡**5-19**）。一方，仮釈放となれば，たしかに，その期間は保護観察を行ないうる。しかし，仮釈放期間は残刑期間とされており（➡**2-25**），しかも我が国では刑の執行率が高いことから，実際の仮釈放期間は短く，それゆえ十分な保護観察期間を確保することもできない。満期釈放や仮釈放のこうした限界を克服し，施設内処遇と社会内処遇との連携を確保するために導入されたのが，刑の一部執行猶予という制度である［太田 2014：6-10］。

2-37 心理的威嚇と保護観察　　刑の一部執行猶予制度もまた，全部執行猶予制度と同じく，執行猶予の取り消しによる心理的威嚇のもとで再犯防止を図るという側面をもつ。猶予期間を無事に経過すると，猶

予部分の刑の言い渡しはその効力は失い,実刑部分の刑に減軽される。そして,当該実刑部分の執行が終わった時点で刑の執行は受け終わったものとされる*（刑法27条の7）。

また,保護観察との結びつきにより社会内処遇の手段としての側面を併せもつことも,全部執行猶予の場合と同様である。対象者の社会復帰に向けた国の指導・援助のもとで,自力更生の促進が追求されるのである。

* 一方,猶予期間中に罪を犯し一部執行猶予が取り消されると（➡8-22）,猶予されていた刑の執行が行なわれる。

2-38 対象者 　刑の一部執行猶予制度は,刑法の改正により導入された部分と特別法である薬物法（➡2-30）によって導入された部分とからなる。前者は初めて刑務所に服役することとなる者（**初入者**）を対象とし[*1],猶予期間中は必要に応じて保護観察に付す（**裁量的保護観察➡8-19**）ことを予定している。これに対して,後者が対象としているのは薬物使用等の罪を犯した**累犯者**であり[*2],猶予の期間中,その者には必ず保護観察を付けて（**必要的保護観察➡8-25**）薬物依存の改善に向けた処遇を行なうことを目指している。

*1 初入者に準じて刑の一部執行猶予の対象とされる者もある（**準初入者➡8-10**）。この準初入者に当たる場合を除いて,実刑前科（刑の一部執行猶予を含む）のある者は,刑法上,一部執行猶予の対象とはされない。二度目以上の服役となる者についてまで刑の一部の執行猶予を認めることは,刑事責任の観点からみて一般には相当でないと考えられているのである［東山 2013：15］。

*2 前に懲役に処せられた者が,その刑の執行を終わった日から5年以内にさらに犯罪を犯し再び懲役に処せられる場合,後の犯罪は**累犯**とされ（特に2犯は**再犯**と呼ばれる）,その犯罪について定められた懲役の長期の2倍まで刑を加重することができる（刑法56-59条）。例えば,窃盗罪の累犯については,窃盗罪について定められている懲役刑の長期10年（刑法235条）の2倍である「20年以下」の懲役に処すことになる。

3 婦人補導院仮退院者に対する保護観察（5号観察）

2-39 売春防止法 　売春防止法の規定により補導処分を受けた者は,婦人補導院に収容される。この婦人補導院から仮退院を許された者に付される保護観察を**5号観察**という。

売春防止法3条は,「何人も売春をし,又はその相手方となってはならない」と規定し,売春が法律上違法な行為であることを明らかにしている。もっとも,同法は売春それ自体を処罰の対象としているわけではない。売春の周辺行為(例:売春の勧誘・周旋・場所提供・管理売春)に対する処罰規定を整備する一方,「売春を行うおそれのある女子に対する補導処分及び保護更生の措置を講ずる」ことで,「売春の防止を図ること」が同法の目的である(売春防止法1条)。

2-40 補導処分——保安処分としての性格　**補導処分**は施設(婦人補導院)への強制収容を伴う措置であり,売春防止法5条の罪(売春の勧誘等)を犯した満20歳以上の女子に対し,懲役または禁錮の執行を猶予する場合に言い渡すことができる(売春防止法17条1項)。

刑に代えてではなく,刑の執行猶予に付随して言い渡されるのであるから,補導処分は形式的には刑罰の執行形態にほかならない。しかし,実質的には**保安処分**としての性格をもつものとして理解されている。

2-41 保安処分　保安処分は自由の制限または剥奪を伴う措置であるが,対象者の再犯の危険性を除去するために科される点に特徴をもつ。刑罰と異なり,不利益を課すこと自体を目的とするものではない。

2-42 自由剥奪処分——特に労作処分　特に施設への強制収容を内容とする自由剥奪処分としては,対象者の隔離それ自体によって保安を図るもの(例:保安拘禁)と,対象者の改善のための処遇を行なうことで間接的に保安目的を達成しようとするもの(**改善処分**)とがある。改善処分を代表するのは,精神障害者に対する治療処分,薬物濫用者に対する禁絶処分であるが,その中間には,労働による改善訓練を施す措置もある。これは,労働嫌忌者・浮浪者等を労働作業所に収容し,勤労と健全な市民生活の習慣を身につけさせることを目的とするものであり,**労作処分**と呼ばれている。売春をする性癖のある婦女子の保護・指導・更生を目指す補導処分は,この労作処分の一種として理解されている[平野 1963:114]。

2-43 婦人補導院　補導処分に付された者は,**婦人補導院**に収容され,その更生のための補導が行なわれる(売春防止法17条2項)。補導の内

容については婦人補導院法に規定があり，生活指導・職業補導・医療が処遇として示されている（婦人補導院法2条1項）。

2-44　仮退院およびその効果　補導処分の期間（収容期間）は6か月であるが（売春防止法18条），在院者は，期間の満了前に，仮退院が許されることもある。仮退院については，**地方更生保護委員会**が，これを許し，またはその処分を取り消す権限をもつ（売春防止法25条1項，更生保護法16条7号）。

仮退院を許された者は，補導処分の残期間中，保護観察に付される（売春防止法26条1項）。もっとも，この保護観察期間は極めて短い。補導処分の期間が6か月であるため，婦人補導院在院期間と保護観察期間（仮退院期間）の合計が6か月を超えることもないのである。

仮退院を許された者が，これを取り消されることなく保護観察期間を経過したときは，補導処分の執行を受け終わったものとされる（売春防止法30条）。その場合，保護観察が終了するだけではない。執行猶予期間も，事実上6か月に短縮される。例えば，「懲役1年，執行猶予3年」という判決の言い渡しがあったとしても，補導処分の残期間が経過した時点で，刑の執行猶予期間は経過したものとみなされ（売春防止法32条1項），裁判の確定（➡**5-6**＊2）後3年を経るまでもなく，刑の言い渡しや補導処分の言い渡しはなされなかったことになる（売春防止法33条）。

2-45　更生保護法の規定　近年，補導処分に付される者は極めて少ない。そのためもあってか，更生保護法（48条）に5号観察の規定はおかれていない。売春防止法が，罰則のみならず施設内処遇および社会内処遇についても独立した規定を用意するのである。

――― コラム3 ―――

保護観察の性格

保護観察には，**プロベーション**（probation〔試験，考試期間〕）と**パロール**（parole〔誓約，誓言〕）という二つの源泉がある。前者が施設収容を伴わない社会

内処遇であるのに対して，後者の社会内処遇は施設収容に引き続いて行なわれる点に違いがある。

　現行法が定める5種類の保護観察のうち，1号観察と4号観察がプロベーション型，2号観察・3号観察・5号観察がパロール型と伝統的には説明されてきた。しかし，刑の一部執行猶予の場合，猶予期間に先立って実刑が執行される。一部執行猶予者に対する保護観察（4号観察――プロベーション型）は，刑事施設からの釈放後に付されるのであり，それは3号観察（パロール型）という性格をも併有しているといいうる［太田 2014：212］。

　もともとプロベーションとパロールは英米で発展した概念であり，沿革も性格も異にしている。しかし，いずれも社会内処遇のもとで犯罪をした者や非行のある少年の改善更生を図ろうとする点で共通しており，わが国では，両者を用語の上で区別せず，総称して保護観察と呼んでいる。

参考文献

太田達也『刑の一部執行猶予』慶應義塾大学出版会，2014年。
後藤弘子「社会内処遇と非行少年」荒木伸怡編著『現代の少年と少年法』明石書店，1999年，67-97頁。
児童福祉法規研究会編『最新・児童福祉法　母子及び寡婦福祉法　母子保健法の解説』時事通信社，1999年。
東山太郎「刑の一部の執行猶予制度導入の経緯と法整備の概要」『法律のひろば』66巻11号（2013年），13-21頁。
平野龍一『矯正保護法』有斐閣，1963年。
法務総合研究所『研修教材　平成26年版　更生保護』2014年。

第3章
保護観察の実施方法

1 指導監督と補導援護

> **Check!**〔26-147-3〕
> 権力的性格を有する指導監督と福祉的な性格を有する補導援護の内容は，更生保護法において，保護観察の種類に応じて具体的に定められている。
> 〔下線部が誤り ▶▶3-1〕

3-1 監督と援助　保護観察は，指導監督と補導援護という二つの方法を組み合わせることで実施される（更生保護法49条1項）。**指導監督**は，後述する「遵守事項」や「生活行動指針」によって対象者の行動を規制するものであり，保護観察の監督的な側面を表している。一方，**補導援護**は，対象者が自立した生活を営むことができるようにするための援助的な働きかけであり，緊急時の措置である「応急の救護」とともに保護観察の福祉的な側面を示している。こうした保護観察の基本的な枠組みは成人にも少年にも共通しており，対象者によって異なることはない（▶▶〔26-147-3〕）。

2 指導監督

1 指導監督の方法

3-2 三つの方法　指導監督の方法として，更生保護法は，❶対象者と接触を保ち，その行状を把握すること，❷対象者が遵守事項を守り，生活行動指針に則して生活・行動するよう必要な指示その他の措置をとること，

❸特定の犯罪的傾向を改善するための専門的処遇を実施することを挙げている（更生保護法57条1項）。接触と行状把握（=❶）を指導監督の基本に据え、それを踏まえて、遵守事項や生活行動指針による行動規制（=❷）が行なわれるのである。

　指導監督の方法としては、ほかに専門的処遇の実施（=❸）も示されているが、その例としては、対象者本人の自発的意思に基づく簡易薬物検出検査（➙**4-8**）などが考えられる。ここでいう**専門的処遇**は、内容や手順が必ずしも体系化されている必要はない。また、法務大臣が指定したものに限られるわけでもない。この点で、特別遵守事項として設定される専門的処遇プログラム（➙**3-6**）よりも広い概念なのである[法務総合研究所 2014：130、太田 2014：225]。

* なお、規制薬物等に対する依存がある保護観察対象者については、本文でみた一般の指導監督のほかに、特別の指導監督が認められている。保護観察官は、医療（例：依存の原因となっている精神疾患の治療）や公共の衛生福祉機関による専門的援助（例：薬物依存からの回復プログラム）を受けるよう必要な指示その他の措置をとることができる（更生保護法65条の3第1項）。こうした**指導監督の特則**によって、保護観察官は、医療や専門的援助について情報提供する（**補導援護**➙**3-12**）だけでなく、それを受けるよう指示的に働きかけることも可能とされているのである［今福 2013：29］。

2　一般遵守事項

①　遵守事項の意義

3-3　一般遵守事項と特別遵守事項

指導監督の基準とされているのは遵守事項であり、その違反には仮釈放の取り消しなどの**不良措置**（➙**3-16**）も用意されている。この遵守事項には、すべての保護観察対象者に共通する**一般遵守事項**と、対象者ごとに定められる**特別遵守事項**とがある。

②　一般遵守事項の内容

Check!〔24-149-2〕

接触の確保や行状の把握が保護観察実施の前提であるから、転居又は7日以上の

旅行をするときは、あらかじめ保護観察所長の許可を受けることが一般遵守事項に定められている。　　　　　　　　　　　　　　　　〔正しい ➡3-4〕

Check!〔24-149-4〕
保護観察対象者の改善更生は当事者主体で行われるべきものであるから、遵守事項の決定に当たっては<u>本人の意見を聴取すること</u>が義務づけられている。
〔下線部が誤り ➡3-4〕

Check!〔25-150-2〕（保護観察所が連携する機関）
一般遵守事項の決定に関して<u>裁判所</u>。　　　　　　　　　　〔下線部が誤り ➡3-4〕

3-4　対象者に共通する遵守事項

一般遵守事項は、1号から5号のいずれの保護観察対象者にも遵守することが義務づけられている。その内容は法律で定められており（更生保護法50条 ➡〔24-149-4〕、〔25-150-2〕）、そこには、改善更生に向けた基本的な生活事項（同法50条1号）のほかに、保護観察の実効性を担保するための様々な事項が列挙されている（同法50条2号-5号）。例えば、「転居又は7日以上の旅行」については保護観察所長の許可が必要とされるが（同法50条5号）〔➡24-149-2〕、これは、保護観察対象者との接触を確保するために不可欠の事項といえよう。

3　特別遵守事項

①　特別遵守事項の性格

Check!〔24-149-5〕
被害が甚大な場合は被害者への謝罪や慰謝が重要であるから、<u>被害者への弁償</u>が特別遵守事項とされる。　　　　　　　　　　　　　　　〔下線部が誤り ➡3-5〕

3-5　不良措置とのかかわり

特別遵守事項は、それに違反した場合、仮釈放の取り消し等の**不良措置**がなされることがあることを踏まえ、「保護観察対象者の改善更生のために特に必要と認められる範囲にお

いて，具体的に定める」ものとされている（更生保護法51条2項）。それゆえ，不良措置をとることが前提とされないような事項を特別遵守事項として定めることは適切でない。例えば，被害者への損害賠償を内容とする事項は，生活行動指針（➡3-10）としてであればともかく，特別遵守事項として定めるにはふさわしくない。被害弁償は，本来，民事上の手続きで解決されるべき問題であり，仮釈放の取り消し等の威嚇によって強制すべき性格のものではないからである〔法務総合研究所 2014：139-140〕〔➡24-149-5〕。

② 専門的処遇プログラム

3-6 特定の犯罪的傾向の改善

この特別遵守事項については，定めうる事項として7類型が列挙されている。そこには，「犯罪又は非行に結び付くおそれのある特定の行動」の禁止（更生保護法51条2項1号）など日常生活で守るべき規範が示される一方，保護観察を有効に実施する上で不可欠の事項も規定されている。例えば，特定の犯罪的傾向をもつ保護観察対象者については，指導監督の一環として**専門的処遇プログラム**（性犯罪者処遇プログラム，覚せい剤事犯処遇プログラム等）が実施されているが（➡4-4），これは，「医学，心理学，教育学，社会学その他の専門的知識に基づく特定の犯罪的傾向を改善するための体系化された手順による処遇として法務大臣が定めるものを受けること」（更生保護法51条2項4号）が特別遵守事項の一つとして設定可能とされたことによるものである。

③ 法務大臣が指定する施設等への帰住

> ***Check!*** 〔28-147-5〕
> 法務大臣が指定する施設などにおいて，一定期間の宿泊の継続とそこでの指導監督を受けることが特別遵守事項の一つとされている。 〔正しい➡3-7〕

3-7 宿泊場所を確保した指導監督

また，法務大臣が指定する施設などへの帰住を特別遵守事項として設定することもできる。

これは，対象者の改善更生のために適当と認められる特定の場所に一定期間宿泊して指導監督を受けること（更生保護法51条2項5号）を義務づけるものであり（➡〔28-147-5〕），そのための施設としては**自立更生促進センター**（➡**6-12**）が指定されている。

④ 社会貢献活動

3-8 自己有用感の獲得，規範意識の向上　さらに，2013（平成25）年には更生保護法が一部改正され，特別遵守事項として**社会貢献活動**が追加されている（更生保護法51条2項6号）。例えば，公園の清掃や福祉施設での介護補助等が活動内容であるが，その目的は，保護観察対象者の自己有用感や規範意識を高めることで，再犯防止と社会復帰を促進させることにある。

従来から保護観察所は，保護観察処分少年を対象として，清掃活動・介護補助等の奉仕活動のほか，陶芸教室の体験学習やレクリエーションなどを内容とする**社会参加活動**を実施してきた。その多くは社会貢献活動としても位置づけることができるが，ただし体験学習やレクリエーションは，「地域社会の利益の増進に寄与する社会的活動」（更生保護法51条2項6号）とはいえず，社会貢献活動には該当しない［西﨑 2014：61］。また，社会参加活動は，保護観察処分少年の同意を得てなされてきたが，社会貢献活動は，保護観察の特別遵守事項として課されるものである以上，対象者の同意を必要としない。さらに，この特別遵守事項は，いずれの保護観察に対しても設定が可能であり，少年だけでなく成人もその対象としている。

⑤ 特別遵守事項の設定・変更および取り消し

> *Check!*〔24-149-1〕
> 特別遵守事項は，保護観察の枠組みを決定する重要な条件であるから，司法機関である裁判所の裁判官が決定している。　〔下線部が誤り ➡**3-9**〕

> **Check!**〔24-149-3〕
> 特別遵守事項は，遵守されない場合は保護観察の取消し等の不良措置の根拠となり得るので安易に変更されるべきでなく，いったん定められた後の付加・変更は<u>できない</u>。〔下線部が誤り ➡3-9〕

> **Check!**〔27-147-5〕
> 1号観察では<u>一般遵守事項しか付されないが，2号観察では一般遵守事項に加えて特別遵守事項が必ず付される</u>。〔下線部が誤り ➡3-9〕

3-9　弾力的な処遇，設定等の主体

　特別遵守事項の設定は裁量的である*。これを設定しないことも可能であり（更生保護法51条1項），また，保護観察の途中で設定・変更することもできる〔➡24-149-3〕。さらに，必要でなくなった特別遵守事項は取り消してもよい。保護観察対象者の改善更生の状況に応じた弾力的な処遇が図られているのである［藤本 2013：68-69, 108］〔➡27-147-5〕。

　特別遵守事項の設定・変更および取り消しの主体は，保護観察の種類によって異なる。保護観察処分少年（1号観察）および保護観察付執行猶予者（4号観察）について定められる特別遵守事項は，**保護観察所長**が設定・変更・取り消しを行なう（更生保護法52条1項・4項，53条1項）。一方，少年院仮退院者（2号観察），仮釈放者（3号観察）および婦人補導院仮退院者（5号観察）については，**地方更生保護委員会**が，その決定をもって特別遵守事項の設定・変更・取り消しを行なう（更生保護法52条2項・4項，53条2項，売春防止法26条2項）〔➡24-149-1〕。

* ただし，薬物法により保護観察付一部執行猶予とされた者（➡2-38）については，「規制薬物等の使用を反復する犯罪的傾向を改善するための」専門的処遇プログラムを受けることを特別遵守事項として定めることが義務づけられている（更生保護法51条の2第1項 ➡4-13）。

4　生活行動指針

3-10　特別遵守事項との異同　保護観察所長は，その判断により「生活又は行動の指針」(**生活行動指針**)を定めることができる(更正保護法56条1項)。これは特別遵守事項と同じく個別に定められるものであるが，ただし，その違反が直ちに不良措置に結びつくわけではない。この点で，特別遵守事項とは性格を異にする。

　例えば，「規則正しい生活をすること」といった努力目標的な事項は，不良措置による制裁にはなじまない。また，「パチンコをしないこと」といった事項は，規範としては明確であるが，不良措置を前提としてまで義務づけるには及ばないとも考えうる。しかし，こうした事項も，「指導監督を適切に行うため必要」(更正保護法56条1項)と認められれば生活行動指針として設定され，保護観察対象者は，それに即して「生活し，及び行動するよう」必要な指示等を受ける(更正保護法57条1項2号)。この生活行動指針と遵守事項とが相まって，指導監督の枠組みは画されているものといえよう。

　＊　ただし，改善更生のために特に必要と認められる場合には，「パチンコをしないこと」を特別遵守事項として設定することも考えられる〔法務総合研究所 2014：150〕。

3　補導援護と応急の救護

1　補導援護

> **Check!**〔25-147〕
>
> 保護観察の実施方法である指導監督と補導援護のうち，指導監督の記述として正しいものを一つ選びなさい。
> 1　特定の犯罪的傾向を改善するための専門的処遇を実施すること。　〔➡正解〕
> 2　就業中に事故に遭遇し傷害を負った者が医療及び療養を受けることを助けること。
> 3　家族との争いの絶えない保護観察対象者の生活環境を改善し，及び調整すること。

> 4　社会から逃避しがちな対象者を社会生活に適応させるために必要な生活指導を行うこと。
> 5　保護観察対象者が適切な宿泊場所を得ること，及び当該宿泊場所に帰住することを助けること。
>
> （注）肢1は指導監督の方法の一つである（更生保護法57条2項4号➡3-6）。これに対して，肢2～肢5は，いずれも補導援護の内容である（更生保護法58条1号・2号・5号・6号）。

① **補導援護の性格**

3-11　福祉的・援助的な働きかけ　指導監督が保護観察対象者の自由を制限する権力的・統制的側面をもつのに対して，**補導援護**は，対象者への福祉的・援助的な働きかけを内容とする点に特徴がある。その方法として法は7項目を列挙しているが（➡〔25-147〕），いずれも保護観察対象者の「自助の責任を踏まえつつ」実施されなければならない（更生保護法58条柱書き）。対象者の自主性・自発性を損なうことのないよう，改善更生のために必要かつ相当な限度で行なうことが求められているのである［法務総合研究所 2014：161］。

② **補導援護の内容**

3-12　指示的働きかけの可否　補導援護の具体的内容は，例えば通院や服薬の助言（更生保護法58条2号）など支援的なものにとどまり，医療や専門的援助を受けるよう命じるなど指示的に働きかけることまでは認められない。[*]

> [*]　もっとも，こうした指示的な働きかけが，指導監督上の措置として認められる場合のあることは前述した（更生保護法65条の3第1項➡3-2＊）。

3-13　補導援護の委託　また，補導援護は，更生保護事業（➡6-10）を営む者その他の適当な者に委託して実施することも可能であり（更生保護法61条2項），この点も指導監督とは異なる。例えば「社会生活に適応させるために必要な生活指導」（更生保護法58条6号）として**社会生活技能訓練**

（Social Skills Training：**SST➡6-8**）等が実施されているが，これは，更生保護施設など更生保護事業者に委託されることが少なくない。

2 応急の救護

3-14 補導援護との異同　　**応急の救護**は，内容的には補導援護の一形態であるが，「適切な医療，食事，住居」等を得ることができないため，保護観察対象者の「改善更生が妨げられるおそれがある」場合に緊急の措置として実施される。そのような場合，保護観察所長は，対象者が一般公共機関から必要な援助を得られるよう援護する（更生保護法62条1項）。これが基本であるが，しかし公共機関からの援助が得られないときは，保護観察所長が，みずからまたは更生保護事業を営む者その他適当な者に委託して必要な措置をとる（更生保護法62条2項・3項）。例えば，所持金のない者に食費や交通費を支給したり，更生保護施設や自立準備ホーム（**➡6-13**）に宿泊場所等の供与を委託することなどが行なわれている。

4　保護者に対する措置

> **Check!**〔26-147-5〕
> 更生保護法には保護者に対する措置が規定されており，保護観察官は必要があれば親に対しても指導を受けるよう命じることができる。
> 〔下線部が誤り**➡3-15**〕

3-15 措置の内容および性格，保護者の範囲　　少年に対する保護観察の実施にあたって，保護観察所の長は，その保護者に対して指導・助言等の措置をとることができる（更生保護法59条）。少年非行の原因が，しばしばその保護者にみられることから，少年を立ち直らせるためには，保護者に対する働きかけが効果的であると考えられたものといえよう［田宮＝廣瀬編 2009：515，535］。

この働きかけは，1号観察（➡2-8）の対象となる保護観察処分少年の保護者，および2号観察（➡2-22）の対象となる少年院仮退院者の保護者に対して行なわれるが，ただし，いずれの場合も保護観察の対象者が20歳以上である場合は除かれる。本人が20歳以上であれば，その父母等は本人の監護について法律上の責任を負わないからである（民法820条参照）。また，指導・助言等の措置は，いずれも強制力を伴わないものであり，従わなかったからといって法的な制裁があるわけではない［田宮＝廣瀬編 2009：516］（➡〔26-147-5〕）。

5　良好措置と不良措置

1　意　義

3-16　改善更生の見込み　保護観察は，法定期間の満了によって終了するが，それ以前であっても，対象者が自力で改善更生できる十分な見込みがあるときは，保護観察を打ち切るなどの措置をとることができる。こうした措置を**良好措置**という。
　一方，保護観察を継続しても対象者の改善更生が期待しえない場合には，施設内処遇（➡1-2）への移行を求めるなどの措置がとられる。これを**不良措置**という。
　良好措置および不良措置の手続きや内容は，保護観察の種類によって異なる。

2　1号観察と良好措置・不良措置

①　良好措置

3-17　保護観察の（一時）解除　保護観察中であっても，成績良好などの理由で保護観察を継続する必要がなくなった場合，保護観察所長は保護観察を解除することができる（更生保護法69条）。また，対象者の改善更生に資すると認められるときは，一時的な解除を行なうこともできる（更生保護法70条1項）。

② 不良措置

3-18 保護観察の実効性　1号観察は独立かつ終局の処分であり、仮退院や仮釈放に付随してなされる措置ではない（▶2-21）。遵守事項を守らないなど保護観察の成績が不良な場合、2号観察であれば少年院への戻し収容（▶3-22）、3号観察であれば仮釈放の取り消し（▶3-24）という措置をとることができる。しかし、1号観察は少年院や刑務所を前提としたものではなく、その実効性を確保するためには、こうした措置とは別個の方策が必要となる。

3-19 虞犯通告　とはいえ、1号観察について従前から不良措置がなかったわけではない。保護観察に付された少年について新たに虞犯事由（少年法3条1項3号）が認められる場合、保護観察所長から家庭裁判所に対して通告がなされ（更生保護法68条1項——**虞犯通告**）、少年審判を経て新たな保護処分が言い渡されることもある。

しかし、この制度は虞犯事由を要件とするものであり、遵守事項違反のすべてをまかないきれるわけではない［川出 2005：39］。保護観察の実効性を確保するためには、遵守事項違反それ自体に対処しうる制度が要請される。

3-20 施設送致申請　そこで今日では、従前の制度に加えて、遵守事項違反を直接の理由として施設内処遇への移行を可能とする措置も導入されている。保護観察所長は、対象少年が遵守事項を守らない場合、❶まず警告を発し（更生保護法67条1項）、それでもなお不遵守が続き「その程度が重い」と判断したときは、❷家庭裁判所に対して施設（少年院、児童自立支援施設または児童養護施設）送致の決定を申請することができる（更生保護法67条2項）。そして、❸家庭裁判所がこれを認めれば、少年院送致等の新たな保護処分がなされるのである（少年法26条の4）。

3 2号観察と良好措置・不良措置

① 良好措置

> **Check!** 〔27-147-2〕
> 対象者が成績良好の場合，1号観察には仮解除や解除といった良好措置があるが，2号観察には良好措置はない。　　〔下線部が誤り ➡3-21〕

3-21　退院　少年院仮退院者の良好措置は**退院**である*〔➡27-147-2〕。仮退院者は保護観察に付されるが（➡**2-22**），その結果が良好であれば，保護観察所長の申し出に基づき，地方更生保護委員会の決定によって退院が認められる（更生保護法74条1項）。

　少年院からの退院をもって保護処分としての少年院送致は終了し，もはや保護観察が行なわれることもない。

*　退院には，ほかに❶在院者が法定の年齢（原則として20歳）に達したときに行なわれる**満齢退院**（少年院法137条1項本文），❷収容継続期間（➡**2-19**）の満了による**満期退院**，❸少年院収容中に矯正の目的を達したと認められる場合，仮退院を経るまでもなく許される**良好退院**（少年法136条1項，更生保護法46条1項）がある（➡**5-12**）。

② 不良措置

> **Check!** 〔27-147-3〕
> 対象者が遵守事項に違反した場合，1号観察も2号観察も地方更生保護委員会の決定により少年院に収容されることになる。　　〔下線部が誤り ➡3-22〕

3-22　戻し収容　少年院仮退院者の更生が保護観察を継続しても困難であれば，その者を再び少年院に戻して処遇することが必要となる。そこで，2号観察には不良措置として**戻し収容**の申請が設けられている。

　仮退院中の者が遵守事項を遵守しなかった場合，地方更生保護委員会は，保護観察所長の申し出に基づき，家庭裁判所に対し，その者を少年院に戻して収容する旨の決定の申請をすることができる（更生保護法71条）。そして，この申

請を受けた家庭裁判所は，相当と認めるときは，戻し収容の決定をするのである（更生保護法72条1項）〔➡27-147-3〕。

4 3号観察と良好措置・不良措置

① 良好措置

3-23 不定期刑の終了　成人については，すべての自由刑が定期刑（確定期限の定められた刑）として言い渡されるが，一方，少年については，**不定期刑**（➡9-42）を科すなどの特別の扱いが認められている。不定期刑は，判決の際に「○○以上○○以下の刑」という形で刑の短期と長期を定めて言い渡され（少年法52条1項），刑の短期の3分の1の経過が仮釈放の許可条件とされている（少年法58条1項3号）。

この不定期刑の仮釈放者（少年法58条）については，良好措置として**不定期刑の終了**という制度がある。すでに刑の短期を経過し，保護観察を継続しなくても確実に改善更生できると認められるとき，地方更生保護委員会は，保護観察所の長の申し出により，刑の執行を終了したものとすることができるのであり（更生保護法78条1項），それによって保護観察も終了する。

これに対して，仮釈放者の大多数を占める定期刑の者については，こうした特則が設けられているわけではない。また，4号観察と異なり，保護観察の仮解除（➡3-25）という措置も認められてはおらず，それゆえ，保護観察は仮釈放の期間満了まで継続される。

② 不良措置

3-24 仮釈放の取り消し　3号観察には，不良措置として**仮釈放の取り消し**が設けられている。仮釈放中に遵守事項違反や再犯等があったときは，仮釈放が取り消され再び刑務所に収容される（刑法29条1項）。もともと仮釈放は，刑期満了前に釈放された受刑者を保護観察に付し，その改善更生と社会復帰を図る制度であるが（➡2-25），こうした目的を達成するのが困難な事情が認められるときは，対象者を再び施設内に戻して処遇を行なう

ほかない。

仮釈放の取り消しは**地方更生保護委員会**が行なう。特に遵守事項違反を理由とする仮釈放の取り消しについては，保護観察所の長の申し出があって初めてその審理は開始される（更生保護法75条2項）。

* ただし，執行猶予の言い渡しの取り消し（➡3-26）と異なり，取り消すかどうかは地方更生保護委員会の裁量に委ねられている。

5 4号観察と良好措置・不良措置

① 良好措置

3-25　保護観察の仮解除　4号観察に固有の良好措置として，**保護観察の仮解除**という制度がある。全部執行猶予あるいは一部執行猶予に付された保護観察は，対象者が自力で改善更生を図ることができると認められる場合，その実施を仮に解除することができる（刑法25条の2第2項，27条の3第2項，薬物法〔➡2-30〕4条2項）。これは，指導監督および補導援護の措置を行なわないものとする処分であり，地方更生保護委員会が，保護観察所の長の申し出に基づき，決定をもって行なう（更生保護法81条1項）。

もっとも，仮解除は，保護観察に付す旨の裁判の効果までも失わせるものではない。それゆえ，一般遵守事項を守る義務は継続しており，例えば，転居の際は許可を要し，また，善行を保持しなければならないことに変わりはない。

なお，地方更生保護委員会は，本人の行状に鑑み再び保護観察を実施する必要が生じたと認めるときは，決定をもって，仮解除の処分を取り消すことができる（更生保護法81条5項）。仮解除が取り消されると，保護観察が再開され，指導監督・補導援護が行なわれる。

*1　ほかに，特別遵守事項は，仮解除の処分と同時に取り消されたものとみなされる（更生保護法81条4項）。また，生活行動指針や応急の救護の適用もなくなる（同法81条2項）。

*2　ただし，仮解除中は指導監督や補導援護を受けないことから，7日以上の旅行許可のように，一般遵守事項のうち遵守義務を免れるものも少なくない（更生保護法81条3項）。

② 不良措置

3-26 執行猶予の取り消し　もともと刑の執行猶予は，その取り消しによる心理的威嚇のもとで再犯防止を図る制度であるが，これに保護観察を付すのは，そうした社会内処遇の方法によって対象者の自律的な改善更生を目指しているからにほかならない（➡2-34，2-37）。それゆえ，保護観察を継続しても改善更生が期待しえないと判断される場合には，施設内処遇に移行して刑を執行することが必要となる。保護観察付執行猶予者について，不良措置として**刑の執行猶予の取り消し**が設けられているのは，そのためである［法務総合研究所 2014：248］。

例えば，執行猶予の期間内にさらに罪を犯し，禁錮以上の刑に処せられた場合，執行猶予は必ず取り消される[*1]（全部執行猶予の必要的取り消し：刑法26条1号，一部執行猶予の必要的取り消し：刑法27条の4第1号）。これに対して，再犯の罪について罰金に処せられたにとどまる場合は，執行猶予を取り消すかどうかが裁判所の判断に委ねられている（全部執行猶予の裁量的取り消し：刑法26条の2第1号，一部執行猶予の裁量的取り消し：刑法27条の5第1号）。いずれの場合であれ，対象者が保護観察に付されているか否かは問われない。

一方，再犯には至っていない段階であっても，保護観察付執行猶予者については，さらに遵守事項に違反した場合にも執行猶予の裁量的取り消しが認められている[*2]（全部執行猶予の裁量的取り消し：刑法26条の2第2号，一部執行猶予の裁量的取り消し：刑法27条の5第2号，薬物法5条2項）。

刑の執行猶予の言い渡しを取り消す場合は，検察官が管轄裁判所に取り消しの請求を行なう（刑事訴訟法349条1項）。ただし，保護観察付執行猶予を遵守事項違反により取り消すにあたっては，あらかじめ保護観察所長の申し出が必要となる。検察官の裁判所に対する請求は，実際に保護観察を担当している保護観察所の長の申し出に基づかなければならないとされるのである（刑事訴訟法349条2項，更生保護法79条）。遵守事項違反の態様や程度等を実際に把握しているのは，保護観察所（保護観察官）であるからにほかならない［太田 2014：204］。

＊1　ただし，全部執行猶予の必要的取り消しが認められるのは，禁錮以上の刑の「全部に

ついて執行猶予の言渡しがないとき」（刑法26条1号）に限定される（➡8-21）。
*2　なお，遵守事項違反を理由とする一部執行猶予の取り消しは，全部執行猶予を取り消す場合と異なり，情状が重い場合に限られない（➡8-22）。

6　5号観察と良好措置・不良措置

① 良好措置

3-27　良好措置の不存在　婦人補導院仮退院者について，良好措置の規定はない。仮退院者の保護観察期間は，補導処分（6か月）の残期間とされ（売春防止法26条1項），極めて短いためであろう。

② 不良措置

3-28　仮退院の取り消し　婦人補導院仮退院者に遵守事項違反が認められた場合，地方更生保護委員会は，保護観察所の長の申し出に基づき，仮退院の取り消しを決定することができる（売春防止法27条1項）。取り消しの決定がなされると，仮退院者は婦人補導院に再び収容され，補導処分の執行を受けることになる。

参考文献

今福章二「更生保護と刑の一部の執行猶予」『更生保護学研究』3号（2013年），20-35頁。
太田達也『刑の一部執行猶予』慶應義塾大学出版会，2014年。
川出敏裕「14歳未満の少年の保護処分の見直し等」ジュリスト1286号（2005年），34-43頁。
田宮　裕＝廣瀬健二編『注釈少年法〔第3版〕』有斐閣，2009年。
西﨑勝則「刑の一部の執行猶予制度等の概要及びその導入に向けた更生保護における取組」『罪と罰』51巻2号（2014年），51-63頁。
藤本哲也『新時代の矯正と更生保護』現代人文社，2013年。
法務総合研究所『研修教材　平成26年版　更生保護』2014年。

第4章 保護観察業務の拡充

1 段階別処遇

4-1 保護観察処遇の多様性　保護観察対象者のかかえる問題性は一様ではない。保護観察の実効性を高めるためには，個々の対象者の状況に応じた施策が求められよう。そこで今日では，段階別処遇と分類別処遇を基軸としつつも，さらには専門的処遇プログラムを導入するなど，処遇の充実に向けて多様な施策が実施されている。

4-2 処遇の難易度による区分　保護観察対象者は，処遇の難易によって区分された各段階に編入され，保護観察官の関与の程度や接触頻度等を異にする処遇を受ける。これを**段階別処遇**という。

　処遇の段階はS・A・B・Cの四つであり，C段階では主に保護司による処遇（毎月2回程度の保護司面接＋必要に応じた保護観察官面接）が行なわれるが，B段階・A段階へと至ると，面接回数が増加するほか保護観察官の関与も強化される（例：A段階……毎月3回程度の保護司面接＋3か月に1回の保護観察官面接）。

　最上位の段階はS段階である。例えば，無期刑または長期刑（執行刑期が10年以上の刑）の仮釈放者は，社会復帰に種々の困難を伴うため，仮釈放後1年間はこの段階に編入される。そして，必要があれば複数の保護観察官の関与を受けるなど，特別な態勢のもとで処遇されることとなる［法務総合研究所 2013：71］。

2 類型別処遇

4-3 対象者の特性への着目

　保護観察対象者の中には，薬物依存や暴力団とのつながりなど，改善更生にあたって留意すべき類型的な問題をもつ者がいる。また，中学生や高齢者など，処遇の上で特別な配慮を必要とする者も少なくない。こうした対象者の問題性その他の特性に着目した処遇方法が**類型別処遇**といわれる。

　類型の区分としては，シンナー等乱用，覚せい剤事犯，問題飲酒，暴力団関係，暴走族，性犯罪等，精神障害等，中学生，校内暴力，高齢，無職等，家庭内暴力，ギャンブル等依存の13種類が定められており，各類型ごとに効率的な処遇が実施される。例えば，「精神障害等」の類型に認定された者については，医療・福祉上の措置に関する助言や家族等との連携などが，処遇の内容に取り込まれる〔法務総合研究所 2013：161〕。

　なお，上記の類型のうちには，「覚せい剤事犯」・「性犯罪等」のように，以下にみる専門的処遇プログラム（「覚せい剤事犯者処遇プログラム」・「性犯罪者処遇プログラム」）として制度化されているものもある。

3 専門的処遇プログラム

1 意義および種類

> ***Check!*** 〔26-150-1〕
> 専門的処遇プログラムは，心理療法の一つである認知行動療法が基になっており，自発的意思に欠ける対象者には適用とならない。　〔下線部が誤り ➡4-4〕

> ***Check!*** 〔26-150-2〕
> 専門的処遇プログラムを受けるのは仮釈放者ではなく，保護観察付執行猶予者である。　〔下線部が誤り ➡4-5〕

第4章 保護観察業務の拡充

> **Check!** 〔26-150-5〕
> 就労が優先すると認める場合には，保護観察官の判断により，専門的処遇プログラムの実施を取りやめることができる。　　　〔下線部が誤り ▶4-4〕

4-4　処遇の機会の確保　　専門的処遇プログラムは，保護観察対象者がもつ特定の犯罪的傾向に直接働きかけて，これを除去または緩和することを目的としている。現在，a）性犯罪者処遇プログラム，b）覚せい剤事犯者処遇プログラム，c）暴力防止プログラム，d）飲酒運転防止プログラムが定められているが，この4種のプログラムは，いずれも更生保護法51条2項4号の規定に基づくものであり（▶3-6），その受講を**特別遵守事項**として＊義務づけることができる〔▶26-150-1〕。プログラムを受講しなかった場合には，仮釈放の取り消し（▶3-24）や刑の執行猶予の取り消し（▶3-26）などの処分が検討されるのであり，こうした強制力によって，指導に拒否的な対象者，改善意欲を保つことが困難な対象者についても，処遇機会の確保が図られている〔辻 2010：92〕。

＊　特別遵守事項として設定された専門的処遇プログラムは，保護観察所長（保護観察付執行猶予者について）または地方更生保護委員会（仮釈放者について）の決定により，取り消すことができる（更生保護法53条 ▶3-9）〔▶26-150-5〕。

4-5　プログラムの実施　　プログラムの対象者は，仮釈放者および保護観察付執行猶予者のうち〔▶26-150-2〕，性的欲求に基づく犯罪を反復する傾向をもつ者（＝a），覚せい剤の自己使用を反復する傾向をもつ者（＝b），暴力的犯罪を反復する傾向をもつ者（＝c），飲酒運転を反復する傾向をもつ者（＝d）であり，いずれのプログラムも，以下にみる認知行動療法の理論に基づき，保護観察官が集団または個別に実施している。

2　認知行動療法

> **Check!** 〔26-150-4〕
> 専門的処遇プログラムの一つである性犯罪者処遇プログラムは，逸脱した性的欲

求を低下させることに焦点を当てて実施する。　　　〔下線部が誤り ➡4-6〕

4-6　認知・行動パターンの変容　**認知行動療法**は，個々の対象者がもつ一定の認知・思考・行動のパターンに着目し，その変容を促す心理療法であり，各専門的処遇プログラムの理論的基礎とされている。例えば，性犯罪者処遇プログラムでは，性犯罪に至ったプロセスをサイクル図として明示し，犯罪につながる認知の歪みやその背景等について，対象者自身が気づき言語化していくことが当面の作業となる。そして，プログラムの後半課程では，従来の認知・行動パターンから抜け出す方法を検討し，再犯防止のための新たな行動パターンを習得することに取り組んでいくのである〔➡26-150-4〕。

こうした専門的処遇プログラムのうち，とりわけ実施数の多いのは覚せい剤事犯者処遇プログラムである。

4　覚せい剤事犯者処遇プログラム

1　遵守事項に基づく処遇

①　プログラムの受講義務

4-7　対象者　覚せい剤事犯者処遇プログラムは，ワークブックを用いた面接（教育課程）と後述の簡易薬物検出検査から構成されており，仮釈放者・保護観察付執行猶予者のうち，覚せい剤自己使用の罪で保護観察に付された者を対象としている。上述のように，プログラム受講を**特別遵守事項**として設定された者にとって受講は義務であり（➡4-4），プログラムへの自発的な参加を望まない者への対応も可能とされている。

②　簡易薬物検出検査

> **Check!**〔26-150-3〕
>
> 専門的処遇プログラムの一つである覚せい剤事犯者処遇プログラムは，簡易薬物

検出検査と組み合わせて，断薬の意思を強化しながら実施する。

〔正しい➡4-8〕

4-8 断薬意志の強化　プログラムでは，ワークブックによる学習指導と併せて**簡易薬物検出検査**が実施される。陰性（覚せい剤の使用がないことを示す）の検査結果を積み重ねることにより，断薬への達成感を与え，その意志の強化を図ろうというのである〔➡26-150-3〕。この検査は，もともと対象者の自発的意思に基づく簡易尿検査として2004（平成16）年に導入されたものであるが，2008（平成20）年から唾液を検体とした検査も可能となり，名称も上記のように変更されている。

　覚せい剤事犯者処遇プログラムの受講を特別遵守事項として設定された者は，すべて簡易薬物検出検査を受けなければならない。検査はプログラムに組み込まれ，その一環として義務的なものとされているのである[*]（更生保護法51条2項4号）。

　　[*]　なお，処遇プログラムを終了した者や当初からプログラムの実施対象とならなかった者に対しても検査は可能であるが，その場合は，本人の自発的意思に基づくことが必要である（法57条1項3号➡3-2）。

2　新たな薬物処遇プログラム

① 実施内容

4-9 施設内処遇と社会内処遇の一貫性　処遇プログラムは，**刑の一部執行猶予**制度の施行を見据えて改善が進められた。第1に，施設内処遇と社会内処遇との連携を確保するという同制度の目的からすると（➡2-36），両処遇は内容的にも結び付きの十分なものでなければならない。そこで，施設内処遇と社会内処遇との一貫性を考慮した新たな薬物処遇プログラムが開発され[*]［西﨑 2014：56］，2012（平成24）年から，これが新たな覚せい剤事犯者処遇プログラムとして実施されている。

　　[*]　新たなプログラムは，覚せい剤だけでなく規制薬物全般に対応しうる内容となっている。

4-10　長期的な処遇　　　第2に，刑の一部執行猶予制度のもとでは，社会内処遇の充実を図るために保護観察期間も長期化してくることから，処遇プログラムもこれに対応する内容のものとされている。新たな薬物処遇プログラムでは，全5課程のコアプログラムでワークブックによる学習と簡易薬物検出検査とが併せて実施され［田島 2013：59］，その終了後は，フォローアッププログラムによって履修内容の定着が図られる。そして，フォローアッププログラムは原則として保護観察期間が終了するまで実施され［西﨑 2014：56-57］，その間も簡易薬物検出検査は継続されるのである[*]。

[*] もっとも，保護観察期間を通じて簡易薬物検出検査が実施されているのは仮釈放者だけであり，保護観察付執行猶予者については，コアプログラムの間だけに限定して実施されている［太田 2014：81］。

② 実施方法

4-11　集団処遇の導入　　　従来の覚せい剤事犯者処遇プログラムは個別に実施されていたが，新たなプログラムでは集団での実施も可能とされている。グループワーク方式は，依存症からの回復に効果的であるとされる反面，互いの交流による再犯への懸念も払拭できない。しかし，メンバー同士ではプライバシーを明かさない等の工夫によって，特段の問題は生じていないとのことである［西﨑 2014：57］。

4-12　実施補助者　　　また，プログラムのサポート体制として，薬物依存に関する外部の専門家が同席することも可能となった。プログラムの実施担当者は保護観察官であるが，新たなプログラムでは，実施補助者としてダルク等民間の薬物依存症リハビリテーション施設の職員や精神保健福祉センター職員などが関与することも認められ，保護観察期間終了後も地域の医療・相談機関等につながる契機となるよう配慮が示されているのである［西﨑 2014：57］。

3　更生保護法の改正

4-13　特別遵守事項の特則　さらに、刑の一部執行猶予制度の導入と併せて更生保護法それ自体も改正され、覚せい剤事犯者など薬物事犯者に対する保護観察処遇を一層効果的にするための方策が整えられている。

　第1に、**特別遵守事項の特則**が設けられた。一般に特別遵守事項の設定は裁量的であり（更生保護法51条1項）、必要がなければ定めなくてもよい。しかし、薬物法により保護観察付一部執行猶予に付された者（➡2-38）については、薬物処遇プログラムの受講を特別遵守事項として定めることが、特別の場合を除き、義務とされるのである（更生保護法51条の2第1項➡3-9＊）。

4-14　保護観察処遇の特則　第2に、**保護観察処遇の特則**が定められた。薬物依存のある保護観察対象者[*1]の処遇にあたっては、特別の指導監督として、外部の機関等が提供する医療や専門的援助を受けるよう対象者に指示することが可能とされている（更生保護法65条の3第1項➡3-2＊）。そして、専門的援助を受けた場合は、その受けた内容に応じて薬物処遇プログラムの受講を一部免除することも認められている（更生保護法65条の3第4項）。当該援助が、保護観察所の実施する専門的処遇プログラムの一部に相当する場合も考えうるからである[*2]［太田 2014：232］。

＊1　薬物法による保護観察付一部執行猶予者に限られるわけではない。
＊2　専門的処遇プログラムとの代替性が認められるのは、「専門的な援助」（65条の3第1項2号）に限られ、「医療」（同項1号）は除かれる。保護観察所の行なう専門的処遇プログラムは、認知行動療法を基礎としている。一方、ダルクなどによる外部の専門的援助として想定されているのも、認知行動療法に基づく薬物依存からの回復プログラム等にほかならない。それゆえ、専門的援助については、これを保護観察における処遇と同等なものともみなしうるのであるが［今福 2013：30］、これに対して、医療については、そうした同等の効果を認めることが難しいと言わざるをえないのである。

5　就労支援

> **Check!**〔25-150-3〕（保護観察所が連携する機関）
> 協力雇用主の確保に関して矯正施設。　　〔下線部が誤り ➡4-16〕

> **Check!**〔25-150-4〕（保護観察所が連携する機関）
> 就労支援対策に関して福祉事務所。　　〔下線部が誤り ➡4-15〕

4-15　公的就労支援対策　　犯罪者や非行少年の社会復帰を促進し再犯を防止するためには，安定した就労の場を確保することが重要であり，保護観察所は，従来から**補導援護**（➡3-11）の一環として**就労支援**（更生保護法58条3号）を行なってきた。それは，**公共職業安定所**（ハローワーク）との個別的な連携協力によるものであったが，2006（平成18）年度からは，法務省と厚生労働省とが共同し，受刑者一般について**刑務所出所者等総合的就労支援対策**を開始しており，その一環として，保護観察所でも施策の充実化が図られている。公共職業安定所との密接な連携のもとに，各種の就労支援メニュー（例：トライアル雇用制度〔試行的に雇用する事業主に奨励金を支給〕，身元保証制度〔被雇用者が事業主に損害を与えた場合に見舞金を支給〕）を活用しつつ，保護観察対象者＊に対する職業紹介等を実施しようというのである（➡〔25-150-4〕）。

＊　ほかに，更生緊急保護対象者（➡5-3）も支援の対象とされる。

4-16　協力雇用主　　一方，刑務所出所者等の就労支援を実効的なものとするためには，**協力雇用主**（➡1-4＊）の確保も欠かすことができない。そのため今日，協力雇用主については，その負担を軽減する方策（例：身元保証制度➡4-15）だけでなく，刑務所出所者等を実際に雇用した場合に奨励金を支給する制度（就労奨励金制度）も用意されている。

さらに，協力雇用主の支援を目的とする民間組織も全国的な広がりをみせて

いる。経済団体・企業等の関係者により設立（2009〔平成21〕年）された**全国就労支援事業者機構**（認定特定非営利活動法人）がそれであり，これを受けて，各都道府県単位でも就労支援事業者機構が順次組織され，協力雇用主の開拓等を行なっている。保護観察所は，就労支援（補導援護）にあたって，個別的な調整にとどまらず，こうした関係機関・団体との連携をも深めて（➡〔25-150-3〕），その取り組みを進めている。

6　更生保護における被害者等施策

Check!〔24-150〕

事例を読んで，被害者担当官の対応に関する次の記述のうち，最も適切なものを一つ選びなさい。

〔事例〕
　Nさん（40歳，男性）は，加害少年（15歳，男子）に自宅へ押し入られ，150万円相当の被害を受けた。加害者側からは，謝罪も被害弁償も受けていない。家庭裁判所から加害少年は保護処分となった旨の連絡を受けたが，加害少年と直接連絡が取れない。そこで保護者の居場所を教えてほしいというのが，Nさんの要望である。

1　Nさんの事件後の苦労と心情を考えると，加害者側と連絡を取りたいというNさんの要望は当然なので，すぐに居場所を教えた。〔下線部が誤り➡4-20〕
2　Nさんが加害者側から謝罪も被害弁償もうけていないことを知り，保護観察所にNさんを呼んで保護者と面接する機会を設けた。〔下線部が誤り➡4-21〕
3　心情等伝達制度を利用して，その気持ちを加害少年に伝えたらどうかとNさんに助言した。　　　　　　　　　　　　　　　　〔正しい➡4-19〕
4　被害者担当官は保護観察を担当しないので，意見等聴取制度の申出をするようにNさんに助言した。　　　　　〔下線部が誤り➡4-18〕
5　被害者が心情等を述べることができる期間に制限はないので，気持ちが落ち着いたときに申し出るようにNさんに助言した。　〔下線部が誤り➡4-19〕

4-17　被害者担当官・被害者担当保護司の配置

2007（平成19）年から，地方更生保護委員会および保護観察所で，**犯罪被害者等施策**が実施されている。これは，犯罪被害者等基本法（2005〔平

成17〕) 年施行) に基づき策定された「犯罪被害者等基本計画」(2005〔平成17〕) 年閣議決定) を受けてのことである。

　この施策は, 意見等聴取制度, 心情等伝達制度, 被害者等通知制度, 相談・支援の四つから構成されている。また, これらの制度を導入するにあたって, 全国の保護観察所には**被害者担当官**と**被害者担当保護司**が新たに配置された。[*]

　　* 被害者担当官および被害者担当保護司は, その任にあたる間は, 加害者を対象とした保護観察や生活環境の調整等を担当しないこととされている。

4-18　意見等聴取制度　　地方更生保護委員会は, 加害者の仮釈放 (➡2-24) あるいは少年院からの仮退院 (➡2-22) の審理にあたって, 被害者やその遺族等から仮釈放等に関する意見や被害に関する心情を述べたい旨の申し出があった場合, その意見を聴取する[*] (更生保護法38条1項, 42条)。聴取された意見は, 仮釈放・仮退院の可否についての判断, それを許す場合の特別遵守事項の設定 (➡3-10) にあたって考慮される。

　　* 被害者等が意見等聴取制度を利用できる期間は, 加害者の仮釈放・仮退院の審理が行なわれている期間に限られる。少年事件でいえば, 加害少年が少年院から仮退院するに際して被害者等は意見を述べる機会が認められるが, 少年が保護観察 (保護処分としての保護観察➡2-8, 仮退院後の保護観察➡2-22) を受けている期間中, それについて意見を述べる機会が与えられているわけではない (➡〔24-150-4〕)。

4-19　心情等伝達制度　　保護観察所は, 被害者等から被害に関する心情等 (被害に関する心情・被害者等の置かれている状況・保護観察対象者の生活または行動に関する意見) を聴取し, 保護観察中の加害者に伝えることができる (更生保護法65条)。この制度は, 被害者等の希望に配慮するとともに, 保護観察中の加害者に対して被害者等の心情を具体的に認識させることにより, 被害の実情等を直視させ, 反省および悔悟の情を深めさせるという観点から導入されたものである〔法務総合研究所 2014：347〕(➡〔24-150-3〕)。制度を利用できる期間は加害者の保護観察期間中であり (➡〔24-150-5〕), 被害者等の申し出によって実施される。

4-20　被害者等通知制度　　被害者等通知制度は, 通知を希望する被害者等に対し, 刑事司法機関が加害者に関する情報を通知する制度で

ある。この制度は検察庁や刑事施設でも実施されているが、更生保護の分野では、地方更生保護委員会が仮釈放等の審理の開始や結果に関する事項を通知する一方、保護観察所は保護観察の開始・終了や保護観察中の処遇状況に関する事項を通知している。被害者等は、この通知制度を利用することにより、意見等聴取制度や心情等伝達制度の利用を申し出る時期を知ることができる。

* たしかに、加害者に関する情報は被害者等通知制度によって提供されるが、本文でみたように、被害者等に通知する事項は限定されている。また、被害者等が心情を伝達したいというのであれば心情等伝達制度の利用を考えうるが、それは加害者側との直接の接触まで認めるものではない。（➡〔24-150-1〕）。

4-21 相談・支援 　保護観察所では、被害者担当官や被害者担当保護司が、被害者等からの相談を受け、支援に関する制度の説明や関係機関の紹介等を行なっている。

* 例えば、保護観察対象者による被害弁償については、「日本司法支援センター」（愛称「法テラス」）の活用が図られている。同センターは、総合法律支援法に基づいて設置された全額国庫出資の公益法人であり、犯罪被害者等の支援業務として、保護観察所との連携のもと、一定の条件に該当する保護観察対象者が、示談交渉等の法的支援を受ける仕組みを用意している。被害弁償については、同センターを仲介機関として、その円滑な履行を促すことが考えられる（➡〔24-150-2〕）。

参考文献

今福章二「更生保護と刑の一部の執行猶予」『更生保護学研究』3号（2013年）、20-35頁。

太田達也『刑の一部執行猶予』慶応義塾大学出版会、2014年。

田島佳代子「保護観察所における薬物事犯者の処遇」『罪と罰』50巻2号（2013年）、55-64頁。

辻　裕子「社会内処遇における専門的処遇プログラムの現状と課題」『犯罪と非行』165号（2010年）、70-95頁。

西﨑勝則「刑の一部の執行猶予制度等の概要及びその導入に向けた更生保護における取組」『罪と罰』51巻2号（2014年）、51-63頁。

法務総合研究所『犯罪白書（平成25年版）』2013年。

法務総合研究所『研修教材　平成26年版　更生保護』2014年。

第5章

更生緊急保護

1 意 義

1 目 的

5-1 応急的な性格
満期釈放などで身体の拘束を解かれたばかりの者の中には，住居や仕事がなく，あるいは所持金も不十分なため，当面の生活が困難となる者も少なくない。**更生緊急保護**は，そうした者が改善更生に支障を来し再犯に及ぶという事態を懸念して設けられた制度である。

たしかに，刑務所出所者等であっても，生活上の困難を抱えるのであれば，一般の福祉サービスを受けることができる。しかし，サービス受給には一定の要件を満たす必要があり，また，その手続きにあたっては日時を要するのが通常である。そのため法は，応急の措置を講じ，これを更生緊急保護として制度化することで，対象者の改善更生を支援するのである（更生保護法85条1項）。

2 実施機関

> **Check!**〔22-149-4〕
> 更生緊急保護は，対象となる要件を備えた者についてその再犯を予防するために必要があると<u>検察官</u>が認めたときに限り，行うものとされている。
> 〔下線部が誤り ➡5-2〕

5-2 国の責務
更生緊急保護は，国の責任で行なわれる（更生保護法85条2項）。満期釈放者等は，国の一方的な事務処理によって身体の拘束を解かれるのであって，社会生活に復帰する条件が整っていない場合もある。そ

うした状態にある者について，再犯防止という刑事政策的見地から必要な保護を行なうことが国家の責務とされているのである〔法務総合研究所 1988：239-240〕。

このように，更生緊急保護は国が緊急の援助を与える制度であるが，その具体的な実施機関は保護観察所の長である。後述するように（➦5-19)，更生緊急保護は，対象者からの申し出を受けて，保護観察所の長がその必要を認めた場合に限って実施される（更生保護法86条1項➦〔22-149-4〕)。

2　対象者

> **Check!**〔22-149-3〕
> 少年院から退院した者，又は仮退院を許され保護観察に付されている者は，更生緊急保護の対象となる。　　　　　　　　　　　〔下線部が誤り➦5-3〕

5-3　対象者の限定　　更生緊急保護の対象者は9種類に限定されている。以下にみるように，刑事上の手続きまたは保護処分（➦2-6）による身体の拘束を解かれた者のうち，保護観察の対象とならない者についてのみ，更生緊急保護は実施される（➦〔22-149-3〕)。

5-4　**①懲役，禁錮または拘留の刑の執行を終わった者**　懲役，禁錮または拘留（➦コラム2：刑罰の種類〔27頁〕）の刑期を終えて刑務所から出所（**満期釈放**➦2-24）した者のほか**仮釈放**期間（➦2-25）を終了した者などが，これに当たる（更生保護法85条1項1号）。

5-5　**②懲役，禁錮または拘留の刑の執行の免除を得た者**　恩赦法8条の規定により**刑の執行免除**（➦7-31）を得た者などが，これに当たる（更生保護法85条1項2号)。

5-6　**③懲役または禁錮につき刑の全部の執行猶予の言い渡しを受け，その裁判が確定するまでの者**　禁錮以上の刑を言い渡す有罪判決であっても，それが**刑の全部執行猶予**（➦2-31）の判決であるときは，刑の執行の確保に向けて被

告人の身柄を拘束する必要はない。刑の全部執行猶予は身柄の拘束を内容としない刑だからである。それゆえ、刑の全部執行猶予の宣告があると、それまで身柄を拘束されていた者も、釈放される（刑事訴訟法345条参照）。*1

もっとも、判決が確定するには2週間を要し*2、その間は、裁判が未確定の状態にある。そうした状態にある者について*3、本号は、更生緊急保護の措置をなしうることを明らかにしている（更生保護法85条1項3号）。

* *1 裁判所は、被告人の公判への出頭や刑の執行を確保し、あるいは罪証の隠滅を防止するために、その身柄を拘束することができる。これを**被告人勾留**という（刑事訴訟法60条）。
* *2 刑の言い渡しを受けただけでは、その裁判は確定しない。裁判が争う余地のない状態になることを**裁判の確定**といい、その時期は、当該裁判についてもはや通常の上訴（控訴、上告）等が許されなくなったときである。例えば、第1審判決は、公訴提起（検察官の主張➡5-9）を受けて示される裁判所の判断（裁判）であるが、それが確定するのは、判決の宣告後、控訴の申し立てがないまま14日を経過したときとされている（刑事訴訟法373条、358条）。
* *3 それゆえ、保護観察付全部執行猶予（➡2-34）の言い渡しを受けた者も、判決が確定するまでは本号の対象となる。

5-7 **④懲役または禁錮について刑の全部執行猶予の言い渡しを受け、保護観察に付されなかった者** 刑の全部執行猶予の裁判が確定した者のうち、保護観察に付されなかった者がこれに当たる（更生保護法85条1項4号）。

5-8 **⑤保護観察の付かない単純一部執行猶予者** 刑の一部執行猶予の対象者は、保護観察に付されていない場合（➡2-38、8-19）、実刑部分の執行が終わった時点で釈放される。こうした者も、満期釈放者と同じく、更生緊急保護の対象とされる（更生保護法85条1項5号）。

5-9 **⑥起訴猶予者** 犯罪を行なった疑いのある者について、裁判所に審判を求める行為を**公訴の提起**（**起訴**）という。裁判所に公訴を提起する権限は検察官のみがもつ（刑事訴訟法247条）。とはいえ、すべての事件が起訴されるわけではない。例えば、裁判を行なうための条件（**訴訟条件**）が欠けていたり（例：被疑者の死亡）、訴訟条件は備わっているものの犯罪の嫌疑が十分でない場合、検察官は事件を**不起訴処分**にする。しかし更に、訴訟条件の

存在も犯罪の嫌疑も認められるが，犯罪の性質や犯人の性格・境遇などから犯人を処罰することが適切でないと判断される場合も，検察官は不起訴処分（**起訴猶予処分**）とする権限をもつ（**起訴便宜主義**――刑事訴訟法248条）。このように不起訴処分というときは，訴訟条件の欠如や嫌疑不十分を理由とするもののほかに，起訴猶予の場合も含まれるが，そのうち更生緊急保護の対象とされるのは，起訴猶予処分とされ釈放された者に限られる（更生保護法85条1項6号）。更生緊急保護は犯罪をした者の改善更生を助けることを目的としており，訴訟条件の欠如や嫌疑不十分を理由に不起訴処分とされた者は，この制度の趣旨に馴染まないからである〔法務総合研究所 2014：278〕。

5-10　**⑦罰金または科料の言い渡しを受けた者**　罰金または科料（➡コラム2：刑罰の種類〔27頁〕）の言い渡しを受けて釈放された者がこれに当たる（更生保護法85条1項7号）。

5-11　**⑧労役場出場・仮出場者**　罰金や科料を完納できない者は，一定期間，刑事施設に附置された**労役場**（刑事収容施設法〔➡1-1＊2〕287条1項）に留置され，作業を義務づけられる（刑法18条）。この労役場から出場し，あるいは地方更生保護委員会の決定により**仮出場**を許された者が（更生保護法16条1号），本号の対象とされる（更生保護法85条1項8号）。

　なお，仮出場は収容期間満了前の「いつでも」可能であり（刑法30条），その際に遵守事項を定められることも，保護観察に付されることもない。また，仮出場の取り消しや再収容に関する規定も用意されてはおらず，実質的には終局的な釈放にほかならない。

5-12　**⑨少年院退院者，仮退院期間満了者等**　以下のa）～e）に該当する者が，更生緊急保護の対象とされる。

a）20歳に達して少年院から退院（**満齢退院**――少年院法137条1項本文）した者

b）裁判所の定めた収容継続期間（➡2-19）の満了により少年院から退院（**満期退院**）した者

c）少年院収容中に地方更生保護委員会の決定により退院（**良好退院**――少年院法136条1項，更生保護法46条1項）を許された者

d）少年院仮退院中に地方更生保護委員会の決定により退院を許された（更生保護法74条1項）者（➡3-21）

e）仮退院期間が満了となった者

　少年院からの仮退院者は，仮退院の期間が満了するまで（20歳に達するまで，あるいは定められた収容期間が満了する日まで）保護観察に付され（➡2-22），その期間内であれば，**補導援護**（更生保護法58条）あるいは**応急の救護**（同法62条）という保護観察上の措置によって（➡3-11～3-14），更生緊急保護に相当する保護を受けることができる。しかし，仮退院の期間を経過し（上記e），あるいは仮退院中に地方更生保護委員会が退院を許す旨の決定をしたときは（上記d），保護観察が終了する。また，その他の退院の場合には（上記a～c），当初から保護観察に付されることがない。こうした者が社会復帰の支援を受けるには更生緊急保護によるほかないのである（更生保護法85条1項9号）。

3　要　件

5-13　実質的要件　以上にみた対象者について，実質的要件および形式的要件を満たした場合に更生緊急保護は実施される。実質的要件は，❶「親族からの援助を受けることができず，若しくは公共の衛生福祉に関する機関その他の機関から医療，宿泊，職業その他の保護を受けることができない」こと，または，❷「これらの援助若しくは保護のみによっては改善更生することができないと認められる」ことである（更生保護法85条1項柱書き）。

5-14　形式的要件　一方，形式的要件としては，対象者の「意思に反しない」ことが求められている（更生保護法85条4項本文）。更生緊急保護の対象者は既に刑事処分や保護処分を終えており，こうして一般市民に立ち戻った者に対して，国家は強制的な保護を行なう権限をもたないからである。

4 期　　間

> **Check!**〔22-149-2〕
> 更生緊急保護は，その対象となる者が刑事上の手続き又は保護処分による身体の拘束を解かれた後<u>2年</u>を超えない範囲において行うものとされている。
> 〔下線部が誤り ➡ 5-15〕

5-15　一般法定期間と特別法定期間

更生緊急保護が実施される期間は，身体の拘束を解かれた後，6か月以内（一般法定期間）に限定されている（更生保護法85条4項本文➡〔22-149-2〕）。対象とされる者の再犯がこの期間に多いこと，更生緊急保護は応急的な性格（➡5-1）のものであることなどが，その理由とされている［法務総合研究所 1988：240-241］。もっとも，「その者の改善更生を保護するため特に必要」があるときは，更に6か月（特別法定期間）を限度として保護を実施することができる（更生保護法85条4項ただし書き）。

5　保護措置の内容と方法

> **Check!**〔22-149-1〕
> 更生緊急保護は，保護観察所長が自ら行い，又は更生保護法人やその他の適当な者に委託して行う。
> 〔正しい ➡ 5-17〕

> **Check!**〔22-149-5〕
> 更生緊急保護の対象となる者が，<u>専門学校進学</u>のための十分な資金を持たない場合，更生緊急保護で給与することができる。
> 〔下線部が誤り ➡ 5-16〕

> **Check!**〔23-149〕
> 事例を読んで，保護観察官が行った更生緊急保護の措置に関する次の記述のうち，

最も適切なものを一つ選びなさい。

〔事例〕
Ｐさん（34歳，男性，未婚）は，傷害事件により懲役１年執行猶予３年保護観察付きの刑の言渡しを受けたが，住所不定であり，所持金も２千円しかないとして，刑確定前に保護観察所に保護を求めてきた。Ｐさんには幼少時に被虐待体験があり，家族とは長期間疎遠で，就労技能もなく，過去に頻繁に転職してきた。

1 被虐待体験が精神的外傷となり犯罪の遠因になっていると判断し，今後しばらくの間，定期的にＰさんにカウンセリングを行うことにした。
2 Ｐさんに就労につながる技能や資格がないことが社会適応を難しくしていると判断し，自治体が行っている職業訓練講座の受講を勧めた。
3 長らく家族と音信不通になっているＰさんにとっては，生活の再建には家族との再統合が不可欠と考え，家族関係の調整をすることにした。
4 居住場所を確保する必要があると考え，Ｐさんを更生保護施設に入所できるようにした。　　　　　　　　　　　　　　　〔➡最も適切である〕
5 生活保護を受給させて早急に生活の安定を図る必要があると考え，Ｐさんの住民登録がなされているＺ市の福祉事務所を紹介した。

（注）Ｐは，保護観察付（全部）執行猶予の言い渡しを受けたが，その刑が確定していないことから，更生緊急保護の対象となる（更生保護法85条１項３号➡5-6）。このＰの社会復帰のためには，その自立を阻害する要因を一つ一つ取り除いていくことが必要であり，本問の各選択肢それ自体が直ちに誤りというわけではない。また，保護観察官の業務は個別の対象者に対するケースワーク的な側面をもっており，本問の解答を一般化しうるわけでもない。ただ，本問ではＰの住所が不定であり，また家族とも疎遠であることから，まずは更生保護施設等に委託保護（➡5-17）をし，当面の住居を確保することが優先されよう（➡〔23-149-4〕）。安心して住める所を確保した上で，精神的なケア（➡〔23-149-1〕），就労（➡〔23-149-2〕），家族関係（➡〔23-149-3〕）等の問題に落ち着いて取り組むことが望ましい。なお，生活保護（➡〔23-149-5〕）は，居住地または現在地（要保護者に居住地がないか不明の場合，居住地があっても急迫の状況にある場合）の福祉事務所に申請する（生活保護法19条１項・２項）。

5-16 継続保護と一時保護　更生緊急保護の措置内容は，宿泊を伴う**継続保護**と宿泊を伴わない**一時保護**（例：衣料品や帰住旅費の支給）とに大別されるが，いずれも「必要な限度で」（更生保護法85条２項）なされる緊急の保護措置にとどまる（➡〔22-149-5〕）。

5-17 自庁保護と委託保護　これらの保護措置は，「保護観察所の長が自ら」（**自庁保護**）行なうか，あるいは「更生保護事業を営む

者その他の適当な者に委託して」(**委託保護**) 行なわれる (更生保護法85条3項➡〔22-149-1〕)。上述した食料品や帰住旅費の支給などは自庁保護の例である。一方，継続保護については，**更生保護施設**(➡**6-8**) を設置する**更生保護法人**(➡**6-10**) に委託して行なうのが通常であるが，ほかに近時は自立準備ホーム(➡**6-13**) に委託保護する例もみられる。

6　実施の手続き

1　身柄釈放時の教示

5-18　制度の周知方法　　検察官，刑事施設の長または少年院の長は，更生緊急保護の対象となる者の身体の拘束を解く場合，必要があると認めるときは，本人に対して更生緊急保護の制度および申し出の手続きについて**教示**(「教」え「示」す) しなければならない (更生保護法86条2項)。教示は「記載した書面」を交付して行なう (社会内処遇規則〔➡**2-26**〕118条2項)。保護を受ける機会を逸することのないよう，制度の内容や手続きについて十分な周知を図ろうというのである。

また，身柄釈放時には，上記の書面と併せて，「更生緊急保護の必要性に関する意見その他参考となる事項を記載した書面」(**保護カード**) も本人に交付される (社会内処遇規則118条2項)。以下にみるように，更生緊急保護を受けようとする者は保護観察所に書面で申し出をするが，その際，保護カードを併せて提示することで手続きの円滑化が図られるのである。

* 保護観察所の長は，更生緊急保護の要否を判断するにあたって，検察官，刑事施設の長，少年院の長の意見を聴かなければならないが (更生保護法86条3項)，提示された保護カードを確認することで，その意見聴取はなされたものとして扱われる〔法務総合研修所 2014：286〕。

2 対象者からの申し出

5-19 本人の意思　更生緊急保護は、その対象となる者の意思に反してまで行なうことはできない（➡5-14）。そこで、保護観察所は、対象者からの申し出を受けた上で[*]、保護の要否を判断し、「その必要があると認めたときに限り」保護を実施する（更生保護法86条1項）。

* この申し出は、書面で行なうこととされている（社会内処遇規則118条1項）。

参考文献

法務総合研究所『研修教材　昭和63年版　更生保護』1988年。
法務総合研究所『研修教材　平成26年版　更生保護』2014年。

第6章 生活環境の調整

1　被収容者の生活環境の調整

1　意　義

6-1　収容段階での措置　刑務所や少年院などの矯正施設（➡1-1＊2）では犯罪者や非行少年の改善更生に向けた処遇が行なわれているが，その円滑な社会復帰のためには，これらの者が矯正施設から釈放されたときに備え，すでに収容中の段階から釈放後の住居（**帰住予定地**）や就業先その他の生活環境をあらかじめ整えておくことが望まれる。**生活環境の調整**とは，そのための一連の措置をいう。

2　調整の対象者

6-2　4種類の対象者　生活環境の調整は，「刑の執行のため刑事施設に収容されている者又は刑若しくは保護処分の執行のため少年院に収容されている者」について行なわれる（更生保護法82条）。具体的には，以下の者が対象とされる。

❶懲役，禁錮または拘留の刑（➡コラム2：刑罰の種類〔27頁〕）の執行のため刑事施設に収容されている者*
❷少年法56条3項の規定により懲役または禁錮の刑の執行のため少年院に収容されている者（➡9-42）
❸少年院送致の保護処分（➡2-14）の執行のため少年院に収容されている者
❹補導処分（➡2-40）の執行のため婦人補導院に収容されている者（売春防止法24条1項）

＊ 刑の一部執行猶予者（➡**2-36**）も対象とされる。一部執行猶予の場合も，それに先行する実刑部分の執行のため刑事施設に収容されるからである。

3　調整の実施者

> **Check!**〔23-148-1〕
> 生活環境の調整は，本人の改善更生の度合いに応じて行われ，実効性を高めるために，本人の現状を最も把握している<u>矯正施設職員</u>によって行われる。
> 〔下線部が誤り➡**6-3**〕

6-3　保護観察官，保護司　生活環境の調整は，保護観察所の長が必要と認めたとき（更生保護法82条），保護観察と同様（➡**1-19**），保護観察官または保護司によって行なわれる（更生保護法84条，61条1項，売春防止法条24条2項➡〔23-148-1〕）。

4　調整事項

> **Check!**〔23-148-3〕
> 生活環境の調整は，対象者の釈放後の住居・就業先の確保等を中心に行われる。
> 〔正しい➡**6-4**〕

6-4　7項目の事項　法は調整すべき事項として「釈放後の住居，就業先」を掲げ，その重要性を明らかにしているが（更生保護法82条➡〔23-148-3〕），実務上は，これらのものも含め以下の7項目が必要な調整事項とされている（社会内処遇規則〔➡**2-26**〕112条1項）。

❶釈放後の住居を確保すること
❷引受人を確保すること
❸家族その他の関係人の理解および協力を求めること
❹就業先または通学先を確保すること
❺改善更生を妨げるおそれのある生活環境から影響を受けないようにすること
❻公共の衛生福祉に関する機関その他の機関から必要な保護を受けることがで

きるようにすること
❼その他生活環境調整対象者が健全な生活態度を保持し，自立した生活を営むために必要な事項

5　調整の方法

> **Check!**〔23-148-2〕
> 生活環境の調整は，必然的に対象とする者の家族等への介入を伴うので，不当な権力の行使を防止するために裁判所の発する令状をもって着手される。
> 〔下線部が誤り ➡6-5〕

> **Check!**〔23-148-4〕
> 保護観察所の長は，生活環境の調整を行うに当たり，本人に関する個人情報の秘密保持をいかなる場合においても最優先することが優先される。
> 〔下線部が誤り ➡6-5〕

6-5　具体的方法　法は，調整の方法として「その者の家族その他の関係人を訪問して協力を求めることその他の方法」^{*1}と規定するにとどまるが（更生保護法82条1項），具体的には，以下のような方法により，調整を継続的に行なうこととされている（社会内処遇規則112条2項・3項）。

❶生活環境調整対象者との面接または通信その他の方法により，釈放後の生活の計画等を把握し，必要な助言等を行なうこと

❷引受人または家族その他の関係人と必要な協議をし，これらの者に対し必要な援助および協力を求めること

❸官公署，学校，病院，公共の衛生福祉に関する機関その他の者に対し，必要な援助および協力を求めること

❹生活環境調整対象者が収容されている矯正施設の長に対し，当該対象者の帰住予定地，釈放後の生活計画等に関し，参考となる資料または情報の提供，当該調整対象者に対する助言その他必要な協力を求めること^{*2}

*1　生活環境の調整は，家族等を「訪問して協力を求める」（更生保護法82条1項）など任

意の方法でなされるものであり，強制力をもって介入することまでは許されていない。令状は逮捕・差押え（➡9-6）など強制力を用いる場合に裁判官の発するものであり，生活環境の調整にあたっては必要ない（➡〔23-148-2〕）。

＊2　このように生活環境の調整の方法として，矯正施設の長に対して対象者の資料・情報を提供することが認められている（=❹）。また，官公署，学校，病院，公共の衛生福祉に関する機関に援助や協力を求めるにあたっても，対象者の個人情報を提供することがあろう。いかなる場合にも個人情報の秘密保持が最優先されるわけではない（➡〔23-148-4〕）。

6-6　帰住地調整が困難な場合　調整を重ねても適切な帰住予定地が定まらない場合は，第2節でみる更生保護施設や自立準備ホームなどの施設に受け入れの可否を照会する。

6　調整結果の活用

> **Check!**〔23-148-5〕
> 保護観察所の長には，重大な刑事事件については刑の確定前に，裁判所に対し生活環境調整結果報告書の提出が求められており，その報告書は判決の内容に反映される。　　　　　　　　　　　　　　　　　　　　〔下線部が誤り➡6-7〕

6-7　報告書の作成・送付　生活環境の調整の結果は報告書としてまとめられ，保護観察所の長から矯正施設の長および地方更生保護委員会に送付される。矯正施設は，この報告書を矯正処遇・矯正教育に活用する。一方，地方更生保護委員会は，これを仮釈放等の審理の資料とするほか，調整対象者が仮釈放等を許された場合の保護観察にも活用する〔法務総合研究所 2014：58〕（➡〔23-148-5〕）。

2　更生保護施設への委託

1　意　義

> **Check!**〔26-148-2〕
> 更生保護施設は，被保護者に対して，宿泊や食事の提供だけでなく，酒害・薬害

第❻章　生活環境の調整

教育や SST（社会生活技能訓練）などの処遇も行う。
〔正しい➠6-8〕

Check!〔26-148-5〕
更生保護施設の補導員は，保護司を兼ねることができない。
〔下線部が誤り➠6-9〕

Check!〔28-149-4〕
更生保護施設は，被保護者に対して社会復帰のための処遇を実施する。
〔正しい➠6-8〕

6-8　役割　　行き場のない刑務所出所者等を引き受ける施設として**更生保護施設**がある。その多くは民間の施設であり，かつては食事や宿泊場所の提供を中心として運営されていた。もっとも近年は，それに加え，**社会生活技能訓練**（SST＊）などの**生活指導**も実施しており（➠〔26-148-2〕），社会復帰を支援する処遇施設としての役割を強めている（➠〔28-149-4〕）。

　＊　SST（Social Skills Training の略）は認知行動療法（➠4-6）の一つであり，その目的は対人関係を円滑に処理するためのスキル（社会的技能）を獲得することにある。

6-9　指導監督と補導援護　　この生活指導は**補導援護**の一つであり（更生保護法58条6号），保護観察所は，これを更生保護施設に委託することができる（更生保護法61条2項➠3-13）。一方，更生保護施設には，利用者に対する処遇を直接に担当する職員として**補導主任・補導員**が配置されているが，その中には保護司（➠1-12）としての資格をもつ者も少なくない（➠〔26-148-5〕）。そのような施設では，保護観察対象者（例：仮釈放者）が利用者の場合，施設職員による**指導監督**（➠3-2）も行なわれることになる。

[2]　**継続保護事業**

Check!〔26-148-1〕
更生保護施設を運営するのは，更生保護法人でなければならない。
〔下線部が誤り➠6-10〕

> **Check!**〔28-149-5〕
> 更生保護施設の運営は，社会福祉法人に限定される。〔下線部が誤り➡6-10〕

6-10 継続保護事業

更生保護施設の設置・運営は，更生保護事業法が定める**継続保護事業**として行なわれる。犯罪や非行をした者の改善更生を図る各種事業を総称して**更生保護事業**といい，**更生保護事業法**が，その運営主体や事業内容について定めている。更生保護事業は，国・地方公共団体・民間の**更生保護法人**＊等によって営まれる。その事業には，❶継続保護事業（更生保護施設への収容保護），❷一時保護事業（宿泊場所の提供を伴わない保護）および❸連絡助成事業（更生保護事業に関する啓発等）の3種があり（更生保護事業法2条），❷・❸の事業を行なうには法務大臣への**事前の届け出**で足りるのに対して（更生保護事業法47条），❶の事業を営もうとするときは**法務大臣の認可**を必要とする（更生保護事業法45条）。継続保護事業は利用者の施設収容を伴う処遇であることから，その人権侵害を防止し処遇の適正化を図ることが特に求められているのである［法務総合研究所 2014：383］。

この継続保護事業の認可を受けることで，更生保護施設は設置・運営することができる。従来，更生保護施設は，もっぱら更生保護法人によって運営されてきたが，近時は，ほかに社会福祉法人・特定非営利活動法人（NPO法人）・社団法人も，事業認可を得て施設経営に参入している（➡〔26-148-1〕,〔28-149-5〕）。

> ＊ 更生保護法人は，更生保護事業を営むことを目的とした法人であり，その設立にあたっては**法務大臣の認可**を受けなければならない（更生保護事業法2条6項，10条）。

3 保護の対象者（被保護者）

> **Check!**〔26-148-3〕
> 更生保護施設が保護観察所の長の委託に基づいて行う更生緊急保護の期間は，最大6か月間と定められており，延長は認められない。〔下線部が誤り➡6-11〕

> **Check!**〔26-148-4〕
> 更生保護施設が被保護者の保護に要した費用のうち，保護観察所の長の委託に基づく保護に要した費用については，国と都道府県が支弁する。
> 〔下線部が誤り ➨6-11〕

> **Check!**〔28-149-1〕
> 更生保護施設は，更生緊急保護の対象者に限って収容保護を行う。
> 〔下線部が誤り ➨6-11〕

> **Check!**〔28-149-2〕
> 更生保護施設の収容期限は，3か月を超えてはならない。
> 〔下線部が誤り ➨6-11〕

> **Check!**〔28-149-3〕
> 更生保護施設は，少年と成人とを別の施設に収容しなければならない。
> 〔下線部が誤り ➨6-11〕

6-11 保護の対象者（被保護者）

更生保護施設では，主として❶保護観察所から委託を受けた者を保護（**委託保護**）しているが，ほかに❷みずから申し出た者も独自の判断で受け入れ（**任意保護**）ている＊（➨〔28-149-1〕）。

* なお，家庭裁判所から試験観察に併せた付随措置として**補導委託**（少年法25条2項3号 ➨9-36）を受けている施設もある。

❶保護観察所から委託を受けた者（委託保護）

　刑務所からの仮釈放者や少年院仮退院者など保護観察対象者に対する**補導援護**（➨3-11）・**応急の救護**（➨3-14）については，更生保護施設等の「更生保護事業を営む者」に委託して行なうことができる（更生保護法61条2項，62条3項）。また，満期釈放者等で更生緊急保護の対象とされる者についても，保護観察所は，更生保護施設に対して保護の委託をすることができる（更生保護法85条3項 ➨5-17）。

＊　更生保護施設には「少年院から退院し，又は仮退院を許された者」も収容される（更生保護事業法2条2項7号➡〔28-149-3〕）。

　更生緊急保護の委託によって生じる費用は，**更生保護委託費**として国から支弁される（更生保護法87条1項）。支弁の基準は法務省令（更生保護委託費支弁基準）で定められており，また，補導援護の委託や応急の救護の委託によって生じる費用についても準用されている（更生保護委託費支弁基準18条）（➡〔26-148-4〕）。

❷みずから申し出のあった者（任意保護）
　保護観察所が行なう措置の実施期間は，保護観察対象者については保護観察期間，更生緊急保護の対象者については身柄の拘束を解かれてから原則として6か月以内（特別の事情がある場合にはさらに6か月➡5-15）である。保護観察所は，この実施期間内で更生保護施設への委託期間を決定するのであるが（➡〔26-148-3〕），一方，更生保護事業法は，その事業対象者について保護の期間を制限しているわけではない。それゆえ，例えば6か月の期間を経過したため更生緊急保護の対象とならない者であっても，事業者は，本人の申し出に基づいて自主的に保護することができる（➡〔28-149-2〕）。

4　国立の更生保護施設

> **Check!**〔27-150-1〕
> 仮釈放者を対象に犯罪傾向などの問題性に応じた重点的・専門的処遇を行うために，自立更生促進センターが全都道府県に設置された。
> 〔下線部が誤り➡6-12〕

6-12　自立更生促進センター，就業支援センター

　刑務所出所者等のなかには，民間の更生保護施設では受け入れることの難しい者も少なくない。そこで近年は，国みずからが施設を設置し継続保護事業を営む例もみられる。保護観察所に宿泊施設を併設し，保護観察官が入所者に対して直接的な処遇（**指導監督**）を行なうとともに，就労支援を充

実させようというのである。そうした施設のうち，特定の問題性に応じた重点的・専門的な処遇を実施する施設を**自立更生促進センター**（北九州市および福島市に設置）と呼び，主として農業等の職業訓練を行なう施設を**就業支援センター**（北海道雨竜郡沼田町および茨城県ひたちなか市に設置）と呼んでいる［法務総合研究所 2014：265］（➡〔27-150-1〕）。

5　自立準備ホームへの委託

> **Check!**〔25-150-5〕（保護観察所が連携する施設）
> 住居の確保が困難な者に関して自立準備ホーム。　　　　〔正しい➡6-13〕

> **Check!**〔27-150-5〕
> 更生保護施設への入所に限界があることから，緊急的住居確保・自立支援対策の一つとして，「自立準備ホーム」が法務大臣の認可の下に設置できることになった。　　　　　　　　　　　　　　　　　　　　〔下線部が誤り➡6-13〕

6-13　緊急的住居確保・自立支援対策

更生保護施設の収容能力には限界があり，希望者全員が入居できるとは限らない。そこで，2011（平成23）年度から，更生保護施設以外の一時的な帰住先を幅広く確保するための施策として「緊急的住居確保・自立支援対策」が実施されている。これは，NPO法人や社会福祉法人などの事業者が管理する空き部屋等を**自立準備ホーム**としてあらかじめ保護観察所に登録してもらい（➡〔27-150-5〕），保護観察所は，必要に応じて宿泊・食事の提供や生活指導等をこの登録事業者に委託するというものである＊（➡〔25-150-5〕）。

　　＊　宿泊場所の供与等は応急の救護あるいは更生緊急保護の措置として行なわれるが，そのいずれも「更生保護事業を営む者その他の適当な者」に委託して行なうことができる（更生保護法62条3項，85条3項➡3-14，5-17）。自立準備ホームの登録事業者は，この規定にいう「その他の適当な者」に当たる。

3　特別調整

1　意　義

6-14　生活環境の調整の特別な手続き

矯正施設に収容されている者のうち，高齢または障害により自立が困難で，しかも適当な帰住予定地もない者は，釈放後の社会復帰に困難を伴うことが少なくない。そこで，これらの者が，釈放後速やかに適切な介護・医療等のサービスを受けることができるようにするため，保護観察所では，生活環境の調整（更生保護法82条）について特別の手続きを実施しており，これを**特別調整**という（平成21年4月17日法務省保観第244号法務省矯正局長＝保護局長通達「高齢又は障害により特に自立が困難な矯正施設収容中の者の社会復帰に向けた保護，生活環境の調整等について」）。

2　対象者

6-15　6要件

特別調整の対象者は，以下の六つの要件をすべて満たす者でなければならない（前掲，平成21年4月17日法務省保観第244号法務省矯正局長＝保護局長通達）。

❶高齢（おおむね65歳以上），または障害（身体・知的・精神の障害）が認められること
❷釈放後の住居がないこと
❸福祉サービス等を受ける必要があると認められること
❹円滑な社会復帰のために特別調整の対象とすることが相当と認められること
❺本人が特別調整を希望していること
❻本人が個人情報の提供について同意していること

第**6**章　生活環境の調整

> [3] 特別調整の仕組み

6-16　矯正施設・保護観察所・地域生活定着支援センターの連携

特別調整の手続きは，矯正施設，保護観察所および地域生活定着支援センター（▶6-18）が連携して，対象者の入所中から実施される。それは，具体的には以下のような手順で行なわれる（前掲，平成21年4月17日法務省保観第244号法務省矯正局長＝保護局長通達）。

❶矯正施設は，福祉的支援の必要な被収容者について，そのニーズを把握し特別調整による支援の候補者として保護観察所に通知する。

❷通知を受けた保護観察所は，候補者が特別調整の要件を満たすと判断した場合，本人の同意を得た上で，その者を特別調整対象者として選定し，調整を開始する。調整にあたっては，対象者との面接・通信，福祉サービス等調整計画の作成・提出，公共の衛生福祉に関する機関等との協議などについて，地域生活定着支援センターに協力を依頼する。

❸協力依頼を受けた地域生活定着支援センターは，保護観察所と協働して，対象者の受け入れ先の斡旋や福祉サービスの申請支援などを行なう。

> [4] 特別調整と地域生活定着促進事業

> **Check!**〔27-150-2〕
>
> 高齢又は障害により自立が困難な矯正施設退所者等に対し，退所後直ちに福祉サービスにつなげるなど，地域生活に定着をはかるため，地域生活定着支援センターが設置された。　　　　　　　　　　　　　　〔正しい▶6-18〕

6-17　地域生活定着促進事業

厚生労働省は，2009（平成21）年度から，福祉的支援の必要な矯正施設出所者等に対する取り組みを進めている。これを**地域生活定着促進事業**（2011年度までの名称は「**地域生活定着支援事業**」）といい，その実施主体は都道府県であるが，社会福祉法人やNPO法人等に事業の全部または一部を委託することもできる（平成17年3月31

日社援発第0331021号厚生労働省社会・援護局長通知，平成24年4月5日社援0405第3号第10次改正「セーフティネット支援対策事業の実施について」（別添16）「地域生活定着促進事業実施要領」）。

6-18 事業の担い手および対象者

地域生活定着支援センターは，この事業の担い手として各都道府県に設置されたものである（➥〔27-150-2〕）。支援の主な対象者は特別調整の要件を満たす者であるが，ほかに，「適当な釈放後の住居」はあるものの，高齢または障害のため福祉サービス等を必要とする者についても支援は及ぶ（前掲，平成21年4月17日法務省保観第244号法務省矯正局長＝保護局長通達）。これらの者に対する支援は矯正施設入所中から開始されるが，さらに，後述する相談支援業務については，矯正施設退所者および被疑者・被告人段階の者も対象とされている。

6-19 業務内容

地域生活定着支援センター（以下，「センター」と略記）の主たる業務としては，以下のようなものがある（平成21年5月27日社援総発第0527001号厚生労働省社会援護局総務課長通知，平成24年4月12日一部改正「地域生活定着支援センター事業及び運営に関する指針」）。

❶コーディネート業務

保護観察所からの依頼に基づき，矯正施設入所者を対象として，福祉サービス等のニーズの内容の確認を行ない，受け入れ先となる社会福祉施設等のあっせんや福祉サービスの申請支援等を行なう。

❷フォローアップ業務

矯正施設出所者を受け入れた社会福祉施設等に対して，必要な助言を行なう。

❸相談支援業務

矯正施設出所者や「その他センターが福祉的な支援を必要とすると認める者＊」からの相談に応じて，福祉サービス等の利用に関する助言を行なう。

＊ この文言は，通知の一部改正（2012〔平成24〕年）により追加された。これにより，被疑者・被告人段階にあって，いまだ矯正施設に入所していない者についても，地域生活定着支援センターがいわゆる**入口支援**（➥コラム4：入口支援と出口支援〔87頁〕）として支援の対象とすることが可能とされたのである。

第❻章 生活環境の調整

コラム4

入口支援と出口支援

〈入口支援の意義〉

　本文でみたのは，矯正施設に収容されている高齢者・障害者に対し，その入所中から様々な福祉的手立て（例：帰住先の調整，障害者手帳の取得）を整えるための方策であった。しかし，なかには高齢や障害といった事情を抱え，軽微な罪（例：食料品の万引き，無銭飲食）を繰り返しては服役を重ねている者も少なくない。このような**累犯者**（➡**2-38**＊2）については，自由刑を科すよりも，むしろ被疑者・被告人の段階で刑事手続きから外し，適切な福祉的支援につなげるほうが本人の社会復帰や再犯を防止する上で望ましいとも考えうる。そこで今日，従来であれば起訴せざるをえなかったような事案についても，起訴猶予（➡**5-9**）や保護観察付全部執行猶予（➡**2-34**）とし，受刑に至る前の段階で福祉的な介入をする試みが行なわれている。

　こうした試みは，いわゆる出口支援との対比で入口支援といわれる。矯正施設から釈放する際の支援が刑事司法の出口に位置する（**出口支援**）のに対して，被疑者・被告人への支援は矯正施設収容前に刑事手続きの初期段階で実施される（**入口支援**）ものだかである。

　　＊　このように刑事手続きから早期に解放する制度は**ダイバージョン**（diversion）と呼ばれる。その方策としては，警察段階での微罪処分（➡**9-11**），検察段階での起訴猶予，裁判段階での執行猶予，行刑段階での仮釈放（➡**2-24**）などがあり，いずれも，できるだけ早い段階で犯罪者を地域社会に復帰させることを可能にしている。

〈形態の多様性〉

　問題は，対象者の福祉的支援の必要性・相当性をいかにして評価するかであるが［太田 2013：4］，評価に用いられる期間（例：起訴までは最長23日間➡コラム7：逮捕と勾留〔127頁〕）が極めて短い一方，それによってもたらされる影響（例：検察官による起訴・不起訴の判断）は重大である。それだけに，制度の運用にあたっては統一性を図ることが求められるが，目下のところ，その主体や方式については多様な試みが展開されている。

　　＊　出所予定者に対する特別調整（出口支援）は，少なくとも出所の6か月前から行なうことが求められている。地域生活定着支援センターがコーディネート業務を実施するための期間を考慮して，矯正施設は，「保護観察所の長が特別調整対象者として選定する時点で，可能な限り，出所又は出院までの期間が6か月以上確保されるよう，特別調整候補者の選定時期について配意すること」とさ

れているのである(「高齢又は障害により特に自立が困難な矯正施設収容中の者の社会復帰に向けた保護,生活環境の調整等における留意事項について」平成23年3月30日付け法務省矯正局成人矯正課補佐官・法務省矯正局少年矯正課補佐官事務連絡)。

〈更生緊急保護事前調整モデル〉

　例えば,国家機関の間で取り組まれているものとして**更生緊急保護事前調整モデル**がある。これは,検察庁と保護観察所との連携によるものであり,対象者は,起訴猶予による更生緊急保護(▶▶5-9)が見込まれる勾留中の被疑者(▶▶コラム7：逮捕と勾留[127頁])である。検察庁から依頼を受けた保護観察所は,釈放前の段階から対象者との面談等の調査を実施するとともに,釈放後の住居の確保や福祉サービスの受給等に向けた調整を行なう[古宮 2013：44-45]。この保護観察所が実施した調整等を踏まえて,検察庁は起訴の要否を判断する。起訴猶予の決定がなされた場合,保護観察所は,対象者から更生緊急保護の申し出(▶▶5-19)を受けて,福祉サービス等の受給を支援する。以上のようなプロセスを経て,対象者の生活の安定と再犯防止を図ることが,このモデルの目的とされている。

　　＊　高齢者や障害者だけが対象者とされているわけではない[古宮 2013：45]。

〈民間モデル〉

　一方,民間レベルでは,例えば,地域生活定着支援センター(以下,「センター」と略記)内に医療・福祉等の専門家から構成される審査委員会を設置し,対象者の福祉的支援の必要性・相当性を判定するという試みがみられる。その審査結果は報告書にまとめられ,検察官は,これを踏まえて処分や求刑を行なう。捜査段階であれば起訴するかどうかの判断にあたって,起訴後であれば保護観察付執行猶予の求刑を行なうかどうかの判断にあたって,報告書が活用されるのである[原山 2013：32]。

　民間による入口支援の形態は,こうしたセンター内の委員会方式によるもののほか,センターそれ自身が業務として行なうもの,都道府県の弁護士会を主体とするものなど多岐にわたっている。

　　＊　長崎県地域生活定着支援センターが,2012(平成24)年度厚生労働省社会福祉推進事業(単年度事業)の指定を受けて設置した「障がい者審査委員会」がよく知られている。こうした試みは,「司法福祉支援センター」(2013[平成25]年度厚生労働省社会福祉推進事業[単年度事業])の構想などを経て今日も更なる展開をみせている。

5 指定更生保護施設と特別処遇

6-20　自立困難者の受け入れ　特別調整の結果，社会福祉施設等に帰住予定地が確保されたとしても，そこへ直ちに入居できるとは限らない。そこで法務省では，「高齢又は障害により特に自立が困難な矯正施設出所者等」の処遇を委託することが適切な施設をあらかじめ指定し（平成21年4月1日法務省保更第207号法務省保護局長通達「高齢又は障害により特に自立が困難な矯正施設出所者等に対する処遇の充実等について」），出所者等が現実に福祉サービスが受けられるようになるまでの間，そこへ一時的に入所させるという仕組みを設けている。このあらかじめ指定を受けた更生保護施設を**指定更生保護施設**という。

　たしかに，行き場のない矯正施設出所者等については，従来から更生保護施設がその受け皿としての役割を果たしてきた（➡6-8）。しかし，一般の更生保護施設では就労による自立更生が支援の目標とされており，また在所期間も限定されているため（➡6-11），高齢や障害のため自立が困難な者については，その受け入れに消極的となりやすい。こうした事情を受けて導入されたのが指定更生保護施設という仕組みであり，それは，特別調整の手続きと併せて，2009（平成21）年度から制度化されている。

6-21　特別処遇　この指定更生保護施設では，社会福祉専門職[*]の配置・施設のバリアフリー化など，施設の人的・物的な体制を整備し，高齢者や障害者の特性に配慮した特別な処遇（**特別処遇**）を実施している。具体的には，以下のようなものが特別処遇の内容とされている（前掲，平成21年4月1日法務省保更第207号法務省保護局長通達）。

❶高齢者または障害を有する者の特性に配慮した，社会生活に適応するための指導および自立した日常生活のための訓練
❷医療保健機関と連携した，健康維持のための指導，助言
❸更生保護施設退所後に円滑に福祉サービス等を受けるための次に掲げる調整
　ⅰ）地域生活定着支援センターおよび移行先社会福祉施設等に対する，特別

処遇対象者の心身の状況，生活状況および留意点等の伝達

ⅱ）必要に応じて生活保護の申請を支援するなど，更生保護施設退所後の生活基盤の調整

* この社会福祉専門職は，指定更生保護施設における「福祉職員」として，以下のいずれかの要件を満たすことが求められている（平成21年4月1日法務省保更第208号法務省保護局更生保護振興課長通知「『高齢又は障害により特に自立が困難な矯正施設出所者等に対する処遇の充実等について』の運用について」）。
  ❶社会福祉士，精神保健福祉士または介護福祉士の資格を有する者
  ❷福祉および保健等の実務に5年以上従事した者
  ❸その他福祉職員としての業務遂行に必要な知識，経験または資格を有する者

4 保護観察付全部執行猶予の裁判確定前の「生活環境の調整」

6-22 意義　刑の全部執行猶予の言い渡しを受け，これに保護観察が付された場合，裁判が確定（➡5-6＊2）すると直ちに保護観察が開始される。しかし，例えば住居が安定しない者，就業の見込みのない者などについては，裁判の確定を待っていては，その後の保護観察（4号観察➡2-34）の実施に困難が生じることが予想される。そこで法は，**保護観察付全部執行猶予**の言い渡しがなされた場合，その裁判が確定するまでの者についても生活環境調整を行なうことができるものとしている＊（更生保護法83条）（➡コラム5：更生緊急保護と生活環境の調整）。

* これに対して，**保護観察付一部執行猶予**（➡2-37）の言い渡しを受けた者については，全部実刑の場合と同じく，刑事施設収容後に生活環境の調整が行なわれる。執行が猶予されるのは刑の最後の一部にとどまることから，先に執行される実刑の段階で調整が行なわれ，猶予期間中の保護観察への円滑な移行が目指されるのである。

6-23 本人の同意　もっとも，裁判が確定していない以上，そうした調整を強制的に行なうことはできない。法が調整にあたって本人の同意を要件としているのは（更生保護法83条），そのためにほかならない＊。

* この同意は書面により求めるものとされている（社会内処遇規則〔➡2-26〕114条1項）。

第6章 生活環境の調整

> **コラム5**
>
> ### 更生緊急保護と生活環境の調整
>
> 　保護観察付全部執行猶予の言い渡しを受けた者のうち，それまで身柄を拘束されていた者は，裁判が確定して保護観察が開始されるまでの間は**更生緊急保護**の対象にもなる（➡➡5-6）。当該判決の確定前は，生活環境調整と更生緊急保護のいずれの措置もとることができるのであるが，ただし，この生活環境調整の期間は裁判が確定するまでの14日間しかない（➡➡5-6＊2）。それゆえ，例えば対象者の当面の住居を確保する必要がある場合，裁判確定までは更生緊急保護の措置によって，確定後は保護観察による応急の救護の措置（➡➡3-14）によって，更生保護施設等への委託保護を継続するという例も多いといわれる。更生緊急保護の措置により調整できる場合，確定前の生活環境調整は行なわず，更生緊急保護の申し出を受けて，これによる措置をとるのである［藤本ほか編著 2016：53〔角田　亮〕］。

6-24　調整事項・方法　　調整の事項および方法は，刑事施設や少年院に収容中の者に対する生活環境の調整と同様である（社会内処遇規則114条2項➡➡6-4，6-5）。

参考文献

太田達也「福祉的支援とダイバージョン」『研修』782号（2013年），3-24頁。
古宮久枝「再犯防止等の刑事政策の目的に向けた検察の取組」『法律のひろば』66巻11号（2013年），42-48頁。
原山和高「長崎地検における罪を犯した知的障害者の再犯防止に関する取組について」『研修』779号（2013年），27-36頁。
藤本哲也＝生島　浩＝辰野文理編著『よくわかる更生保護』ミネルヴァ書房，2016年。
法務総合研究所『研修教材　平成26年版　更生保護』2014年。

資格制限と恩赦

1 刑の言い渡しと資格の制限

1 資格制限法令

7-1 法令上の資格制限　犯罪を犯し刑を言い渡されたことが，人の資格について法令上の制限をもたらすことがある。例えば，公務員についていえば，禁錮以上の刑（執行猶予の場合を含む）に処せられた者は，刑の執行を終わり，またはその執行を受けることがなくなるまで公務員となる資格をもたない（国家公務員法38条2号，43条，地方公務員法16条2号）。また，在職中これらの刑の言い渡しを受けた公務員は，自動的に失職する（国家公務員法76条，地方公務員法28条4項）。

7-2 有罪判決の付随的効果　このように，一定の職種・地位にある者，またはそれに就こうとする者が，刑の言い渡しの判決を受けた場合*，その職種・地位にとどまる資格，あるいはそれに就く資格を制限されることがある。こうした資格制限は，刑法典に規定をもつものではなく，それゆえ，刑罰それ自体ではない。有罪判決を受けたことに伴う付随的効果にとどまるのであるが，その態様は極めて多様である。例えば，社会福祉士という国家資格については，以下にみるような制限がみられる。

* 特殊な例であるが，「有罪の判決の言渡しを受けた」だけで資格が制限されるものもある（例：地方公務員災害補償基金の役員——地方公務員災害補償法10条の2第1項2号）。有罪判決とは被告事件について犯罪の証明があるものをいい，これには刑の言い渡しの判決（刑事訴訟法333条1項）だけでなく刑の免除の判決（同法334条）も含まれる。それゆえ，上記の役員は，刑の免除（例：親族相盗〔刑法244条1項〕）の言い渡しを受けただけでも，その職務から解任されうることになる。

2 社会福祉士と登録欠格

> 〔社会福祉士及び介護福祉士法3条〕
>
> 次の各号のいずれかに該当する者は，社会福祉士又は介護福祉士と❶なることができない。
> 一　成年被後見人又は被保佐人
> 二　❷禁錮以上の❸刑に処せられ，❹その執行を終わり，又は❺執行を受けることがなくなった日から起算して2年を経過しない者
> 三　❻この法律の規定その他社会福祉又は保健医療に関する法律の規定であって政令で定めるものにより，❼罰金の刑に処せられ，その執行を終わり，又は執行を受けることがなくなった日から起算して2年を経過しない者
> 四　第32条第1項第2号又は第2項（……略……）の規定により登録を取り消され，その取消しの日から起算して2年を経過しない者

① 登録の制限

7-3 社会福祉士登録簿

「社会福祉士及び介護福祉士法」3条柱書きは，社会福祉士になろうとする者が同条1号から4号に該当するときは，「社会福祉士……と❶なることができない」と規定する。社会福祉士国家試験に合格した者は社会福祉士となる資格をもつが（社会福祉士及び介護福祉士法4条），その者が社会福祉士となるためには，社会福祉士登録簿に登録を受けなければならない（同法28条）。しかし，同法3条各号所定の事由が認められるときは登録を受けることができないとされるのである。こうした登録制限の中には，本人の判断能力に着目するなど犯罪とは無関係の原因によるものもあるが（例：成年被後見人・被保佐人〔➡コラム1：成年後見制度（12頁）〕——同法3条1号），ここでは有罪の言い渡しを原因とするものについて，その要件を整理する。

　　＊　また，同法32条1項によると，社会福祉士が「第3条各号（第4号を除く。）のいずれかに該当するに至った場合」（同法32条1項1号），その登録は取り消される。

第7章　資格制限と恩赦

②　社会福祉士及び介護福祉士法3条2号

7-4　禁錮以上の刑　「❷禁錮以上の刑」とは，死刑・懲役・禁錮をいう（➡コラム2：刑罰の種類〔27頁〕）。現行刑法は，死刑・懲役・禁錮・罰金・拘留・科料という6種類の刑罰を**主刑**（独立に科すことのできる刑罰）と定めており（刑法9条），資格制限に関係するのはこの主刑である。

7-5　刑に処せられ　「禁錮以上の❸刑に処せられ」とは，死刑，懲役または禁錮の言い渡しを受け，それが確定（➡5-6＊2）した場合をいう。執行猶予付きの刑の言い渡しであっても，刑に処せられた場合に当たる（➡2-35）。

7-6　その執行を終わり　「❹その執行を終わり」というのは禁錮以上の刑の執行が終わったことを指しており，禁錮以上の刑の執行を終わった日から起算して2年を経過しない者は，社会福祉士登録簿への登録を受けることができない。

「刑の執行を終わった日」とは，受刑の最終日の翌日をいう[*1]（最判昭和57年3月11日刑集36巻3号253頁）。刑の執行は，受刑の最終日の午後12時まで継続するからである。例えば，2017年5月12日から1年6か月の刑期であれば，暦にしたがって（大の月・小の月などによる日数のずれは問わない）翌年2018年11月11日が受刑の最終日であり[*2]（刑法22条，民法143条2項），その翌日の2018年11月12日が「刑の執行を終わった日」となる。それゆえ，「禁錮以上の刑の執行を終わった日から起算して2年を経過しない」とは，2018年11月12日を起算日として2年後の起算日に当たる日の前日（2020年11月11日）までとなり，この間は社会福祉士登録簿への登録を制限されるのである。

[*1] なお，仮釈放（➡2-24）の後，これを取り消されることなく仮釈放期間を満了した場合は，仮釈放期間満了日（残刑期間の最終日）の翌日が「刑の執行を終わった日」となる。

[*2] このように刑期の終了日は起算日に応答する日（応当日）の前日となるが，もっとも，この計算方法によると応当日が存在しないことがある。例えば，5月31日から6か月の刑期であれば，計算上の応当日は11月31日となってしまう。しかし，11月31日は存在しないため，そのような場合には，計算上の応当日の月の末日（11月30日）が刑期の終了

日となる（民法143条2項ただし書き）。また、5月30日から9か月の刑期であれば、翌年2月30日が計算上の応当日であるが、その日は存在しないため、平年ならば2月28日、閏年ならば2月29日が刑期の終了日である。こうした期間の計算方法は、自由刑の刑期だけでなく、刑の執行猶予の期間、刑の時効期間などにも用いられる。

7-7 執行を受けることがなくなった

刑の「❺執行を受けることがなくなった日から起算して2年を経過しない者」もまた、登録の制限を受ける。「刑の執行を受けることがなくなった」というのは、刑の言い渡しが存在することを前提として、刑の時効により執行の免除を受ける場合あるいは恩赦により刑の執行が免除される場合（➡︎7-31）をいう［古田1987：301］。

7-8 刑の時効

刑の言い渡しを受けたとしても、実際にその刑を執行されないうちに一定の期間が経過すると、その刑の執行は免除される。これを**刑の時効**という*（刑法31条）。例えば、懲役1年の実刑が確定した者の時効期間は5年であり（刑法32条4号）、その者が2017年8月26日に刑務所から脱走したとすると、2022年8月25日の午後12時で時効期間は満了となる。それゆえ、この時効満了日の翌日（2022年8月26日——時効完成日）が「刑の執行を受けることがなくなった日」となり、この日（2022年8月26日）を起算日として2年後の起算日に当たる日の前日（2024年8月25日）までが、「刑の執行を受けることがなくなった日から起算して2年を経過しない」ということになる（刑法22条）。

  ＊　刑事法上の時効には、「**公訴の時効**」と「**刑の時効**」とがある。前者は、公訴を提起（➡︎5-9）できるかどうかについての時効であり、その時効が完成すると、後に犯人が判明しても、検察官はもはや公訴を提起して裁判を求めることができなくなる。この公訴時効については刑事訴訟法にその規定がおかれている（250条以下）。一方、後者の「刑の時効」は、すでに有罪判決が確定した後、犯人が逃走するなどして刑が執行できなくなった場合の問題であり、刑法に規定がある（31条以下）。

7-9 執行猶予期間の経過

なお、刑の執行を全部猶予（➡︎2-31）され、その言い渡しを取り消されることなく猶予期間を経過した者が、「❺執行を受けることがなくなった日から起算して2年を経過しない者」という制限を受けることはない。猶予の期間を無事に経過したときは、初めから刑

96

の言い渡しがなかったものとして扱われるからである（刑法27条➡**2-35**）。

　たしかに，刑の全部執行猶予は無罪ではないため，猶予期間中は「刑に処せられ」た者として扱われ（➡**7-5**），その刑が禁錮以上であれば，社会福祉士国家試験に合格したとしても，社会福祉士の登録を受けることができない。しかし，例えば，2017年7月5日に3年間の執行猶予刑が確定したという場合，2020年7月4日には執行猶予期間が満了するのであるから，その翌日の7月5日には「刑に処せられた」ということ自体がなくなり，登録の制限を受けることもなくなるのである。

③　社会福祉士及び介護福祉士法3条3号

7-10　保安処分的資格制限　②でみた登録の制限は，違反した刑罰法規の範囲を問わない。どのような犯罪を犯そうと「禁錮以上の刑」に処せられた以上，一定の期間は社会福祉士となることができないとされるのである。一方，社会福祉士及び介護福祉士法3条3号は，「❼罰金の刑に処せられ」ただけで登録を一定期間制限している。禁錮よりも一段低い刑種に処せられた場合であっても登録欠格とされるのであるが，ただし，それは，「❻この法律の規定その他社会福祉又は保健医療に関する法律の規定であって政令で定めるもの＊」に違反した場合に限られる。社会福祉士という国家資格に関連する業務法令に違反した点に着目して，社会福祉士としての不適格性を推定し，そのような者から同種の違反行為を繰り返す機会を奪おうというのである［古田 1987：299，米山 2001：159参照］。違反法令の範囲を問わない資格制限が刑罰的であるのに対し，この3号の規定のように同種の再犯の防止を目的とする資格制限は，保安処分的な意味合い（➡**2-41**）をもつものとされている［米山 2001：159］。

　　＊　政令で定める社会福祉または保健医療に関する法律の規定は「社会福祉士及び介護福祉士法施行令」1条1項に列挙されている（例：児童福祉法，身体障害者福祉法）。

2 資格制限の形態

7-11 三つの類型 資格制限の形態は、それぞれの資格について各関係法令に規定されており、また、その内容も多岐にわたっているが、制限される期間に着目すれば、下記A～Cの3類型に整理される［森下 1993：338-341］。

7-12 A類型：刑の執行中、資格が制限されるもの 例えば一般公務員は、禁錮以上の刑の執行中に限り資格制限を受ける（➡7-1）。禁錮以上の刑に処せられたとしても、刑の執行を終わり、または執行を受けることがなくなれば（➡7-7）、直ちに資格を回復するのである。もっとも、失職した公務員が、当然に職場復帰できるわけではない。改めて公務員試験を受験する資格が復活するにすぎない。

7-13 B類型：刑の執行終了後、一定期間、資格が制限されるもの 刑の終了や執行の免除後も、一定期間、資格制限を受ける職業もある。例えば、司法書士は、「禁錮以上の刑に処せられ、その執行を終わり、又は執行を受けることがなくなってから3年を経過」するまで、その資格を認められない（司法書士法5条1号）。先にみた社会福祉士の登録制限もそれに準じた扱いであり、この類型に属する。

7-14 C類型：刑の執行終了後も無期限に資格制限が続くもの 禁錮以上の刑に処せられ、その執行を終わり、または執行を受けることがなくなった後も無期限に資格を制限されるものもある。例えば、交通事故で禁錮以上の刑に処せられた場合、弁護士は弁護士名簿の登録を取り消され（弁護士法17条1号、7条1号）、教員も直ちに教職を失う（教育職員免許法10条1項1号、5条1項4号）。いずれも規定の上からは資格制限の期間に定めはなく、こうした厳しい資格制限は、無給の民間篤志家である**保護司**（➡1-12）にまで及んでいる（保護司法12条1項、4条2号）。

なお、医師や看護師などは、「罰金以上の刑に処せられた」ことで、無期限

の資格制限を受ける。ただし，これらの資格は，刑に処せられたことで法律上当然に制限されるわけではなく，制限するか否かが行政裁量に委ねられている点に特徴がある（医師法4条3号，7条2項，保健師助産師看護師法9条1号，14条1項）。例えば，罰金刑に処せられた医師について，医師免許を停止するか否か，どの程度の期間を停止にするかということは，厚生労働大臣が判断する。

* もっとも，必ずしも生涯にわたって資格が制限されるというわけではない。❶執行猶予期間の満了（▶7-9, 7-16）のほか，後述する❷刑の消滅（▶7-17）や❸恩赦（▶7-22, 7-23）によって刑の言い渡し自体がなかったことになれば資格制限は解除される。例えば，登録を取り消された弁護士も，❶～❸の事情があれば再び弁護士となりうる資格を回復する。ただし，その業務に就くためには改めて登録請求など一定の手続きを踏むことが必要であり，日本弁護士連合会から登録を拒絶されたならば弁護士活動を再開することはできない（弁護士法8条，15条1項）。

3 資格の回復

1 当該資格制限法令に定められた期間の経過

7-15 A類型・B類型について　上述のA類型（例：一般公務員）・B類型（例：社会福祉士）のように，資格を回復するまでの期間が明記されている場合は，その所定の期間を経過すれば資格制限は解除される。また，特にB類型では資格回復のために刑の執行終了後一定期間を要するが，3でみる刑の消滅の制度と異なり，その期間内に罰金刑に処せられたとしても，期間の進行が中断することはない［米山 2001：214］。

2 執行猶予期間の経過

7-16 最長5年間　刑の全部執行猶予は，1年以上5年以下の範囲で言い渡される（刑法25条1項）。それゆえ，執行猶予付きの刑の言い渡しであれば，長くても5年間で資格は回復する*（▶7-9）。もっとも，執行を猶予されるべき刑は比較的短期（3年以下）の懲役・禁錮（および50万円以下の罰金）に限られ（▶8-4），無期刑はもちろん長期の有期刑についても執行猶予を付す

ことはできない。それゆえ、無期刑および長期の有期刑に処せられた者の資格を回復するには、別途その方策を講じることが必要となる。

> ＊ もちろん、執行猶予の言い渡しを取り消される（→8-20）ことなく、その猶予期間を経過した場合に限る（刑法27条）。

3　刑の消滅

7-17　刑法上の資格回復規定　執行猶予の付かない刑の言い渡しを受けた者については、**刑の消滅**という刑法の規定（刑法34条の2）によって資格の回復を図ることができる。[*1] 実刑に処せられたとしても、刑の執行を終わりまたは執行の免除を得たとき[*2]から一定の期間が経過すれば、資格制限は自動的に解除されるのである（刑法34条の2第1項）。その期間は、言い渡された刑が禁錮以上であれば10年、罰金以下であれば5年とされている。[*3] この規定によって、上述のC類型に属する資格（制限される期間に限定のない資格）についても制限の解除が認められることになったが、ただし、無期の懲役・禁錮に処せられた者は、第4節でみる恩赦によらなければ今日でも救済されることはない。

> ＊1　この刑法34条の2の規定は1947年の刑法一部改正により「刑の消滅」として導入されたものであるが、その意味するところは「刑の言い渡しの消滅」にほかならない［森下1993：342］。同条所定の要件を満たした場合、執行猶予期間が無事に経過した場合と同じく（→7-9）、初めから刑の言い渡しがなかったものとして扱われるのである。
> ＊2　刑の執行免除となるのは、❶外国裁判により刑の執行を受けた場合（刑法5条ただし書き）、❷刑の時効による場合（刑法31条→7-8）、❸恩赦として行なわれる場合（恩赦法8条→7-31）である。
> ＊3　ただし、罰金以上の刑に処せられることなく、この期間を経過しなければならない。

7-18　刑の消滅の特則　この刑法上の「刑の消滅」の制度について、少年法は、その特則を定めている。第1に、「少年のとき犯した罪」について、刑の執行を終了し、または執行の免除を得たときは、刑法上の刑の消滅期間を待たなくても、直ちに資格制限が解除される（少年法60条1項）。この規定は、上記のA類型（例：一般公務員）にとっては実際上の意味をもつわけではないが、B類型（例：社会福祉士）・C類型（例：弁護士）については格別の

存在意義をもつ［団藤=森田 1968：411］。

　第2に，「少年のとき犯した罪」について執行猶予となった場合は，その期間中であっても資格制限を受けることがない（少年法60条2項）。例えば，少年時の犯罪により現に刑の執行猶予中であっても，一般公務員の任命制限（➡7-1）が適用されることはない［団藤=森田 1968：413］。執行猶予の言い渡しを受けた者は，その時点で刑の言い渡しを受けなかったものとみなされるのであり，この第2項の規定は，A類型～C類型のいずれにとっても意味がある。

　「教育的復権」［森下 1993：344］といわれる以上の制度は，いわゆる前科を抹消することなく（➡コラム6：前科とその抹消）資格制限のみを解除する点に特徴をもつ。少年法は少年の可塑性（➡2-4）に着目してその改善教育と再非行防止に向けた一連の措置を定めているが，同法60条もまたその趣旨を踏まえ，刑罰の付随的効果である資格制限（➡7-2）について成人とは異なった扱いをするのである。

コラム6

前科とその抹消

〈前科の意義〉

　前科という言葉は法令上の用語ではないが，前に「刑に処せられた」（➡7-5）ことがあるという意味で広く用いられている。例えば「前科3犯」といえば，3度，刑の言い渡しを受けその裁判が確定したことを意味している。その意味では，罰金や拘留・科料に処せられた場合も前科となるが，ほかに，この言葉は，刑務所に服役した（「刑余者」・「刑務所帰り」である）という意味で用いられることもあれば，執行猶予との関係で禁錮以上の刑に処せられたという事実（➡8-2）を指す場合もあるなど多義的である。

〈前科のもたらす効果〉

　前科（前に刑に処せられたという事実）がもたらす法律上の効果は二つある［中野 1948：61］。第1に，刑法上，前科は刑の執行猶予の欠格事由となり（刑法25条1項1号➡8-2，27条の2第1項1号➡8-6），また，累犯加重の事由ともなる（➡2-38＊2）。第2に，その他の法令上，前科は，刑の効果として資格制限をもたらすことがある（➡本章）。

〈前科の登録〉

このように前科（前に刑に処せられたという事実）は法的にも様々な効果をもたらすことから，その記録が必要となる。記録の代表的なものは市区町村役場の**犯罪人名簿**への登載であり，これは，各種の資格制限（例：選挙資格，就職資格）に抵触するかどうかを照合するために設けられたものである。それゆえ，拘留・科料の刑（選挙権・被選挙権とは無関係）に処せられた者，資格制限にかからない少年（少年法60条1項・2項に該当する者➡7-18）が名簿に登載されることはない。なお，罰金以上の刑が確定した者は原則として登載されるが，それが道路交通法違反による場合は，事務負担の軽減を図るためにやはり登載を免れる。

* 前科の登録は，ほかに，❶警察庁の保管する「指紋カード」，❷地方検察庁の保管する「犯歴票」，❸法務省矯正局の保管する「指紋原票」でも行なわれている。これらは，各機関が捜査・裁判・刑の執行等を担当するにあたって実務上必要であることから作成される。それゆえ，各機関の目的に応じて登録の範囲も異なるが，ただし，❶〜❸のいずれの機関への登録も生涯抹消されることはない。これに対して，犯罪人名簿は，刑の消滅（刑法34条の2）や恩赦によって刑の言い渡しが効力を失うと閉鎖されるのであり，こうした記録の抹消が**前科抹消**といわれる。

〈前科の抹消と資格の回復〉

ここで，前科の抹消と資格回復の関係についても整理しておこう。たしかに，刑の言い渡しが効力を失う（前科抹消）と，その効果として資格制限は回復する。刑の言い渡しが失効する場合としては，❶刑法の規定による刑の消滅（刑法34条の2➡7-17），❷刑の執行猶予期間の満了（刑法27条➡7-9）および❸大赦・特赦による赦免（恩赦法2条，4条➡7-22，7-23）がある。

しかし，前科はなお存在していても，資格が回復する場合もある。第1は資格を制限する法令そのものが制限の期間を定めている場合であり，上述のA類型（例：一般公務員➡7-12）およびB類型（例：社会福祉士➡7-13）がこれに当たる。第2は少年犯罪者に関する「刑の消滅の特則」（少年法60条➡7-18）であり，そして第3は，後述する「恩赦による復権」（➡7-24）である。いずれの場合も，刑の効力は持続しており，執行猶予の欠格（刑法25条），再犯加重（刑法56条）といった前科の法的効果を免れるわけではない。

4 恩　赦

1　恩赦による資格の回復

7-19　補充的な制度　　刑法上の「刑の消滅」(→7-17) という制度は，一定期間の経過により資格制限を自動的に回復させる制度である。しかし，こうした機械的・画一的な仕組みによると，法定期間の経過をまたなくても資格を回復させてよいと思われる者や，情状酌量の余地が十分に認められる者などを個別に救済することはできない［冨永 2012：155］。恩赦は，こうした法の画一性がもたらす不都合を回避する補充的な制度として意義をもつ。

2　恩赦の方式

7-20　政令恩赦と個別恩赦　　恩赦は，「大赦，特赦，減刑，刑の執行免除及び復権」の総称であるが (恩赦法1条)，これをその方式からみると政令恩赦と個別恩赦とに分けられる。

　政令恩赦（大赦，減刑，復権）は，不特定・多数の者に対し，政令で罪や刑の種類，基準日等を定めて一律に行なわれる。一方，**個別恩赦**（特赦，減刑，刑の執行免除，復権）は，有罪の言い渡しを受けた特定の者に対して個別に審査した上で行なわれる。大赦は政令恩赦のみであり (恩赦法2条)，特赦と刑の執行免除は個別恩赦のみである (恩赦法4条，8条本文)。これに対して，減刑と復権は，政令恩赦・個別恩赦のいずれの方式によっても行なわれる (恩赦法6条，9条本文)。

3　恩赦の種類

7-21　資格制限の回復という観点　　恩赦には5種類あるが，これを資格制限の回復という観点からみると，三つに分けることができる。

① 前科を抹消する恩赦——大赦，特赦

7-22 大赦 　**大赦**は，内閣が政令で罪の種類を定めて行なう（恩赦法2条）。刑罰権を消滅させる恩赦であり，有罪の言い渡しを受けた者については，その言い渡しの効力を失わせ，いまだ有罪の言い渡しを受けない者については，公訴権（➡5-9）を消滅させる（恩赦法3条）。そのため，大赦が行なわれると，服役中の者は即時に釈放され，裁判中の者については裁判の打ち切り（免訴——刑事訴訟法337条3号），捜査中の者については捜査の打ち切りまたは不起訴（➡5-9）となるなど，刑事司法のすべての段階に影響が及ぶ。また，有罪の言い渡しが失効し前科は抹消されることから，有罪の言い渡しを受けたことに伴う資格制限の効果も消滅する。

7-23 特赦 　**特赦**は，有罪の言い渡しを受けた特定の者に対して行なわれ（恩赦法4条），その言い渡しの効力を失わせる（恩赦法5条）。大赦と異なり，特赦は有罪の確定した特定の者に対してのみ行なわれるのであり，例えば現に取調中の者に対して適用されることはない。特赦が行なわれると，その者に対する有罪の言い渡しが失効することから，大赦の場合と同様，その者の資格制限は解除される。

② 前科は残るが，資格制限を回復する恩赦——復権

7-24 意義 　**恩赦による復権**は，大赦・特赦と異なり，有罪の言い渡しを失効させるものではなく，その効果自体は残しつつ資格のみを回復させる。少年犯罪者に関する「刑の消滅の特則」（少年法60条➡7-18）と同じく，前科が抹消されることなく資格制限が解除されるのであり，政令・個別の両恩赦がある（恩赦法9条）。

7-25 要件および効果 　こうした復権の対象となるためには，刑の執行を終わりまたは執行の免除を得ていることが必要であり（恩赦法9条ただし書き），現に執行猶予中の者はその対象とならない。

　復権は，すべての法令上の資格を回復させるのが原則であるが，特定の法令に定める資格（例：公務員となる資格）だけを回復させることもできる（恩赦法

7-26 社会復帰の促進　たしかに，恩赦による復権は，前科を抹消する効果までもつわけではない。しかし，すでに改善更生し再犯のおそれがないと認められる者にとって，この制度のもつ意義は小さくない。法令の定める資格一般について，これを一般社会人と同等に取得しうる状態に回復させることは，就職・結婚・育児等にあたっての精神的負担の除去にもつながる［安形 2005：11］。復権は，特定の資格を回復する必要が現実に差し迫っている者にとってだけでなく，およそ前科のあることが社会的活動の障害や精神的負担になっている者にとっても，社会復帰を促進する方策として用いられるのである。

③　資格回復を早める恩赦──減刑，刑の執行免除
Ａ．減刑

7-27 減刑の種類　減刑には「刑の減軽」と「刑の執行の減軽」とがある。**刑を減軽する減刑**は，具体的に言い渡された刑（**宣告刑**）それ自体の変更をもたらすものであり，例えば，死刑を無期懲役に変更したり（刑名の変更），刑期を懲役5年から3年に短縮する（刑期の短縮）などの方法で行なわれる。一方，**刑の執行の減軽**は，宣告刑それ自体は変更せず，執行すべき刑を軽くするにとどまる。例えば，懲役5年の言い渡しを受けた者に対して，その刑の執行を懲役3年に減軽するという場合，執行されるべき刑は懲役3年であるが，人の資格に関する法令の適用については，懲役5年に処せられたものとして扱われる［鈴木 1957：2956］。

　政令恩赦として行なわれる減刑は刑の減軽のみである（恩赦法7条1項）。一方，個別恩赦としての減刑には，刑の減軽と刑の執行の減軽とがある（恩赦法7条2項）。

7-28 刑の全部執行猶予の減軽　現に刑の全部執行猶予中の者については，いまだ猶予期間が経過していない場合，刑の減軽と併せて猶予期間を短縮することができる（恩赦法7条3項）。猶予期間だけを短

縮することはできない。刑を短縮することによって猶予期間も短縮するという方法が用いられるのである。これは，執行猶予は刑ではないため恩赦の対象として短縮することはできないという考えによるものとされる［菊田 1985：89］。

7-29　刑の一部執行猶予の減軽　刑の一部執行猶予の言い渡しを受けた者に対しても，減刑の適用がある（恩赦法7条4項）。まず，実刑部分の執行が終わり猶予期間が始まっている者については，刑を減軽し宣告刑の刑期を短縮することができる。また，この減軽と併せて猶予期間を短縮することもできる。一方，実刑部分の執行が終わっていない場合は，刑の減軽のほかに，実刑部分の執行期間を短縮することもできる［太田 2014：207］。

7-30　早期の資格回復　刑の減軽，あるいはそれと併せて執行猶予期間を短縮する減刑が行なわれると，宣告刑それ自体が変更される。そのため，こうした減刑が行なわれると，刑の執行終了日や執行猶予期間満了日に変動を生じるほか，刑の時効期間（刑法32条 ➡ 7-8），刑の言い渡しの効力の消滅期間（刑法34条の2）の起算日（刑の執行終了日の翌日），資格制限法令の適用にも変動が生じる。減刑によって，制限されている資格の回復を早める効果がもたらされるのである［鈴木 1957：2953，冨永 2012：153］。

B．刑の執行免除

7-31　意義　刑の執行免除は，刑の言い渡しを受けた特定の者に対して行なわれる（恩赦法8条本文）。個別恩赦としてのみ行なわれるのであるが，その対象となった者は，自由刑であれば執行の残期間を免除され，財産刑であれば未納額の納付を免除される[*]。刑の未執行部分の全部が免除されるのであり，この点で，刑の短縮にとどまる「刑の執行の減軽」とは異なる。

 ＊　なお，刑の執行猶予中の者は，この恩赦の対象とならない。もっとも，刑の一部執行予の言い渡しを受け，いまだ実刑部分を執行中であれば，刑の執行免除を行なうことは可能である（恩赦法8条ただし書き）［太田 2014：208］。

7-32　無期刑仮釈放者の社会復帰　刑の執行免除は，主に無期刑仮釈放者に対して行なわれている。無期刑については10年を

経過すれば仮釈放の可能性があるが（刑法28条），ただし，仮釈放を許された者は必ず保護観察（3号観察）に付される（➥2-28）。この保護観察の期間は残刑期間の満了までであり，無期刑の場合，その刑期に終わりはないことから，保護観察も終身にわたり続くことになる。

しかし，無期刑仮釈放者が更生し，もはや保護観察に付す必要のない場合もある。そのような場合，残刑の執行を免除し刑の執行が終了した状態とするならば，保護観察もまた終了させることができる。無期刑仮釈放者は，「刑の執行免除」がない限り，死亡するまで刑の執行を終わったことにはならない。そうした身分の者が社会復帰を達成するにあたって，刑の執行免除は積極的な意義をもつものといえよう［松本 1989：68］。

* 刑の執行免除は，特赦と異なり，刑の言い渡しそれ自体に影響を及ぼすわけではなく，刑の執行が終了した場合と同じ状態をもたらす点に特徴をもつ［鈴木 1957：2957］。

7-33　早期の資格回復　刑の執行が全部免除されたからといって，刑の言い渡しを受けたという事実がなくなるわけではない（➥7-32*）。それゆえ，すでに刑の言い渡しを受けたことで生じた資格制限が自動的に回復することもない。もっとも，刑の執行免除があれば，刑の言い渡しの効力の消滅期間の起算日および満了日は早まる。それゆえ，この恩赦にも間接的とはいえ資格回復を早める効果を認めることができよう［冨永 2012：153］。

* 先にみたように，実刑に処せられたとしても，「刑の……執行の免除を得た」（刑法34条の2第1項）ときから一定の期間が経過すれば，刑の言い渡しは消滅する（➥7-17）。ここにいう「刑の執行の免除」には代表的なものとして刑の時効による場合（刑法31条）と恩赦として行なわれる場合（恩赦法8条）とがあるが（➥7-17*2），そのいずれであるかによって，消滅期間の起算日は異なる。刑の時効の場合は，時効期間満了日の午後12時の経過をもって時効が完成するため（➥7-8），その満了日の翌日が起算日となる。これに対して，個別恩赦による刑の執行免除の場合は，刑の執行免除が行なわれた日が起算日となる。恩赦の効力は天皇の認証（憲法7条6号）により発生するのであり［鈴木 1957：2930］，受刑の最終日の全一日が執行の対象となるわけではないからである［大塚＝河上＝佐藤編 1991：551〔粟田啓二〕］。

4　恩赦の手続き

7-34　中央更生保護審査会（個別恩赦）　政令恩赦の発動は内閣の自由裁量による。また，個別恩赦も内閣がこれを決定する点で政令恩赦と同じであるが，ただし，そこには**中央更生保護審査会**の審査が介在する（恩赦法12条）。個別恩赦が行なわれるには，まず，検察官，刑事施設の長または保護観察所長が，職権により，または本人の出願に基づいて中央更生保護審査会に恩赦の上申をする。これを受けて同審査会が審査をし，恩赦に相当すると判断した場合には，その実施について法務大臣に恩赦の申し出をする。そして，内閣が恩赦を決定し（憲法73条7号），天皇の認証を受けることで（憲法7条6号）恩赦はその効力を生じるのである。

7-35　三権分立との関係　このように恩赦は行政の作用であり，裁判所（司法権）が下した判断の内容や効力を行政権の裁量によって事後的に変更・消滅させるものにほかならない。行政権によって司法権の効果が変更されるのであり，権力分立制からみると重大な例外に属する。そのため，恩赦の謙抑的な運用が求められることは言うまでもない。

> **参考文献**

安形静男『社会内処遇の形成と展開』日本更生保護協会，2005年。
太田達也『刑の一部執行猶予』慶應義塾大学出版会，2014年。
大塚　仁＝河上和雄＝佐藤文哉編『大コンメンタール刑法（第1巻）』青林書院，1991年。
菊田幸一『知らないと損する「恩赦」の知識』第三文明社，1985年。
鈴木壽一「恩赦」団藤重光編『法律実務講座　刑事編（第12巻）』有斐閣，1957年，2915-2978頁。
団藤重光＝森田宗一『新版　少年法』有斐閣，1968年。
冨永康雄『前科登録と犯歴事務（4訂版）』日本加除出版，2012年。
中野次雄『逐条　改正刑法の研究』良書普及会，1948年。
古田佑紀「刑罰の資格に対する影響」経営刑事法研究会編『事例解説経営刑事法Ⅱ』

商事法務研究会，1987年，298-304頁。
松本一郎「恩赦」『法学教室』104号（1989年），64-68頁。
森下　忠『刑事政策大綱（新版）』成文堂，1993年。
米山哲夫『情報化社会の犯罪対策論』成文堂，2001年。

第8章 刑の執行猶予

1 刑法上の執行猶予の要件

8-1 要件の差異　刑の執行猶予を言い渡すためには，形式的要件および実質的要件を満たさなければならない。もっとも，この制度は下記 **1** から **3** へと順次その適用範囲を拡張しており，それに伴い各要件にも差異がみられる。

1　前科のない者

①　全部執行猶予（刑法25条1項1号）

8-2 形式的要件1：前科　第1に，被告人に一定の前科（→コラム6：前科とその抹消〔101頁〕）のないことが要件とされる。「前に禁錮以上の刑に処せられたことがない」という**前科要件**を満たしていなければ，基本的に全部執行猶予（→2-31）の対象とはならない。[*1]

「禁錮以上の刑」とは，懲役刑・禁錮刑だけでなく，死刑が恩赦によって懲役刑・禁錮刑に減刑（恩赦法6条→7-27）された場合も含む。これらの刑を言い渡した判決が確定すると「刑に処せられた」ことになる。現実に刑の執行を受けたことは必要でない。「刑に処せられた」には，実刑だけでなく執行猶予が付された場合も含むとするのが判例である[*2]（最判昭24年3月31日刑集3巻3号406頁）。[*3]

---

*1　一方，前に受けた刑が罰金・拘留・科料の刑であれば，それは執行猶予の法律上の妨げにはならない。

*2　判決の言い渡しがあったが，上訴等でいまだその判決が確定していないときは，「刑に

処せられた」ことにはならない（➡5-6＊2）。

＊3　それゆえ，現に全部執行猶予中の者が，その猶予の期間中にさらに罪を犯した場合，その者には実刑を言い渡すほかない。これが原則であるが，ただし，そのような場合にも例外的に刑の執行を再び全部猶予しうることがある（刑法25条2項➡8-11）。なお，本文でみるように（➡8-3），前刑の全部執行猶予期間が無事に経過した場合，その者は「刑に処せられたことがない」者となり，そもそも前科による執行猶予の制限を受けることはない。

8-3　復権　ただし，禁錮以上の刑に処せられても，その刑の言い渡しそのものが効力を失ったときは，「刑に処せられたことがない」者とみなされ，執行猶予の資格を回復する。この**復権**（刑の言い渡しの失効）は，全部執行猶予期間の満了（刑法27条➡2-35），刑の消滅（刑法34条の2第1項➡7-17），大赦・特赦（恩赦法3条1号，5条➡7-22，7-23）等によって認められる。

8-4　形式的要件2：宣告刑　第2に，現に言い渡される刑（**宣告刑**）が「3年以下の懲役若しくは禁錮又は50万円以下の罰金」でなければならない（刑法25条1項本文）。執行を猶予されるべき刑は，一定範囲の懲役・禁錮・罰金に限られ，死刑についてはもちろん，拘留・科料に対しても執行猶予を付すことはできないのである。＊

　＊　拘留・科料は極めて軽微な刑であり，また前科の不利益性もほとんどないことから，これらの刑に全部執行猶予を認めるべき実際上の必要性はそれほど高くないとされる［中野1948：47］。実際にも，執行猶予になるようなものであれば検察官が不起訴処分（➡5-9）とすることが考えられる。なお，軽犯罪法2条は，拘留または科料の刑を免除することができる旨を規定するが，そこには，拘留・科料の刑について執行猶予が認められていないという事情も斟酌されているのであろう。

8-5　実質的要件：情状　以上の前提要件を満たす者について，現実に執行猶予を言い渡すかどうかは裁判所の裁量に委ねられている。刑の執行猶予の実質的な要件として，それを相当とする**情状**が認定されなければならないのである。もっとも，この「情状」の内容を法が具体的に示しているわけではなく，「犯人の性格，年齢及び境遇，犯罪の軽重及び情状並びに犯罪後の情況」という起訴猶予（刑事訴訟法248条➡5-9）の基準が一般に援用される。

② 一部執行猶予（刑法27条の2第1項1号）

8-6 形式的要件1：前科　刑法上の一部執行猶予（➡2-36）にも前科要件が課されている。ただし，ここで「前に禁錮以上の刑に処せられたことがない者」（刑法27条の2第1項1号）というときは，全部執行猶予の場合と異なり，実刑前科のない者に限定される。一部執行猶予は全部執行猶予中に再犯を犯した場合にも適用されるからである（刑法27条の2第1項2号➡8-13）。

なお，「前に禁錮以上の刑に処せられた」としても，執行猶予の資格の回復（例：全部執行猶予期間の満了，刑の消滅）があることは，全部執行猶予の場合と同様である。

8-7 形式的要件2：宣告刑　刑の一部執行猶予が認められるのは，宣告刑（➡8-4）が3年以下の懲役または禁錮の場合である。

まず，一部執行猶予制度の対象とされるのは自由刑に限られ，全部執行猶予の場合と異なり，財産刑である罰金は対象外とされる。一部執行猶予は，一定期間の施設内処遇の後に十分な社会内処遇を確保することで犯罪者の改善更生と社会復帰を目指すものだからである［太田 2014：180］。

次に，宣告刑は3年以下の自由刑に限定される。❶3年を超える懲役・禁錮については全部執行猶予を言い渡すこともできないのであり，そのような重大な犯罪について，たとえ一部であれ刑の執行を猶予することは国民の法感情等に照らして相当でないこと，❷3年を超える比較的長期の刑期を言い渡すにあたり，釈放後の猶予期間や保護観察の有無などを，裁判所が判決時点で判断するのは困難であることなどが，その理由とされている［東山 2013：16］。

8-8 実質的要件：情状と再犯防止（必要性・相当性）　一部執行猶予は，「犯情の軽重及び犯人の境遇その他の情状を考慮して，再び犯罪をすることを防ぐために必要であり，かつ，相当であると認められるとき」に適用することができる（刑法27条の2第1項）。ここでは，刑事責任の軽重を踏まえつつ，施設内処遇と社会内処遇の連携を図ることが被告人の再犯防止にとって必要かつ相当か否かが個別具体的に判断される。例えば，アルコール依存に起因

する犯行の場合，刑事施設内での断酒に加え釈放後の継続的な禁酒指導が必要かどうかが検討される（再犯防止の必要性）。また，釈放後は組織への復帰を明言する暴力団構成員については，社会内処遇の適格性が問題とされよう（再犯防止の相当性）［太田 2014：27-31］。

2　過去に実刑を受けた者

①　全部執行猶予（刑法25条1項2号）

8-9　5年の経過　過去に禁錮以上の実刑に処せられたことがあったとしても，その刑の執行を終わった日から5年以内に再び禁錮以上の刑を受けていなければ，初犯者と同一の条件で全部執行猶予を言い渡すことができる[*]（刑法25条1項2号）。

　例えば，満期釈放の日から10年間，罰金以上の刑を受けることなく過ごしたとしよう。その場合，「刑の言渡しは，効力を失う」ため（刑法34条の2〔刑の消滅〕➡7-17），刑法25条1項1号に基づいて執行猶予を言い渡すことができる。しかし，同項2号はその条件を緩和し，刑の言い渡しの効力が失われる以前に，執行猶予を付すことを認める。刑務所を出てから5年を超えているのであるから，今回の罪は必ずしも前の犯罪との関連性をもつとはいえず，事情によっては執行猶予に値すると考えられたものといえよう［団藤編 1964：194〔藤木英雄〕］。

> ＊　ほかに，逃走して刑の時効が成立した場合（刑法31条➡7-8），恩赦によって刑の執行を免除された場合（恩赦法8条➡7-31）なども，5年を経過していれば，刑の「執行の免除を得た」者として全部執行猶予が可能である。

②　一部執行猶予（刑法27条の2第1項3号）

8-10　準初入者　前刑の執行終了または免除から5年以上を経過した者は，刑の全部について執行猶予の対象とされていることから（刑法25条1項2号），**準初入者**（➡2-38＊1）として刑の一部についても執行猶予が認められている（刑法27条の2第1項3号）［東山 2013：16］。

3　現に全部執行猶予中の者

① 全部執行猶予（刑法25条2項）

8-11　再度の全部執行猶予　全部執行猶予中の者が再び罪を犯した場合、この再犯について重ねて全部執行猶予を言い渡すことはできないのが原則である。現に執行猶予中であるにもかかわらず再犯に及んだというのであるから、社会内での自律更生は頓挫しており［太田 2014：23］、本来その執行猶予は取り消されてしかるべきであろう（➡8-21）。

　もっとも、被告人に実刑を科すのが酷であり、執行猶予を付すことが、なお制度の趣旨に合致することもありうる。そこで刑法は、全部執行猶予期間中の再犯についても、全部執行猶予の適用があること（**再度の全部執行猶予**）を認めている。

　＊　一部執行猶予による猶予期間中の者には全部執行猶予の適用はない。なお、全部執行猶予の期間が経過した場合は、25条1項1号の問題である（➡8-3）。

8-12　要件　再度の全部執行猶予の要件は25条1項のそれと比べて厳格であり、❶禁錮以上の刑の全部執行猶予中であって、保護観察に付されていないこと（➡8-18）、❷宣告刑（➡8-4）が1年以下の懲役・禁錮であること、❸「情状に特に酌量すべきものがあること」が求められる（刑法25条2項）。猶予期間中に再び罪を犯した者は、初犯者に比べて再犯の危険が大きいことから、初犯者と同じ条件で全部執行猶予を許すことは相当でないとされるのである［団藤編 1964：196〔藤木英雄〕］。

　＊　一般には「3年以下」という長期の自由刑に対しても全部執行猶予が認められており（刑法25条1項➡8-4）、そのため、ほとんどの罪が全部執行猶予の対象となりうる。例えば、強盗罪の法定刑は「5年以上の有期懲役」であるが（刑法236条1項）、何らかの減軽事由があれば「5年」の刑はその半分の「2年6月以上」にまで減軽され（刑法68条3号）、執行猶予が可能となる。これに対して、再度の全部執行猶予を言い渡しうるのは、その宣告刑が「1年以下」の懲役・禁錮の場合に限られる。しかも新たに言い渡す罰金については、そもそも執行を猶予することもできない。それゆえ再度の全部執行猶予は、自由刑とりわけ短期自由刑（刑期が6月未満の懲役・禁錮）のもつ弊害（➡2-32）の回避に主眼をおくものともいいうる［大塚 1977：98］。

② 一部執行猶予（刑法27条の2第1項2号）

8-13 要件 　全部執行猶予期間中の再犯について再び全部執行猶予を言い渡すためには，刑法25条2項所定の要件を満たさなければならない。これに対して，一部執行猶予を付すにとどまるのであれば，そうした制限はない。禁錮以上の刑について全部執行猶予の言い渡しを受け，執行猶予中であれば，刑の一部執行猶予制度の対象とされる（刑法27条の2第1項2号）。刑事責任の点で全部実刑とするには重すぎる場合のあること，また，予防の点で実刑部分に続く社会内処遇を確保したほうが望ましい場合のあることなどが，その理由とされている［太田 2014：24］。

2　猶予期間

8-14 全部執行猶予の期間 　全部執行猶予の期間は，裁判が確定した日から1年以上5年以下であり，その範囲内で裁判所が定める。猶予期間は必ずしも宣告刑（➡8-4）の長短に対応していなくてもよい（大判昭和7年9月13日刑集11巻1238頁）。宣告刑が犯罪それ自体の軽重に大きく左右されるのに対して，猶予期間は被告人の善行保持を確認するための期間として独自の意義を有するからである。

8-15 一部執行猶予の期間 　一部執行猶予の猶予期間も，全部執行猶予のそれと同じである。裁判所は，一部執行猶予を言い渡すとき，実刑部分に続いて1年以上5年以下の範囲で猶予期間を設定することができる。再犯リスクが高いのは釈放後の5年間であり［法務総合研究所 2013：131-133］，その間の社会内処遇を確保することでリスクの低減を図ることが目指されているものといえよう［太田 2014：35-36］。

3　執行猶予と保護観察

[1]　刑の全部執行猶予と保護観察

8-16　趣旨　刑の全部執行猶予は，再犯による猶予刑の取り消しという心理的な抑止力を担保として再犯の防止を目指す制度であるが，しかし，それだけで十分な効果が期待できるとは限らない。そこで，たんに刑を控えるにとどまらず，執行猶予の期間中，対象者を保護観察（**4号観察**▶**2-34**）に付し，その改善更生を図るという積極的な施策も講じられている。

8-17　裁量的保護観察と必要的保護観察　もっとも，全部執行猶予と保護観察との結び付きは必ずしも自動的というわけではない。保護観察は裁判所の判断によって付されるのが一般であり（**裁量的保護観察——刑法25条の2第1項前段**），必ず保護観察に付されるのは（**必要的保護観察——同項後段**），再度の全部執行猶予（▶**8-11**）が言い渡されたときに限られる。後者の場合，本人は独力での更生に一度失敗しているのであるから，今回はしかるべき監督者のもとでの指導が欠かせないと考えられたものといえよう。

8-18　保護観察付執行猶予の不利益性　再度の全部執行猶予が許されるのは，最初の全部執行猶予に保護観察が付されていない場合のみである。裁判所の判断で保護観察付執行猶予（刑法25条の2第1項前段）とされた者が，その期間内にさらに罪を犯した場合，もはや全部執行猶予の恩典が与えられることはない[*]（刑法25条2項ただし書▶**8-12**）。保護観察付執行猶予にはこうした不利益が認められることから，実務では保護観察に付すことをためらう傾向があるともいわれている。

*　また，再度の全部執行猶予の際に必要的に保護観察に付された者が（刑法25条の2第1項後段），3度目の猶予を与えられることもない。

2 刑の一部執行猶予と保護観察

8-19 裁量的保護観察　刑の一部執行猶予についても，その期間中，保護観察が必ず付される場合と裁判所の判断で付されるにとどまる場合とがある。ただし，保護観察が必要的に付されるのは，薬物法（➡2-30）に基づき刑の一部の執行猶予の言い渡しをするときに限られ（薬物法4条1項➡2-38，8-25），刑法上の刑の一部執行猶予制度のもとでは，保護観察に付すかどうかは裁判所の裁量に委ねられている（刑法27条の3第1項）。一部執行猶予者の中には，仕事や家庭環境などが整っており，執行猶予の取り消しという心理的な強制だけで改善更生を期待できる者もいることから，保護観察の当否は対象者ごとに判断しうるものとされているのである．[東山 2013：17]。

4　刑の執行猶予の取り消し

1 全部執行猶予の取り消し

8-20 趣旨　刑の執行が全部猶予されたとしても，無罪となったわけではない。全部執行猶予は，一定期間，刑の執行を見合わせているにとどまり，猶予すべき事情が認められなくなったときは，その言い渡しを取り消し，実際に刑を執行する。

8-21 必要的取り消しと裁量的取り消し　この全部執行猶予の取り消しについて，刑法は場合を分けて規定している。一つは全部執行猶予の言い渡しを必ず取り消す場合であり（必要的取り消し），もう一つは取り消すことのできる場合である（裁量的取り消し）。

例えば，全部執行猶予の期間中にさらに罪を犯したとしよう。新たに言い渡される刑が禁錮以上の実刑であれば，前の執行猶予の言い渡しは必ず取り消される（刑法26条1号）。これに対し，再犯の罪について罰金に処せられた場合は，その事情が様々であることから，執行猶予を取り消すかどうかは裁判所の判断に委ねられている（刑法26条の2第1号）。

また，保護観察付きの全部執行猶予に処せられている者については，再犯に至らない段階であっても，裁量的取り消しの対象とされる。住居変更の届出などの遵守事項（➡3-3）を守らず，しかも，その不遵守の情状が重いときが，それである（刑法26条の2第2号）。

* 全部執行猶予中の再犯に対する刑が懲役・禁錮であったとしても，再度，全部執行猶予の言い渡しを受けることもありうる（刑法25条2項➡8-11）。そのような場合は，後の刑だけでなく前の刑についても執行がそのまま猶予される。なお，再犯に対する刑が一部執行猶予であった場合は，その実刑部分が直ちに執行されることから，前の刑の全部執行猶予は必要的に取り消される（刑法26条1号）［太田 2014：175］。

2　一部執行猶予の取り消し

8-22　必要的取り消しと裁量的取り消し　刑の一部執行猶予についても，全部執行猶予と同じく，必要的取り消しと裁量的取り消しが分けて規定されている。例えば，一部執行猶予の期間中に罪を犯し，禁錮以上の刑が確定した場合，一部執行猶予の言い渡しは必ず取り消され，猶予刑の執行が行なわれる（刑法27条の4第1号）。一方，再犯に対する刑が罰金の場合は，一部執行猶予を取り消すかどうかが裁判所の裁量に委ねられる（刑法27条の5第1号）。

また，保護観察付の一部執行猶予に処せられた者が，遵守事項を遵守しなかったときも裁量的取り消しの対象とされる。ただし，保護観察付全部執行猶予の場合と異なり，遵守事項違反の情状が重くない場合であっても，一部執行猶予の取り消しはありうる（刑法27条の5第2号）。一部執行猶予の場合は実刑部分が先行しているのであり，その対象者には犯罪傾向が進んでいる者も少なくないことから，社会内処遇の実効性を高めるために遵守事項を守ることが強く求められるのである。

5 薬物使用者等に対する刑の一部執行猶予

> **Check!**〔27-150-4〕
> 刑の一部執行猶予制度が新設され，薬物使用等の罪を犯した者に対して，裁量的に猶予期間中保護観察を付すことができるようになった。
> 〔下線部が誤り ➡8-25〕

8-23 趣旨　規制薬物（例：大麻，覚せい剤）等の自己使用や単純所持の罪（以下，「薬物使用等の罪」と略記）を犯した者のうち薬物使用の依存的傾向をもつ者については，刑事施設内で物理的に薬物を遮断するだけでなく，それに続いて社会内で継続的に治療やリハビリを行なうことが，再犯防止および改善更生のために効果的である。それゆえ，この種の犯罪者を処遇するにあたって，刑の一部執行猶予制度を活用し，施設内処遇に続いて社会内処遇の期間を確保する必要性が高いことは言うまでもない［太田 2014：68］。

　もっとも，薬物使用等の罪を犯した者については，必ずしも刑法による刑の一部執行猶予を適用しうるとは限らない。こうした罪を犯す者は，過去に受刑歴をもち，しかも前刑の執行終了後5年（➡8-10）を経過していない者も少なくないからである［太田 2014：196］。刑法の特則として薬物法（➡2-38）が制定されたのは，そのためにほかならない。同法は，薬物使用等の罪を犯した者について刑法上の一部執行猶予の要件を満たさない場合であっても，なおその言い渡しを可能とするのである。

8-24 前科要件の排除　刑の一部執行猶予の言い渡しが可能な刑は，薬物法上も3年以下の懲役または禁錮に限定されているが，一方，刑法上の一部執行猶予と異なり，そこに**前科要件**は付されていない[*]。上述のように，薬物使用等の罪を犯す者については，たとえ実刑の前科があろうと施設内処遇と社会内処遇との連携を図る必要性が高いからである。

　　＊　薬物使用等の罪を犯した者であっても，刑法27条の2第1項各号に掲げる者（刑法上

の一部執行猶予の要件を充足する者）については，刑法を適用して刑の一部執行猶予を言い渡すことができる。薬物法上の一部執行猶予の対象となるのは，前に禁錮以上の刑に処せられ，「その執行を終わった日又はその執行の免除を得た日から5年以内」（刑法27条の2第3号参照）の者である（薬物法3条）。

8-25 必要的保護観察　薬物法に基づき刑の一部執行猶予の言い渡しをするときは，猶予期間中，保護観察が必要的に付される（薬物法4条1項➡〔27-150-4〕）。薬物法による一部執行猶予の場合，対象者が**累犯者**（➡**2-38**）であり規制薬物に対する依存傾向が進んでいることも少なくないため，その改善を本人の意思に任せるだけでは不十分と考えられているのである。

参考文献

太田達也『刑の一部執行猶予』慶応義塾大学出版会，2014年。
大塚　仁『註解刑法（増補第2版）』青林書院新社，1977年。
団藤重光編『注釈刑法（1）』有斐閣，1964年。
中野次雄『逐条　改正刑法の研究』良書普及会，1948年。
東山太郎「刑の一部の執行猶予制度導入の経緯と法整備の概要」『法律のひろば』66巻11号（2013年），13-21頁。
法務総合研究所『犯罪白書（平成25年版）』2013年。

第9章 少年非行と法

1　手続きの多元性（少年保護手続き，児童福祉手続き，刑事手続き）

1　少年法の対象

> **Check!**〔21-106-1〕
> 14歳に満たないで刑罰法令に触れる行為をした少年は，<u>虞犯少年</u>と呼ばれる。
> 〔下線部が誤り➡9-1〕

9-1　非行少年の概念　少年法は，犯罪少年・触法少年・虞犯少年の3種を非行少年として定義している。**犯罪少年**は罪を犯した14歳以上20歳未満の者，**触法少年**は14歳未満で刑罰法令に触れる行為をした者（➡〔21-106-1〕），**虞犯少年**は，特定の事由（例：暴力団との交際）があって，将来，犯罪または触法行為を行なう虞のある20歳未満の者をいう（少年法3条1項）。本章でみるように，これらの少年に対して，国家は，非行を理由として刑罰や保護処分（➡**2-6**）などの強制的な手段を用いることもできる。少年法が，その対象とする非行少年の概念を厳格に規定するのは，そのためにほかならない。

* 1　14歳未満の者は責任無能力者（**刑事未成年者**➡**10-1**）とされており，他者に重大な危害を加えたとしても，その行為が犯罪として処罰されることはない（刑法41条）。それゆえ，14歳未満で「刑罰法令に触れる行為」（**触法行為**〔少年法3条1項2号〕）をした者は，犯罪少年から区別されて**触法少年**と呼ばれる。
* 2　なお，非行少年には該当しないが，「飲酒，喫煙，深夜はいかいその他自己又は他人の徳性を害する行為」（不良行為）をしている少年は，**不良行為少年**として警察による補導の対象とされ，現場での注意・助言，保護者等（家庭，学校，職場）への連絡などの措置を受ける（少年警察活動規則〔国家公安委員会規則〕2条6号，14条1項）。また，児童福祉法上は，児童自立支援施設への入所対象者ともされている（児童福祉法44条）。

2　少年保護手続き

9-2　少年の健全育成　この少年法に基づく手続きを**少年保護手続き**という。たしかに，少年法が対象とする少年は，犯罪行為それ自体を行なった者（犯罪少年）および犯罪に直結する行為を行なった者（触法少年，虞犯少年）である。しかし，多くの場合，その行為は一過性のものであり，人格形成期にある少年は，環境等を整え，教育的な働きかけを及ぼすことで，非行を克服する可能性も高い。少年法は，こうした**可塑性**（➡2-4）に富む少年の特性に着目した法であり，その改善教育のための一連の措置を定めることで，「少年の健全な育成」という基本理念を達成することを目的としている（少年法1条）。

3　少年法と児童福祉法

> **Check!**〔21-106-5〕
> 少年法による「少年」は，児童福祉法における「少年」と同じ年齢とされている。
> 〔下線部が誤り➡9-3〕

【図 9-1】

	触法少年	虞犯少年	犯罪少年	
14歳未満	○児童相談所 ○家庭裁判所	○児童相談所 ○家庭裁判所		児童福祉法
14歳～18歳未満		○児童相談所 ○家庭裁判所	○家庭裁判所 ○刑事裁判所	少年法
18歳～20歳未満		○家庭裁判所	○家庭裁判所 ○刑事裁判所	
			←―刑事訴訟法―→	

9-3　二元的構成　もっとも，すべての非行少年について，少年保護手続きが直ちに開始されるわけではない。もともと少年非行は司法と福祉の交錯する領域であり，その解決のためには家庭裁判所を中心とする司法の

プロセスが必要とされる一方，児童相談所をはじめとする多様な諸機関の協働による福祉的実践も欠かすことができない。以下にみるように，少年非行への対応にあたって我が国が少年法と児童福祉法という二元的な構成をとり，家庭裁判所による審判手続き（少年保護手続き）だけでなく，児童福祉法上の手続きをも取り込んでいるのは，そのためにほかならない。

❶14歳未満の少年

触法少年および14歳未満の虞犯少年については，**児童福祉法上の手続き**に委ねるのが原則であり，家庭裁判所は，児童相談所からの送致を受けたときに限り，少年法上の保護手続きを開始する。

❷虞犯少年

14歳以上18歳未満の虞犯少年については，家庭裁判所の権限と児童相談所の権限とが競合する。一方，18歳以上になると児童福祉法の適用がないことから＊，虞犯少年は，もっぱら少年法に基づき保護手続きの対象とされる。

> ＊ 児童福祉法は18歳未満の少年を対象としている（児童福祉法4条1項柱書き）。なお，少年法上の「少年」は20歳未満の者であるが（少年法2条1項），児童福祉法上の「少年」は「小学校就学の始期から，満18歳に達するまでの者」（児童福祉法4条1項3号）をいう（➡［21-106-5］）。

❸犯罪少年

犯罪少年の事件はすべて家庭裁判所に送られて，少年保護事件としての手続きが進められる。その犯罪が禁錮以上の刑に当たる者は，保護処分と刑事処分とが競合することになるが（➡9-39），その場合も少年法による保護処分が優先的に検討される（**保護処分優先主義**➡2-3）。事件が**刑事手続き**へと移行するのは，家庭裁判所が少年を保護処分に付すよりも刑罰を科すことを適当と判断した場合に限られる。

4 捜査と調査

9-4 刑事訴訟法適用の有無

犯罪少年の事件については，刑事手続きを規定する**刑事訴訟法**に基づいて捜査活動がなされる。これに

対して，触法少年および虞犯少年の事件の事件については，その行為が犯罪ではないため刑事訴訟法は適用されず，たとえ捜査機関が行なう活動であっても，それは調査という性格をもつにとどまる。

2　犯罪少年の取り扱い

1　犯罪少年の発見・捜査

9-5　警察による発見　犯罪少年は，警察官による犯罪捜査や街頭補導の過程で発見され，取り扱われる場合が多い。一般人により発見される場合も，通常はその届け出ないし通報によって警察が扱うことになる。

9-6　刑事訴訟法に基づく捜査　犯罪少年の事件は刑事事件であることから，多くの場合，その取り扱いは犯罪の捜査として開始される。捜査の手続きについては，少年法に特別の規定があるもののほかは，基本的に刑事訴訟法が適用され（少年法40条），捜査機関は，**逮捕・勾留**（➡コラム7：逮捕と勾留〔127頁〕）や**差押え・捜索・検証**＊（刑事訴訟法218条，220条）などの**強制捜査**を行なうこともできる。

＊　**捜索**とは，被疑者（➡コラム7：逮捕と勾留＊〔127頁〕）や証拠物を発見するために，人の身体，物（例：自動車，カバン），住居などを探すことをいい，その際に発見した証拠物などを強制的に占有することは差押えといわれる。また，証拠となる物や人の身体・場所などの状態を五感（目・耳・鼻・舌・皮膚）の作用によって認識することは**検証**といわれる。

9-7　勾留に代わる観護措置　もっとも，勾留については，少年の心身への悪影響等に配慮して，少年法に以下のような特別の規定が設けられている。

❶勾留に代わる措置

　検察官は，勾留の請求に代えて**観護措置**＊を請求することができる（少年法43条1項）。この観護措置として，通常は**少年鑑別所**（➡**2-16**＊）への送致（少年法17条1項2号）がなされる。成人であれば**拘置所**や**留置施設**に勾留される場

合であっても，少年は，その身柄の取り扱いに精通した専門機関（少年鑑別所）への収容が認められるのであり［田宮＝廣瀬編 2009：426，守屋＝斉藤編 2012：520〔葛野尋之〕］，また，その期間も10日間に限定されている（少年法44条3項）。

* もともと観護措置は，少年の身柄を確保するために家庭裁判所が行なう措置であるが（➡9-26），家庭裁判所送致前の捜査段階であっても，少年事件は保護事件としての性質をもつことから，この制度の利用が認められている［団藤＝森田 1968：347］。

❷勾留それ自体の制限

被疑者である少年の身体拘束については勾留に代わる観護措置が原則であり［川出 2015：20］，検察官の勾留請求であれ裁判官の勾留状発付であれ，観護措置の期間（10日間）では十分な捜査ができない場合など［田宮＝廣瀬編 2009：431］「やむを得ない」事由がなければ認められることはない（少年法43条3項，48条1項）。

❸勾留の場所

「やむを得ない」事由があり少年を勾留する場合であっても，勾留場所は少年鑑別所とすることができる（少年法48条2項）。

逮捕と勾留

〈強制捜査としての逮捕〉

捜査のなかには，聞き込み・尾行など捜査機関が任意に行なうことのできるものもある（**任意捜査**）。しかし，相手方の意思に反しても行なわれる**強制捜査**は，原則として，裁判官に令状を申請し，それが発せられた場合に限って許される（憲法33条，35条）。強制捜査は，特に人権侵害の危険性が大きいためである。

強制捜査の一つに**逮捕**がある。逮捕は**被疑者***に対する短期の身柄拘束処分であり，逮捕されたからといって犯人と決まったわけではない。裁判で有罪の判決が下されるまでは常に無罪の可能性をもつ者として扱われる（**無罪の推定**）。

* 被疑者と被告人とは異なる。犯罪の嫌疑を受け捜査の対象とされている者が**被疑者**であり，逮捕された者だけを指すわけではない。被疑者は，身柄を拘束されているか否かを問わず，捜査機関による取り調べを受ける（刑事訴訟法198条1項）。この被疑者が被疑事件について公訴を提起（➡5-9）されると**被告人**と呼ばれる。

〈逮捕の種類〉

逮捕には，通常逮捕（刑事訴訟法199条）・緊急逮捕（同法210条）・現行犯逮捕（同法213条）の3種類がある。裁判官のあらかじめ発した令状（逮捕状）によって逮捕する場合が**通常逮捕**であり，緊急の事情により，まず被疑者を逮捕してから逮捕状が発せられる場合を**緊急逮捕**という。それに対して，**現行犯逮捕**は令状によらない逮捕であり（憲法33条），一般市民もこれを行なうことができる。

〈逮捕後の手続き〉

逮捕の形態は異なっていても，逮捕後の手続きは同じである。警察官による通常逮捕の場合，被疑者は警察の留置場に留置され，逮捕されたときから48時間以内に，書類および証拠物とともに身柄を検察官のもとに送致される[*1]（刑事訴訟法203条1項）。被疑者を受け取った検察官は，さらに身柄拘束の必要があると判断すると，24時間以内に次の身柄拘束処分である**勾留**を裁判官に請求する（刑事訴訟法205条1項）。逮捕された被疑者は，留置の必要があると判断されると，最大72時間（3日間）の身柄拘束を受け（刑事訴訟法205条2項参照），その間，取り調べを受けることになる。[*2]

* ＊1　ただし，犯罪少年の場合，法定刑が罰金以下の軽い事件であれば警察から家庭裁判所に直接送致（直送）される（➡9-8）。
* ＊2　なお，被疑者の逮捕は，その多くが警察官によってなされるが，検察官によってなされる場合もある。この場合は，身柄拘束のときから48時間以内の勾留請求が義務づけられている（刑事訴訟法204条1項）。

〈勾留（起訴前の勾留）〉

勾留の請求を受けた裁判官は，その理由および必要性の有無を判断した上で，勾留状を発する（刑事訴訟法207条1項，62条）。

勾留の期間は原則10日間であるが，さらに最大10日間の延長が認められている（刑事訴訟法208条）。逮捕から通算すると，被疑者は最大72時間と20日（合計23日間）の身柄拘束を受けることになる。

勾留の場所は，捜査機関から独立した施設として**拘置所**（刑事収容施設法〔➡1-1＊2〕3条3号）が予定されているが，警察の留置場（「留置施設」）をこれに代用することも認められている（刑事収容施設法3条，14条1項，15条1項1号）。これを**代用監獄**という。

2 捜査の終了

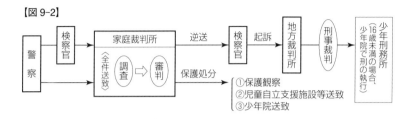

【図 9-2】

① 警察段階での処理

9-8 家庭裁判所への直接送致　司法警察員（警察官のうち原則として巡査部長の者）は，捜査を終了したときは，事件を検察官に送致しなければならない（刑事訴訟法246条本文）。この原則は少年の刑事事件についても妥当するが（少年法40条），ただし少年法は，その特則として，罰金以下の刑に当たる罪（例：過失致死罪〔刑法210条〕，軽犯罪法1条違反の罪）の嫌疑がある場合には，司法警察員が家庭裁判所に事件を直接送致（直送）する旨を定めている（少年法41条）。そうした事件については少年が処罰対象とされることはない以上（少年法20条1項➡9-39），検察官を経由する必要もないとされるのである。

9-9 検察官への送致　一方，禁錮以上の刑に当たる事件については，先の原則（刑事訴訟法246条本文➡9-8）にしたがい，これをすべて検察官に送致しなければならない。

② 検察段階での処理

9-10 家庭裁判所への送致　検察官は，司法警察員から送致を受けた事件や独自捜査をした事件について捜査を遂げた結果，犯罪の嫌疑があると判断したときは，事件を家庭裁判所に送致しなければならない（少年法42条1項前段）。

③全件送致主義

> **Check!**〔28-150-1〕
> 家庭裁判所は，犯罪少年については，警察官から送致を受けた場合に限り審判に付すことができる。　　　　　　　　　　　　　〔下線部が誤り ➡9-11〕

9-11　家庭裁判所の専門的な判断　以上のように，警察官（司法警察員）および検察官は，捜査の結果，犯罪の疑いがある場合には，事件をすべて家庭裁判所に送致することを義務づけられている（➡〔28-150-1〕）。これを**全件送致主義**という*。成人の刑事事件では，犯情の軽微な窃盗など検察官があらかじめ指定した事件について，警察はこれを検察官に送致せず，警察段階で処理することが行なわれている（**微罪処分**――刑事訴訟法246条ただし書き）。また，検察段階では，犯罪の嫌疑・証拠がそろっていても，不起訴処分（**起訴猶予処分**）とする権限が検察官に認められている（**起訴便宜主義**――刑事訴訟法248条➡5-9）。しかし，少年の刑事事件では，すべての事件を家庭裁判所に集中させ，可塑性（➡2-4）のある少年について保護・教育の見地から専門的な判断を受けさせることを目指しているのである［田宮＝廣瀬編2009：417］。

＊　なお，少額（おおむね1万円以下）の窃盗など一定の軽微な少年事件については，実務上，送致手続きの簡略化が図られている。被疑少年ごとに「少年事件簡易送致書」等を作成し，事件を検察官（禁錮以上の刑に当たる事件）または家庭裁判所（罰金以下の刑に当たる事件）に1か月ごとにまとめて送致する（犯罪捜査規範214条1項）というものであり，この方式は**簡易送致**と呼ばれている。

3　触法少年の取り扱い

1　触法少年の発見・調査

9-12　捜査権の不存在　触法少年もその多くが警察により発見されるが，ただし，警察に捜査の権限があるわけではない。刑事訴訟法上，**捜査**は捜査機関が「犯罪があると思料する」場合に実施されるのであり（刑事

訴訟法189条2項，191条），触法少年の行為が犯罪とならない以上（**刑事未成年者**〔刑法41条〕➡9-1＊1），これを同法に基づいて捜査することはできないのである。

9-13　調査規定の整備　そのため，かつては警察による任意の調査が，少年法上の明確な根拠もなく，また権限も不十分ななかで行なわれてきたが，2007（平成19）年の少年法改正により，今日では触法少年に対する警察の調査規定が以下のように整備されている。

❶調査権限の明確化（少年法6条の2第1項）
　触法事件について，警察官が任意の調査権限をもつことを明らかにしている。
❷呼び出し・質問規定の設置（少年法6条の4第1項）
　任意の調査として，警察官が少年等の呼び出しや事情聴取の権限をもつことを明らかにし，円滑かつ効果的な調査を目指している。
❸対物的強制処分の制度化（少年法6条の5第1項）
　物に対する強制処分（**対物的強制処分**）として，押収，捜索，検証，鑑定嘱託の権限が警察官に認められた。この規定により，触法事件についても，例えば凶器の捜索・押収や現場検証，被害者の遺体解剖などが可能とされている。もっとも，触法少年の**逮捕・勾留**といった調査のための身柄拘束（**対人的強制処分**）は，少年に対する影響が大きいこともあって，今日でも認められてはいない。
❹付添人選任権の法定（少年法6条の3）
　以上のように警察による調査権限を整備する一方で，改正法は，弁護士を触法事件の**付添人**として選任しうる旨の規定を設けている。警察による調査にあたって，少年の権利・利益の保護を図るためにほかならない。

2 調査後の手続き

① 児童相談所長への送致

9-14 重大触法事件の送致義務 調査規定の整備と併せて、2007（平成19）年の少年法改正では、殺人などの重大な触法事件について、警察は、これを児童相談所に**送致**しなければならないという規定も設けられた。送致の対象となるのは、❶故意の犯罪行為により被害者を死亡させた罪、または、それ以外の死刑または無期もしくは短期2年以上の懲役もしくは禁錮に当たる罪に係る刑罰法令に触れるものである場合、❷その他の触法少年に係る事件で、家庭裁判所の審判に付することが適当であると思料する場合（少年法6条の6第1項）である。

② 児童福祉機関への通告

> *Check!*〔21-106-2〕
> 触法少年は、家庭裁判所の審判に付することを原則としている。
> 〔下線部が誤り ▶▶9-16〕

9-15 送致と通告 事件が送致された場合を除き、触法少年は児童相談所に**通告**され、そこでの対応に委ねられる。以下にみるように、触法少年の取り扱いについては、児童福祉機関による判断が第一次的なものとされるのである。

＊ 送致と通告とは異なる。**送致**とは、事件等を異なった機関に送り、その権限行使に委ねることをいう。警察官から送致のあった触法事件は、当然に児童相談所に係属する。これに対して、**通告**は職権行使を促す通知行為にとどまり、直ちに事件が相手機関に係属するというわけではない。

9-16 児童福祉機関先議主義 触法少年について、家庭裁判所は、児童福祉法の規定により（同法27条1項4号、32条）知事または児童相談所長から送致を受けたときに限り、これを審判に付すことができる

(少年法3条2項➡〔21-106-2〕)。少年法上の措置よりも児童福祉法上の措置が優先されるのであり，これを**児童福祉機関先議主義**と呼ぶ。対象となる少年が14歳未満と低年齢であることから，児童福祉の観点に基づき，まずは強制的な要素の少ない対応を目指しているものといえよう。

　もっとも，触法少年に関する独自の規定が児童福祉法にあるわけではない。そのため，触法少年は，同法にいう**要保護児童**[*]として，児童相談所などの児童福祉機関に通告するほかない（児童福祉法25条）。

> 　＊　**要保護児童**とは「保護者のない児童又は保護者に監護させることが不適当であると認められる児童」をいう（児童福祉法6条の3第8項）。もちろん，触法少年が，保護者不在ないし保護者監督不適という要保護児童の要件を満たすとは限らない。しかし，通告にあたってそうした要件を一義的に判断するのは困難であるため，触法少年であることが明らかであれば，児童福祉法25条に基づく通告をすべきであるとされる［澤登 2015：74］。なお，同条は通告先として児童相談所のほかに福祉事務所も挙げているが，警察から通告されるケースの多くは，その処理に高度の専門的な知識・技術を必要とし，また，一時保護（児童福祉法33条）といった措置をも必要とするものであることから，実務上は，児童相談所への通告が原則とされているとのことである［少年実務研究会編 2008：23-24］。

③警察限りでの対応

9-17　送致・通告に至らない場合　触法少年であっても上記①の送致（児童相談所長への送致）または②の通告（児童福祉機関への通告）をすべき者に該当しないときは，警察限りでの対応がなされる。具体的には，少年本人やその保護者に対する助言，学校その他の関係機関への連絡，さらに保護者の同意のもとでの継続補導など（少年警察活動規則13条3項，8条2項-4項），少年の健全育成（同規則1条）のために必要な措置がとられることになる。

3 児童相談所の対応

【図9-3】

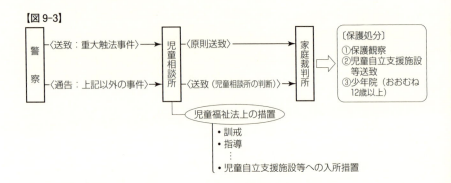

①警察から送致を受けた場合

> **Check!** 〔21-106-4〕
> 触法少年は，少年院に送致されることはない。　　〔下線部が誤り ➡9-18〕

9-18　原則家裁送致制度　都道府県知事または児童相談所長は，警察から少年法6条の6第1項1号により送致（➡9-14）を受けた事件については，原則として，これを家庭裁判所に送致しなければならない（少年法6条の7第1項本文）。ここに示されているのは｛警察⇒児童相談所⇒家庭裁判所｝という事件処理の道筋であるが，さらにその先には触法少年の少年院収容もまた用意されている。2007（平成19）年には少年法と併せて少年院法も一部改正され，少年が「おおむね12歳以上」であれば少年院への収容が可能とされたことから（少年院法4条1号・3号参照），家庭裁判所は，14歳未満であっても重大な犯罪に当たる行為を行なった者については，これを少年院に送致できることとなったのである（少年法24条1項➡〔21-106-4〕）。

②警察から通告を受けた場合

Check!〔24-147-3〕

触法少年による軽微な事案は,直接,児童相談所から保護観察所へ送致される。〔下線部が誤り ➡9-19〕

Check!〔28-150-2〕

家庭裁判所は,触法少年については,都道府県知事又は児童相談所長から送致を受けた場合に限り審判に付すことができる。〔正しい➡9-19〕

9-19 児童福祉法上の措置,家庭裁判所への事件送致

警察から要保護児童として通告を受けた場合は,児童相談所が対応を決定する。児童相談所は,**児童福祉法上の措置**として,児童福祉司等による指導(児童福祉法26条1項2号)を行なうほか,親権者の同意があれば児童自立支援施設への入所を決定することもできる(児童福祉法27条1項3号・4項,32条1項➡〔24-147-3〕)。家庭裁判所が触法少年を審判に付すことができるのは,「家庭裁判所の審判に付することが適当である」として, 知事または児童相談所長から送致を受けたときに限られる(児童福祉法27条1項4号➡〔28-150-2〕)。

* 例えば,少年を児童自立支援施設に入所させる必要があるが,親権者の同意が得られないため,少年法24条1項2号の保護処分(➡2-10)として当該施設に入所させることが相当と認められる場合などが,それに当たるといわれる〔児童福祉法規研究会編 1999:201〕。

なお,児童相談所から保護観察所への直接送致という道筋は存在しない(➡〔24-147-3〕)。保護観察に付される少年の多くは1号観察・2号観察の対象者であるが(➡2-2),前者は家庭裁判所の決定により保護観察に付された者(➡2-8, 9-38),後者は家庭裁判所の決定により少年院に送致(➡2-14, 9-38)された後,仮退院(地方更生保護委員会の決定による)が許された者である(➡2-22)。いずれの場合であれ,家庭裁判所における手続きが保護観察所による処遇に先行する。

4　虞犯少年の取り扱い

1　虞犯少年の調査

9-20　任意の調査　　虞犯行為は犯罪ではないため，警察による捜査の対象とはならず，任意の調査が許容されるにとどまる。触法事件と異なり，対物的な強制処分を認める特別な規定（➡9-13）も設けられてはいない。

2　調査後の手続き

【図 9-4】

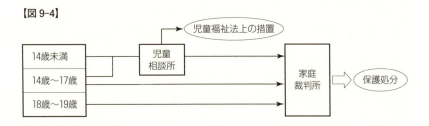

①　14歳未満の虞犯少年

9-21　児童福祉法による対応（原則）　　虞犯少年は，その年齢によって取り扱いが異なる。14歳未満の虞犯少年については，触法少年の場合と同じく，**児童福祉機関先議主義**（➡9-16）の要請に基づき児童福祉法による対応が原則となる。その少年が**要保護児童**（➡9-16＊）に該当すれば児童相談所等への通告がなされ（児童福祉法25条），家庭裁判所が少年法上の保護手続きを開始しうるのは，児童相談所長等から事件送致（児童福祉法27条1項4号）を受けたときに限られるのである（少年法3条2項）。

②　14歳以上18歳未満の虞犯少年

9-22　少年法と児童福祉法の競合　　児童福祉法は18歳未満の者を対象としており（児童福祉法4条1項），虞犯少年が14歳以上18歳未満の場合は，少年法と児童福祉法とが競合する。そこで，法は両者の調整

第❾章　少年非行と法

を図り［田宮＝廣瀬編 2009：90］，当該少年を家庭裁判所に送致・通告するか（少年法41条後段，6条1項），それとも児童相談所に通告し（児童福祉法25条）児童福祉法上の措置に委ねるかを通告者の判断に委ねている（少年法6条2項）。

③　18歳以上の虞犯少年

9-23　少年法の適用　18歳以上の虞犯少年については，児童福祉法の適用がないことから，少年法の規定に基づき，家庭裁判所に送致（少年法41条後段，42条1項後段）・通告（少年法6条1項）・報告（少年法7条1項）がなされる。

5　家庭裁判所における調査

1　調　査

> **Check!**〔25-149-3〕
> 家庭裁判所の審判に付すべき少年について，家庭裁判所は保護観察官に命じて，少年，保護者又は参考人の取調その他の必要な調査を行わせることができる。
> 〔下線部が誤り ➡9-25〕

> **Check!**〔25-149-4〕
> 家庭裁判所は，事件に関する調査及び観察のために，警察官，保護観察官，保護司，児童福祉司又は児童委員に対して，必要な援助をさせることができる。
> 〔正しい ➡9-25〕

> **Check!**〔28-150-3〕
> 家庭裁判所は，審判を開始する前に，少年鑑別所に命じて，審判に付すべき少年の取調その他の必要な調査を行せることができる。　〔下線部が誤り ➡9-25〕

9-24　調査前置主義　家庭裁判所は，捜査機関（警察，検察）や児童福祉機関（児童相談所）から事件の送致を受けこれを受理すると，審判

に先立って事件の調査を行なわなければならない（少年法8条1項）。これを**調査前置主義**という。家庭裁判所に送られてくる少年は，犯罪・触法・虞犯のいずれであれ，早急な対応を必要とする。調査を先行させることで，例えば，審判を開始せず事件を終結させ（審判不開始決定➡**9-37**），あるいは1回の審判で非行事実の認定から処分の決定まで行なうなど，処遇の選択が早期になされるのである［澤登 2015：123-124，同 1999：62-63］。

* 事件の受理へと至る経路としては，ほかに，一般人からの通告（少年法6条1項，児童福祉法25条1項ただし書き），家庭裁判所調査官の報告（少年法7条1項），保護観察所長からの通告（更生保護法68条1項）などがある。

9-25 法的調査と社会調査 調査には法的調査と社会調査とがある。**法的調査**は審判条件（例：少年の年齢）および非行事実の存否についての調査であり，裁判官みずからが行なう。一方，少年の資質・環境など少年の**要保護性**（保護の要否・内容）に関する事実の調査は**社会調査**と呼ばれ，専門的な研修を受けた**家庭裁判所調査官**が，家庭裁判所の命令に基づいて行なう（少年法8条2項➡〔25-149-3〕，〔28-150-3〕）。この社会調査は，面接がその中心的な方法であるが，その過程では，少年の立ち直りに向けた働きかけ（例：訓戒，指導・助言，誓約書の徴取）もなされる。こうした教育的な働きかけは**保護的措置**または**教育的措置**と呼ばれる。

なお，家庭裁判所は，調査（法的調査，社会調査）および観察（試験観察➡**9-35**）のため，警察官ならびに少年保護・児童福祉の実務家に必要な援助をさせることができる（少年法16条1項➡〔25-149-4〕）。「必要な援助」とは，例えば，呼び出しに応じない少年の所在を調査するため，住所地を管轄する警察官に対し所在調査を求めるなど，調査・観察を進めるにあたって必要なあらゆる行為をいう［団藤＝森田 1968：130，田宮＝廣瀬 2009：157］。

* この保護的措置（教育的措置）は，調査段階で調査官によってなされるだけではない。審判の段階で裁判官によってなされることもある（➡**9-38**）。

2　観護措置

9-26　身柄の保全　また，家庭裁判所は，事件の受理後，調査・審判のために必要があるときは，少年の身柄を保全することができる。これを**観護措置**と呼ぶ。観護措置には，少年を在宅のまま家庭裁判所調査官の観護に付す**在宅観護**（少年法17条1項1号）と**少年鑑別所**（→2-16＊）に収容して身柄を拘束する**収容観護**（同項2号）とがあるが，前者は実務上ほとんど利用されておらず，一般に観護措置といえば後者を指す。

9-27　行動観察・心身鑑別　少年鑑別所では，身柄の保全と併せて少年の行動観察や心身鑑別が行なわれる。その結果は「鑑別結果通知書」にまとめられ，家庭裁判所の調査・審判のための資料とされる。

9-28　収容期間　観護措置（収容観護）の期間は原則として2週間であるが，「特に継続の必要があるときは」更新も認められている（少年法17条3項）。更新の回数は通常1回であるが，一定の事件については「更に2回を限度として」更新することが可能であり（少年法17条4項），結果として少年鑑別所への収容は最長8週間まで行なうことができることとなる。

6　少年審判の手続き

1　審判の開始

9-29　裁判官による面接・審問　少年事件の裁判を**審判**という。裁判官は，家庭裁判所調査官からの報告等をもとに，非行の事実がある程度確か（蓋然的）であり，保護処分の要否やその内容を検討するにあたって少年や保護者[*1]に対して直接に面接・審問する必要があると判断した場合，審判の開始を決定する[*2]（少年法21条）。

　*1　少年法上の**保護者**とは，「少年に対して法律上監護教育の義務ある者」（法律上の保護者）と「少年を現に監護する者」（事実上の保護者）をいう（少年法2条2項）。前者には親権者である父母（→コラム1：成年後見制度〔12頁〕）や児童福祉施設の長（児童福

祉法47条）などがある。一方，少年の継父母や住み込み就職先の雇い主などは後者に当たる。

＊2　なお，当初から保護処分に付さないことが予想される事件であっても，裁判官の直接審理によって少年や保護者に感銘を与え，あるいは少年に責任を自覚させるなど，審判を教育の場として利用する目的で審判を開始する場合も少なくないとされる［裁判所職員総合研修所 2014：172-173］。

②　審判の方式

①　職権主義

9-30　裁判官：手続きの主宰者　少年審判は裁判官が中心となって進められ，この点で，成人の刑事裁判とは異なる。通常の刑事裁判では，検察官が犯罪行為の立証をし被告人の処罰を求める一方，被告人は弁護人の助けを借りて，検察側の立証への反論・反証を行なう。そして裁判官は，この両当事者のやりとりを中立的な立場から判断して判決を言い渡す。

こうした裁判の形式を**当事者主義**というが，これに対して，少年審判の手続きでは，検察官と被告人・弁護人という当事者が裁判を進めていくわけではない。検察官が立証活動をすることはなく，証拠調べも裁判官が職権でみずから行なう。このように裁判所みずからが手続きを主宰し，判断を下す形式は**職権主義**と呼ばれる。少年審判の目的は少年の改善更生にとって最もふさわしい処遇を決定することにあり，そのためには家庭裁判所を中心として関係者が協力し合う手続きが望ましいとされるのである。

＊　刑事裁判では裁判官が中立的な立場から裁判に臨むことが要請され，そのため検察官は，公訴を提起（→5-9）するにあたって，裁判官に予断を与えるおそれのある書類その他の物を添付したり引用することを許されない（刑事訴訟法256条6項）。これを**起訴状一本主義**という。しかし，少年審判では，この起訴状一本主義に相当する原則は妥当しない。裁判官が職権に基づいて証拠調べをみずから行ない事実を解明していくためには，捜査機関から送付されてきた資料に事前に目を通すことが必要とされるからである［川出 2015：8］。

9-31　付添人の役割　審判には，裁判官，少年とその保護者のほか，**付添人**が選任されていれば，その者も出席する。付添人には弁護士が

なるのが通常であり，弁護士以外の者を付添人に選任するには，家庭裁判所の許可が必要とされる（少年法10条1項）。付添人には，少年の利益の代弁者としての役割だけでなく，少年に対して有効かつ適切な保護処分が行なわれるよう家庭裁判所に協力するという役割もまた期待されている［団藤＝森田 1968：101］。

9-32　検察官の関与　一定の重大事件についてではあるが，検察官も少年審判に出席することができる。出席が認められるためには，❶犯罪少年に係る事件であること，❷「死刑又は無期若しくは長期3年を超える懲役若しくは禁錮に当たる罪」であること，さらに，❸当該事件の非行事実を認定するために家庭裁判所が必要と認めたことが，要件とされる（少年法22条の2第1項）。ここでの検察官は，家庭裁判所による非行事実の認定について，あくまでも協力者としての立場から関与するのであり，当事者主義の訴訟構造のもとで被告人の処罰を求める訴追官としての役割（➡9-30）を担っているわけではない［田宮＝廣瀬編 254］。なお，検察官の関与が決定された場合には，必ず弁護士である**付添人**を付さなければならない（少年法22条の3第1項）。

② 審判の非公開と被害者

9-33　非公開の原則　一般に裁判は，その公平性を担保するために，憲法上，公開で行なうことが要請されている（憲法82条）。しかし，少年審判は，非公開を原則とする（少年法22条2項）。未成熟で傷つきやすい少年の情操を保護するとともに，少年の非行それ自体を秘密とすることで少年の社会復帰を容易にしようというのである。また，少年の要保護性（➡9-25）を審理するにあたっては，少年や家族のプライベイトな事実にまで立ち入らざるをえないことも，審判が公開に馴染まない理由とされている［田宮＝廣瀬編 2009：230］。

9-34　被害者等への配慮　もっとも今日では，一定の重大事件に限ってではあるが，少年事件の被害者等（被害者本人，その遺族等）に審判の傍聴が許されることがある（少年法22条の4第1項柱書き）。たしかに，少

年審判の傍聴を全面的に認めることは，少年法が審判を非公開とした趣旨に抵触する。しかし，犯罪による被害は，加害者が成年であれ少年であれ異なることはない。少年事件の被害者等であっても，その審判に関心をもつのは当然のことであり，その心情には十分な配慮がなされなければならない。そこで法は，結果が重大で傍聴の利益が特に大きいと思われる事件（被害者が死亡した事件，傷害により被害者の生命に重大な危険が生じた事件）について，家庭裁判所が「少年の健全な育成を妨げるおそれがなく相当」と判断した場合には，被害者等による傍聴を認めることとしている*（少年法22条の4）。

＊　なお，ほかに被害者等への配慮として，審判記録の閲覧・謄写（少年法5条の2），家庭裁判所による審判状況の説明（少年法22条の6）などがある。

3　試験観察

> **Check!**〔28-150-5〕
> 家庭裁判所は，保護処分を決定するため必要があると認めるときは，保護観察官の観察に付することができる。　　　　　　　　〔下線部が誤り ▶9-35〕

9-35　趣旨　家庭裁判所は，少年に対する終局処分の決定を一定の期間留保し，少年の社会内での生活態度等を**家庭裁判所調査官**に観察させることができる（少年法25条1項▶〔28-150-5〕）。これを**試験観察**という。最終的にどのような保護処分が少年にとってふさわしいかを経過観察しようというのであり，それは，「試薬を投じて反応をみる」という場面にも喩えられる［団藤＝森田 1968：257］。

＊　このように，試験観察は処遇決定手続きの一環として行なわれるものであるが，実質的には処遇の一形態であるプロベーション（▶コラム3：保護観察の性格〔34頁〕）としての性格も兼ね備えている。観察にあたって家庭裁判所調査官は教育的な働きかけも行なうが，それは，終局処分の留保という心理強制のもとで矯正効果を上げることを期待するものだからである［田宮＝廣瀬編 2009：322］。

9-36　付随措置　家庭裁判所は，試験観察に際して，❶遵守事項を定めてその履行を命じること，❷条件を付けて保護者に引き渡すこと，❸適

当な施設・団体（例：更生保護施設〔➡**6-8**〕，社会福祉施設）または個人に補導を委託することができる（少年法25条2項）。こうした付随措置は選択的・重畳的にとることができるが，なかでも**補導委託**（=❸）は，終局処分決定前の処遇であり，しかも民間の力を借りるという点で特色ある制度といえよう。

4 終局決定

① 終局決定の種類

> *Check!*〔21-106-3〕
> 家庭裁判所は，保護処分として児童自立支援施設又は児童養護施設に送致することができる。　　　　　　　　　　　　　　　　　　　　〔正しい➡**9-38**〕

9-37 調査段階でなされる終局決定　　終局決定は少年の最終的な処分を決定するものであるが，それはさらに調査段階でなされる終局決定と審判を経てなされるそれとに大別される。前者には以下の3種類がある。

❶審判不開始の決定

　調査の結果，審判を開いて審理するまでもないと判断する場合，裁判官は審判を開始しない旨の決定をして事件を終局させる（少年法19条1項）。例えば，家庭裁判所調査官の行なう訓戒や教育的指導（**保護的措置**➡**9-25**）によって，少年の要保護性が消滅し，再非行のおそれがないと認められる場合（=「審判に付するのが相当でない」とき）に，この不開始決定がなされる［裁判所職員総合研修所 2014：211］。

❷知事または児童相談所長送致決定

　家庭裁判所の行なう終局処分には，児童福祉機関等への送致もある。これは，18歳未満の少年について（児童福祉法4条1項参照），家庭裁判所における処分（例：保護処分）よりも，「児童福祉法の規定による措置」（同法26条1項，27条1項に規定されている措置）に委ねるほうが適切と認められる場合になされる*（少年法18条1項）。犯罪傾向はそれほどではないが，家庭環境などの面で要保護性

が強く，継続的な保護・指導が必要な場合が，その例とされる［裁判所職員総合研修所 2014：214］。

* 保護処分の場合，児童自立支援施設などへの入所（少年法24条1項2号）は裁判所が決定する。また，入所にあたって親権者等の同意も必要としない。これに対して，知事・児童相談所長への送致の場合，送致を受けた児童相談所がいかなる児童福祉法上の措置をとるかを決定するのであり，その内容も施設入所に限られるわけではない。また，児童自立支援施設等への入所措置をとるときも，保護処分の場合と異なり，親権者等の意思に反することができない（➡2-11）。

❸検察官送致決定

検察官送致決定は，本人が20歳以上であることが判明したとき（少年法19条2項），および刑事処分を相当と認めたとき（少年法20条1項）に行なわれる（➡9-39）。

9-38 審判を経てなされる終局決定　審判を経てなされる終局決定には，次の2種類がある。

❹不処分決定

裁判官が直接審理した結果，非行事実が認定できない場合や，非行事実は認定できても少年を保護処分に付すまでの必要が認められない場合には，その旨の決定をしなければならない（少年法23条2項）。例えば，裁判官による教育的働きかけ（**保護的措置**➡9-25＊）の結果，要保護性（➡9-25）が解消し，再非行の危険性がないと認められる場合（＝「保護処分に付する必要がない」とき）に，この不処分決定がなされる［裁判所職員総合研修所 2014：213］。

❺保護処分決定

保護処分は家庭裁判所の行なう中心的な処遇形式であり，保護観察，児童自立支援施設・児童養護施設への送致，少年院送致の3種類がある（少年法24条1項➡2-6）（➡〔21-106-3〕）。

なお，上述した❷知事または児童相談所長送致決定，❸検察官送致決定は，審判を経てなされることもある（少年法23条1項）。

② 検察官送致決定

> **Check!**〔28-150-4〕
> 家庭裁判所は，犯行時14歳以上の少年が犯した犯罪については，原則的に検察官に送致しなければならない。　　　　　〔下線部が誤り ➡ 9-39〕

9-39　犯罪少年の逆送　犯罪少年の事件もまずは保護事件として家庭裁判所に係属するが，家庭裁判所が保護処分に付すよりも刑事処分を相当と判断した場合，その事件は検察官に送致される。事件を家庭裁判所から検察官に送致する処分は，一般に**逆送**と呼ばれている。この処分は，いったん検察官から送致された少年を再び検察官のもとに送り返すものだからである（➡ 図9-2）。

　逆送は，刑事責任年齢である14歳以上の少年について可能であるが，この決定は，少年から保護処分による改善教育を受ける利益を奪うという性格をもつため〔川出 2015：9〕，それをなしうる場合が「死刑，懲役又は禁錮に当たる罪の事件」に限定されている（少年法20条1項）。また，家庭裁判所には，事件の「罪質及び情状に照らして刑事処分」が相当か否かという実質的な判断も求められており，例えば，保護処分では矯正の見込みがない場合（保護不能）のほか，保護不能ではないものの，事案の性質，社会に与える影響等から保護処分で対処するのが不相当な場合（保護不適）などに，刑事処分の相当性が認められるとされる〔裁判所職員総合研修所 2014：220〕（➡〔28-150-4〕）。

9-40　原則逆送　もっとも，「故意の犯罪行為により被害者を死亡させた罪」（例：殺人〔刑法199条〕，傷害致死〔刑法205条〕）の事件であって，少年がその罪を犯したときに16歳以上であった場合には，家庭裁判所は，原則的に逆送を義務づけられている（少年法20条2項）。ここで対象とされている事件は保護不適の場合に当たると考えられたものといえよう〔川出 2015：227〕。

9-41　逆送後の手続き　送致を受けた検察官は，「公訴を提起するに足りる犯罪の嫌疑があると思料するときは」，事件を起訴する義務がある（少年法45条5号）。成人の刑事事件と異なり，検察官は起訴猶予（➡

5-9）の権限をもたない（**起訴強制**）。起訴猶予とされるような事情も含めて，あらかじめ家庭裁判所が刑事処分の相当性を判断しているからである。

7　刑事処分の特則

9-42　刑罰　少年が起訴された後の手続きは成人のそれと同じであるが，ただし，有罪の場合であっても，言い渡される刑罰についてはいくつかの特則が設けられている。

まず，罪を犯すとき18歳未満の者に対しては，死刑をもって処断すべきときは無期刑を科し，無期刑をもって処断すべきときは有期刑に代えることができる（少年法51条）。また，少年に対して有期の懲役または禁錮をもって処断すべきときは，長期と短期を定めた**不定期刑**を言い渡す（少年法52条➡**3-23**）。さらに，自由刑の執行は，成人収容者からの悪風感染を避けるために，成人施設とは異なる**少年刑務所**で行なうことが原則とされており，特に16歳に達するまでは少年院での執行も認められている（少年法56条）。なお，有罪判決に伴う資格制限についても特則が定められている（少年法60条➡**7-18**）。

　参考文献

川出敏裕『少年法』有斐閣，2015年。
裁判所職員総合研修所監修『少年法実務講義案〔再訂補訂版〕』司法協会，2014年。
澤登俊雄『少年法』中央公論社，1999年。
澤登俊雄『少年法入門〔第6版〕』有斐閣，2015年。
児童福祉法規研究会編『最新・児童福祉法　母子及び寡婦福祉法　母子保健法の解説』時事通信社，1999年。
少年実務研究会編『少年事件捜査等一件書類作成の手引〔改訂版〕』立花書房，2008年。
田宮　裕＝廣瀬健二編『注釈少年法〔第3版〕』有斐閣，2009年。
団藤重光＝森田宗一『新版　少年法』有斐閣，1968年。
守屋克彦＝斉藤豊治編『コンメンタール少年法』現代人文社，2012年。

第10章 医療観察制度

1 触法精神障害者の処遇

1 刑罰目的と責任非難

10-1 心神喪失（責任無能力）　刑法39条1項は、「心神喪失者の行為は、罰しない」と規定している。**心神喪失**と判断された者は、どのような違法行為に及ぼうとも処罰の対象とされないというのである。このように、刑法は、刑事責任を問うにあたって、行為者に一定の精神的な能力を要求している。この能力を**責任能力**といい、それを欠く者は**責任無能力者**と呼ばれる。14歳未満の者（**刑事未成年者**）や14歳に達していても心神喪失と判断された者が、これに当たる。

10-2 心神耗弱（限定責任能力）　一方、刑法39条2項は、「心神耗弱者の行為は、その刑を減軽する」と定める。**心神耗弱**とは、責任能力は認められるものの、それが著しく低減している状態であり、**限定責任能力**ともいわれる。心神耗弱者は**限定責任能力者**であり、その者による行為は、刑が必ず減軽（➡刑法68条参照）されるのである。

10-3 精神の障害＋弁識・制御能力　心神喪失や心神耗弱について、法にその定義はない。しかし、判例・通説によれば、心神喪失は、精神の障害により、行為が適法か違法かを理解する能力（**弁識能力**）、あるいは、その理解にしたがって行動を制御する能力（**制御能力**）がない状態をいい、心神耗弱は、そうした能力の少なくともいずれかが著しく低減している状態をいうとされている。*

＊　このように、責任能力は精神の障害という**生物学的要素**と弁識能力・制御能力という**心**

理学的要素との組み合わせにより判断される（➡10-6）。これを**混合的方法**という。

10-4　刑罰の目的　刑罰は，犯罪に対する当然の報い（**応報**）とされる一方で，犯罪防止（**予防**）の効果も期待されている。前者は，行為者が犯罪を思いとどまることなく敢えて行なった点に着目し，その意思決定に対する非難として刑罰を理解する。後者は，犯罪者に対する処罰が一般市民にとって教訓となり（一般市民に対して将来の犯罪を思いとどまらせる――**一般予防**），あるいは犯罪者自身にとって反省の糧となる（犯罪者自身の再犯を防止する――**特別予防**）点に着目して刑罰の正当化を図っている。

10-5　心神喪失・心神耗弱と責任非難　しかし，心神喪失者に対して，こうした刑罰は無力である。当該行為の違法性を知っていながら，あるいは知るべきであったにもかかわらず，敢えてその行為に及んだからこそ非難されるのであり，弁識能力や制御能力のない状態で行なったことについて行為者を非難するには無理がある[*]。また，そうした行為者に刑罰を科したとしても，それは，せいぜい一時的な見せしめにとどまり，一般市民にとって教訓としての効果をもたらすとは考えられない。さらに，行為者自身にとって反省の糧となるものでもなかろう。

　　* なお，心神耗弱者は弁識能力や制御能力が著しく低い状態にあるため，その者に対して，それほど強い責任非難を向けることはできない。刑が必要的に減軽されるのはそのためといえよう。

10-6　責任能力の判定　このように，弁識能力や制御能力（心理学的要素）が欠如していれば責任非難は否定されるが，とはいえ，意思決定といった主観的事情について判断することは容易でない。そこで，責任能力の判定にあたっては，その定義にみられるように（➡10-3），精神障害（生物学的要素）の有無・程度という科学的判断もまた必要とされるのである［井田2008：370］。

10-7　犯罪の成立要件　心神喪失者の行為は，たんに処罰されないというだけでなく，そもそも犯罪として成立しない。刑事司法では犯罪の成否が決定的に重要であるが，しかし，それを直感的に把握することは困

難であるばかりか危険でさえある。そこで、犯罪の認定にあたっては、その外形を備えた行為から出発し、犯罪の成否にかかわる要素を順序立てて検討していく。それは、今日一般に3段階に分けてなされている。

例えば、❶人を負傷させる行為（傷害〔刑法204条〕）は、それが何の理由もなく行なわれたのであれば許されない違法な行為であるが、❷暴漢から身を守るために正当防衛（刑法36条）として行なわれたのであれば、違法性が否定され犯罪行為とはされない。また、そうした事情がなくても、❸心神喪失の状態でなされたものであれば、責任非難を加えることができず、やはり犯罪とはならない。犯罪に当たる行為があったとしても（=❶）、その行為を例外的に許容する事情（=❷）や行為者を一身的に非難できない事情（=❸）がある場合、犯罪は成立しないのである。

10-8 触法精神障害者 すでにみたように、14歳未満の者は一律に責任能力が否定されており（刑法41条）、「刑罰法令に触れる行為」に及んだ場合は、犯罪少年としてではなく、**触法少年**として扱われる（▶▶9-1＊1）。これに倣（なら）えば、精神障害の状態で「刑罰法令に触れる行為」をしたが、心神喪失と判断され無罪となった者や不起訴処分（▶▶5-9）になった者は、**触法精神障害者**と呼ぶことができよう。一方、心神耗弱者は、責任能力が著しく低減しているにとどまり、犯罪の成立要件に欠けるところはないため**精神障害犯罪者**ともいわれるが［加藤 2006：102］、本書では、両者を区別することなく触法精神障害者として一括して論じる。

＊ 14歳未満の者は、その可塑（かそ）性（▶▶2-4）に着目して責任能力が政策的に否定されているのであり、弁識能力や制御能力が個別に考慮されることはない。また、限定責任能力という制度も存在しない。

2 措置入院の制度と医療観察法

10-9 精神の障害 刑法39条は、精神の障害を具体的に列挙しているわけではない。一方、入院治療という観点からではあるが、「精神保健及び精神障害者福祉に関する法律」（以下、「精神保健福祉法」と略記）は、「統合

失調症，精神作用物質による急性中毒又はその依存症，知的障害，精神病質その他の精神疾患」を精神障害として挙げている（精神保健福祉法5条）。ただし，この精神障害に基づく違法行為について，法の対応は必ずしも一元化されているわけではない。

10-10　刑事施設内での治療　行為者に精神の障害があったとしても，責任能力が認められ刑罰が相当と判断されたならば，一般の刑事手続きを経て刑事施設（➡1-1＊1）に入所することになる。刑の執行段階で専門的な治療が必要であれば，医療刑務所に収容され治療が行なわれる。

10-11　不起訴処分，無罪，執行猶予　これに対して，精神に障害のある行為者が，刑の執行を免れることもある。検察官は，捜査の結果，被疑者を心神喪失者と認めた場合には公訴を提起しない（**不起訴処分**）。また，心神耗弱者と認めた場合には，「犯人の性格，……犯罪の軽重及び情状」（刑事訴訟法248条）等を考慮して不起訴処分（**起訴猶予処分**）とすることができる（➡5-9）。さらに，公訴が提起されたとしても，裁判所は，審理の結果，被告人を心神喪失者と認めれば，無罪判決を言い渡す。心神耗弱者と認め，執行猶予付きの有罪判決をくだすこともあろう。a) 心神喪失・心神耗弱を理由として不起訴処分となった者，b) 心神喪失を理由として無罪判決を受けた者，c) 心神耗弱を理由として刑が減軽され，しかも実刑とはならなかった者（執行猶予付きの有罪判決を受けた者）は，いずれも，実際上，刑に服することがないのである。

＊　刑が減軽されても，執行猶予が付かず，懲役や禁錮の実刑判決を受けることもあり得る。執行猶予の言い渡しを受けるためには，それに固有の要件を満たさなければならない（➡8-1～8-13）。

10-12 精神保健福祉法に基づく措置入院

もっとも，上記 a)～c) の者についても何らかの処遇は必要であり，そのため従来から，精神保健福祉法に基づく**措置入院**という処遇方式が活用されてきた。a)～c) の者は，検察官の通報により（精神保健福祉法24条）措置入院の手続きがとられ，「その精神障害のために自身を傷つけ又は他人に害を及ぼすおそれ」（**自傷他害のおそれ**）があると認められた場合，みずからの同意がなくても，都道府県知事の措置決定（行政処分）に基づき，精神科病院で入院治療を受けるのである（精神保健福祉法29条）。

10-13 触法精神障害者の処遇と措置入院

たしかに，この措置入院の制度は，精神障害者を行政的な判断で手早く精神科医療に結びつける点で優れている［山本 2008：129］。しかし，もともと精神保健福祉法は，もっぱら精神障害者の医療・福祉を図る観点から措置入院を制度化しているのであり，刑法39条の適用場面だけを念頭においたものではない［安田 2002：14］。そのため，このような精神医療のシステムは，触法精神障害者の処遇にあたって以下のような不都合をもつ。

第1に，この制度のもとでは，触法精神障害者が他の一般の精神障害者と同様の施設・スタッフのもとで処遇されることから，手厚い専門的な治療が確保されない。

第2に，精神保健福祉法には退院後の通院や服薬など医療の継続を確保する仕組みが整備されておらず，触法精神障害者の再犯防止にとって必ずしも効果的ではない。

第3に，措置入院制度それ自体の問題として，それが強制的な入院措置であるにもかかわらず，裁判所の関与がないことから，人権保障上の疑念も否定できない。

10-14 医療観察法の制定

「心神喪失等の状態で重大な他害行為を行った者の医療及び観察等に関する法律」（以下，「医療観察法」または「法」と略記）は，こうした課題を克服するために制定された。同法は，入院医療の提供主体を一定の国公立病院等に限定し，手厚い専門的な医療の確

保を目指しているだけでなく（➡➡10-28），通院医療の制度を整備し，地域社会で継続的な医療を提供するための方策も盛り込んでいる（➡➡10-35〜10-41）。さらに，処遇の要否および内容を決定するにあたっては裁判所の審判手続きを必須のものとし，対象者の権利擁護にも配慮するのである［山本 2008：140］（➡ 10-18〜10-21）。

10-15　2本立ての法制度　この法律の成立により，触法精神障害者の医療については，精神保健福祉法と医療観察法という2本立ての法制度となった。もっとも，両法では，対象者も適用要件も異なる。措置入院は，刑罰法規に触れる行為を行なったかどうかを問わず，「自傷他害のおそれ」があると認められた者を対象とする。また，必ずしも心神喪失・心神耗弱を入院の要件とするものでもない。これに対して，医療観察法に基づく入院・通院は，過去に殺人や放火などの重大な**他害行為**[*]を行なった者を対象とし，しかも，その他害行為が心神喪失または心神耗弱の状態で行なわれたことを要件とするのである。

　　　＊　もともと「他害行為」は精神保健福祉法上の用語であり（同法28条の2参照），精神障害の状態で行なわれた「刑罰法令に触れる行為」を指している［武井 2008：2］。具体的には，殺人，傷害，性的問題行動，侮辱，窃盗，器物損壊，放火などが，その例とされている（昭和63年4月4日厚生省告示125号「精神保健及び精神障害者福祉に関する法律第28条の2第1項の規定に基づき厚生大臣の定める基準」第1）。

10-16　医療観察法の目的　医療観察法は，その1条で，「心神喪失等の状態で重大な他害行為を行った者……の病状の改善及びこれに伴う同様の行為の再発の防止を図り，もってその社会復帰を促進すること」を同法の目的として定めている。触法精神障害者の再犯を防止し，その社会復帰を実現するために，必要な医療を提供しようというのである。

　もっとも，社会復帰の促進という目的を達成するためには，医療を確保するだけでなく，対象者の地域生活を支えるために必要な保健・福祉等の支援体制を整備することも求められよう。医療観察法はそのための制度的な枠組みをも示すものであり，この点からすると，同法は，たんなる医療の法ではなく社会福祉の法としての側面をも兼ね備えたものといってよい。さらに，「重大な他

第10章　医療観察制度

害行為」の「再発」は，本人の社会復帰にとって重大な阻害要因となるだけでなく，社会にとっても大きな損失である。同法は医療を通じてその未然防止を図るのであるが（➡10-48, 10-49），ここには刑事政策としての側面もみることができる［今福 2012a：115］。医療観察法は，以上にみた複合的な性格をもつ法といってよい。

2　審判手続きの概要

1　対象者および対象行為

> **Check!**〔22-150-1〕
> 精神保健観察は，刑法上のすべての犯罪行為に対して適用される制度である。
> 　　　　　　　　　　　　　　　　　　　　〔下線部が誤り ➡10-17〕

10-17　6罪種への限定　　心神喪失・心神耗弱を理由として不起訴処分とされた者や，起訴はされたが懲役・禁錮の実刑を免れた者は，従来から精神保健福祉法による措置入院の対象とされてきたが（➡10-12），ただし，殺人，放火，強盗，強姦，強制わいせつ，傷害に当たる行為（法2条1項1号）を行なったのであれば，医療観察法による処遇の対象者とされる。これらの行為は，いずれも重大な他害行為であることに加え，他の他害行為に比べて心神喪失者等により行なわれる割合が高く，また，治療が中断したなかで行なわれる場合も多いことから，対象者について特に継続的かつ適切な医療の確保が必要とされる。医療観察法が，あえて6罪種を取り上げて対象行為としたのは（➡〔22-150-1〕），そのためといえよう［白木 2004a：8，同 2004b：14］。

　　＊　なお，少年（20歳未満の者〔少年法2条1項〕）は，原則として医療観察法の対象にはならない。少年については，❶家庭裁判所が保護処分を判断するなかで医療的な処遇の必要性も考慮されていること，❷成人と異なり，一般に親などの親族による適切な保護が期待できること，❸精神障害も初期の段階で不確定である場合が少なくないため，保護者から引き離す必要はないこと，❹仮に医療の必要性が認められたとしても，医療少年院への送致のほか，精神保健福祉法に基づく措置入院，医療保護入院等で処遇することが適当であることなどが，その理由とされている。これに対して，刑事処分が相当であるとして家

153

庭裁判所から検察官に**逆送**(➡➡9-39)された少年は，起訴後の裁判で心神喪失または心神耗弱を理由に無罪等の確定判決を受けた場合，例外的に医療観察法による処遇の対象となる。刑事裁判を受けるべきであるとされ，この点で成人と同様の扱いを認められているからである〔白木＝今福＝三好 2013：24，29-30〕。

2 審判手続き

> **Check!** 〔22-150-5〕
> 医療観察は，指定入院医療機関の管理者が，入院の申立てをする制度である。
> 〔下線部が誤り➡➡10-18〕

> **Check!** 〔26-149-2〕
> 「医療観察法」が規定する審判は，地方裁判所において裁判官と裁判員との合議体により行われる。　〔下線部が誤り➡➡10-20〕

10-18 検察官の申し立て　審判は，検察官が地方裁判所に対して申し立てを行なうことによって開始される。上記の対象者について，検察官は，医療の要否および内容に関する決定を裁判所に求めるのである（法33条1項➡➡〔22-150-5〕）。

10-19 鑑定入院　検察官による申し立てがなされると，地方裁判所の裁判官は，処遇の決定があるまでの間，「鑑定その他医療的観察のため」対象者を病院に入院させる旨を命じる（**鑑定入院命令**――法34条1項）。この鑑定入院の期間中に，鑑定医による鑑定，社会復帰調整官による生活環境の調査（➡➡10-26，10-27）がなされ，それをもとに審判は行なわれる。

10-20 合議体による審判　審判は，裁判官と**精神保健審判員**（精神科医）各1名からなる合議体により行なわれる（法11条1項➡➡

〔26-149-2〕)。この審判に際しては，対象者に**付添人**（弁護士）が付されるが（法33条），さらに，必要に応じて**精神保健参与員**（精神保健福祉士等）が選任され，その意見も聴取される（法36条）。ただし，精神保健参与員は，裁判官と精神保健審判員とを補助する性格のものと位置づけられており，合議体の構成員となるわけではなく，また評決権も与えられてはいない（法11条1項，14条）［白木 2004b：16］。

3 地方裁判所の決定

10-21 入院決定，通院決定，不処遇決定　裁判所は，対象者について「対象行為を行った際の精神障害を改善し，これに伴って同様の行為を行うことなく，社会に復帰することを促進するため，この法律による医療を受けさせる必要がある」（法42条1項）と認める場合には，入院（同項1号）または通院（同項2号）の決定を行なう。具体的には，❶疾病の同一性（対象者が対象行為を行なった際の心神喪失または心神耗弱の状態の原因となった精神障害と同様の精神障害を有していること），❷治療反応性（その精神障害を改善するために，医療観察法による医療が必要であること），❸社会復帰阻害要因（医療観察法による医療を受けさせなければ，その精神障害のために社会復帰の妨げとなる同様の行為を行なう具体的・現実的な可能性があること）という三つの要件を検討する［白木＝今福＝三好 2013：166］。当該精神障害に基づき（＝❶），再び他害行為に及ぶリスクがあること（＝❸），そのリスクマネジメントのためには医療が有意義であること（＝❷）をそれぞれ認定していくのであり［町野 2006：763参照］，そのすべてが満たされるときは入院（法42条1項1号）または通院（法42条1項2号）の決定をし，いずれかが認められないときは不処遇の決定（「この法律による医療を行わない」——法42条1項3号）をする。例えば，認知症などの器質性精神障害や知的障害で治療反応性がないと判断された場合，不処遇の決定がなされるとされている［弥永 2007：7］。

3 保護観察所の役割

1 医療観察法と保護観察所

> **Check!**〔23-150-1〕(社会復帰調整官の業務)
> 対象者が指定入院医療機関に入院中には退院後の生活環境の調整に当たり，退院後には精神保健観察を実施する。 〔正しい ➡➡10-23〕

> **Check!**〔23-150-4〕(社会復帰調整官の資格)
> 任用資格は，更生保護法によって精神保健福祉士や看護士等とされている。 〔下線部が誤り ➡➡10-23〕

> **Check!**〔23-150-5〕(社会復帰調整官の業務)
> 地方裁判所で行われる当初審判の段階から関与する立場にはないが，処遇のコーディネーター役を果たすことが求められる。 〔下線部が誤り ➡➡10-23〕

10-22 保護観察所の業務　保護観察所は，医療観察制度における処遇過程に一貫して関与している。**当初審判**における「生活環境の調査」から，入院中における「生活環境の調整」，「精神保健観察」などの地域処遇に至るまで，いずれも保護観察所の業務とされるのである（法19条）。

　＊　検察官による申し立て（➡➡10-18）に係る審判を当初審判という。

10-23 社会復帰調整官　こうした医療観察事務の実務に従事するのは，**社会復帰調整官**である（➡〔23-150-1〕，〔23-150-5〕）。社会復帰調整官は，精神障害者の保健・福祉等の専門家であり，精神保健福祉士のほ

か，保健師，看護師，作業療法士および社会福祉士等で精神障害者に関する業務経験を有する者から任用される（医療観察法20条2項・3項➡〔23-150-4〕）。

10-24 保護観察処遇との相違 保護観察所の主たる業務は，犯罪者や非行少年に対する保護観察である（➡1-10）。これに対して，医療観察法による制度（以下，「医療観察制度」という）は，心神喪失等の状態で重大な他害行為を行なった者について専門的な医療を確保することを目的とするものであり，対象者も業務内容も保護観察とは相違している。

10-25 通院医療の確保と保護観察所 保護観察所が精神科医療の業務を担当することになったのは，医療観察法が強制通院の制度を導入したことによるところが大きい。従来，触法精神障害者は，精神保健福祉法に基づく措置入院の制度によって対応がなされてきた。しかし，この制度には退院後の継続的な医療を確保する仕組みが存在しないため，症状を再発させ再び他害行為に及ぶケースのあることが指摘されていた（➡10-13）。そこで，医療観察法は，強制入院に加えて強制通院の制度を新たに整備したのであるが（法43条1項・2項），もっとも，両者では，その義務履行を確保するための方策が異なる。入院医療の場合は事実上の強制（例：指定入院医療機関管理者による行動制限——法92条1項）によって義務履行が担保されるのに対して，通院医療の場合には，医療施設外で継続的な医療を確保するための方策を別途講じなければならないのである［町野 2007：42］。

精神保健観察（対象者の医療の見守りと指導〔法106条〕）は，そうした要請に対応するものであり，保護観察所がその任に当たることとされている（➡10-40）。保護観察所は，全国的なネットワークにより統一的な処遇を実施しうること，地域社会の様々な機関と連携して更生保護を実践してきたこと[*]，などがその背景にはある。そして，保護観察所がこの新たな役割を担うにあたって新設された官職が，社会復帰調整官にほかならない。

* たしかに，更生保護と医療観察とを対比すると，前者が「贖罪を意識しながら自助の責任に訴えていく」ことを重視するのに対し，後者は「医療の確保」に力点を置くという点に差異がある。しかし，両者は対象者の社会復帰を目指すことで共通しており，また，実

際の対象者像にも近接性のみられることが指摘されている〔今福 2012b：149〕。

2　審判と生活環境の調査

> **Check!**〔27-149-1〕（社会復帰調整官の業務）
> 社会復帰調整官は，「医療観察法」上の審判の際に行う生活環境の調査を，地域社会の実情に詳しい保護司に行わせる。　　　　〔下線部が誤り ➡10-27〕

10-26　調査の嘱託　裁判所が処遇の要否および内容を判断するにあたっては，純粋な医学的事項だけでなく，対象者を取り巻く生活環境に照らし，医療の継続を確保できるか否か，同様の行為を行なうことなく社会復帰できるような状況にあるか否かといった事情も考慮に入れることが求められる〔白木＝今福＝三好 2013：144〕。そこで，処遇の決定においては，必ず「対象者の生活環境を考慮」しなければならないとされており（法42条1項），そのための資料を得るために，裁判所は保護観察所長に対して生活環境の調査を嘱託する（法38条）。

10-27　調査事項　保護観察所が調査する事項は，住居の状況，生計の状況（例：障害年金受給の有無），家族の状況（例：保護者〔法23条の2，23条の3参照〕の有無）など多岐にわたる。

　調査は社会復帰調整官が担当するが（➡〔27-149-1〕），後述する生活環境の調整（➡10-31）や精神保健観察（➡10-40）の業務とは異なり，具体的な調整や援助（例：アパート探し）をすることまでは想定されていない。生活環境の調査は，あくまで裁判所の終局決定に先立つ調査にとどまるのである〔弥永 2007：11〕。

3　入院と生活環境の調整

①　医療の実施

> **Check!**〔22-150-2〕
> 医療観察は，厚生労働省で定める基準に適合する私立病院において医療を行う制度である。　　　　〔下線部が誤り ➡10-28〕

第10章　医療観察制度

> **Check!**〔26-149-3〕
> 裁判所により入院命令が言い渡された場合，その対象者に対して医療を実施する指定入院医療機関は，法務大臣が指定した病院である。
> 〔下線部が誤り ➡ 10-28〕

10-28　指定入院医療機関　審判で入院決定を受けた者は，**指定入院医療機関**の専門病棟（**医療観察法病棟**）に移され，そこで治療を受ける（法43条1項）。指定入院医療機関とは，一定の基準に適合する国公立病院等のなかから，厚生労働大臣が，開設者の同意を得て指定したものをいう（法16条1項）（➡〔22-150-2〕，〔26-149-3〕）。このように設置主体が限定されたのは，❶本法による入院医療の公共性・専門性が極めて高いこと，❷継続的かつ適切な医療を実施するためには安定した病院経営が求められること，❸裁判所で決定を受けた者に対する医療である以上，全国で公平一律に実施する必要があることによる［三好 2004：34］。

＊　指定入院医療機関から私立病院は除外されており，この点，後述する指定通院医療機関の場合とは異なる（➡10-36＊）。

10-29　医療観察法病棟　医療観察法病棟は，対象者の治療進度に応じて「急性期ユニット」・「回復期ユニット」・「社会復帰期ユニット」へと機能的に区分されており，各ユニットの病室はすべて個室となっている。対象者は，回復段階に合わせてユニットを移行し，各期に対応する医療プログラムの提供を受ける。

10-30　人員配置基準　医療観察法病棟では，一般の精神医療よりも手厚い人員配置で，多職種チームの連携による高度な医療が行なわれる。医療法上の人員配置基準によると，民間精神科病院では，医師は患者48名に対して1人，看護師は患者4名に対して1人の配置で足り，いずれについても一般病棟の配置基準（医師は患者16名に対して1人，看護師は患者3名に対して1人）に比べて低く抑えられている。これに対して，医療観察法病棟では，入院対象者8名に対して1名の常勤医師，入院対象者1.5名に対して1名の常勤

看護師（ただし，夜間は6名に対して1名〔最低3人以上〕）が配置されている。さらに，臨床心理技術者・作業療法士・精神保健福祉士も専任で配置され（3職種併せて，入院対象者5名に対して1人）、専門的な治療の提供が目指されているのである。

* 厚生労働省『指定入院医療機関運営ガイドライン』2（1）「指定入院医療機関が満たすべき事項」。

② 生活環境の調整

> **Check!**〔27-149-2〕（社会復帰調整官の業務）
> 社会復帰調整官が指定入院医療機関に出向き，対象者の退院後の生活環境の調整を行う。　　　　　　　　　　　　　　　　　　　　　　〔正しい▶10-31〕

10-31　早期退院，通院処遇への移行

保護観察所は，入院決定があった者について，その退院後の**生活環境の調整**を行なう（法101条1項）。これは，入院中の対象者について，その早期退院と通院処遇への円滑な移行を目指し，退院後の住居の確保や医療・援助の実施体制の整備など，必要な環境を準備するものである。具体的には，保護観察所の社会復帰調整官が，対象者の入院初期から指定入院医療機関に出向き，病院スタッフとの協議や対象者本人との面接等をもとに生活環境の調整計画を立案する（▶〔27-149-2〕）。そして，この計画に基づいて，居住予定地の関係機関（例：都道府県・市町村主管課，精神保健福祉センター，保健所，指定通院医療機関）と協議し，その協力を得て退院に向けての調整を行なっていく。

③ 退院または入院継続の審判

> **Check!**〔22-150-4〕
> 医療観察は，精神保健審判員の判断によって，退院を許可することができる制度である。　　　　　　　　　　　　　　　　　　　　　　〔下線部が誤り▶10-33〕

第10章 医療観察制度

10-32 入院期間　入院期間については，その上限が定められていない。専門的な医療の要否は対象者の病状や治療の状況等により異なることから，あらかじめ具体的な入院期間を定めることが難しいとされるのである〔白木 2004b：24〕。

10-33 退院許可決定　退院は，地方裁判所の決定によりなされる（➡〔22-150-4〕）。指定入院医療機関の管理者は，入院患者について，入院を継続させて医療を行なう必要がなくなったと認める場合，直ちに裁判所に対し，退院許可の申し立てをしなければならない（法49条1項）。そして，裁判所による審判の結果，退院を許可する決定（「退院を許可するとともに入院によらない医療を受けさせる旨の決定」——法51条1項2号）があると，対象者の処遇は，医療観察法に基づく通院へと移行する。**退院許可決定**を得て退院した者は，指定通院医療機関の医療（➡**10-36**）および保護観察所による精神保健観察（➡**10-40**）を受けることになるのである。

　　＊　一方，医療観察法による医療が必要ないと判断される場合には，**処遇終了決定**（「この法律による医療を終了する旨の決定」——法51条1項3号）がなされ，同法による医療は終了する。なお，退院の許可および医療の終了の申し立ては，入院患者本人，その保護者または付添人もすることができる（法50条）。

10-34 入院継続決定　一方，入院を継続する場合は，指定入院医療機関の管理者が，6か月ごとに地方裁判所に対して入院継続の申し立てを行ない，入院継続確認決定を受けることが必要である（法49条2項）。

4　地域処遇と精神保健観察

① 地域処遇

> ***Check!***〔23-150-2〕（社会復帰調整官の業務）
> 指定入院医療機関の医療サービスの確保，社会復帰施設への入所及び精神保健福祉サービスによる支援の3点を柱に，対象者が地域社会で健全な生活が送れるように支える。　　　　　　　　　　　　〔下線部が誤り➡**10-37**〕

> **Check!**〔26-149-5〕
> 入院によらない医療を受けさせるいわゆる通院決定がなされた場合，その通院医療の期間には制限がない。　　　　　　　　　　〔下線部が誤り➡10-36〕

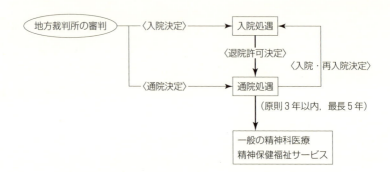

10-35　二つのルート　通院処遇（➡10-25）に至るルートには二つのものがある。当初審判（➡10-22）により通院決定（「入院によらない医療を受けさせる旨の決定」——法42条1項2号）を受ける場合（直接通院）と，入院後に退院許可決定（「退院を許可するとともに入院によらない医療を受けさせる旨の決定」——法51条1項2号）を受けて通院処遇に移行する場合（移行通院）が，それである。

10-36　通院期間　通院処遇の対象者は，地域社会で生活しながら，厚生労働大臣の指定する**指定通院医療機関***（法16条2項）による専門的な医療を受ける。通院期間は原則として3年間であるが，裁判所の決定により，さらに2年を限度として延長することもできる（法44条➡〔26-149-5〕）。

それゆえ，通院医療は最長でも5年で終了するが，このように通院治療期間に上限を設けた理由は，❶3年間にわたって病状の悪化や問題行動がなかった場合には，すでに本法の目的である本人の社会復帰が達成されていると考えられること，❷本法による処遇が人身の自由への干渉を伴うものである以上，無制限に処遇の対象とすることは，かえって社会復帰に支障を来すことも懸念されること，に求められている〔白木 2004b：24〕。

　*　指定入院医療機関と異なり（➡10-28），指定通院医療機関は国公立病院とは限らない。

10-37　地域処遇の3要素

通院期間中は、専門的な医療のほかに、保護観察所（社会復帰調整官）による精神保健観察（➡10-40）が実施され、また、都道府県・市町村、障害福祉サービス事業者等による援助も行なわれる。この「医療」・「精神保健観察」・「援助」という三つの要素から地域社会における処遇（以下、「地域処遇」という）は構成されており（法104、105条）、それぞれの担当機関が相互に連携協力することで、対象者の地域生活は支援される〔➡23-150-2〕。

② 処遇の実施計画・ケア会議

> **Check!**〔27-149-3〕（社会復帰調整官の業務）
> 指定入院医療機関退院後の居住予定地にある精神保健福祉センターが開催するケア会議に、社会復帰調整官として出席する。　　〔下線部が誤り➡10-39〕

10-38　処遇の実施計画

この地域処遇を効果的なものとするための方策として、「処遇の実施計画」と「ケア会議」という二つの仕組みが用意されている。

処遇の実施計画は、保護観察所長が通院対象者一人ひとりについて定める（法104条）。具体的には、社会復帰調整官が、処遇に携わる関係機関と協議して医療（例：訪問看護の回数）・精神保健観察（例：訪問や出頭の頻度）・援助（例：デイケアの利用予定）の内容や方法を取りまとめ、処遇実施計画書を作成する。これにより、関係機関の情報共有や役割分担の明確化が図られ、処遇の統一性が確保されるのである。

10-39　ケア会議

処遇実施計画書を作成した後も、処遇に携わる関係機関は、処遇の実施状況や対象者の生活状況などについて情報を共有し、実施計画の評価や見直し等について協議を行なう。また、そこには対象者やその保護者も出席して意見を述べることができる。こうした協議の場を**ケア会議**といい、保護観察所がこれを主催している（➡〔27-149-3〕）。

③ 精神保健観察

Check! 〔22-150-3〕
精神保健観察は，必要な医療を受けているか否か及びその生活の状況を見守る制度である。　　　　　　　　　　　　　　　　　　〔正しい➠10-40〕

Check! 〔23-150-3〕（社会復帰調整官の業務）
地域の連携の中心となる役割のほか，訪問や面接などの直接的なかかわり合いを行い，医療や地域生活での相談支援は行うが，対象者の病状悪化時の対応は行わない。　　　　　　　　　　　　　　　　　　　　　　〔下線部が誤り➠10-40〕

Check! 〔26-149-4〕
精神保健観察の実施機関は，法務省が所管する保護観察所であり，保護観察所に配属される社会復帰調整官がその事務に従事する。　　　　　〔正しい➠10-40〕

Check! 〔27-149-5〕（社会復帰調整官の業務）
精神保健観察の「守るべき事項」に違反すると，保護観察所の長の決定により，再入院の措置がとられる。　　　　　　　　　　　　〔下線部が誤り➠10-41〕

10-40　継続的な医療の確保　通院決定または退院許可決定がなされると，その決定を受けた者には通院医療を受けるべき義務が生じる（法43条2項，51条3項）。これらの通院対象者について，継続的な医療を確保するための方策が**精神保健観察**であり（➠10-25），その方法は，対象者の生活状況と併せて本制度による医療を受けているかどうかを見守り，必要な指導その他の措置を行なうというものである（法106条2項➠〔22-150-3〕）。この精神保健観察の実施主体は保護観察所であり（法19条3号），具体的には社会復帰調整官が，本人や家族との面接，関係機関からの報告，さらにケア会議（➠**10-39**）などを通じて対象者の通院状況や生活状況を見守り，必要な指導や助言を行なう〔➠26-149-4〕。例えば，対象者の病状が悪化したときは，生活状況や服薬状況の聴取から得られた情報に基づき，本人に通院や服薬を促すといっ

10-41 守るべき事項　精神保健観察に付されている者には「守るべき事項」が定められている。その内容は, 居住地を届け出ることのほか, ❶一定の住居に居住すること, ❷転居, 長期旅行（旅行の初日から起算して2週間以上の旅行——医療観察法施行規則21条）を届け出ること, ❸面接の求めに応じることの3点である（法107条）。

これらの事項が守られなかった場合, それは**(再)入院申し立て**の契機となりうる。保護観察所長が地方裁判所に対して（再）入院の申し立てを行ない（法59条2項), これを受けて裁判所が入院決定をすると, 対象者は指定入院医療機関に入院して医療を受けることになる（法61条1項1号➡〔27-149-5〕）。

もっとも,「守るべき事項」を定めた趣旨は, 当該精神保健観察の実効性を担保し, 継続的な医療を確保するためであり［白木＝今福＝三好 2013：343], 面接拒否などの事実があれば直ちに（再）入院申し立ての要件が満たされるわけではない。そうした違反があり, 入院という形態によらなければ必要な医療が確保できないと認められるとき初めて申し立ての対象とされるのである。

④　精神保健福祉法と医療観察法の関係

> **Check!**〔26-149-1〕
> 「医療観察法」が制定されたことにより,「精神保健福祉法」が定めていた措置入院の制度は廃止された。　　　　　　　　〔下線部が誤り➡10-43〕

> **Check!**〔27-149-4〕
> 対象者が,「医療観察法」に基づく指定通院医療機関に通院中は,「精神保健福祉法」による入院はできない。　　　　　〔下線部が誤り➡10-42〕

10-42 精神保健福祉法に基づく入院　通院処遇中, 怠薬やストレスなどによって対象者の病状が悪化した場合, その状況によっては, 精神保健福祉法に基づく任意入院等によって病状の改善を図ること

もできる（法115条→〔27-149-4〕）。医療観察法に基づいて入院している間は，精神保健福祉法の入院等に関する規定は適用されないが（精神保健福祉法44条2項），それ以外の期間は，いずれの法律の適用も認められるのである［蛯原 2004：51］。精神保健福祉法と医療観察法とでは入院事由が異なり，医療観察法に基づく入院とは別個の事由で入院医療を必要とする患者も存在するからにほかならない＊［三好 2004：42］。

＊　以上は，医療観察法に基づく入院・通院が決定された後の両法の関係である。これに対して，医療観察法上の処遇を決定する時点での両法の関係については法律に明文の規定がないが［川出＝金 2012：404］，最高裁は，医療観察法が定める要件を満たす以上，同法による医療を行なうべきであるとの判断を示している。事案は，妄想性障害に罹患し被害妄想・迫害妄想に支配された対象者が，家族らと住むアパートに放火した（現住建造物放火〔刑法108条〕）というものであり，医療観察法に基づく医療を不要とした決定の是非が争点とされたのであるが，ここで最高裁は，「医療観察法の目的，その制定経緯等に照らせば，同法は，同法2条3項所定の対象者で医療の必要があるもののうち，対象行為を行った際の精神障害の改善に伴って同様の行為を行うことなく社会に復帰できるようにすることが必要な者を同法による医療の対象とする趣旨であって，同法33条1項の申立てがあった場合に，裁判所は，上記必要が認められる者については，同法42条1項1号の医療を受けさせるために入院をさせる旨の決定，又は同項2号の入院によらない医療を受けさせる旨の決定をしなければならず，上記必要を認めながら，精神保健及び精神障害者福祉に関する法律による措置入院等の医療で足りるとして医療観察法42条1項3号の同法による医療を行わない旨の決定をすることは許されない」と判示するのである（最決平成19年7月25日刑集61巻5号563頁）。

10-43　他害のおそれ　それゆえ，通院処遇の対象者に他害行為のおそれ（精神保健福祉法29条）が認められる場合も，精神保健福祉法上の入院措置と医療観察法の（再）入院決定とが並行的に検討されることになるが＊（→〔26-149-1〕），ただし，医療を迅速に提供するためには，精神保健福祉法に基づく入院措置をとった後に，再入院の申し立てを行なうという手順が必要とされよう［柑本 2004：163］。医療観察法による（再）入院のためには一連の手続きを要し（保護観察所長による入院の申し立て〔法59条1項〕⇒必要があれば1か月以内の鑑定入院〔法60条1項・3項〕⇒地方裁判所による入院決定〔法61条1項1号〕），その間に対象者の症状はさらに悪化しないとも限らない。そこで，まずは精神保健福祉法による入院措置を活用して症状の安定を図り，それでも

なお病状の悪化が改善せず，指定入院医療機関での手厚い医療が必要と認められる場合に（再）入院を申し立てるという運用が求められるのである［新谷 2007：86］。

* なお，対象者に「自傷のおそれ」がある場合は，医療観察法が規定する（再）入院の要件に該当しないことから，指定通院医療機関の管理者や保護観察所長が措置通報（精神保健福祉法26条の3）を行なうことになる。また，「他害のおそれ」についても，措置要件は満たすが（再）入院の申し立て要件には該当せず，措置通報をなしうるにとどまる場合がある［柑本 2004：163］。例えば，窃盗（刑法235条）や器物損壊（刑法261条）も措置要件にいう「他害（のおそれ）」に当たり（昭和63年4月4日厚生省告示125号「精神保健及び精神障害者福祉に関する法律第28条の2第1項の規定に基づき厚生大臣の定める基準」第1 ➡10-15＊），行為者は精神保健福祉法によって処遇されるが，とはいえ医療観察法の対象者とされることはない。再入院の申し立て要件である「同様の行為」（法59条1項）は，法2条2項各号に定める重大な加害行為に限定されるのである［白木＝今福＝三好 2013：228，238］。

⑤ 地域処遇の終了

10-44 終了事由　地域処遇は通院期間（➡10-36）を経過すれば終了するが，ほかに，通院期間内であっても保護観察所長または対象者本人等が地方裁判所に申し立てを行ない，裁判所から処遇終了の決定が出された場合にも処遇は終了となる（法54条1項，55条，56条1項2号）。医療観察法による処遇が終了した者は，必要に応じて一般の精神科医療や精神保健福祉サービスの提供を受けながら地域生活を継続する。

4　強制医療の法的性格

1　医療の強制

10-45 自由の制約　医療観察法は，触法精神障害者に対して，裁判所が強制的な入院または通院を命じる制度を創設した。重大な他害行為を行なった精神障害者は，地方裁判所が入院決定あるいは通院決定をすると，みずからは同意をしなくても，必ず「医療を受けなければならない」（法43条1

項・2項)とされるのである(➡10-28, 10-40)。

10-46 ポリス・パワーとパレンス・パトリエ 問題は、こうした自由の制約が何故に許容されるかであるが、この点については、**ポリス・パワー**(police power／警察力)と**パレンス・パトリエ**(parens patorie／国親)という二つの考え方が存在する。前者は、精神障害者が社会に与える危険を除去するためには、強制的な措置をとることが許されると説明する。一方、後者は、精神障害者の判断能力には問題があることから、国が親代わりとなって医療上必要な保護を決定することができると考えている。

10-47 ポリス・パワーと再犯の可能性 ポリス・パワーを根拠とすれば、対象者がもつ再犯の可能性に着目して、医療を強制することができよう。しかし、再犯の可能性という一事をもって精神障害者の自由を奪うことは許されない。そのような可能性の予測は必ずしも容易でないだけでなく、自由の制限を正当化しうるに足るものでもない。また、健常者と精神障害者とを区別し、両者を別異に扱うことの合理性も問題とされよう。再犯の可能性をもつ者は健常者の内にも存在するが、健常者は、現実に犯罪を行なわない以上、自由を奪われることがないのである〔山本 = 柑本 2012：10〕。

2 医療の必要性と再犯の可能性

10-48 医療の提供と再犯の防止 それゆえ、医療観察法における強制処遇は、パレンス・パトリエの考え方を基調としたものと理解せざるをえないが、とはいえ、同法は、必要な医療の提供という目的だけをもつものではない。同法による強制医療の対象者は、過去に重大な他害行為を行なった精神障害者に限定されており、措置入院の場合とは異なり、「自傷のおそれ」をもつにとどまる者は対象者から除外されている。同法が再犯防止をも目的としていることは明らかであろう(➡10-16)。

10-49 医療を通じた再犯防止 たしかに、たんなる再犯の可能性を強制医療の根拠とすることはできない。しかし、医療観察法は、

医療を通じた再犯の防止までも否定しているわけではない。医療の必要性と再犯の可能性という二つの要件が相まって，医療観察法に基づく強制医療を正当化し，さらにその内容を制限しているものと考えるべきであろう［川出＝金 407］。医療の必要性があったとしても，再犯の可能性がなければ同法の対象とはならない。一方，再犯の可能性があったとしても，それが医療によって改善される見込みがなければ，やはり同法の対象となることはないのである。

参考文献

井田　良『講義刑法学・総論』有斐閣，2008年。
今福章二「医療観察制度の現状と課題」『犯罪と非行』174号（2012年），104-127頁［今福 2012a］。
今福章二「『更生保護学』と医療観察」『更生保護学研究』1号（2012年），148-158頁［今福 2012b］。
蛯原正敏「保護観察所の役割について」町野　朔編『精神医療と心神喪失者等医療観察法』有斐閣，2004年，45-51頁。
加藤久雄「医事刑法の立場からみた司法精神科医の役割と課題」山内俊雄＝山上皓＝中谷陽二編『司法精神医療』中山書店，2006年，100-110頁。
川出敏裕＝金　光旭『刑事政策』成文堂，2012年。
柑本三和「心神喪失者等医療観察法における社会内処遇」町野　朔編『精神医療と心神喪失者等医療観察法』有斐閣，2004年，162-167頁。
白木　功「立法の経緯」町野　朔編『精神医療と心神喪失者等医療観察法』有斐閣，2004年，8-11頁［白木 2004a］。
白木　功「審判手続を中心に」町野　朔編『精神医療と心神喪失者等医療観察法』有斐閣，2004年，12-31頁［白木 2004b］。
白木　功＝今福章二＝三好　圭『「心神喪失等の状態で重大な他害行為を行った者の医療及び観察等に関する法律」及び「心神喪失等の状態で重大な他害行為を行った者の医療及び観察等に関する法律による審判の手続き等に関する規則」の解説』法曹会，2013年。
新谷和永「社会復帰調整官の業務にかかる現状」『犯罪と非行』151号（2007年），72-87頁。
武井　満『医療観察法と事例シミュレーション』星和書店，2008年。

町野　朔「医療観察法施行の意義」町野　朔＝中谷陽二＝山本輝之編『触法精神障害者の処遇〔増補版〕』信山社，2006年，761-768頁。

町野　朔「医療観察法と精神保健観察」『犯罪と非行』151号（2007年），39-52頁。

三好　圭「医療を中心に」町野　朔編『精神医療と心神喪失者等医療観察法』有斐閣，2004年，32-44頁。

安田拓人「心神喪失と心神耗弱」『ジュリスト』1230号（2002年），14-20頁。

弥永理絵「心神喪失者等医療観察法の施行状況と保護観察所の業務の概要について」『犯罪と非行』151号（2007年），5-20頁。

山本輝之「心神喪失者等医療観察法における強制処遇の正当化根拠と『医療の必要性』について」中谷陽二編『精神科医療と法』弘文堂，2008年，125-144頁。

山本輝之＝柑本三和「心神喪失者等医療観察法における法的課題の検討」『犯罪と非行』174号（2012年），5-31頁。

資料編

関係法令一覧

更生保護法
更生保護事業法
保護司法
少年法
少年院法
少年鑑別所法
心神喪失等の状態で重大な他害行為を行った者の医療及び観察等に関する法律
薬物使用等の罪を犯した者に対する刑の一部の執行猶予に関する法律
刑法（抄）
刑事訴訟法（抄）
犯罪被害者等基本法
恩赦法

更生保護法

（平成 19・6・15 法律 88）
最新改正　平成 26 法律 70

第1章　総則
第1節　目的等

（目的）
第1条　この法律は，犯罪をした者及び非行のある少年に対し，社会内において適切な処遇を行うことにより，再び犯罪をすることを防ぎ，又はその非行をなくし，これらの者が善良な社会の一員として自立し，改善更生することを助けるとともに，恩赦の適正な運用を図るほか，犯罪予防の活動の促進等を行い，もって，社会を保護し，個人及び公共の福祉を増進することを目的とする。

（国の責務等）
第2条　国は，前条の目的の実現に資する活動であって民間の団体又は個人により自発的に行われるものを促進し，これらの者と連携協力するとともに，更生保護に対する国民の理解を深め，かつ，その協力を得るように努めなければならない。
2　地方公共団体は，前項の活動が地域社会の安全及び住民福祉の向上に寄与するものであることにかんがみ，これに対して必要な協力をすることができる。
3　国民は，前条の目的を達成するため，その地位と能力に応じた寄与をするように努めなければならない。

（運用の基準）
第3条　犯罪をした者又は非行のある少年に対してこの法律の規定によりとる措置は，当該措置を受ける者の性格，年齢，経歴，心身の状況，家庭環境，交友関係等を十分に考慮して，その者に最もふさわしい方法により，その改善更生のために必要かつ相当な限度において行うものとする。

第2節　中央更生保護審査会

（設置及び所掌事務）
第4条　法務省に，中央更生保護審査会（以下「審査会」という。）を置く。
2　審査会は，次に掲げる事務をつかさどる。
　一　特赦，特定の者に対する減刑，刑の執行の免除又は特定の者に対する復権の実施についての申出をすること。
　二　地方更生保護委員会がした決定について，この法律及び行政不服審査法（平成26年法律第六十八号）の定めるところにより，審査を行い，裁決をすること。
　三　前二号に掲げるもののほか，この法律又は他の法律によりその権限に属させられた事項を処理すること。

（審査会の組織）
第5条　審査会は，委員長及び委員4人をもって組織する。

（委員長及び委員の任命）
第6条　委員長及び委員は，優れた識見を有する者のうちから，両議院の同意を得て，法務大臣が任命する。
2　委員長又は委員の任期が満了し，又は欠員を生じた場合において，国会の閉会又は衆議院の解散のために両議院の同意を得ることができないときは，法務大臣は，前項の規定にかかわらず，委員長又は委員を任命することができる。
3　前項の場合においては，任命後最初の国会で両議院の事後の承認を得なければならない。この場合において，両議院の事後の承認を得られないときは，法務大臣は，その委員長又は委員を罷免しなければならない。
4　委員長及び委員の任命については，そのうち3人以上が同一の政党に属する者となることとなってはならない。

（委員長及び委員の任期）
第7条　委員長及び委員の任期は，3年とする。ただし，補欠の委員長又は委員の任期は，前任者の残任期間とする。

（委員長及び委員の服務等）
第8条　委員のうち2人は，非常勤とする。
2　委員長及び委員は，在任中，政党その他の政治団体の役員となり，又は積極的に政治運動をしてはならない。
3　委員長及び常勤の委員は，在任中，法務大臣の許可がある場合を除き，報酬を得て他の職務に従事し，又は営利事業を営み，その他金銭上の利益を目的とする業務を行ってはならない。
4　委員長及び委員の給与は，別に法律で定める。

（委員長及び委員の罷免）
第9条　法務大臣は，委員長又は委員が破産手続開始の決定を受け，又は禁錮以上の刑に処せられたときは，その委員長又は委員を罷免しなければならない。
2　法務大臣は，委員長若しくは委員が心身の故障のため職務の執行ができないと認めるとき，又は委員長若しくは委員に職務上の義務違反その他委員長若しくは委員たるにふさわしくない非行があると認めるときは，両議院の同意を得て，その委員長又は委員を罷免することができる。
3　法務大臣は，委員長及び委員のうち3人以上が同一の政党に属することとなったときは，同一の政党に属する者が2人になるように，両議院の同意を得て，委員長又は委員を罷免するものとする。
4　前項の規定は，政党所属関係に異動のなかった委員長又は委員の地位に影響を及ぼすものではない。

（委員長）
第10条　委員長は，会務を総理し，審査会を代表する。
2　委員長に事故があるときは，あらかじめ委員長が定める順序により，常勤の委員が委員長の職務を行う。

（会議等）
第11条　審査会は，委員長が招集する。
2　審査会は，委員長及び半数以上の委員の出席がなければ，議事を開き，議決することができない。
3　審査会の議事は，出席者の過半数で決し，可否同数のときは，委員長の決するところによる。
4　審査会がその権限として行う調査又は第4条第2項第二号に規定する審査のための審理は，審査会の指名により，委員長又は1人の委員で行うことができる。
5　委員長に事故がある場合における第2項の規定の適用については，前条第2項の規定により委員長の職務を行う常勤の委員は，委員長とみなす。

（審問）
第12条　審査会は，その所掌事務に属する事項の調査において，必要があると認めるときは，法務省令で定めるところにより，関係人を呼び出し，審問することができる。
2　前項の規定による呼出しに応じないため再度同項の規定による呼出しを受けた者が，正当な理由がないのにこれに応じないときは，10万円以下の過料に処する。
3　第1項の規定による呼出しに応じた者に対しては，政令で定めるところにより，旅費，日当及び宿泊料を支給する。ただし，正当な理由がないのに陳述を拒んだ者に対しては，この限りでない。

（記録等の提出の求め）

第13条　審査会は，その所掌事務に属する事項の調査において，必要があると認めるときは，裁判所，検察官，刑事施設の長，少年院の長，婦人補導院の長，地方更生保護委員会及び保護観察所の長に対し，記録，書類，意見書及び報告書の提出を求めることができる。
（協力の求め）
第14条　審査会は，その所掌事務を遂行するため，官公署，学校，病院，公共の衛生福祉に関する機関その他の者に対し，必要な協力を求めることができる。
（政令への委任）
第15条　第4条から第11条までに規定するもののほか，審査会の組織に関し必要な事項は，政令で定める。

第3節　地方更生保護委員会

（所掌事務）
第16条　地方更生保護委員会（以下「地方委員会」という。）は，次に掲げる事務をつかさどる。
一　刑法（明治40年法律第四十五号）第28条の行政官庁として，仮釈放を許し，又はその処分を取り消すこと。
二　刑法第30条の行政官庁として，仮出場を許すこと。
三　少年院からの仮退院又は退院を許すこと。
四　少年院からの仮退院中の者について，少年院に戻して収容する旨の決定の申請をすること。
五　少年法（昭和23年法律第百六十八号）第52条第1項又は同条第1項及び第2項の規定により言い渡された刑（以下「不定期刑」という。）について，その執行を受け終わったものとする処分をすること。
六　刑法第25条の2第2項及び第27条の3第2項（薬物使用等の罪を犯した者に対する刑の一部の執行猶予に関する法律（平成25年法律第五十号）第4条第2項において準用する場合を含む。）の行政官庁として，保護観察を仮に解除し，又はその処分を取り消すこと。
七　婦人補導院からの仮退院を許し，又はその処分を取り消すこと。
八　保護観察所の事務を監督すること。
九　前各号に掲げるもののほか，この法律又は他の法律によりその権限に属させられた事項を処理すること。
（地方委員会の組織）
第17条　地方委員会は，3人以上政令で定める人数以内の委員をもって組織する。
（委員の任期）
第18条　委員の任期は，3年とする。
（委員長）
第19条　地方委員会に，委員長を置く。委員長は，委員のうちから法務大臣が命ずる。
2　委員長は，会務を総理し，その地方委員会を代表する。
3　委員長に事故があるときは，あらかじめ委員長が定める順序により，他の委員が委員長の職務を行う。
（事務局）
第20条　地方委員会に，事務局を置く。
2　事務局の内部組織は，法務省令で定める。
（委員会議）
第21条　地方委員会の所掌事務の処理は，第23条第1項の規定により3人の委員をもって構成する合議体で権限を行う場合その他法令に特別の定めがある場合を除き，委員の全員をもって構成する会議の議決による。
2　前項の会議は，委員長が招集する。
3　第1項の会議は，委員の半数以上の出席がなければ，議事を開き，議決することができない。

4　第1項の会議の議事は，出席者の過半数で決し，可否同数のときは，委員長の決するところによる。ただし，5人未満の委員をもって組織される地方委員会において，出席者が2人であるときは，その意見の一致したところによる。
（記録等の提出の求めに関する規定の準用）
第22条　第13条の規定は，前条第1項の会議の調査について準用する。この場合において，第13条中「，地方更生保護委員会及び保護観察所の長」とあるのは，「及び保護観察所の長」と読み替えるものとする。
（合議体）
第23条　地方委員会は，次に掲げる事項については，3人の委員をもって構成する合議体で，その権限を行う。
一　この法律又は他の法律の規定により決定をもってすることとされている処分
二　第35条第1項（第42条及び売春防止法（昭和31年法律第百十八号）第25条第4項において準用する場合を含む。）の規定による審理の開始に係る判断
三　第39条第4項（第42条及び売春防止法第25条第4項において準用する場合を含む。）の規定による審理の再開に係る判断
四　第71条の規定による申請
2　前項の合議体の議事は，その構成員の過半数で決する。
3　第1項の合議体がその権限として行う調査は，その構成員である委員又は保護観察官をして行わせることができる。
（合議体による審理）
第24条　前条第1項の合議体は，同項第一号に掲げる処分又は同項第四号に掲げる申請をするか否かを判断するには，審理を行わなければならない。
（審理における調査）
第25条　第23条第1項の合議体は，前条の審理において必要があると認めるときは，審理の対象とされている者（以下「審理対象者」という。）との面接，関係人に対する質問その他の方法により，調査を行うことができる。
2　前項の調査を行う者が，その事務所以外の場所において当該調査を行う場合には，その身分を示す証票を携帯し，関係人の請求があったときは，これを提示しなければならない。
3　第12条及び第13条の規定は，第1項の調査について準用する。この場合において，同条中「，地方更生保護委員会及び保護観察所の長」とあるのは，「及び保護観察所の長」と読み替えるものとする。
4　前項において準用する第12条第1項の規定による呼出し及び審問は，第23条第3項の規定にかかわらず，保護観察官をして行わせることができない。
（決定書）
第26条　第23条第1項の合議体の決定は，決定書を作成してしなければならない。
（決定の告知）
第27条　前条の決定は，当該決定の対象とされた者に対し，これを告知することによって，その効力を生ずる。
2　前項の決定の告知は，その対象とされた者に対して当該決定を言い渡し，又は相当と認める方法により決定書の謄本をその者に送付して，行うものとする。ただし，急速を要するときは，法務省令で定める方法によることができる。
3　第1項の決定の対象とされた者が刑事施設に収容され，若しくは労役場に留置されている場合又は少年院若しくは

更生保護法

婦人補導院に収容されている場合において，決定書の謄本を当該刑事施設（労役場に留置されている場合には，当該労役場が附置された刑事施設）又は少年院の長を婦人補導院の長に送付したときは，当該決定の対象とされた者に対する送付があったものとみなす。

4 決定書の謄本を，第1項の決定の対象とされた者が第50条第1項第四号（売春防止法第26条第2項において準用する場合を含む。）の規定により居住すべき住居（第51条第2項第五号（同法第26条第2項において準用する場合を含む。）の規定により宿泊すべき特定の場所が定められている場合には，当該場所）に宛てて，書留郵便又は民間事業者による信書の送達に関する法律（平成14年法律第九十九号）第2条第6項に規定する一般信書便事業者若しくは同条第9項に規定する特定信書便事業者の提供する同条第2項に規定する信書便の役務のうち書留郵便に準ずるものとして法務大臣が定めるものに付して発送した場合において，その発送の日から5日を経過した日に当該決定の対象とされた者に対する送付があったものとみなす。

（協力の求めに関する規定の準用）

第28条 第14条の規定は，地方委員会について準用する。

第4節 保護観察所

（所掌事務）

第29条 保護観察所は，次に掲げる事務をつかさどる。
一 この法律及び売春防止法の定めるところにより，保護観察を実施すること。
二 犯罪の予防を図るため，世論を啓発し，社会環境の改善に努め，及び地域住民の活動を促進すること。
三 前二号に掲げるもののほか，この法律その他の法令によりその権限に属させられた事項を処理すること。

（協力等の求め）

第30条 保護観察所の長は，その所掌事務を遂行するため，官公署，学校，病院，公共の衛生福祉に関する機関その他の者に対し，必要な援助及び協力を求めることができる。

第5節 保護観察官及び保護司

（保護観察官）

第31条 地方委員会の事務局及び保護観察所に，保護観察官を置く。

2 保護観察官は，医学，心理学，教育学，社会学その他の更生保護に関する専門的知識に基づいて，保護観察，調査，生活環境の調整その他犯罪をした者及び非行のある少年の更生保護並びに犯罪の予防に関する事務に従事する。

（保護司）

第32条 保護司は，保護観察官で十分でないところを補い，地方委員会又は保護観察所の長の指揮監督を受けて，保護司法（昭和25年法律第二百四号）の定めるところに従い，それぞれ地方委員会又は保護観察所の所掌事務に従事するものとする。

第2章 仮釈放等

第1節 仮釈放及び仮出場

（法定期間経過の通告）

第33条 刑事施設の長又は少年院の長は，懲役又は禁錮の刑の執行のため収容している者について，刑法第28条又は少年法第58条第1項に規定する期間が経過したときは，その旨を地方委員会に通告しなければならない。

（仮釈放及び仮出場の申出）

第34条 刑事施設の長又は少年院の長は，懲役又は禁錮の刑の執行のため収容している者について，前条の期間が経過しし，かつ，法務省令で定める基準に該当すると認めるときは，地方委員会に対し，仮釈放を許すべき旨の申出をしなければならない。

2 刑事施設の長は，拘留の刑の執行のため収容している者又は労役場に留置されている者について，法務省令で定める基準に該当すると認めるときは，地方委員会に対し，仮出場を許すべき旨の申出をしなければならない。

（申出によらない審理の開始等）

第35条 地方委員会は，前条の申出がない場合であっても，必要があると認めるときは，仮釈放又は仮出場を許すか否かに関する審理を開始することができる。

2 地方委員会は，前項の規定により審理を開始するに当たっては，あらかじめ，審理の対象となるべき者が収容されている刑事施設（労役場に留置されている場合には，当該労役場が附置された刑事施設）の長又は少年院の長の意見を聴かなければならない。

第36条 地方委員会は，前条第1項の規定により審理を開始するか否かを判断するため必要があると認めるときは，審理の対象となるべき者との面接，関係人に対する質問その他の方法により，調査を行うことができる。

2 前項の調査を行うに当たっては，審理の対象となるべき者が収容されている刑事施設（労役場に留置されている場合には，当該労役場が附置された刑事施設）又は少年院の職員から参考となる事項について聴取し，及びこれらの者に面接への立会いその他の協力を求めることができる。

3 第13条及び第25条第2項の規定は，第1項の調査について準用する。この場合において，第13条中「，地方更生保護委員会の長」とあるのは，「及び保護観察所の長」と読み替えるものとする。

（仮釈放の審理における委員による面接等）

第37条 地方委員会は，仮釈放を許すか否かに関する審理においては，その構成員である委員をして，審理対象者と面接させなければならない。ただし，その者の重い疾病若しくは傷害により面接を行うことが困難であると認められるとき又は法務省令で定める場合であって面接の必要がないと認められるときは，この限りでない。

2 地方委員会は，仮釈放を許すか否かに関する審理において必要があると認めるときは，審理対象者について，保護観察所の長に対し，事項を定めて，第82条第1項の規定による生活環境の調整を行うことを求めることができる。

3 前条第2項の規定は，仮釈放を許すか否かに関する審理における調査について準用する。

（被害者等の意見の聴取）

第38条 地方委員会は，仮釈放を許すか否かに関する審理を行うに当たり，法務省令で定めるところにより，被害者等（審理対象者が刑を言い渡された犯罪により害を被った者（以下この項において「被害者」という。）又はその法定代理人若しくは被害者が死亡した場合若しくはその心身に重大な故障がある場合におけるその配偶者，直系の親族若しくは兄弟姉妹をいう。次項において同じ。）から，審理対象者の仮釈放に関する意見及び被害に関する心情（以下この条において「意見等」という。）を述べたい旨の申出があったときは，当該意見等を聴取するものとする。ただし，当該被害に係る事件の性質，審理の状況その他の事情を考慮して相当でないと認めるときは，この限りでない。

2 地方委員会は，被害者等の居住地を管轄する保護観察所

の長に対し，前項の申出の受理に関する事務及び同項の意見等の聴取を円滑に実施するための事務を嘱託することができる。

（仮釈放及び仮出場を許す処分）
第39条 刑法第28条の規定による仮釈放を許す処分及び同法第30条の規定による仮出場を許す処分は，地方委員会の決定をもってするものとする。
2 地方委員会は，仮釈放又は仮出場を許す処分をするに当たっては，釈放すべき日を定めなければならない。
3 地方委員会は，仮釈放を許す処分をするに当たっては，第51条第2項第五号の規定により宿泊すべき特定の場所を定める場合その他特別の事情がある場合を除き，第82条第1項の規定による住居の調整の結果に基づき，仮釈放を許される者が居住すべき住居を特定するものとする。
4 地方委員会は，第1項の決定をした場合において，当該決定を受けた者について，その釈放までの間に，刑事施設の規律及び秩序を害する行為をしたこと，予定されていた釈放後の住居，就業先その他の生活環境に著しい変化が生じたことその他その釈放が相当でないと認められる特別の事情が生じたと認めるときは，仮釈放又は仮出場を許すか否かに関する審理を再開しなければならない。この場合においては，当該決定は，その効力を失う。
5 第36条の規定は，前項の規定による審理の再開に係る判断について準用する。

（仮釈放中の保護観察）
第40条 仮釈放を許された者は，仮釈放の期間中，保護観察に付する。

第2節 少年院からの仮退院

（仮退院を許す処分）
第41条 地方委員会は，保護処分の執行のため少年院に収容されている者について，少年院法（平成26年法律第五十八号）第16条に規定する処遇の段階が最高段階に達し，仮に退院させることが改善更生のために相当であると認めるとき，その他仮に退院させることが改善更生のために特に必要であると認めるときは，決定をもって，仮退院を許すものとする。

（準用）
第42条 第35条から第38条まで，第39条第2項から第5項まで及び第40条の規定は，少年院からの仮退院について準用する。この場合において，第35条第1項中「前条」とあるのは「少年院法第135条」と，第38条第1項中「刑」とあるのは「保護処分」と，「犯罪」とあるのは「犯罪若しくは刑罰法令に触れる行為」と読み替えるものとする。

第3節 収容中の者の不定期刑の終了

（刑事施設等に収容中の者の不定期刑の終了の申出）
第43条 刑事施設の長又は少年院の長は，不定期刑の執行のため収容している者について，その刑の短期が経過し，かつ，刑の執行を終了するのを相当と認めるときは，地方委員会に対し，刑の執行を受け終わったものとすべき旨の申出をしなければならない。

（刑事施設等に収容中の者の不定期刑の終了の処分）
第44条 地方委員会は，前条に規定する者について，同条の申出があった場合において，刑の執行を終了するのを相当と認めるときは，決定をもって，刑の執行を受け終わったものとしなければならない。
2 地方委員会は，前項の決定をしたときは，速やかに，その対象とされた者が収容中の刑事施設の長又は少年

院の長に対し，その旨を書面で通知するとともに，当該決定を受けた者に対し，当該決定をした旨の証明書を交付しなければならない。
3 第1項の決定の対象とされた者の刑期は，前項の通知が刑事施設又は少年院に到達した日に終了するものとする。

（準用）
第45条 第37条の規定は，前条第1項の決定をするか否かに関する審理について準用する。

第4節 収容中の者の退院

（少年院に収容中の者の退院を許す処分）
第46条 地方委員会は，保護処分の執行のため少年院に収容されている者について，少年院の長の申出があった場合において，退院を相当と認めるとき（23歳を超えて少年院に収容されている者については，少年院法第139条第1項に規定する事由に該当しなくなったと認めるときその他退院を相当と認めるとき）は，決定をもって，これを許さなければならない。
2 地方委員会は，前項の決定をしたときは，当該決定を受けた者に対し，当該決定をした旨の証明書を交付しなければならない。

（準用）
第47条 第37条の規定は，前条第1項の決定をするか否かに関する審理について準用する。

第3章 保護観察

第1節 通則

（保護観察の対象者）
第48条 次に掲げる者（以下「保護観察対象者」という。）に対する保護観察の実施については，この章の定めるところによる。
一 少年法第24条第1項第一号の保護処分に付されている者（以下「保護観察処分少年」という。）
二 少年院からの仮退院を許されて第42条において準用する第40条の規定により保護観察に付されている者（以下「少年院仮退院者」という。）
三 仮釈放を許されて第40条の規定により保護観察に付されている者（以下「仮釈放者」という。）
四 刑法第25条の2第1項若しくは第27条の3第1項又は薬物使用等の罪を犯した者に対する刑の一部の執行猶予に関する法律第4条第1項の規定により保護観察に付されている者（以下「保護観察付執行猶予者」という。）

（保護観察の実施方法）
第49条 保護観察は，保護観察対象者の改善更生を図ることを目的として，第57条及び第65条の3第1項に規定する指導監督並びに第58条に規定する補導援護を行うことにより実施するものとする。
2 保護観察処分少年又は少年院仮退院者に対する保護観察は，保護処分の趣旨を踏まえ，その者の健全な育成を期して実施しなければならない。

（一般遵守事項）
第50条 保護観察対象者は，次に掲げる事項（以下「一般遵守事項」という。）を遵守しなければならない。
一 再び犯罪をすることがないよう，又は非行をなくすよう健全な生活態度を保持すること。
二 次に掲げる事項を守り，保護観察官及び保護司による指導監督を誠実に受けること。
　イ 保護観察官又は保護司の呼出し又は訪問を受けたと

更生保護法

きは、これに応じ、面接を受けること。
ロ 保護観察官又は保護司から、労働又は通学の状況、収入又は支出の状況、家庭環境、交友関係その他の生活の実態を示す事実であって指導監督を行うため把握すべきものを明らかにするよう求められたときは、これに応じ、その事実を申告し、又はこれに関する資料を提示すること。
三 保護観察に付されたときは、速やかに、住居を定め、その地を管轄する保護観察所の長にその届出をすること（第39条第3項（第42条において準用する場合を含む。次号において同じ。）又は第78条の2第1項の規定により住居を特定された場合及び次条第2項第五号の規定により宿泊すべき特定の場所を定められた場合を除く。）。
四 前号の届出に係る住居（第39条第3項又は第78条の2第1項の規定により住居を特定された場合には当該住居、次号の転居の許可を受けた場合には当該許可に係る住居）に居住すること（次条第2項第五号の規定により宿泊すべき特定の場所を定められた場合を除く。）。
五 転居又は7日以上の旅行をするときは、あらかじめ、保護観察所の長の許可を受けること。
2 刑法第27条の3第1項又は第78条の罪を犯した者に対する刑の一部の執行猶予に関する法律第4条第1項の規定により保護観察に付する旨の言渡しを受けた者（以下「保護観察付一部猶予者」という。）が仮釈放中の保護観察に引き続きこれらの規定による保護観察に付されたときは、第78条の2第1項の規定により住居を特定された場合及び次条第2項第五号の規定により宿泊すべき特定の場所を定められた場合を除き、仮釈放中の保護観察の終了時に居住することとされていた前項第三号の届出に係る住居（第39条第3項の規定により住居を特定された場合には当該住居、前項第五号の転居の許可を受けた場合には当該許可に係る住居）につき、同項第三号の届出をしたものとみなす。

（特別遵守事項）
第51条 保護観察対象者は、一般遵守事項のほか、遵守すべき特別の事項（以下「特別遵守事項」という。）が定められたときは、これを遵守しなければならない。
2 特別遵守事項は、次条に定める場合を除き、第52条の定めるところにより、これに違反した場合に第72条第1項、刑法第26条の2、第27条の5及び第29条第1項並びに少年法第26条の4第1項に規定する処分がされることがあることを踏まえ、次に掲げる事項について、保護観察対象者の改善更生のために特に必要と認められる範囲内において、具体的に定めるものとする。
一 犯罪性のある者との交際、いかがわしい場所への出入り、遊興による浪費、過度の飲酒その他の犯罪又は非行に結び付くおそれのある特定の行動をしてはならないこと。
二 労働に従事すること、通学することその他の再び犯罪をすることがなく又は非行のない健全な生活態度を保持するために必要と認められる特定の行動を実行し、又は継続すること。
三 7日未満の旅行、離職、身分関係の異動その他の指導監督を行うため事前に把握しておくことが特に重要と認められる生活上又は身分上の特定の事項について、緊急の場合を除き、あらかじめ、保護観察官又は保護司に申告すること。
四 医学、心理学、教育学、社会学その他の専門的知識に基づく特定の犯罪的傾向を改善するための体系化された手順による処遇として法務大臣が定めるものを受けること。
五 法務大臣が指定する施設、保護観察対象者を監護すべき者の居宅その他の改善更生のために適当と認められる特定の場所であって、宿泊の用に供されるものに一定の期間宿泊して指導監督を受けること。
六 善良な社会の一員としての意識の涵養及び規範意識の向上に資する地域社会の利益の増進に寄与する社会的活動を一定の時間行うこと。
七 その他指導監督を行うため特に必要な事項

（特別遵守事項の特則）
第51条の2 薬物使用等の罪を犯した者に対する刑の一部の執行猶予に関する法律第4条第1項の規定により保護観察に付する旨の言渡しを受けた者については、次条第4項の定めるところにより、規制薬物等（同法第2条第1項に規定する規制薬物等をいう。以下同じ。）の使用を反復する犯罪的傾向を改善するための前条第2項第四号に規定する処遇を受けることを猶予期間中の保護観察における特別遵守事項として定めなければならない。ただし、これに違反した場合に刑法第27条の5に規定する処分がされることがあることを踏まえ、その改善更生のために特に必要とは認められないときは、この限りでない。
2 第4項の場合を除き、前項の規定により定められた猶予期間中の保護観察における特別遵守事項を刑法第27条の2の規定による猶予の期間の開始までの間に取り消す場合における第53条第4項の規定の適用については、同項中「必要」とあるのは、「特に必要」とする。
3 第1項の規定は、同項に規定する者について、次条第2項及び第3項の定めるところにより仮釈放中の保護観察における特別遵守事項を釈放の時までに定める場合に準用する。この場合において、第1項ただし書中「第27条の5」とあるのは、「第29条第1項」と読み替えるものとする。
4 第1項に規定する者について、仮釈放を許す旨の決定をした場合における前項の規定による仮釈放中の保護観察における特別遵守事項の設定及び第1項の規定による猶予期間中の保護観察における特別遵守事項の設定は、釈放の時までに行うものとする。
5 前項の場合において、第3項において準用する第1項の規定により定められた仮釈放中の保護観察における特別遵守事項を釈放までの間に取り消す場合における第53条第2項の規定の適用については、同項中「必要」とあるのは、「特に必要」とし、第1項の規定により定められた猶予期間中の保護観察における特別遵守事項を釈放までの間に取り消す場合における同条第4項の規定の適用については、同項中「刑法第27条の2の規定による猶予の期間の開始までの間に、必要」とあるのは、「釈放までの間に、特に必要」とする。

（特別遵守事項の設定及び変更）
第52条 保護観察所の長は、保護観察処分少年について、法務省令で定めるところにより、少年法第24条第1項第一号の保護処分をした家庭裁判所の意見を聴き、これに基づいて、特別遵守事項を定めることができる。これを変更するときも、同様とする。
2 地方委員会は、少年院仮退院者又は仮釈放者について、保護観察所の長の申出により、法務省令で定めるところにより、決定をもって、特別遵守事項を定めることができる。保護観察所の長の申出により、これを変更するときも、同様とする。
3 前項の場合において、少年院からの仮退院又は仮釈放を

許す旨の決定による釈放の時までに特別遵守事項を定め、又は変更するときは、保護観察所の長の申出を要しないものとする。

4　地方委員会は、保護観察付一部猶予者について、刑法第27条の2の規定による猶予の期間の開始の時までに、法務省令で定めるところにより、決定をもって、特別遵守事項（猶予期間中の保護観察における特別遵守事項に限る。以下この項及び次条第4項において同じ。）を定め、又は変更することができる。この場合において、仮釈放中の保護観察付一部猶予者について、特別遵守事項を定め、又は変更するときは、保護観察所の長の申出によらなければならない。

5　保護観察所の長は、刑法第25条の2第1項の規定により保護観察に付されている保護観察付執行猶予者について、その保護観察の開始に際し、法務省令で定めるところにより、同項の規定により保護観察に付する旨の言渡しをした裁判所の意見を聴き、これに基づいて、特別遵守事項を定めることができる。

6　保護観察所の長は、前項の場合のほか、保護観察付執行猶予者について、法務省令で定めるところにより、当該保護観察所の所在地を管轄する地方裁判所、家庭裁判所又は簡易裁判所に対し、定めようとする又は変更しようとする特別遵守事項の内容を示すとともに、必要な資料を提示して、その意見を聴いた上、特別遵守事項を定め、又は変更することができる。ただし、当該裁判所が不相当とする旨の意見を述べたものについては、この限りでない。

（特別遵守事項の取消し）
第53条　保護観察所の長は、保護観察処分少年又は保護観察付執行猶予者について定められている特別遵守事項（遵守すべき期間が定められている特別遵守事項であって当該期間が満了したものその他その性質上一定の事実が生ずるまでの間遵守すべきこととされる特別遵守事項であって当該事実が生じたものを除く。以下この条において同じ。）につき、必要がなくなったと認めるときは、法務省令で定めるところにより、これを取り消すものとする。

2　地方委員会は、保護観察所の長の申出により、少年院仮退院者又は仮釈放者について定められている特別遵守事項につき、必要がなくなったと認めるときは、法務省令で定めるところにより、決定をもって、これを取り消すものとする。

3　前条第3項の規定は、前項の規定により特別遵守事項を取り消す場合について準用する。

4　地方委員会は、保護観察付一部猶予者について定められている特別遵守事項につき、刑法第27条の2の規定による猶予の期間の開始までの間に、必要がなくなったと認めるときは、法務省令で定めるところにより、決定をもって、これを取り消すものとする。この場合において、仮釈放中の保護観察付一部猶予者について定められている特別遵守事項を取り消すときは、保護観察所の長の申出によらなければならない。

（一般遵守事項の通知）
第54条　保護観察所の長は、少年法第24条第1項第一号の保護処分があったとき又は刑法第25条第1項の規定により保護観察に付する旨の言渡しがあったときは、法務省令で定めるところにより、保護観察処分少年又は保護観察付執行猶予者に対し、一般遵守事項の内容を記載した書面を交付しなければならない。

2　刑事施設の長又は少年院の長は、第39条第1項の決定により懲役若しくは禁錮の刑の執行のため収容している者を釈放するとき、刑の一部の執行猶予の言渡しを受けてその刑のうち執行が猶予されなかった部分の期間の執行を終わり、若しくはその執行を受けることがなくなったこと（その執行を終わり、又はその執行を受けることがなくなった時に他に執行すべき懲役又は禁錮の刑があるときは、その刑の執行を終わり、又はその執行を受けることがなくなったこと。次条第2項において同じ。）により保護観察付一部猶予者を釈放するとき、又は第41条の決定により保護処分の執行のため収容している者を釈放するときは、法務省令で定めるところにより、その者に対し、一般遵守事項の内容を記載した書面を交付しなければならない。

（特別遵守事項の通知）
第55条　保護観察所の長は、保護観察対象者について、特別遵守事項が定められ、又は変更されたときは、法務省令で定めるところにより、当該保護観察対象者に対し、当該特別遵守事項の内容を記載した書面を交付しなければならない。ただし、次項に規定する場合については、この限りでない。

2　刑事施設の長又は少年院の長は、懲役若しくは禁錮の刑の執行のため収容している者について第39条第1項の決定による釈放の時までに特別遵守事項（その者が保護観察付一部猶予者である場合には、猶予期間中の保護観察における特別遵守事項を含む。）が定められたとき、保護観察付一部猶予者についてその刑のうち執行が猶予されなかった部分の期間の執行を終わり、若しくはその執行を受けることがなくなったことによる釈放の時までに特別遵守事項が定められたとき、又は保護処分の執行のため収容している者について第41条の決定による釈放の時までに特別遵守事項が定められたときは、法務省令で定めるところにより、その者に対し、当該特別遵守事項（釈放の時までに変更された場合には、変更後のもの）の内容を記載した書面を交付しなければならない。ただし、その釈放の時までに当該特別遵守事項が取り消されたときは、この限りでない。

（生活行動指針）
第56条　保護観察所の長は、保護観察対象者について、保護観察における指導監督を適切に行うため必要があると認めるときは、法務省令で定めるところにより、当該保護観察対象者の改善更生に資する生活又は行動の指針（以下「生活行動指針」という。）を定めることができる。

2　保護観察所の長は、前項の規定により生活行動指針を定めたときは、法務省令で定めるところにより、保護観察対象者に対し、当該生活行動指針の内容を記載した書面を交付しなければならない。

3　保護観察対象者は、第1項の規定により生活行動指針が定められたときは、これに即して生活し、及び行動するよう努めなければならない。

（指導監督の方法）
第57条　保護観察における指導監督は、次に掲げる方法によって行うものとする。
一　面接その他の適当な方法により保護観察対象者と接触を保ち、その行状を把握すること。
二　保護観察対象者が一般遵守事項及び特別遵守事項（以下「遵守事項」という。）を遵守し、並びに生活行動指針に即して生活し、及び行動するよう、必要な指示その他の措置をとること。
三　特定の犯罪的傾向を改善するための専門的処遇を実施すること。

2　保護観察所の長は、前項の指導監督を適切に行うため特に必要があると認めるときは、保護観察対象者に対し、当

更生保護法

該指導監督に適した宿泊場所を供与することができる。
（補導援護の方法）
第58条 保護観察における補導援護は、保護観察対象者が自立した生活を営むことができるようにするため、その自助の責任を踏まえつつ、次に掲げる方法によって行うものとする。
一 適切な住居その他の宿泊場所を得ること及び当該宿泊場所に帰住することを助けること。
二 医療及び療養を受けることを助けること。
三 職業を補導し、及び就職を助けること。
四 教養訓練の手段を得ることを助けること。
五 生活環境を改善し、及び調整をすること。
六 社会生活に適応させるために必要な生活指導を行うこと。
七 前各号に掲げるもののほか、保護観察対象者が健全な社会生活を営むために必要な助言その他の措置をとること。
（保護者に対する措置）
第59条 保護観察所の長は、必要があると認めるときは、保護観察に付されている少年（少年法第2条第1項に規定する少年であって、保護観察処分少年又は少年院仮退院者に限る。）の保護者（同条第2項に規定する保護者をいう。）に対し、その少年の監護に関する責任を自覚させ、その改善更生に資するため、指導、助言その他の適当な措置をとることができる。
（保護観察の管轄）
第60条 保護観察は、保護観察対象者の居住地（住居がないか、又は明らかでないときは、現在地又は明らかである最後の居住地若しくは所在地）を管轄する保護観察所がつかさどる。
（保護観察の実施者）
第61条 保護観察における指導監督及び補導援護は、保護観察対象者の特性、とるべき措置の内容その他の事情を勘案し、保護観察官又は保護司をして行わせるものとする。
2 前項の補導援護は、保護観察対象者の改善更生を図るため有効かつ適切であると認められる場合には、更生保護事業法（平成7年法律第86号）の規定により更生保護事業を営む者その他の適当な者に委託して行うことができる。
（応急の救護）
第62条 保護観察所の長は、保護観察対象者が、適切な医療、食事、住居その他の健全な社会生活を営むために必要な手段を得ることができないため、その改善更生が妨げられるおそれがある場合には、当該保護観察対象者が公共の衛生福祉に関する機関その他の機関からその目的の範囲内で必要な応急の救護を得られるよう、これを援護しなければならない。
2 前項の規定による援護によっては必要な応急の救護が得られない場合には、保護観察所の長は、予算の範囲内で、自らその救護を行うものとする。
3 前項の救護は、更生保護事業法の規定により更生保護事業を営む者その他の適当な者に委託して行うことができる。
4 保護観察所の長は、第1項又は第2項の規定による措置をとるに当たっては、保護観察対象者の自助の責任の自覚を損なわないよう配慮しなければならない。
（出頭の命令及び引致）
第63条 地方委員会又は保護観察所の長は、その職務を行うため必要があると認めるときは、保護観察対象者に対し、出頭を命ずることができる。
2 保護観察所の長は、保護観察対象者について、次の各号のいずれかに該当すると認める場合には、裁判官のあらかじめ発する引致状により、当該保護観察対象者を引致することができる。
一 正当な理由がないのに、第50条第1項第4号に規定する住居に居住しないとき（第51条第2項第5号の規定により宿泊すべき特定の場所を定められた場合には、当該場所に宿泊しないとき）。
二 遵守事項を遵守しなかったことを疑うに足りる十分な理由があり、かつ、正当な理由がないのに、前項の規定による出頭の命令に応ぜず、又は応じないおそれがあるとき。
3 地方委員会は、少年院仮退院者又は仮釈放者について、前項各号のいずれかに該当すると認める場合には、裁判官のあらかじめ発する引致状により、当該少年院仮退院者又は仮釈放者を引致することができる。
4 第2項の引致状は保護観察所の長の請求により、前項の引致状は地方委員会の請求により、その所在地を管轄する地方裁判所、家庭裁判所又は簡易裁判所の裁判官が発する。
5 第2項又は第3項の引致状は、判事補が1人で発することができる。
6 第2項又は第3項の引致状は、保護観察官に執行させるものとする。ただし、保護観察官に執行させることが困難であるときは、警察官にその執行を嘱託することができる。
7 刑事訴訟法（昭和23年法律第131号）第64条、第73条第1項前段及び第3項、第74条並びに第76条第1項本文及び第2項の規定（勾引に関する部分に限る。）は、第2項又は第3項の引致状及びこれらの規定による保護観察対象者の引致について準用する。この場合において、同法第64条第1項中「罪名、公訴事実の要旨」とあり、同法第73条第3項中「公訴事実の要旨」とあり、及び同法第76条第1項本文中「公訴事実の要旨及び弁護人を選任することができる旨並びに貧困その他の事由により自ら弁護人を選任することができないときは弁護人の選任を請求することができる旨」とあるのは「引致の理由」と、同法第64条第1項中「裁判長又は受命裁判官」とあるのは「裁判官」と、同法第74条中「刑事施設」とあるのは「刑事施設又は少年鑑別所」と、同法第76条第2項中「合議体の構成員又は裁判所書記」とあるのは「地方更生保護委員会が引致した場合においては委員又は保護観察官、保護観察所の長が引致した場合においては保護観察官」と読み替えるものとする。
8 第2項又は第3項の引致状により引致された者については、引致すべき場所に引致された時から24時間以内に釈放しなければならない。ただし、その時間内に第73条第1項、第76条第1項又は第80条第1項の規定によりその者が留置されたときは、この限りでない。
9 地方委員会が行う第1項の規定による命令、第3項の規定による引致に係る判断及び前項本文の規定による釈放に係る判断は、3人の委員をもって構成する合議体（第71条の規定による申請、第75条第1項の決定又は第81条第5項の規定による決定をするか否かに関する審理の開始後においては、当該審理を担当する合議体）で行う。ただし、前項本文の規定による釈放に係る地方委員会の判断については、急速を要するときは、あらかじめ地方委員会が指名する1人の委員で行うことができる。

10　第13条，第23条第3項並びに第25条第1項及び第2項の規定は前項に規定する措置のための合議体又は委員による調査について，それぞれ準用する。この場合において，第13条中「，地方更生保護委員会及び保護観察所の長」とあるのは，「及び保護観察所の長」と読み替えるものとする。

（保護観察のための調査）
第64条　保護観察所の長は，保護観察のための調査において，必要があると認めるときは，関係人に対し，質問をし，及び資料の提示を求めることができる。
2　前項の規定による質問及び資料の提示の求めは，保護観察官又は保護司をして行わせることができる。
3　第25条第2項の規定は，第1項の規定による質問及び資料の提示の求めについて準用する。

（被害者等の心情等の伝達）
第65条　保護観察所の長は，法務省令で定めるところにより，保護観察対象者について，被害者等（当該保護観察対象者が刑若しくは保護処分を言い渡される理由となった犯罪若しくは刑罰法令に触れる行為により害を被った者（以下この項において「被害者」という。）又はその法定代理人若しくは被害者が死亡した場合若しくはその心身に重大な故障がある場合におけるその配偶者，直系の親族若しくは兄弟姉妹をいう。以下この条において同じ。）から，被害に関する心情，被害者等の置かれている状況又は保護観察対象者の生活若しくは行動に関する意見（以下この条において「心情等」という。）の伝達の申出があったときは，当該心情等を聴取し，当該保護観察対象者に伝達するものとする。ただし，その伝達をすることが当該保護観察対象者の改善更生を妨げるおそれがあり，又は当該被害に係る事件の性質，保護観察の実施状況その他の事情を考慮して相当でないと認めるときは，この限りでない。
2　保護観察所の長は，被害者等の居住地を管轄する他の保護観察所の長に対し，前項の申出の受理及び心情等の聴取に関する事務を嘱託することができる。この場合において，同項ただし書の規定により当該保護観察所の長が心情等の伝達をしないこととするときは，あらかじめ，当該他の保護観察所の長の意見を聴かなければならない。

第1節の2　規制薬物等に対する依存がある保護観察対象者に関する特則

（保護観察の実施方法）
第65条の2　規制薬物等に対する依存がある保護観察対象者に対する保護観察は，その改善更生を図るためその依存を改善することが重要であることに鑑み，これに資する医療又は援助を行う病院，公共の衛生福祉に関する機関その他の者との緊密な連携を確保しつつ実施しなければならない。

（指導監督の方法）
第65条の3　規制薬物等に対する依存がある保護観察対象者に対する保護観察における指導監督は，第57条第1項に掲げるもののほか，次に掲げる方法によって行うことができる。
一　規制薬物等に対する依存の改善に資する医療を受けるよう，必要な指示その他の措置をとること。
二　公共の衛生福祉に関する機関その他の適当な者が行う規制薬物等に対する依存を改善するための専門的な援助であって法務大臣が定める基準に適合するものを受けるよう，必要な指示その他の措置をとること。
2　保護観察所の長は，前項に規定する措置をとろうとする

ときは，あらかじめ，同項に規定する医療又は援助を受けることが保護観察対象者の意思に反しないことを確認するとともに，当該医療又は援助を提供することについて，これを行う者に協議しなければならない。
3　保護観察所の長は，第1項に規定する措置をとったときは，同項に規定する医療又は援助の状況を把握するとともに，当該医療又は援助を行う者と必要な協議を行うものとする。
4　規制薬物等の使用を反復する犯罪的傾向を改善するための第51条第2項第四号に規定する処遇を受けることを特別遵守事項として定められた保護観察対象者について，第1項第二号に規定する措置をとったときは，当該処遇は，当該保護観察対象者が受けた同号に規定する援助の内容に応じ，その処遇の一部を受け終わったものとして実施することができる。

第65条の4　保護観察所の長は，規制薬物等に対する依存がある保護観察対象者について，第30条の規定により病院，公共の衛生福祉に関する機関その他の者に対し病状，治療状況その他の必要な情報の提供を求めるなどして，その保護観察における指導監督が当該保護観察対象者の心身の状況を的確に把握した上で行われるよう必要な措置をとるものとする。

第2節　保護観察処分少年

（少年法第24条第1項第一号の保護処分の期間）
第66条　保護観察処分少年に対する保護観察の期間は，当該保護観察処分少年が20歳に達するまで（その期間が2年に満たない場合には，2年）とする。ただし，第68条第3項の規定により保護観察の期間が定められたときは，当該期間とする。

（警告及び少年法第26条の4第1項の決定の申請）
第67条　保護観察所の長は，保護観察処分少年が，遵守事項を遵守しなかったと認めるときは，当該保護観察処分少年に対し，これを遵守するよう警告を発することができる。
2　保護観察所の長は，前項の警告を受けた保護観察処分少年が，なお遵守事項を遵守せず，その程度が重いと認めるときは，少年法第26条の4第1項の決定の申請をすることができる。

（家庭裁判所への通告等）
第68条　保護観察所の長は，保護観察処分少年について，新たに少年法第3条第1項第三号に掲げる事由があると認めるときは，家庭裁判所に通告することができる。
2　前項の規定による通告があった場合において，当該通告に係る保護観察処分少年が20歳以上であるときは，これを少年法第2条第1項の少年とみなして，同法第2章の規定を適用する。
3　家庭裁判所は，前項の規定により少年法第2条第1項の少年とみなされる保護観察処分少年に対して同法第24条第1項第一号又は第三号の保護処分をするときは，保護処分の決定と同時に，その者が23歳を超えない期間内において，保護観察の期間又は少年院に収容する期間を定めなければならない。

（保護観察の解除）
第69条　保護観察所の長は，保護観察処分少年について，保護観察を継続する必要がなくなったと認めるときは，保護観察を解除するものとする。

（保護観察の一時解除）
第70条　保護観察所の長は，保護観察処分少年について，その改善更生に資すると認めるときは，期間を定めて，保護

観察を一時的に解除することができる。
2　前項の規定により保護観察を一時的に解除されている保護観察処分少年については、第49条、第51条、第52条から第59条まで、第61条、第62条、第65条から第65条の4まで、第67条及び第68条の規定は、適用しない。
3　第1項の規定により保護観察を一時的に解除されている保護観察処分少年に対する第50条第1項及び第63条の規定の適用については、同条中「以下「一般遵守事項」という」とあるのは「第二号ロ及び第三号に掲げる事項を除く」と、同項第二号中「守り、保護観察官及び保護司による指導監督を誠実に受ける」とあるのは「守る」と、同項第五号中「転居又は7日以上の旅行」とあるのは「転居」と、第63条第2項第二号中「遵守事項」とあるのは「第70条第3項の規定により読み替えて適用される第50条第1項に掲げる事項」とする。
4　第1項の規定による処分があったときは、その処分を受けた保護観察処分少年について定められている特別遵守事項は、その処分と同時に取り消されたものとみなす。
5　保護観察所の長は、第1項の規定により保護観察を一時的に解除されている保護観察処分少年について、再び保護観察を実施する必要があると認めるときは、同項の規定による処分を取り消さなければならない。
6　前項の場合において、保護観察所の長は、保護観察処分少年が第1項の規定により保護観察を一時的に解除されている間に第3項の規定により読み替えて適用される第50条第1項に掲げる事項を遵守しなかったことを理由として、第67条第1項の規定による警告を発し、又は同条第2項の規定による申請をすることができない。

第3節　少年院仮退院者

（少年院への戻し収容の申請）
第71条　地方委員会は、保護観察所の長の申出により、少年院仮退院者が遵守事項を遵守しなかったと認めるときは、当該少年院仮退院者を少年院に送致した家庭裁判所に対し、これを少年院に戻して収容する旨の決定の申請をすることができる。ただし、23歳に達している少年院仮退院者については、少年院法第139条第1項に規定する事由に該当すると認めるときに限る。

（少年院への戻し収容の決定）
第72条　前条の申請を受けた家庭裁判所は、当該申請に係る少年院仮退院者について、相当と認めるときは、これを少年院に戻して収容する旨の決定をすることができる。
2　家庭裁判所は、前項の決定をする場合において、23歳に満たない少年院仮退院者を20歳を超えて少年院に収容する必要があると認めるときは、当該決定と同時に、その者が23歳を超えない期間内において、少年院に収容する期間を定めることができる。その者が既に20歳に達しているときは、当該決定と同時に、23歳を超えない期間内において、少年院に収容する期間を定めなければならない。
3　家庭裁判所は、23歳に達している少年院仮退院者について第1項の決定をするときは、当該決定と同時に、その者が26歳を超えない期間内において、少年院に収容する期間を定めなければならない。
4　家庭裁判所は、第1項の決定に係る事件の審理に当たっては、医学、心理学、教育学、社会学その他の専門的知識を有する者及び保護観察所の長の意見を聴かなければならない。
5　前3項に定めるもののほか、第1項の決定に係る事件の手続は、その性質に反しない限り、少年保護事件に係る事件の手続の例による。

（留置）
第73条　地方委員会は、第63条第2項又は第3項の引致状により引致された少年院仮退院者について、第71条の申出があり同条の規定による申請をするか否かに関する審理を開始するときは、当該少年院仮退院者を刑事施設又は少年鑑別所に留置することができる。
2　前項の規定による留置の期間は、引致すべき場所に引致された日から起算して10日以内とする。ただし、その期間中であっても、留置の必要がなくなったと認めるときは、直ちに少年院仮退院者を釈放しなければならない。
3　第1項の規定により留置されている少年院仮退院者について、第71条の規定による申請があったときは、前項の規定にかかわらず、当該申請に係る家庭裁判所からの決定の通知があるまでの間又は少年法第17条第1項第二号の観護の措置がとられるまでの間、継続して留置することができる。ただし、留置の期間は、通じて20日を超えることができない。
4　第1項の規定による留置及び第2項ただし書の規定による釈放に係る判断は、3人の委員をもって構成する合議体（第71条の規定による申請をするか否かに関する審理の開始後においては、当該審理を担当する合議体）で行う。ただし、急速を要するときは、あらかじめ地方委員会が指名する1人の委員で行うことができる。
5　第13条、第23条第3項及び第25条第1項及び第2項の規定は前項に規定する措置のための合議体又は委員による調査について、第23条第2項の規定は前項の合議体の議事について、それぞれ準用する。この場合において、第13条中「、地方更生保護委員会及び保護観察所の長」とあるのは「及び保護観察所の長」と読み替えるものとする。
6　第1項の規定による留置については、審査請求をすることができない。

（少年院仮退院者の退院を許す処分）
第74条　地方委員会は、少年院仮退院者について、保護観察所の長の申出があった場合において、保護観察を継続する必要がなくなったと認めるとき（23歳を超える少年院仮退院者については、少年院法第139条第1項に規定する事由に該当しなくなったと認めるときその他保護観察を継続する必要がなくなったと認めるとき）は、決定をもって、退院を許さなければならない。
2　第46条第2項の規定は、前項の決定について準用する。

第4節　仮釈放者

（仮釈放の取消し）
第75条　刑法第29条第1項の規定による仮釈放の取消しは、仮釈放者に対する保護観察をつかさどる保護観察所の所在地を管轄する地方委員会が、決定をもってするものとする。
2　刑法第29条第1項第四号に該当することを理由とする前項の決定は、保護観察所の長の申出によらなければならない。
3　刑事訴訟法第484条から第489条までの規定は、仮釈放を取り消された者の収容について適用があるものとする。

（留置）
第76条　地方委員会は、第63条第2項又は第3項の引致状により引致された仮釈放者について、刑法第29条第1項第一号から第三号までに該当する場合であって前条第1項の決定をするか否かに関する審理を開始する必要があると認めるとき、又は同条第2項の申出がありその審理を開始する

ときは、当該仮釈放者を刑事施設又は少年鑑別所に留置することができる。
2　前項の規定により仮釈放者が留置された場合において、その者の仮釈放が取り消されたときは、刑法第29条第3項の規定にかかわらず、その留置の日数は、刑期に算入するものとする。
3　第73条第2項及び第4項から第6項までの規定は、第1項の規定による留置について準用する。この場合において、同条第4項中「第71条の規定による申請」とあるのは、「第75条第1項の決定」と読み替えるものとする。

（保護観察の停止）
第77条　地方委員会は、保護観察所の長の申出により、仮釈放者の所在が判明しないため保護観察が実施できなくなったと認めるときは、決定をもって、保護観察を停止することができる。
2　前項の規定により保護観察を停止されている仮釈放者の所在が判明したときは、その所在の地を管轄する地方委員会は、直ちに、決定をもって、その停止を解かなければならない。
3　前項の決定は、急速を要するときは、第23条第1項の規定にかかわらず、1人の委員ですることができる。
4　第1項の規定により保護観察を停止されている仮釈放者が第63条第2項又は第3項の引致状により引致されたときは、第2項の決定があったものとみなす。
5　仮釈放者の刑期は、第1項の決定によってその進行を停止し、第2項の決定があった時からその進行を始める。
6　地方委員会は、仮釈放者が第1項の規定により保護観察を停止されている間に遵守事項を遵守しなかったことを理由として、仮釈放の取消しをすることができない。
7　地方委員会は、第1項の決定をした後、保護観察の停止の理由がなかったことが明らかとなったときは、決定をもって、同項の決定を取り消さなければならない。
8　前項の規定により第1項の決定が取り消された場合における仮釈放者の刑期間の計算については、第5項の規定は、適用しない。

（仮釈放者の不定期刑の終了）
第78条　地方委員会は、不定期刑に処せられ、仮釈放を許されている者であって、仮釈放前又は仮釈放中にその刑の短期が経過したものについて、保護観察所の長の申出により、刑の執行を終了するのを相当と認めるときは、少年法第59条第2項の規定にかかわらず、決定をもって、刑の執行を受け終わったものとしなければならない。
2　第46条第2項の規定は、前項の決定について準用する。

第5節　保護観察付執行猶予者

（住居の特定）
第78条の2　地方委員会は、保護観察付一部猶予者について、刑法第27条の2の規定による猶予の期間の開始の時までに、第82条第1項の規定による住居の調整の結果に基づき、法務省令で定めるところにより、決定をもって、その者が居住すべき住居を特定することができる。
2　地方委員会は、前項の決定をした場合において、当該決定を受けた者について、刑法第27条の2の規定による猶予の期間の開始までの間に、当該決定により特定された住居に居住することが相当でないと認められる事情が生じたと認めるときは、法務省令で定めるところにより、決定をもって、住居の特定を取り消すものとする。
3　第36条第2項の規定は前2項の決定に関する審理における調査について、第37条第2項の規定は当該審理につい

て、それぞれ準用する。

（検察官への申出）
第79条　保護観察所の長は、保護観察付執行猶予者について、刑法第26条の2第二号又は第27条の5第二号の規定により刑の執行猶予の言渡しを取り消すべきものと認めるときは、刑事訴訟法第349条第1項に規定する地方裁判所、家庭裁判所又は簡易裁判所に対応する検察庁の検察官に対し、書面で、同条第2項に規定する申出をしなければならない。

（留置）
第80条　保護観察所の長は、第63条第2項の引致状により引致した保護観察付執行猶予者について、刑の執行猶予の言渡しを取り消すべきか否かに関する審理を開始する必要があると認めるときは、当該保護観察付執行猶予者を刑事施設又は少年鑑別所に留置することができる。
2　前項の規定による留置の期間は、引致すべき場所に引致した日から起算して10日以内とする。ただし、その期間中であっても、前条の申出をする必要がなくなったとき、検察官が刑事訴訟法第349条第1項の請求をしないことが明らかになったときその他留置の必要がなくなったときは、直ちに保護観察付執行猶予者を釈放しなければならない。
3　第1項の規定により留置されている保護観察付執行猶予者について、刑事訴訟法第349条第1項の請求があったときは、前項の規定にかかわらず、同法第349条の2第1項の決定の告知があるまでの間、継続して留置することができる。ただし、留置の期間は、通じて20日を超えることができない。
4　刑事訴訟法第349条の2第2項の規定による口頭弁論の請求があったときは、裁判所は、決定をもって、10日間に限り、前項ただし書の期間を延長することができる。この場合において、その決定の告知については、同法による決定の告知の例による。
5　第3項に規定する決定が保護観察付執行猶予者の刑の執行猶予の言渡しを取り消すものであるときは、同項の規定にかかわらず、その決定が確定するまでの間、その者を継続して留置することができる。
6　第1項の規定により保護観察付執行猶予者が留置された場合において、その刑の執行猶予の言渡しが取り消されたときは、その留置の日数は、刑期に算入するものとする。
7　第73条第6項の規定は、第1項の規定による留置について準用する。

（保護観察の仮解除）
第81条　刑法第25条の2第2項又は第27条の3第2項（薬物使用等の罪を犯した者に対する刑の一部の執行猶予に関する法律第4条第2項において準用する場合を含む。以下この条において同じ。）の規定による保護観察を仮に解除する処分は、地方委員会が、保護観察所の長の申出により、決定をもってするものとする。
2　刑法第25条の2第2項又は第27条の3第2項の規定により保護観察を仮に解除されている保護観察付執行猶予者については、第49条、第51条から第58条まで、第61条、第62条、第65条から第65条の4まで、第79条及び前条の規定は、適用しない。
3　刑法第25条の2第2項又は第27条の3第2項の規定により保護観察を仮に解除されている保護観察付執行猶予者に対する第50条及び第63条の規定の適用については、第50条第1項中「以下「一般遵守事項」という」とあるのは「第二号ロ及び第三号に掲げる事項を除く」と、同項第二号中「守り、保護観察官及び保護司による指導監督を誠実に受

ける」とあるのは「守る」と、同項第五号中「転居又は7日以上の旅行」とあるのは「転居」と、第63条第2項第二号中「遵守事項」とあるのは「第81条第3項の規定により読み替えて適用される第50条第1項に掲げる事項」とする。

4　第1項に規定する処分があったときは、その処分を受けた保護観察付執行猶予者について定められている特別遵守事項は、その処分と同時に取り消されたものとみなす。

5　地方委員会は、刑法第25条の2第2項又は第27条の3第2項の規定により保護観察を仮に解除されている保護観察付執行猶予者について、保護観察所の長の申出があった場合において、その行状に鑑み再び保護観察を実施する必要があると認めるときは、決定をもって、これらの規定による処分を取り消さなければならない。

第4章　生活環境の調整

（収容中の者に対する生活環境の調整）

第82条　保護観察所の長は、刑の執行のため刑事施設に収容されている者又は刑若しくは保護処分の執行のため少年院に収容されている者（以下この条において「収容中の者」と総称する。）について、その社会復帰を円滑にするため必要があると認めるときは、その者の家族その他の関係人を訪問して協力を求めることその他の方法により、釈放後の住居、就業先その他の生活環境の調整を行うものとする。

2　地方委員会は、前項の規定による調整が有効かつ適切に行われるよう、保護観察所の長に対し、調整を行うべき住居、就業先その他の生活環境に関する事項について必要な指導及び助言を行うほか、同項の規定による調整が複数の保護観察所において行われる場合における当該保護観察所相互間の連絡調整を行うものとする。

3　地方委員会は、前項の措置をとるに当たって必要があると認めるときは、収容中の者との面接、関係人に対する質問その他の方法により、調査を行うことができる。

4　第25条第2項及び第36条第2項の規定は、前項の調査について準用する。

（保護観察付執行猶予の裁判確定前の生活環境の調整）

第83条　保護観察所の長は、刑法第25条の2第1項の規定により保護観察に付する旨の言渡しを受け、その裁判が確定するまでの者について、保護観察を円滑に開始するため必要があると認めるときは、その者の同意を得て、前条第1項に規定する方法により、その者の住居、就業先その他の生活環境の調整を行うことができる。

（準用）

第84条　第61条第1項の規定は、第82条第1項及び前条の規定による措置について準用する。

第5章　更生緊急保護等

第1節　更生緊急保護

（更生緊急保護）

第85条　この節において「更生緊急保護」とは、次に掲げる者が、刑事上の手続又は保護処分による身体の拘束を解かれた後、親族からの援助を受けることができず、若しくは公共の衛生福祉に関する機関その他の機関から医療、宿泊、職業その他の保護を受けることができない場合又はこれらの援助若しくは保護のみによっては改善更生することができないと認められる場合に、緊急に、その者に対し、金品を給与し、又は貸与し、宿泊場所を供与し、宿泊場所への帰住、医療、療養、就職を教養訓練を助け、職業を補導し、社会生活に適応させるために必要な生活指導を行い、生活環境の改善又は調整を図ること等により、その者が進んで法律を守る善良な社会の一員となることを援護し、その速やかな改善更生を保護することをいう。

一　懲役、禁錮又は拘留の刑の執行を終わった者
二　懲役又は禁錮の刑の執行の免除を得た者
三　懲役又は禁錮につき刑の全部の執行猶予の言渡しを受け、その裁判が確定するまでの者
四　前号に掲げる者のほか、懲役又は禁錮につき刑の全部の執行猶予の言渡しを受け、保護観察に付されなかった者
五　懲役又は禁錮につき刑の一部の執行猶予の言渡しを受け、その猶予の期間中保護観察に付されなかった者であって、その刑のうち執行が猶予されなかった部分の期間の執行を終わったもの
六　訴追を必要としないため公訴を提起しない処分を受けた者
七　罰金又は科料の言渡しを受けた者
八　労役場から出場して、又は仮出場を許された者
九　少年院から退院し、又は仮退院を許された者（保護観察に付されている者を除く。）

2　更生緊急保護は、その対象となる者の改善更生のために必要な限度で、国の責任において、行うものとする。

3　更生緊急保護は、保護観察所の長が、自ら行い、又は更生保護事業法の規定により更生保護事業を営む者その他の適当な者に委託して行うものとする。

4　更生緊急保護は、その対象となる者が刑事上の手続又は保護処分による身体の拘束を解かれた後6月を超えない範囲内において、その意思に反しない場合に限り、行うものとする。ただし、その者の改善更生を保護するため特に必要があると認められるときは、更に6月を超えない範囲内において、これを行うことができる。

5　更生緊急保護を行うに当たっては、その対象となる者が公共の衛生福祉に関する機関その他の機関から必要な保護を受けることができるようあっせんするとともに、更生緊急保護の効率化に努めて、その期間の短縮と費用の節減を図らなければならない。

6　更生緊急保護に関し職業のあっせんの必要があると認められるときは、公共職業安定所は、更生緊急保護を行う者の協力を得て、職業安定法（昭和22年法律第141号）の規定に基づき、更生緊急保護の対象となる者の能力に適当な職業をあっせんすることに努めるものとする。

（更生緊急保護の開始等）

第86条　更生緊急保護は、前条第1項各号に掲げる者の申出があった場合において、保護観察所の長がその必要があると認めたときに限り、行うものとする。

2　検察官、刑事施設の長又は少年院の長は、前条第1項各号に掲げる者について、刑事上の手続又は保護処分による身体の拘束を解く場合において、必要があると認めるときは、その者に対し、この節に定める更生緊急保護の制度及び申出の手続について教示しなければならない。

3　保護観察所の長は、更生緊急保護を行う必要があるか否かを判断するに当たっては、その申出をした者の刑事上の手続に関与した検察官又はその者が収容されていた刑事施設（労役場に留置されていた場合には、当該労役場が附置された刑事施設）の長若しくは少年院の長の意見を聴かなければならない。ただし、仮釈放の期間の満了によって前

（費用の支弁）
第87条　国は、法務大臣が財務大臣と協議して定める基準に従い、第85条第3項の規定による委託によって生ずる費用を支弁する。
2　前項に規定する委託は、同項の規定により国が支弁する金額が予算の金額を超えない範囲内においてしなければならない。

第2節　刑執行停止中の者に対する措置

第88条　保護観察所の長は、刑事訴訟法第480条又は第482条の規定により刑の執行を停止されている者について、検察官の請求があったときは、その者に対し、第57条第1項（第二号及び第三号を除く。）、第58条、第61条及び第62条の規定の例により、適当と認める指導監督、補導援護並びに応急の救護及びその援護の措置をとることができる。

第6章　恩赦の申出

（恩赦の申出）
第89条　恩赦法（昭和22年法律第二十号）第12条に規定する審査会の申出は、法務大臣に対してするものとする。
（申出のための調査等）
第90条　審査会は、前条の申出をする場合には、あらかじめ、申出の対象となるべき者の性格、行状、違法な行為をするおそれの有無、その者に対する社会の感情その他の事項について、必要な調査を行わなければならない。
2　審査会は、刑事施設若しくは少年院に収容されている者又は労役場に留置されている者について、特赦、減刑又は刑の執行の免除の申出をする場合には、その者が、社会の安全及び秩序を脅かすことなく釈放されるに適するかどうかを考慮しなければならない。

第7章　審査請求等

第1節　行政手続法の適用除外

第91条　この法律の規定による処分及び行政指導については、行政手続法（平成5年法律第八十八号）第2章から第4章の2までの規定は、適用しない。

第2節　審査請求

（審査請求）
第92条　この法律の規定により地方委員会が決定をもってした処分に不服がある者は、審査会に対し、審査請求をすることができる。
（審査請求書の提出）
第93条　刑事施設に収容され、若しくは労役場に留置されている者又は少年院に収容されている者の審査請求は、審査請求書を当該刑事施設（労役場に留置されている場合には、当該労役場が附置された刑事施設。以下この条において同じ。）の長又は少年院の長に提出してすることができる。
2　刑事施設の長又は少年院の長は、前項の規定により審査請求書の提出を受けたときは、直ちに、審査請求書を審査会及び地方委員会に送付しなければならない。
3　第1項の場合における行政不服審査法第18条の規定による審査請求の期間の計算については、刑事施設の長又は少年院の長に審査請求書を提出した時に審査請求があったものとみなす。
（執行停止）
第94条　審査会に対する審査請求に関する行政不服審査法第25条第3項の規定の適用については、同項本文中「、処分庁の意見を聴取した上」とあるのは「又は職権で」と、同項ただし書中「処分の効力、処分の執行又は手続の続行」とあるのは「処分の執行」とする。
（裁決をすべき期間）
第95条　審査会は、審査請求がされた日（行政不服審査法第23条の規定により不備を補正すべきことを命じた場合にあっては、当該不備が補正された日）から60日以内に裁決をしなければならない。
（審査請求と訴訟との関係）
第96条　この法律の規定により地方委員会が決定をもってした処分の取消しの訴えは、当該処分についての審査請求に対する裁決を経た後でなければ、提起することができない。
（行政不服審査法の特例）
第96条の2　この法律の規定による処分又はその不作為についての審査請求に係る行政不服審査法第38条第1項に規定する提出書類等又は同法第78条第1項に規定する主張書面若しくは資料であって、行政機関の保有する個人情報の保護に関する法律（平成15年法律第58号）第45条第1項の規定により同法第4章の規定を適用しないこととされた同法第2条第3項に規定する保有個人情報が記載され、又は記録されたものについての行政不服審査法の規定の適用については、同法第38条第1項前段中「又は当該書面若しくは当該書類の写し若しくは当該電磁的記録に記録された事項を記載した書面の交付を求める」とあるのは「を求める」と、同項後段及び同法第78条第1項後段中「閲覧又は交付」とあるのは「閲覧」と、同法第38条第2項及び第78条第2項中「閲覧をさせ、又は同項の規定による交付をしようとするときは、当該閲覧又は交付」とあるのは「閲覧をさせようとするときは、当該閲覧」と、同条第1項前段中「若しくは資料の閲覧」とあるのは「又は資料の閲覧」と、「又は当該主張書面若しくは当該資料の写し若しくは当該電磁的記録に記録された事項を記載した書面の交付を求める」とあるのは「を求める」とし、同法第38条第4項及び第5項並びに第78条第4項及び第5項の規定は、適用しない。
2　第52条第1項、第5項又は第6項の規定による保護観察所の長の処分についての審査請求については、行政不服審査法第2章第4節の規定は、適用しない。

第8章　雑則

（記録の保存等）
第97条　審査会は特赦、特定の者に対する減刑、刑の執行の免除及び特定の者に対する復権についてした申出に関する記録を、地方委員会はこの法律の規定により決定をもってすることとされている処分に係る審理及び決定に関する記録を、それぞれ、政令で定めるところにより保存しなければならない。
2　審査会及び地方委員会は、前項の記録の閲覧を求める者があるときは、これをその者の閲覧に供しなければならない。ただし、同項の申出若しくは審理の対象とされた者の改善更生を妨げ、又は関係人の名誉若しくは生活の平穏を害するおそれがあるときは、閲覧を拒むことができる。
（費用の徴収）

第98条　保護観察所の長は、第61条第2項（第88条の規定によりその例によることとされる場合を含む。）の規定による委託及び第62条第2項（第88条の規定によりその例によることとされる場合を含む。）の規定による応急の救護に要した費用並びに第87条第1項の費用を、期限を指定して、その費用を要した措置を受けた者又はその扶養義務者から徴収しなければならない。ただし、これらの者が、その費用を負担することができないと認めるときは、この限りでない。

2　前項の規定による費用の徴収は、徴収されるべき者の居住地又は財産所在地の市町村（特別区を含む。以下同じ。）に嘱託することができる。

3　政府は、前項の規定により、市町村に対し費用の徴収を嘱託した場合においては、その徴収金額の100分の4に相当する金額を、その市町村に交付しなければならない。

4　第2項の規定により市町村が処理することとされている事務は、地方自治法（昭和22年法律第六十七号）第2条第9項第一号に規定する第一号法定受託事務とする。

（省令への委任）

第99条　この法律に定めるもののほか、この法律を実施するため必要な事項は、法務省令で定める。

更生保護事業法

（平成7・5・8 法律86）
最新改正　平成25 法律49

第1章　総則

（目的）

第1条　この法律は、更生保護事業に関する基本的事項を定めることにより、更生保護事業の適正な運営を確保し、及びその健全な育成発達を図るとともに、更生保護法（平成19年法律第八十八号）その他更生保護に関する法律とあいまって、犯罪をした者及び非行のある少年が善良な社会の一員として改善更生することを助け、もって個人及び公共の福祉の増進に寄与することを目的とする。

（定義）

第2条　この法律において「更生保護事業」とは、継続保護事業、一時保護事業及び連絡助成事業をいう。

2　この法律において「継続保護事業」とは、次に掲げる者であって現に改善更生のための保護を必要としているものをその更生保護施設に収容して、その者に対し、宿泊場所を供与し、教養訓練、医療又は就職を助け、職業を補導し、社会生活に適応させるために必要な生活指導を行い、生活環境の改善又は調整を図る等その改善更生に必要な保護を行う事業をいう。

一　保護観察に付されている者
二　懲役、禁錮又は拘留につき、刑の執行を終わり、その執行の免除を得、又はその執行を停止されている者
三　懲役又は禁錮につき刑の全部の執行猶予の言渡しを受け、刑事上の手続による身体の拘束を解かれた者（第一号に該当する者を除く。次号及び第五号において同じ。）
四　懲役又は禁錮につき刑の一部の執行猶予の言渡しを受け、その猶予の期間中の者
五　罰金又は科料の言渡しを受け、刑事上の手続による身体の拘束を解かれた者
六　労役場から出場し、又は仮出場を許された者
七　訴追を必要としないため公訴を提起しない処分を受け、刑事上の手続による身体の拘束を解かれた者
八　少年院から退院し、又は仮退院を許された者（第一号に該当する者を除く。次号において同じ。）
九　婦人補導院から退院し、又は仮退院を許された者
十　国際受刑者移送法（平成14年法律第六十六号）第16条第1項第一号若しくは第二号の共助刑の執行を終わり、若しくは同法第25条第2項の規定によりその執行を受けることがなくなり、又は同法第21条の規定により適用される刑事訴訟法（昭和23年法律第百三十一号）第480条若しくは第482条の規定によりその執行を停止されている者

3　この法律において「一時保護事業」とは、前項に規定する者に対し、宿泊場所への帰住、医療又は就職を助け、金品を給与し、又は貸与し、生活の相談に応ずる等その改善更生に必要な保護（継続保護事業として行うものを除く。）を行う事業をいう。

4　この法律において「連絡助成事業」とは、継続保護事業、一時保護事業その他第2項各号に掲げる者の改善更生を助けることを目的とする事業に関する啓発、連絡、調整又は助成を行う事業をいう。

5　この法律において「被保護者」とは、継続保護事業又は一時保護事業における保護の対象者をいう。

6　この法律において「更生保護法人」とは、更生保護事業を営むことを目的として、この法律の定めるところにより設立された法人をいう。

7　この法律において「更生保護施設」とは、被保護者の改善更生に必要な保護を行う施設のうち、被保護者を宿泊させることを目的とする建物及びそのための設備を有するものをいう。

（国の措置等）

第3条　国は、更生保護事業が保護観察、更生緊急保護その他の国の責任において行う改善更生の措置を円滑かつ効果的に実施する上で重要な機能を果たすものであることにかんがみ、更生保護事業の適正な運営を確保し、及びその健全な育成発達を図るための措置を講ずるものとする。

2　地方公共団体は、更生保護事業が犯罪をした者及び非行のある少年の改善更生を助け、これにより犯罪を防止し、地域社会の安全及び住民福祉の向上に寄与するものであることにかんがみ、その地域において行われる更生保護事業に対して必要な協力をすることができる。

3　更生保護事業を営む者は、その事業を実施するに当たり、被保護者の人権に配慮するとともに、国の行う改善更生の措置及び社会福祉、医療、教育、労働その他関連施策との有機的な連携を図り、地域に即した創意と工夫を行い、並びに地域住民等の理解と協力を得るよう努めなければならない。

第2章　更生保護法人

第1節　通則

（名称の使用制限）

第4条　更生保護法人以外の者は、その名称中に、更生保護法人という文字を用いてはならない。

（資産）

第5条　更生保護法人は、更生保護事業を営むために必要な資産を備えなければならない。

（経営の原則）

第5条の2　更生保護法人は、更生保護事業を確実、効果的

かつ適正に行うため、自主的に、被保護者に対する処遇等その事業内容を向上させるとともに、経営の基盤の強化と透明性の確保を図らなければならない。
（公益事業及び収益事業）
第6条　更生保護法人は、その営む更生保護事業に支障がない限り、公益を目的とする事業（以下「公益事業」という。）又はその収益を更生保護事業若しくは公益事業（犯罪をした者及び非行のある少年の改善更生又は犯罪の予防に資するものとして法務省令で定めるものに限る。第42条第二号において同じ。）に充てることを目的とする事業（以下「収益事業」という。）を行うことができる。
2　公益事業又は収益事業に関する会計は、それぞれ当該更生保護法人の営む更生保護事業に関する会計から区分し、特別の会計として経理しなければならない。
（住所）
第7条　更生保護法人の住所は、その主たる事務所の所在地にあるものとする。
（登記）
第8条　更生保護法人は、政令で定めるところにより、登記しなければならない。
2　前項の規定により登記しなければならない事項は、登記の後でなければ、これをもって第三者に対抗することができない。
（一般社団法人及び一般財団法人に関する法律の準用）
第9条　一般社団法人及び一般財団法人に関する法律（平成18年法律第四十八号）第78条の規定は、更生保護法人について準用する。

　　　　　　　　第2節　設立

（設立の認可）
第10条　更生保護法人を設立しようとする者は、法務省令で定めるところにより、申請書及び定款を法務大臣に提出して、設立の認可を受けなければならない。
（定款）
第11条　更生保護法人の定款には、次に掲げる事項を記載しなければならない。
　一　目的
　二　名称
　三　更生保護事業の種類
　四　事務所の所在地
　五　役員に関する事項
　六　会議に関する事項
　七　資産に関する事項
　八　会計に関する事項
　九　評議員会を置く場合には、これに関する事項
　十　公益事業を行う場合には、その種類
　十一　収益事業を行う場合には、その種類
　十二　解散に関する事項
　十三　定款の変更に関する事項
　十四　公告の方法
2　設立当初の役員は、定款で定めなければならない。
3　第1項第十二号に掲げる事項中に残余財産の帰属すべき者に関する規定を設ける場合には、第45条の認可を受けて継続保護事業を営む者又は第47条の2の届出をして一時保護事業若しくは連絡助成事業を営む更生保護法人のうちから選定されるようにしなければならない。
（認可の基準）
第12条　法務大臣は、第10条の認可の申請が次の各号に適合すると認めるときは、認可しなければならない。

　一　設立の手続並びに申請書及び定款の内容が法令の規定に適合するものであること。
　二　申請書及び定款に虚偽の記載がないこと。
　三　当該申請に係る更生保護法人の資産が第5条の要件に該当するものであること。
　四　業務の運営が適正に行われることが確実であると認められること。
（定款の補充）
第13条　更生保護法人を設立しようとする者が、第11条第1項第二号から第十四号までの各号に掲げる事項を定めないで死亡した場合には、法務大臣は、利害関係人の請求により又は職権で、これらの事項を定めなければならない。
（設立の時期）
第14条　更生保護法人は、その主たる事務所の所在地において設立の登記をすることによって成立する。
（財産目録の作成及び備置き）
第14条の2　更生保護法人は、設立の時に財産目録を作成し、常にこれをその主たる事務所に備え置かなければならない。
（一般社団法人及び一般財団法人に関する法律の準用）
第15条　一般社団法人及び一般財団法人に関する法律第158条及び第164条の規定は、更生保護法人の設立について準用する。

　　　　　　　　第3節　管理

（役員）
第16条　更生保護法人には、役員として、理事5人以上及び監事2人以上を置かなければならない。
2　理事のうち1人は、定款で定めるところにより、理事長とする。
（理事長及び理事の職務）
第17条　理事長は、更生保護法人を代表し、その業務を総理する。
2　理事は、定款で定めるところにより、理事長を補佐して更生保護法人の業務を掌理し、理事長に事故があるときはその職務を代理し、理事長が欠員のときはその職務を行う。
（業務の決定）
第18条　更生保護法人の業務は、定款に特別の定めのないときは、理事の過半数をもって決する。
（理事長の代理行為の委任）
第18条の2　理事長は、定款によって禁止されていないときに限り、特定の行為の代理を他人に委任することができる。
（仮理事）
第18条の3　理事が欠けた場合において、事務が遅滞することにより損害を生ずるおそれがあるときは、法務大臣は、利害関係人の請求により又は職権で、仮理事を選任しなければならない。
（監事の職務）
第19条　監事は、次に掲げる職務を行う。
　一　理事の業務執行の状況を監査すること。
　二　更生保護法人の財産の状況を監査すること。
　三　前二号の規定による監査の結果、更生保護法人の業務又は財産に関し不正の行為又は法令若しくは定款に違反する重大な事実があることを発見した場合には、これを法務大臣（評議員会が置かれている場合は評議員会）に報告すること。
　四　前号の報告をするために必要がある場合には、理事長

更生保護事業法

に対して評議員会の招集を請求すること。
　五　理事の業務執行の状況又は更生保護法人の財産の状況について、理事長に意見を述べること。

（監事の兼職禁止）
第20条　監事は、理事、評議員又は更生保護法人の職員を兼ねてはならない。

（役員の欠格事由）
第21条　次の各号のいずれかに該当する者は、更生保護法人の役員になることができない。
　一　成年被後見人又は被保佐人
　二　破産者で復権を得ない者
　三　この法律の規定に違反して刑に処せられ、その執行を終わった日又はその執行を受けることがなくなった日から5年を経過しない者
　四　前号に該当する者を除き、禁錮以上の刑に処せられ、その執行を終わった日又はその執行を受けることがなくなった日から5年を経過しない者
　五　第43条の規定により解散を命じられた更生保護法人の解散当時の役員で、解散を命じられたときから5年を経過しない者

（役員の親族等の排除）
第22条　役員のうちには、それぞれの役員について、当該役員、その配偶者及び三親等内の親族が役員の総数の3分の1を超えて含まれることになってはならない。

（役員の欠員補充）
第23条　理事又は監事のうち、その定数の3分の1を超える者が欠けたときは、遅滞なくこれを補充しなければならない。

（役員の任期）
第24条　役員の任期は、3年以内において定款で定める。

（代表権の制限）
第25条　更生保護法人と理事長との利益が相反する事項については、理事長は、代表権を有しない。この場合には、監事が更生保護法人を代表する。

（評議員会）
第26条　更生保護法人に、評議員会を置くことができる。
2　評議員会は、理事の定数を超える数の評議員をもって組織する。
3　評議員会は、理事長が招集する。
4　評議員会は、更生保護法人の業務若しくは財産の状況又は役員の業務執行の状況について、役員に対し意見を述べ、若しくはその諮問に答え、又は役員に対し報告を求めることができる。
5　定款の変更、重要な資産の処分、合併、解散、その他更生保護法人の業務に関する重要な事項は、定款をもって、評議員会の議決を要するものとすることができる。

（定款の変更）
第27条　定款の変更（法務省令で定める事項に係るものを除く。）は、法務大臣の認可を受けなければ、その効力を生じない。
2　第12条の規定は、前項の認可について準用する。
3　更生保護法人は、第1項の法務省令で定める事項に係る定款の変更をしたときは、遅滞なくその旨を法務大臣に届け出なければならない。

（会計年度）
第28条　更生保護法人の会計年度は、毎年4月1日に始まり、翌年3月31日に終わるものとする。

（財産目録等の備付け等）
第29条　更生保護法人は、毎会計年度終了後2月以内に、法務省令で定めるところにより、事業成績書、財産目録、貸借対照表及び収支計算書（収益事業については損益計算書）を作成し、これをその主たる事務所に備え置かなければならない。
2　理事長は、前項の書類を監事に提出しなければならない。
3　更生保護法人は、第1項の書類について、請求があったときは、これを閲覧に供しなければならない。

第30条　削除

第4節　解散及び合併

（解散事由）
第31条　更生保護法人は、次に掲げる事由によって解散する。
　一　理事の3分の2以上の同意及び定款で更に評議員会の議決を要するものと定めている場合には、その議決
　二　定款で定めた解散事由の発生
　三　目的とする事業の成功の不能
　四　合併
　五　破産手続開始の決定
　六　第43条の規定による解散の命令
2　前項第一号に掲げる事由による解散は法務大臣の認可を、同項第三号に掲げる事由による解散は法務大臣の認定を受けなければ、その効力を生じない。
3　清算人は、更生保護法人が第1項第二号又は第五号に掲げる事由によって解散した場合には、遅滞なくその旨を法務大臣に届け出なければならない。

（更生保護法人についての破産手続の開始）
第31条の2　更生保護法人がその債務につきその財産をもって完済することができなくなった場合には、裁判所は、理事長若しくは債権者の申立てにより又は職権で、破産手続開始の決定をする。
2　前項に規定する場合には、理事長は、直ちに破産手続開始の申立てをしなければならない。

（清算中の更生保護法人の能力）
第31条の3　解散した更生保護法人は、清算の目的の範囲内において、その清算の結了に至るまではなお存続するものとみなす。

（清算人）
第31条の4　更生保護法人が解散したときは、破産手続開始の決定による解散の場合を除き、理事長がその清算人となる。ただし、定款に別段の定めがあるときは、この限りでない。

（裁判所による清算人の選任）
第31条の5　前条の規定により清算人となる者がないとき、又は清算人が欠けたため損害を生ずるおそれがあるときは、裁判所は、利害関係人若しくは検察官の請求により又は職権で、清算人を選任することができる。

（清算人の解任）
第31条の6　重要な事由があるときは、裁判所は、利害関係人若しくは検察官の請求により又は職権で、清算人を解任することができる。

（清算人の届出）
第31条の7　清算中に就職した清算人は、その氏名及び住所を法務大臣に届け出なければならない。

（清算人の職務及び権限）
第31条の8　清算人の職務は、次のとおりとする。
　一　現務の結了
　二　債権の取立て及び債務の弁済

三　残余財産の引渡し
2　清算人は、前項各号に掲げる職務を行うために必要な一切の行為をすることができる。
(債権の申出の催告等)
第31条の9　清算人は、その就職の日から2月以内に、少なくとも3回の公告をもって、債権者に対し、一定の期間内にその債権の申出をすべき旨の催告をしなければならない。この場合において、その期間は、2月を下ることができない。
2　前項の公告には、債権者がその期間内に申出をしないときは清算から除斥されるべき旨を付記しなければならない。ただし、清算人は、判明している債権者を除斥することができない。
3　清算人は、判明している債権者には、各別にその申出の催告をしなければならない。
4　第1項の公告は、官報に掲載してする。
(期間経過後の債権の申出)
第31条の10　前条第1項の期間の経過後に申出をした債権者は、更生保護法人の債務が完済された後まだ権利の帰属すべき者に引き渡されていない財産に対してのみ、請求をすることができる。
(清算中の更生保護法人についての破産手続の開始)
第31条の11　清算中の更生保護法人の財産がその債務を完済するのに足りないことが明らかになったときは、清算人は、直ちに破産手続開始の申立てをし、その旨を公告しなければならない。
2　清算人は、清算中の更生保護法人が破産手続開始の決定を受けた場合において、破産管財人にその事務を引き継いだときは、その任務を終了したものとする。
3　前項に規定する場合において、清算中の更生保護法人が既に債権者に支払い、又は権利の帰属すべき者に引き渡したものがあるときは、破産管財人は、これを取り戻すことができる。
4　第1項の規定による公告は、官報に掲載してする。
(残余財産の帰属)
第32条　解散した更生保護法人の残余財産は、合併及び破産手続開始の決定による解散の場合を除き、法務大臣に対する清算結了の届出の時において、定款で定めるところにより、その帰属すべき者に帰属する。
2　定款に残余財産の帰属すべき者に関する規定がないとき、又は定款に定める残余財産の帰属すべき者が存在しないときは、清算人は、法務大臣の認可を得て、その財産を第45条の認可を受けて継続保護事業を営む者又は第47条の2の届出をして一時保護事業若しくは連絡助成事業を営む更生保護法人に譲渡することができる。
3　前2項の規定により処分されない財産は、国庫に帰属する。
(裁判所による監督)
第32条の2　更生保護法人の解散及び清算は、裁判所の監督に属する。
2　裁判所は、職権で、いつでも前項の監督に必要な検査をすることができる。
3　更生保護法人の解散及び清算を監督する裁判所は、更生保護法人の業務を監督する官庁に対し、意見を求め、又は調査を嘱託することができる。
4　前項に規定する官庁は、同項に規定する裁判所に対し、意見を述べることができる。
(清算結了の届出)
第32条の3　清算が結了したときは、清算人は、その旨を法務大臣に届け出なければならない。
(解散及び清算の監督等に関する事件の管轄)
第32条の4　更生保護法人の解散及び清算の監督並びに清算人に関する事件は、その主たる事務所の所在地を管轄する地方裁判所の管轄に属する。
(不服申立ての制限)
第32条の5　清算人の選任の裁判に対しては、不服を申し立てることができない。
(裁判所の選任する清算人の報酬)
第32条の6　裁判所は、第31条の5の規定により清算人を選任した場合には、更生保護法人が当該清算人に対して支払う報酬の額を定めることができる。この場合においては、裁判所は、当該清算人及び監事の陳述を聴かなければならない。
第32条の7　削除
(検査役の選任)
第32条の8　裁判所は、更生保護法人の解散及び清算の監督に必要な調査をさせるため、検査役を選任することができる。
2　第32条の5及び第32条の6の規定は、前項の規定により裁判所が検査役を選任した場合について準用する。この場合において、同条中「清算人及び監事」とあるのは、「更生保護法人及び検査役」と読み替えるものとする。
(合併)
第33条　更生保護法人は、他の更生保護法人と合併することができる。
(合併手続)
第34条　更生保護法人が合併するには、理事の3分の2以上の同意及び定款で更に評議員会の議決を要するものと定めている場合には、その議決がなければならない。
2　合併は、法務大臣の認可を受けなければ、その効力を生じない。
3　第12条の規定は、前項の認可について準用する。
第35条　更生保護法人は、前条第2項の認可があったときは、その認可の通知のあった日から2週間以内に、法務省令で定めるところにより、財産目録及び貸借対照表を作成し、これをその主たる事務所に備え置かなければならない。
2　更生保護法人は、前項の期間内に、その債権者に対し、合併に異議があれば一定の期間内に述べるべきことを公告し、かつ、判明している債権者に対しては、各別にこれを催告しなければならない。この場合において、その期間は、2月を下回ってはならない。
第36条　債権者が前条第2項の期間内に異議を述べなかったときは、合併を承認したものとみなす。
2　債権者が異議を述べたときは、更生保護法人は、これに弁済し、若しくは相当の担保を供し、又はその債権者に弁済を受けさせることを目的として信託会社若しくは信託業務を営む金融機関に相当の財産を信託しなければならない。ただし、合併をしてもその債権者を害するおそれがないときは、この限りでない。
第37条　合併により更生保護法人を設立する場合においては、定款の作成その他更生保護法人の設立に関する事務は、それぞれの更生保護法人において選任した者が共同して行わなければならない。
(合併の効果)
第38条　合併後存続する更生保護法人又は合併によって設立した更生保護法人は、合併によって消滅した更生保護法人の権利義務(当該更生保護法人がその営む事業に関し行政

更生保護事業法

庁の認可その他の処分に基づいて有する権利義務を含む。）を承継する。

（合併の時期）
第39条 更生保護法人の合併は、合併後存続する更生保護法人又は合併によって設立する更生保護法人の主たる事務所の所在地において登記することによって、その効力を生ずる。

第40条 削除

第5節 監督

（改善命令等）
第41条 法務大臣は、更生保護法人が、法令、法令に基づいてする行政庁の処分若しくは定款に違反し、又はその運営が著しく適正を欠くと認めるときは、当該更生保護法人に対し、期限を定めて必要な措置をとるべきことを命ずることができる。

2 更生保護法人が前項の命令に従わないときは、法務大臣は、当該更生保護法人に対し、期間を定めて業務の全部若しくは一部の停止を命じ、又は役員の解職を勧告することができる。

3 法務大臣は、前項の規定により役員の解職を勧告しようとする場合には、当該更生保護法人に、法務大臣の指定した職員に対して弁明する機会を与えなければならない。この場合においては、当該更生保護法人に対し、あらかじめ、書面をもって、弁明をすべき日時、場所及びその勧告の原因となる事実を通知しなければならない。

4 前項の通知を受けた更生保護法人は、代理人を出頭させ、かつ、自己に有利な証拠を提出することができる。

5 第3項の規定による弁明を聴取した者は、聴取書及び当該勧告をする必要があるかどうかについての意見を付した報告書を作成し、これを法務大臣に提出しなければならない。

（公益事業又は収益事業の停止）
第42条 法務大臣は、第6条第1項の規定により公益事業又は収益事業を行う更生保護法人につき、次の各号のいずれかに該当する事由があると認めるときは、当該更生保護法人に対し、1年以内の期間を定めてその事業の停止を命ずることができる。

一 当該更生保護法人が定款で定められた事業以外の事業を行うこと。
二 当該更生保護法人が当該収益事業から生じた収益を当該更生保護法人の営む更生保護事業又は公益事業以外の目的に使用すること。
三 当該公益事業又は収益事業の継続が当該更生保護法人の営む更生保護事業に支障があること。

（解散命令）
第43条 法務大臣は、更生保護法人が、法令、法令に基づいてする行政庁の処分若しくは定款に違反した場合であって他の方法により監督の目的を達成することができないとき、又は正当な事由がないのに1年以上にわたってその目的とする事業を行わないときは、解散を命ずることができる。

（報告及び検査）
第44条 法務大臣は、この法律の施行に必要な限度において、更生保護法人に対し、その業務若しくは財産の状況に関し報告をさせ、又はその職員に、更生保護法人の事務所その他の施設に立ち入り、その業務若しくは財産の状況若しくは帳簿、書類その他の物件を検査させることができる。

2 前項の規定により立入検査をする職員は、その身分を示す証明書を携帯し、関係人にこれを提示しなければならない。

3 第1項の規定による立入検査の権限は、犯罪捜査のために認められたものと解してはならない。

第3章 更生保護事業

第1節 事業の経営等

（継続保護事業の認可）
第45条 国及び地方公共団体以外の者で継続保護事業を営もうとするものは、法務省令で定めるところにより、次に掲げる事項を記載した申請書を法務大臣に提出して、その認可を受けなければならない。

一 名称
二 事務所の所在地
三 継続保護事業の内容
四 被保護者に対する処遇の方法
五 更生保護施設の規模及び構造並びにその使用の権原
六 実務に当たる幹部職員の氏名及び経歴
七 更生保護法人以外の者にあっては、前各号に掲げる事項のほか、定款その他の基本約款、経理の方針、資産の状況並びに経営の責任者の氏名、経歴及び資産の状況

（認可の基準等）
第46条 法務大臣は、前条の認可の申請が次の各号に適合すると認めるときは、認可しなければならない。

一 被保護者に対する処遇の方法が第49条の2の基準に適合するものであること。
二 更生保護施設の規模及び構造が法務省令で定める基準に適合するものであること。
三 実務に当たる幹部職員が法務省令で定める資格又は経験並びに被保護者に対する処遇に関する熱意及び能力を有すること。
四 職業紹介事業を自ら行おうとする者にあっては、職業安定法（昭和22年法律第141号）の規定により職業紹介事業を行う許可を得ていること。
五 更生保護法人以外の者にあっては、前各号に掲げる事項のほか、経営の組織及び経理の方針が一般社団法人若しくは一般財団法人又はこれに準ずるものであって、当該事業を営むための経済的基礎が確実であり、かつ、経営の責任者が社会的信望を有すること。

2 前項の認可には、当該継続保護事業の適正な運営を確保するために必要と認める条件を付することができる。

（認可に係る事項の変更及び事業の廃止）
第47条 第45条の認可を受けた者が同条各号に掲げる事項（法務省令で定めるものを除く。）を変更しようとするときは、法務大臣の認可を受けなければならない。

2 前条の規定は、前項の認可について準用する。

3 認可事業者（第45条の認可を受けて継続保護事業を営む者をいう。以下同じ。）がその事業を廃止しようとするときは、あらかじめ、その理由並びに被保護者に対する措置及び財産の処分方法を明らかにして、廃止の時期について法務大臣の承認を受けなければならない。

（一時保護事業及び連絡助成事業の届出）
第47条の2 国及び地方公共団体以外の者で一時保護事業又は連絡助成事業を営もうとするものは、あらかじめ、法務省令で定めるところにより、次に掲げる事項を法務大臣に届け出なければならない。届け出た事項を変更し、又は当該事業を廃止しようとするときも、同様とする。

更生保護事業法

一　名称
二　事務所の所在地
三　事業の種類及び内容
四　更生保護法人以外の者にあっては、前各号に掲げる事項のほか、定款その他の基本約款、経理の方針、資産の状況並びに経営の責任者の氏名、経歴及び資産の状況

（地方公共団体の営む更生保護事業）
第48条　地方公共団体は、更生保護事業を営むことができる。
2　地方公共団体は、継続保護事業を営もうとするときは、あらかじめ、第45条第一号から第六号までに掲げる事項を法務大臣に届け出なければならない。届け出た事項を変更し、又は当該事業を廃止しようとするときも、同様とする。
3　地方公共団体は、一時保護事業又は連絡助成事業を開始したときは、第47条の2第一号から第三号までに掲げる事項を、遅滞なく法務大臣に届け出なければならない。届け出た事項を変更し、又は当該事業を廃止したときも、同様とする。

（保護の実施）
第49条　継続保護事業又は一時保護事業における保護は、法令の規定に基づく保護観察所の長の委託又は被保護者の申出に基づいて行うものとする。

（更生保護施設における処遇の基準）
第49条の2　更生保護施設における被保護者の処遇は、次に掲げる基準に従って行わなければならない。
一　被保護者の人権に十分に配慮すること。
二　被保護者に対する処遇の計画を立て、常に被保護者の心身の状態、生活環境の推移等を把握し、その者の状況に応じた適切な保護を実施すること。
三　被保護者に対し、自助の責任の自覚を促し、社会生活に適応するために必要な能力を会得させるとともに、特に保護観察に付されている者に対しては、遵守すべき事項を守るよう適切な補導を行うこと。
四　その他法務省令で定める事項

（協力依頼等）
第50条　認可事業者又は第47条の2の届出をして一時保護事業を営む更生保護法人は、被保護者の処遇につき必要があるときは、地方公共団体、公共職業安定所その他公私の関係団体又は機関に照会して協力を求め、また、特に必要があるときは、職業安定法の定めるところにより、自ら職業紹介事業を行うことができる。

第2節　事業の監督及び補助

（事業成績等の報告）
第51条　認可事業者は、毎会計年度の終了後2月以内に、法務省令で定めるところにより、その終了した会計年度の会計の状況及び事業の成績を、法務大臣に報告しなければならない。

（帳簿の備付け等）
第52条　認可事業者は、法務省令で定めるところにより、その事務所に次に掲げる帳簿を備え付け、これに所要事項を記載し、及びこれを保存しなければならない。
一　被保護者に対する処遇の状況を明らかにする帳簿
二　被保護者の名簿
三　保管金品台帳
四　会計簿
五　寄附金について、その寄附者及び金額を明らかにする帳簿

（適合命令）
第53条　法務大臣は、認可事業者が、第46条第1項各号に適合しないと認められるに至ったときは、当該認可事業者に対し、これに適合するために必要な措置をとるべきことを命ずることができる。

（認可の取消し等）
第54条　法務大臣は、認可事業者につき次の各号のいずれかに該当する事由があると認めるときは、当該認可事業者に対し、1年以内の期間を定めて、更生保護事業を営むことを制限し、若しくはその停止を命じ、又は第45条の認可を取り消すことができる。
一　第46条第2項又は第60条第2項の規定により付された条件に違反したとき。
二　第47条第1項の規定に違反したとき。
三　第51条の規定による報告をせず、又は虚偽の報告をしたとき。
四　第52条の規定に違反して、帳簿の備付け、記載若しくは保存をせず、又はこれに虚偽の記載をしたとき。
五　前条の規定による命令に違反したとき。
六　次条第1項の規定による報告をせず、若しくは虚偽の報告をし、又は同項の規定による検査を拒み、妨げ、若しくは忌避したとき。
2　更生保護法人以外の認可事業者が、更生保護事業に関し不当に営利を図ったときも、前項と同様とする。
3　認可事業者の代表者その他の業務を執行する役員（法人でない団体で代表者又は管理人の定めがあるものの代表者又は管理人を含む。）が、更生保護事業により不当に個人の営利を図ったときも、第1項と同様とする。

（報告及び検査）
第55条　法務大臣は、この法律の施行に必要な限度において、認可事業者に対し、その事業に関し報告をさせ、又はその職員に、認可事業者の事務所その他の施設に立ち入り、その事業の運営の状況若しくは施設、帳簿、書類その他の物件を検査させることができる。
2　第44条第2項及び第3項の規定は、前項の規定による立入検査について準用する。

（助言、指導又は勧告）
第56条　法務大臣は、被保護者に対する処遇の適正な実施を確保し、又は認可事業者の健全な育成発達を図るため必要があると認めるときは、認可事業者に対し、その事業に関し、必要な助言、指導又は勧告をすることができる。

（届出事業者に対する監督）
第56条の2　第51条、第52条、第55条及び前条の規定は、届出事業者（第47条の2の届出をして一時保護事業又は連絡助成事業を営む者をいう。以下同じ。）について準用する。
2　法務大臣は、届出事業者につき次の各号のいずれかに該当する事由があると認めるときは、当該届出事業者に対し、1年以内の期間を定めて、更生保護事業を営むことを制限し、又はその停止を命ずることができる。
一　被保護者の処遇につき不当な行為をしたとき。
二　前項において準用する第51条の規定による報告をせず、又は虚偽の報告をしたとき。
三　前項において準用する第52条の規定に違反して、帳簿の備付け、記載若しくは保存をせず、又はこれに虚偽の記載をしたとき。
四　前項において準用する第55条第1項の規定による報告をせず、又は虚偽の報告をし、又は同項の規定による検査を拒み、妨げ、若しくは忌避したとき。
五　第60条第2項の規定により付された条件に違反したと

き。
3　更生保護法人以外の届出事業者が、更生保護事業に関し不当に営利を図ったときも、前項と同様とする。
4　届出事業者の代表者その他の業務を執行する役員（法人でない団体で代表者又は管理人の定めのあるものの代表者又は管理人を含む。）が、更生保護事業により不当に個人の営利を図ったときも、第2項と同様とする。
（更生保護事業を営む地方公共団体の報告義務）
第57条　第51条（事業の成績の報告に係る部分に限る。）及び第55条（事業に関する報告に係る部分に限る。）の規定は、更生保護事業を営む地方公共団体について準用する。
（その他の事業者に対する監督）
第57条の2　認可事業者及び届出事業者以外の者（国及び地方公共団体を除く。）であって更生保護事業を営むもの（本条において「その他の事業者」という。）が、その事業に関し不当に営利を図り、又は被保護者の処遇につき不当な行為をしたときは、法務大臣は、その者に対し、1年以内の期間を定めて、更生保護事業を営むことを制限し、又はその停止を命ずることができる。
2　その他の事業者の代表者その他の業務を執行する役員（法人でない団体で代表者又は管理人の定めのあるものの代表者又は管理人を含む。）が、更生保護事業により不当に個人の営利を図ったときも、前項と同様とする。
3　第55条の規定は、その他の事業者について準用する。
（補助）
第58条　国は、更生保護法人に対し、法務大臣が財務大臣と協議して定める基準に従い、予算の範囲内において、その営む更生保護事業に要する費用につき、補助することができる。

第4章　雑則

（意見の聴取）
第59条　法務大臣は、次の場合においては、中央更生保護審査会の意見を聴かなければならない。
一　第10条、第34条第2項若しくは第45条の認可をし、又は認可をしない処分をするとき。
二　第43条の規定により解散を命じ、又は第54条の規定により、事業を営むことを制限し、若しくはその停止を命じ、若しくは認可を取り消すとき。
三　第56条の2第2項から第4項まで、又は第57条の2第1項若しくは第2項の規定により、事業を営むことを制限し、又はその停止を命ずるとき。
四　第46条第1項第二号及び第三号並びに第49条の2第四号の法務省令を定めるとき。
（寄附金の募集）
第60条　更生保護事業を営み、又は営もうとする者は、その事業の経営に必要な資金を得るために寄附金を募集しようとするときは、その募集に着手する1月前までに、法務省令で定めるところにより、募集の期間、地域、方法及び使途等を明らかにした書面を法務大臣に提出して、その許可を受けなければならない。
2　前項の許可には、寄附金の使途及び寄附金によって取得する財産の処分につき、条件を付することができる。
3　第1項の許可を受けて寄附金を募集した者は、募集の期間経過後遅滞なく、法務省令で定めるところにより、募集の結果を法務大臣に報告しなければならない。
（表彰）
第61条　法務大臣は、成績の特に優秀な認可事業者若しくは届出事業者又はその役職員を表彰し、その業績を一般に周知させることに意を用いなければならない。
（人材の確保等）
第61条の2　法務大臣は、認可事業者及び届出事業者が犯罪をした者及び非行のある少年に対し専門的知識に基づくより適切な保護を行うことができるようにするため、これらの事業者が、専門的知識を有する人材を確保し、その資質を向上させるために必要な施策の推進に努めなければならない。
（地方更生保護委員会への委任）
第62条　この法律に規定する法務大臣の権限は、地方更生保護委員会に委任することができる。ただし、第10条、第31条第2項、第34条第2項、第41条第2項、第42条、第43条、第45条、第54条、第56条の2第2項から第4項まで、並びに第57条の2第1項及び第2項に規定する権限については、この限りでない。
第63条　削除
（省令への委任）
第64条　この法律に定めるもののほか、この法律を実施するため必要な事項は、法務省令で定める。
（経過措置）
第65条　この法律の規定に基づき命令を制定し、又は改廃する場合においては、その命令で、その制定又は改廃に伴い合理的に必要と判断される範囲内において、所要の経過措置（罰則に関する経過措置を含む。）を定めることができる。

第5章　罰則

第66条　次の各号の1に該当する者は、6月以下の懲役又は50万円以下の罰金に処する。
一　第41条第2項又は第42条の規定による命令に違反する行為をした者
二　第54条、第56条の2第2項から第4項まで、又は第57条の2第1項の規定による制限又は停止の命令に違反する行為をした者
三　第60条第1項の許可を受けないで、寄附金を募集した者
四　第60条第2項の規定により付された条件に違反して、寄附金を使用し、又は寄附金によって取得した財産を処分した者
第67条　次の各号の1に該当する者は、20万円以下の罰金に処する。
一　第52条（第56条の2第1項において準用する場合を含む。）の規定に違反して、帳簿を備え付けず、これに記載せず、若しくは虚偽の記載をし、又はこれを保存しなかった者
二　第57条の2第3項において準用する第55条第1項の規定による報告をせず、若しくは虚偽の報告をし、又は同項の規定による検査を拒み、妨げ、若しくは忌避した者
三　第60条第3項の規定に違反して、報告をせず、又は虚偽の報告をした者
第68条　法人（法人でない団体で代表者又は管理人の定めのあるものを含む。以下この項において同じ。）の代表者若しくは管理人又は法人若しくは人の代理人、使用人その他の従業者が、その法人又は人の業務に関し、前2条の違反行為をしたときは、行為者を罰するほか、その法人又は人に対して各本条の罰金刑を科する。
2　法人でない団体について前項の規定の適用がある場合に

は，その代表者又は管理人が，その訴訟行為につき法人でない団体を代表するほか，法人を被告人又は被疑者とする場合の刑事訴訟に関する法律の規定を準用する。

第69条　次の各号のいずれかに該当する場合においては，更生保護法人の理事，監事又は清算人は，20万円以下の過料に処する。
一　第8条第1項の規定による政令に違反して，登記することを怠ったとき。
二　第14条の2の規定に違反して，財産目録を備え置かず，又はこれに記載すべき事項を記載せず，若しくは不実の記載をしたとき。
三　第27条第3項の規定に違反して，届出をせず，又は虚偽の届出をしたとき。
四　第29条第1項の規定に違反して，書類を備え置かず，又はこれに記載すべき事項を記載せず，若しくは不実の記載をしたとき。
五　第31条の2第2項又は第31条の11第1項の規定に違反して，破産手続開始の申立てをしなかったとき。
六　第31条の9第1項又は第31条の11第1項の規定に違反して，公告をせず，又は不正の公告をしたとき。
七　第35条第1項の規定に違反して，書類の作成をせず，又はこれに記載すべき事項を記載せず，若しくは不実の記載をしたとき。
八　第35条第2項又は第36条第2項の規定に違反したとき。

第70条　第4条の規定に違反した者は，10万円以下の過料に処する。

保護司法

(昭和25・5・25 法律204)
最新改正　平成19法律88

（保護司の使命）
第1条　保護司は，社会奉仕の精神をもつて，犯罪をした者及び非行のある少年の改善更生を助けるとともに，犯罪の予防のため世論の啓発に努め，もつて地域社会の浄化をはかり，個人及び公共の福祉に寄与することを，その使命とする。

（設置区域及び定数）
第2条　保護司は，法務大臣が都道府県の区域を分けて定める区域（以下「保護区」という。）に置くものとする。
2　保護司の定数は，全国を通じて，5万2,500人をこえないものとする。
3　保護区ごとの保護司の定数は，法務大臣がその土地の人口，経済，犯罪の状況その他の事情を考慮して定める。
4　第1項及び前項に規定する法務大臣の権限は，地方更生保護委員会に委任することができる。

（推薦及び委嘱）
第3条　保護司は，左の各号に掲げるすべての条件を具備する者のうちから，法務大臣が，委嘱する。
一　人格及び行動について，社会的信望を有すること。
二　職務の遂行に必要な熱意及び時間的余裕を有すること。
三　生活が安定していること。
四　健康で活動力を有すること。
2　法務大臣は，前項の委嘱を，地方更生保護委員会の委員長に委任することができる。
3　前2項の委嘱は，保護観察所の長が推薦した者のうちから行うものとする。
4　保護観察所の長は，前項の推薦をしようとするときは，あらかじめ，保護司選考会の意見を聴かなければならない。

（欠格条項）
第4条　次の各号のいずれかに該当する者は，保護司になることができない。
一　成年被後見人又は被保佐人
二　禁錮以上の刑に処せられた者
三　日本国憲法の施行の日以後において，日本国憲法又はその下に成立した政府を暴力で破壊することを主張する政党その他の団体を結成し，又はこれに加入した者

（保護司選考会）
第5条　保護観察所に，保護司選考会を置く。
2　保護司選考会は，委員13人（東京地方裁判所の管轄区域を管轄する保護観察所に置かれる保護司選考会にあつては，15人）以内をもつて組織し，うち1人を会長とする。
3　保護司選考会の委員には，給与を支給しない。
4　この法律で定めるもののほか，保護司選考会の組織，所掌事務，委員及び事務処理の手続については，法務省令で定める。

第6条　削除

（任期）
第7条　保護司の任期は，2年とする。但し，再任を妨げない。

（職務の執行区域）
第8条　保護司は，その置かれた保護区の区域内において，職務を行うものとする。但し，地方更生保護委員会又は保護観察所の長から特に命ぜられたときは，この限りでない。

（職務の遂行）
第8条の2　保護司は，地方更生保護委員会又は保護観察所の長から指定を受けて当該地方更生保護委員会又は保護観察所の所掌に属する事務に従事するほか，保護観察所の長の承認を得た保護司会の計画の定めるところに従い，次に掲げる事務であつて当該保護観察所の所掌に属するものに従事するものとする。
一　犯罪をした者及び非行のある少年の改善更生を助け又は犯罪の予防を図るための啓発及び宣伝の活動
二　犯罪をした者及び非行のある少年の改善更生を助け又は犯罪の予防を図るための民間団体の活動への協力
三　犯罪の予防に寄与する地方公共団体の施策への協力
四　その他犯罪をした者及び非行のある少年の改善更生を助け又は犯罪の予防を図ることに資する活動で法務省令で定めるもの

（服務）
第9条　保護司は，その使命を自覚し，常に人格識見の向上とその職務を行うために必要な知識及び技術の修得に努め，積極的態度をもつてその職務を遂行しなければならない。
2　保護司は，その職務を行うに当つて知り得た関係者の身上に関する秘密を尊重し，その名誉保持に努めなければならない。

第10条　削除

（費用の支給）
第11条　保護司には，給与を支給しない。
2　保護司は，法務省令の定めるところにより，予算の範囲内において，その職務を行うために要する費用の全部又は一部の支給を受けることができる。

（解嘱）
第12条　法務大臣は、保護司が第4条各号の一に該当するに至つたときは、これを解嘱しなければならない。
2　法務大臣は、保護司が次の各号のいずれかに該当するに至つたときは、保護観察所の長の申出に基づいて、これを解嘱することができる。
　一　第3条第1項各号に掲げる条件のいずれかを欠くに至つたとき。
　二　職務上の義務に違反し、又はその職務を怠つたとき。
　三　保護司たるにふさわしくない非行があつたとき。
3　保護観察所の長は、前項の申出をしようとするときは、あらかじめ、保護司選考会の意見を聴かなければならない。
4　第1項又は第2項の規定による解嘱は、当該保護司に解嘱の理由が説明され、かつ、弁明の機会が与えられた後でなければ行うことができない。ただし、第4条第一号又は第二号に該当するに至つたことを理由とする解嘱については、この限りでない。

（保護司会）
第13条　保護司は、その置かれた保護区ごとに保護司会を組織する。
2　保護司会は、次に掲げる事務を行うことを任務とする。
　一　第8条の2に規定する計画の策定その他保護司の職務に関する連絡及び調整
　二　保護司の職務に関し必要な資料及び情報の収集
　三　保護司の職務に関する研究及び意見の発表
　四　その他保護司の職務の円滑かつ効果的な遂行を図るために必要な事項で法務省令で定めるもの

（保護司会連合会）
第14条　保護司会は、都道府県ごとに保護司会連合会を組織する。ただし、北海道にあつては、法務大臣が定める区域ごとに組織するものとする。
2　保護司会連合会は、次に掲げる事務を行うことを任務とする。
　一　保護司会の任務に関する連絡及び調整
　二　保護司の職務に関し必要な資料及び情報の収集
　三　保護司の職務に関する研究及び意見の発表
　四　その他保護司の職務又は保護司会の任務の円滑かつ効果的な遂行を図るために必要な事項で法務省令で定めるもの

（保護司会等に関し必要な事項の省令への委任）
第15条　この法律に定めるもののほか、保護司会及び保護司会連合会に関し必要な事項は、法務省令で定める。

（表彰）
第16条　法務大臣は、職務上特に功労がある保護司、保護司会及び保護司会連合会を表彰し、その業績を一般に周知させることに意を用いなければならない。

（地方公共団体の協力）
第17条　地方公共団体は、保護司、保護司会及び保護司会連合会の活動が、犯罪をした者及び非行のある少年の改善更生を助けるとともに犯罪を予防し、地域社会の安全及び住民福祉の向上に寄与するものであることにかんがみ、その地域において行われる保護司、保護司会及び保護司会連合会の活動に対して必要な協力をすることができる。

（省令への委任）
第18条　この法律の実施のための手続、その他その執行について必要な細則は、法務省令で定める。

少年法

（昭和23・7・15法律168）
最新改正　平成26法律23

第1章　総則

（この法律の目的）
第1条　この法律は、少年の健全な育成を期し、非行のある少年に対して性格の矯正及び環境の調整に関する保護処分を行うとともに、少年の刑事事件について特別の措置を講ずることを目的とする。

（少年、成人、保護者）
第2条　この法律で「少年」とは、20歳に満たない者をいい、「成人」とは、満20歳以上の者をいう。
2　この法律で「保護者」とは、少年に対して法律上監護教育の義務ある者及び少年を現に監護する者をいう。

第2章　少年の保護事件
第1節　通則

（審判に付すべき少年）
第3条　次に掲げる少年は、これを家庭裁判所の審判に付する。
　一　罪を犯した少年
　二　14歳に満たないで刑罰法令に触れる行為をした少年
　三　次に掲げる事由があつて、その性格又は環境に照して、将来、罪を犯し、又は刑罰法令に触れる行為をする虞のある少年
　　イ　保護者の正当な監督に服しない性癖のあること。
　　ロ　正当の理由がなく家庭に寄り附かないこと。
　　ハ　犯罪性のある人若しくは不道徳な人と交際し、又はいかがわしい場所に出入すること。
　　ニ　自己又は他人の徳性を害する行為をする性癖のあること。
2　家庭裁判所は、前項第二号に掲げる少年及び同項第三号に掲げる少年で14歳に満たない者については、都道府県知事又は児童相談所長から送致を受けたときに限り、これを審判に付することができる。

（判事補の職権）
第4条　第20条の決定以外の裁判は、判事補が1人でこれをすることができる。

（管轄）
第5条　保護事件の管轄は、少年の行為地、住所、居所又は現在地による。
2　家庭裁判所は、保護の適正を期するため特に必要があると認めるときは、決定をもつて、事件を他の管轄家庭裁判所に移送することができる。
3　家庭裁判所は、事件がその管轄に属しないと認めるときは、決定をもつて、これを管轄家庭裁判所に移送しなければならない。

（被害者等による記録の閲覧及び謄写）
第5条の2　裁判所は、第3条第1項第一号又は第二号に掲げる少年に係る保護事件について、第21条の決定があつた後、最高裁判所規則の定めるところにより当該保護事件の被害者等（被害者又はその法定代理人若しくは被害者が死亡した場合若しくはその心身に重大な故障がある場合におけるその配偶者、直系の親族若しくは兄弟姉妹をいう。以

下同じ。）又は被害者等から委託を受けた弁護士から，その保管する当該保護事件の記録（家庭裁判所が専ら当該少年の保護の必要性を判断するために作成し又は収集したもの及び家庭裁判所調査官が家庭裁判所による当該少年の保護の必要性の判断に資するよう作成し又は収集したものを除く。）の閲覧又は謄写の申出があるときは，閲覧又は謄写を求める理由が正当でないと認める場合及び少年の健全な育成に対する影響，事件の性質，調査若しくは審判の状況その他の事情を考慮して閲覧又は謄写をさせることが相当でないと認める場合を除き，申出をした者にその閲覧又は謄写をさせるものとする。

2　前項の申出は，その申出に係る保護事件を終局させる決定が確定した後3年を経過したときは，することができない。

3　第1項の規定により記録の閲覧又は謄写をした者は，正当な理由がないのに閲覧又は謄写により知り得た少年の氏名その他少年の身上に関する事項を漏らしてはならず，かつ，閲覧又は謄写により知り得た事項をみだりに用いて，少年の健全な育成を妨げ，関係人の名誉若しくは生活の平穏を害し，又は調査若しくは審判に支障を生じさせる行為をしてはならない。

（閲覧又は謄写の手数料）
第5条の3　前条第1項の規定による記録の閲覧又は謄写の手数料については，その性質に反しない限り，民事訴訟費用等に関する法律（昭和46年法律第四十号）第7条から第10条まで及び別表第2の1の項の規定（同表上欄中「〔事件の係属中に当事者等が請求するものを除く。〕」とある部分を除く。）を準用する。

第2節　通告，警察官の調査等

（通告）
第6条　家庭裁判所の審判に付すべき少年を発見した者は，これを家庭裁判所に通告しなければならない。

2　警察官又は保護者は，第3条第1項第三号に掲げる少年について，直接これを家庭裁判所に送致し又は通告するよりも，先づ児童福祉法（昭和22年法律第164号）による措置にゆだねるのが適当であると認めるときは，その少年を直接児童相談所に通告することができる。

（警察官等の調査）
第6条の2　警察官は，客観的な事情から合理的に判断して，第3条第1項第二号に掲げる少年であると疑うに足りる相当の理由のある者を発見した場合において，必要があるときは，事件について調査をすることができる。

2　前項の調査は，少年の情操の保護に配慮しつつ，事案の真相を明らかにし，もつて少年の健全な育成のための措置に資することを目的として行うものとする。

3　警察官は，国家公安委員会規則の定めるところにより，少年の心理その他の特性に関する専門的知識を有する警察職員（警察官を除く。）に調査（第6条の5第1項の処分を除く。）をさせることができる。

（調査における付添人）
第6条の3　少年及び保護者は，前条第1項の調査に関し，いつでも，弁護士である付添人を選任することができる。

（呼出し，質問，報告の要求）
第6条の4　警察官は，調査をするについて必要があるときは，少年，保護者又は参考人を呼び出し，質問することができる。

2　前項の質問に当たつては，強制にわたることがあつてはならない。

3　警察官は，調査について，公務所又は公私の団体に照会して必要な事項の報告を求めることができる。

（押収，捜索，検証，鑑定嘱託）
第6条の5　警察官は，第3条第1項第二号に掲げる少年に係る事件の調査をするについて必要があるときは，押収，捜索，検証又は鑑定の嘱託をすることができる。

2　刑事訴訟法（昭和23年法律第131号）中，司法警察職員の行う押収，捜索，検証及び鑑定の嘱託に関する規定（同法第224条を除く。）は，前項の場合に，これを準用する。この場合において，これらの規定中「司法警察員」とあるのは「司法警察員たる警察官」と，「司法巡査」とあるのは「司法巡査たる警察官」と読み替えるほか，同法第499条第1項中「検察官」とあるのは「警視総監若しくは道府県警察本部長又は警察署長」と，「政令」とあるのは「国家公安委員会規則」と，同条第3項中「国庫」とあるのは「当該都道府県警察又は警察署の属する都道府県」と読み替えるものとする。

（警察官の送致等）
第6条の6　警察官は，調査の結果，次の各号のいずれかに該当するときは，当該調査に係る書類とともに事件を児童相談所長に送致しなければならない。

一　第3条第1項第二号に掲げる少年に係る事件について，その少年の行為が次に掲げる罪に係る刑罰法令に触れるものであると思料するとき。
　イ　故意の犯罪行為により被害者を死亡させた罪
　ロ　イに掲げるもののほか，死刑又は無期若しくは短期2年以上の懲役若しくは禁錮に当たる罪
二　前号に掲げるもののほか，第3条第1項第二号に掲げる少年に係る事件について，家庭裁判所の審判に付することが適当であると思料するとき。

2　警察官は，前項の規定により児童相談所長に送致した事件について，児童福祉法第27条第1項第四号の措置がとられた場合において，証拠物があるときは，これを家庭裁判所に送付しなければならない。

3　警察官は，第1項の規定により事件を送致した場合を除き，児童福祉法第25条の規定により調査に係る少年を児童相談所に通告するときは，国家公安委員会規則の定めるところにより，児童相談所に対し，同法による措置をとることについて参考となる当該調査の概要及び結果を通知するものとする。

（都道府県知事又は児童相談所長の送致）
第6条の7　都道府県知事又は児童相談所長は，前条第1項（第一号に係る部分に限る。）の規定により送致を受けた事件については，児童福祉法第27条第1項第四号の措置をとらなければならない。ただし，調査の結果，その必要がないと認められるときは，この限りでない。

2　都道府県知事又は児童相談所長は，児童福祉法の適用がある少年について，たまたま，その行動の自由を制限し，又はその自由を奪うような強制的措置を必要とするときは，同法第33条，第33条の2及び第47条の規定により認められる場合を除き，これを家庭裁判所に送致しなければならない。

（家庭裁判所調査官の報告）
第7条　家庭裁判所調査官は，家庭裁判所の審判に付すべき少年を発見したときは，これを裁判官に報告しなければならない。

2　家庭裁判所調査官は，前項の報告に先だち，少年及び保護者について，事情を調査することができる。

少年法

第3節　調査及び審判

（事件の調査）

第8条　家庭裁判所は、第6条第1項の通告又は前条第1項の報告により、審判に付すべき少年があると思料するときは、事件について調査しなければならない。検察官、司法警察員、警察官、都道府県知事又は児童相談所長から家庭裁判所の審判に付すべき少年事件の送致を受けたときも、同様とする。

2　家庭裁判所は、家庭裁判所調査官に命じて、少年、保護者又は参考人の取調その他の必要な調査を行わせることができる。

（調査の方針）

第9条　前条の調査は、なるべく、少年、保護者又は関係人の行状、経歴、素質、環境について、医学、心理学、教育学、社会学その他の専門的智識特に少年鑑別所の鑑別の結果を活用して、これを行うように努めなければならない。

（被害者等の申出による意見の聴取）

第9条の2　家庭裁判所は、最高裁判所規則の定めるところにより第3条第1項第1号又は第2号に掲げる少年に係る事件の被害者等から、被害に関する心情その他の事件に関する意見の陳述の申出があるときは、自らこれを聴取し、又は家庭裁判所調査官に命じてこれを聴取させるものとする。ただし、事件の性質、調査又は審判の状況その他の事情を考慮して、相当でないと認めるときは、この限りでない。

（付添人）

第10条　少年及び保護者は、家庭裁判所の許可を受けて、付添人を選任することができる。ただし、弁護士を付添人に選任するには、家庭裁判所の許可を要しない。

2　保護者は、家庭裁判所の許可を受けて、付添人となることができる。

（呼出、同行）

第11条　家庭裁判所は、事件の調査又は審判について必要があると認めるときは、少年又は保護者に対して、呼出状を発することができる。

2　家庭裁判所は、正当な理由がなく前項の呼出に応じない者に対して、同行状を発することができる。

（緊急の場合の同行）

第12条　家庭裁判所は、少年が保護のため緊急を要する状態にあつて、その福祉上必要であると認めるときは、前条第2項の規定にかかわらず、その少年に対して、同行状を発することができる。

2　裁判長は、急速を要する場合には、前項の処分をし、又は合議体の構成員にこれをさせることができる。

（同行状の執行）

第13条　同行状は、家庭裁判所調査官がこれを執行する。

2　家庭裁判所は、警察官、保護観察官又は裁判所書記官をして、同行状を執行させることができる。

3　裁判長は、急速を要する場合には、前項の処分をし、又は合議体の構成員にこれをさせることができる。

（証人尋問・鑑定・通訳・翻訳）

第14条　家庭裁判所は、証人を尋問し、又は鑑定、通訳若しくは翻訳を命ずることができる。

2　刑事訴訟法中、裁判所の行う証人尋問、鑑定、通訳及び翻訳に関する規定は、保護事件の性質に反しない限り、前項の場合に、これを準用する。

（検証、押収、捜索）

第15条　家庭裁判所は、検証、押収又は捜索をすることができる。

2　刑事訴訟法中、裁判所の行う検証、押収及び捜索に関する規定は、保護事件の性質に反しない限り、前項の場合に、これを準用する。

（援助、協力）

第16条　家庭裁判所は、調査及び観察のため、警察官、保護観察官、保護司、児童福祉司（児童福祉法第12条の3第2項第4号に規定する児童福祉司をいう。第26条第1項において同じ。）又は児童委員に対して、必要な援助をさせることができる。

2　家庭裁判所は、その職務を行うについて、公務所、公私の団体、学校、病院その他に対して、必要な協力を求めることができる。

（観護の措置）

第17条　家庭裁判所は、審判を行うため必要があるときは、決定をもつて、次に掲げる観護の措置をとることができる。

一　家庭裁判所調査官の観護に付すること。

二　少年鑑別所に送致すること。

2　同行された少年については、観護の措置は、遅くとも、到着のときから24時間以内に、これを行わなければならない。検察官又は司法警察員から勾留又は逮捕された少年の送致を受けたときも、同様である。

3　第1項第二号の措置においては、少年鑑別所に収容する期間は、2週間を超えることができない。ただし、特に継続の必要があるときは、決定をもつて、これを更新することができる。

4　前項ただし書の規定による更新は、1回を超えて行うことができない。ただし、第3条第1項第一号に掲げる少年に係る死刑、懲役又は禁錮に当たる罪の事件でその非行事実（犯行の動機、態様及び結果その他の当該犯罪に密接に関連する重要な事実を含む。以下同じ。）の認定に関し証人尋問、鑑定若しくは検証を行うことを決定したもの又はこれを行つたものは、少年を収容しなければ審判に著しい支障が生じるおそれがあると認めるに足りる相当の理由がある場合には、その更新は、更に2回を限度として、行うことができる。

5　第3項ただし書の規定にかかわらず、検察官から再び送致を受けた事件が先に第1項第二号の措置がとられ、又は勾留状が発せられた事件であるときは、収容の期間は、これを更新することができない。

6　裁判官が第43条第1項の請求により、第1項第一号の措置をとつた場合において、事件が家庭裁判所に送致されたときは、その措置は、これを第1項第一号の措置とみなす。

7　裁判官が第43条第1項の請求により第1項第二号の措置をとつた場合において、事件が家庭裁判所に送致されたときは、その措置は、これを第1項第二号の措置とみなす。この場合には、第3項の期間は、家庭裁判所が事件の送致を受けた日から、これを起算する。

8　観護の措置は、決定をもつて、これを取り消し、又は変更することができる。

9　第1項第二号の措置については、収容の期間は、通じて8週間を超えることができない。ただし、その収容の期間が通じて4週間を超えることとなる決定を行うときは、第4項ただし書に規定する事由がなければならない。

10　裁判長は、急速を要する場合には、第1項及び第8項の処分をし、又は合議体の構成員にこれをさせることができ

少年法

（異議の申立て）
第17条の2　少年、その法定代理人又は付添人は、前条第1項第二号又は第3項ただし書の決定に対して、保護事件の係属する家庭裁判所に異議の申立てをすることができる。ただし、付添人は、選任者である保護者の明示した意思に反して、異議の申立てをすることができない。
2　前項の異議の申立ては、審判に付すべき事由がないことを理由としてすることはできない。
3　第1項の異議の申立てについては、家庭裁判所は、合議体で決定をしなければならない。この場合において、その決定には、原決定に関与した裁判官は、関与することができない。
4　第32条の3、第33条及び第34条の規定は、第1項の異議の申立てがあつた場合について準用する。この場合において、第33条第2項中「取り消して、事件を原裁判所に差し戻し、又は他の家庭裁判所に移送しなければならない」とあるのは、「取り消し、必要があるときは、更に裁判をしなければならない」と読み替えるものとする。

（特別抗告）
第17条の3　第35条第1項の規定は、前条第3項の決定について準用する。この場合において、第35条第1項中「2週間」とあるのは、「5日」と読み替えるものとする。
2　前条第4項及び第32条の2の規定は、前項の規定による抗告があつた場合について準用する。

（少年鑑別所送致の場合の仮収容）
第17条の4　家庭裁判所は、第17条第1項第二号の措置をとつた場合において、直ちに少年鑑別所に収容することが著しく困難であると認める事情があるときは、決定をもつて、少年を仮に少年院その他少年施設の刑事施設と区別した場所に収容することができる。ただし、その期間は、収容した時から72時間を超えることができない。
2　裁判長は、急速を要する場合には、前項の処分をし、又は合議体の構成員にこれをさせることができる。
3　前項の規定による収容の期間は、これを第17条第1項第二号の措置により少年鑑別所に収容した期間とみなし、同条第3項の期間は、少年院又は刑事施設に収容した日から、これを起算する。
4　裁判長が第43条第1項の請求のあつた事件につき、第1項の収容をした場合において、事件が家庭裁判所に送致されたときは、その収容は、これを第1項の規定による収容とみなす。

（児童福祉法の措置）
第18条　家庭裁判所は、調査の結果、児童福祉法の規定による措置を相当と認めるときは、決定をもつて、事件を権限を有する都道府県知事又は児童相談所長に送致しなければならない。
2　第6条の7第2項の規定により、都道府県知事又は児童相談所長から送致を受けた少年については、決定をもつて、期限を付して、これに対してとるべき保護の方法その他の措置を指示して、事件を権限を有する都道府県知事又は児童相談所長に送致することができる。

（審判を開始しない旨の決定）
第19条　家庭裁判所は、調査の結果、審判に付することができず、又は審判に付するのが相当でないと認めるときは、審判を開始しない旨の決定をしなければならない。
2　家庭裁判所は、調査の結果、本人が20歳以上であることが判明したときは、前項の規定にかかわらず、決定をもつて、事件を管轄地方裁判所に対応する検察庁の検察官に送致しなければならない。

（検察官への送致）
第20条　家庭裁判所は、死刑、懲役又は禁錮に当たる罪の事件について、調査の結果、その罪質及び情状に照らして刑事処分を相当と認めるときは、決定をもつて、これを管轄地方裁判所に対応する検察庁の検察官に送致しなければならない。
2　前項の規定にかかわらず、家庭裁判所は、故意の犯罪行為により被害者を死亡させた罪の事件であつて、その罪を犯すとき16歳以上の少年に係るものについては、同項の決定をしなければならない。ただし、調査の結果、犯行の動機及び態様、犯行後の情況、少年の性格、年齢、行状及び環境その他の事情を考慮し、刑事処分以外の措置を相当と認めるときは、この限りでない。

（審判開始の決定）
第21条　家庭裁判所は、調査の結果、審判を開始するのが相当であると認めるときは、その旨の決定をしなければならない。

（審判の方式）
第22条　審判は、懇切を旨として、和やかに行うとともに、非行のある少年に対し自己の非行について内省を促すものとしなければならない。
2　審判は、これを公開しない。
3　審判の指揮は、裁判長が行う。

（検察官の関与）
第22条の2　家庭裁判所は、第3条第1項第一号に掲げる少年に係る事件であつて、死刑又は無期若しくは長期3年を超える懲役若しくは禁錮に当たる罪のものにおいて、その非行事実を認定するための審判の手続に検察官が関与する必要があると認めるときは、決定をもつて、審判に検察官を出席させることができる。
2　家庭裁判所は、前項の決定をするには、検察官の申出がある場合を除き、あらかじめ、検察官の意見を聴かなければならない。
3　検察官は、第1項の決定があつた事件において、その非行事実の認定に資するため必要な限度で、最高裁判所規則の定めるところにより、事件の記録及び証拠物を閲覧し及び謄写し、審判の手続（事件を終局させる決定の告知を含む。）に立ち会い、少年及び証人その他の関係人に発問し、並びに意見を述べることができる。

（国選付添人）
第22条の3　家庭裁判所は、前条第1項の決定をした場合において、少年に弁護士である付添人がないときは、弁護士である付添人を付さなければならない。
2　家庭裁判所は、第3条第1項第一号に掲げる少年に係る事件であつて前条第1項に規定する罪のもの又は第3条第1項第二号に掲げる少年に係る事件であつて前条第1項に規定する罪に係る刑罰法令に触れるものにおいて、第17条第1項第二号の措置がとられており、かつ、少年に弁護士である付添人がない場合において、事案の内容、保護者の有無その他の事情を考慮し、審判の手続に弁護士である付添人が関与する必要があると認めるときは、弁護士である付添人を付することができる。
3　前2項の規定により家庭裁判所が付すべき付添人は、最高裁判所規則の定めるところにより、選任するものとする。
4　前項（第22条の5第4項において準用する場合を含む。）の規定により選任された付添人は、旅費、日当、宿泊料及び報酬を請求することができる。

少年法

（被害者等による少年審判の傍聴）
第22条の4　家庭裁判所は、最高裁判所規則の定めるところにより第3条第1項第一号に掲げる少年に係る事件であつて次に掲げる罪のもの又は同項第二号に掲げる少年（12歳に満たないで刑罰法令に触れる行為をした少年を除く。次項において同じ。）に係る事件であつて次に掲げる罪に係る刑罰法令に触れるもの（いずれも被害者を傷害した場合にあつては、これにより生命に重大な危険を生じさせたときに限る。）の被害者等から、審判期日における審判の傍聴の申出がある場合において、少年の年齢及び心身の状態、事件の性質、審判の状況その他の事情を考慮して、少年の健全な育成を妨げるおそれがなく相当と認めるときは、その申出をした者に対し、これを傍聴することを許すことができる。
　一　故意の犯罪行為により被害者を死傷させた罪
　二　刑法（明治40年法律第四十五号）第211条（業務上過失致死傷等）の罪
　三　自動車の運転により人を死傷させる行為等の処罰に関する法律（平成25年法律第86号）第4条、第5条又は第6条第3項若しくは第4項の罪
2　家庭裁判所は、前項の規定により第3条第1項第二号に掲げる少年に係る事件の被害者等に審判の傍聴を許すか否かを判断するに当たつては、同号に掲げる少年が、一般に、精神的に特に未成熟であることを十分考慮しなければならない。
3　家庭裁判所は、第1項の規定により審判の傍聴を許す場合において、傍聴する者の年齢、心身の状態その他の事情を考慮し、その者が著しく不安又は緊張を覚えるおそれがあると認めるときは、その不安又は緊張を緩和するのに適当であり、かつ、審判を妨げ、又はこれに不当な影響を与えるおそれがないと認める者を、傍聴する者に付き添わせることができる。
4　裁判長は、第1項の規定により審判を傍聴する者及び前項の規定によりこの者に付き添う者の座席の位置、審判を行う期日における裁判所職員の配置等を定めるに当たつては、少年の心身に及ぼす影響に配慮しなければならない。
5　第5条の2第3項の規定は、第1項の規定により審判を傍聴した者又は第3項の規定によりこの者に付き添つた者について、準用する。

（弁護士である付添人からの意見の聴取等）
第22条の5　家庭裁判所は、前条第1項の規定により審判の傍聴を許すには、あらかじめ、弁護士である付添人の意見を聴かなければならない。
2　家庭裁判所は、前項の場合において、少年に弁護士である付添人がないときは、弁護士である付添人を付さなければならない。
3　少年に弁護士である付添人がない場合であつて、最高裁判所規則の定めるところにより少年及び保護者がこれを必要としない旨の意思を明示したときは、前2項の規定は適用しない。
4　第22条の3第3項の規定は、第2項の規定により家庭裁判所が付すべき付添人について、準用する。

（被害者等に対する説明）
第22条の6　家庭裁判所は、最高裁判所規則の定めるところにより第3条第1項第一号又は第二号に掲げる少年に係る事件の被害者等から申出がある場合において、少年の健全な育成を妨げるおそれがなく相当と認めるときは、最高裁判所規則の定めるところにより、その申出をした者に対し、審判期日における審判の状況を説明するものとする。

2　前項の申出は、その申出に係る事件を終局させる決定が確定した後3年を経過したときは、することができない。
3　第5条の2第3項の規定は、第1項の規定により説明を受けた者について、準用する。

（審判開始後保護処分に付しない場合）
第23条　家庭裁判所は、審判の結果、第18条又は第20条にあたる場合であると認めるときは、それぞれ、所定の決定をしなければならない。
2　家庭裁判所は、審判の結果、保護処分に付することができず、又は保護処分に付する必要がないと認めるときは、その旨の決定をしなければならない。
3　第19条第2項の規定は、家庭裁判所の審判の結果、本人が20歳以上であることが判明した場合に準用する。

（保護処分の決定）
第24条　家庭裁判所は、前条の場合を除いて、審判を開始した事件につき、決定をもつて、次に掲げる保護処分をしなければならない。ただし、決定の時に14歳に満たない少年に係る事件については、特に必要と認める場合に限り、第三号の保護処分をすることができる。
　一　保護観察所の保護観察に付すること。
　二　児童自立支援施設又は児童養護施設に送致すること。
　三　少年院に送致すること。
2　前項第一号及び第三号の保護処分においては、保護観察所の長をして、家庭その他の環境調整に関する措置を行わせることができる。

（没取）
第24条の2　家庭裁判所は、第3条第1項第一号及び第二号に掲げる少年について、第18条、第19条、第23条第2項又は前条第1項の決定をする場合には、決定をもつて、次に掲げる物を没取することができる。
　一　刑罰法令に触れる行為を組成した物
　二　刑罰法令に触れる行為に供し、又は供しようとした物
　三　刑罰法令に触れる行為から生じ、若しくはこれによつて得た物又は刑罰法令に触れる行為の報酬として得た物
　四　前号に記載した物の対価として得た物
2　没取は、その物が本人以外の者に属しないときに限る。但し、刑罰法令に触れる行為の後、本人以外の者が情を知つてその物を取得したときは、本人以外の者に属する場合においても、これを没取することができる。

（家庭裁判所調査官の観察）
第25条　家庭裁判所は、第24条第1項の保護処分を決定するため必要があると認めるときは、決定をもつて、相当の期間、家庭裁判所調査官の観察に付することができる。
2　家庭裁判所は、前項の観察とあわせて、次に掲げる措置をとることができる。
　一　遵守事項を定めてその履行を命ずること。
　二　条件を附けて保護者に引き渡すこと。
　三　適当な施設、団体又は個人に補導を委託すること。

（保護者に対する措置）
第25条の2　家庭裁判所は、必要があると認めるときは、保護者に対し、少年の監護に関する責任を自覚させ、その非行を防止するため、調査又は審判において、自ら訓戒、指導その他の適当な措置をとり、又は家庭裁判所調査官に命じてこれらの措置をとらせることができる。

（決定の執行）
第26条　家庭裁判所は、第17条第1項第二号、第17条の4第1項、第18条、第20条及び第24条第1項の決定をしたときは、家庭裁判所調査官、裁判所書記官、法務教官、警察官、保護観察官又は児童福祉司をして、その決

定を執行させることができる。
2　家庭裁判所は、第17条第1項第二号、第17条の4第1項、第18条、第20条及び第24条第1項の決定を執行するため必要があるときは、少年に対して、呼出状を発することができる。
3　家庭裁判所は、正当な理由がなく前項の呼出に応じない者に対して、同行状を発することができる。
4　家庭裁判所は、少年が保護のため緊急を要する状態にあつて、その福祉上必要であると認めるときは、前項の規定にかかわらず、その少年に対して、同行状を発することができる。
5　第13条の規定は、前2項の同行状に、これを準用する。
6　裁判長は、急速を要する場合には、第1項及び第4項の処分をし、又は合議体の構成員にこれをさせることができる。

（少年鑑別所収容の一時継続）
第26条の2　家庭裁判所は、第17条第1項第二号の措置がとられている事件について、第18条から第20条まで、第23条第2項又は第24条第1項の決定をする場合において、必要と認めるときは、決定をもつて、少年を引き続き相当期間少年鑑別所に収容することができる。但し、その期間は、7日を超えることはできない。

（同行状の執行の場合の仮収容）
第26条の3　第24条第1項第三号の決定を受けた少年に対して第26条第3項又は第4項の同行状を執行する場合において、必要があるときは、その少年を仮に最寄の少年鑑別所に収容することができる。

（保護観察中の者に対する措置）
第26条の4　更生保護法（平成19年法律第八十八号）第67条第2項の申請があつた場合において、審判の結果、第24条第1項第一号の保護処分を受けた者がその遵守すべき事項を遵守せず、同法第67条第1項の警告を受けたにもかかわらず、なお遵守すべき事項を遵守しなかつたと認められる事由があり、その程度が重く、かつ、その保護処分によつては本人の改善及び更生を図ることができないと認めるときは、決定をもつて、第24条第1項第二号又は第三号の保護処分をしなければならない。
2　家庭裁判所は、前項の規定により20歳以上の者に対して第24条第1項第三号の保護処分をするときは、その決定と同時に、本人が23歳を超えない期間内において、少年院に収容する期間を定めなければならない。
3　前項に定めるもののほか、第1項の規定による保護処分に係る事件の手続は、その性質に反しない限り、第24条第1項の保護処分に係る事件の手続の例による。

（競合する処分の調整）
第27条　保護処分の継続中、本人に対して有罪判決が確定したときは、保護処分をした家庭裁判所は、相当と認めるときは、決定をもつて、その保護処分を取り消すことができる。
2　保護処分の継続中、本人に対して新たな保護処分がなされたときは、新たな保護処分をした家庭裁判所は、前の保護処分をした家庭裁判所の意見を聞いて、決定をもつて、いずれかの保護処分を取消すことができる。

（保護処分の取消し）
第27条の2　保護処分の継続中、本人に対し審判権がなかつたこと、又は14歳に満たない少年について、都道府県知事若しくは児童相談所長から送致の手続がなかつたにもかかわらず、保護処分をしたことを認め得る明らかな資料を新たに発見したときは、保護処分をした家庭裁判所は、決

をもつて、その保護処分を取り消さなければならない。
2　保護処分が終了した後においても、審判に付すべき事由の存在が認められないにもかかわらず保護処分をしたことを認め得る明らかな資料を新たに発見したときは、前項と同様とする。ただし、本人が死亡した場合は、この限りでない。
3　保護観察所、児童自立支援施設、児童養護施設又は少年院の長は、保護処分の継続中の者について、第1項の事由があることを疑うに足りる資料を発見したときは、保護処分をした家庭裁判所に、その旨の通知をしなければならない。
4　第18条第1項及び第19条第2項の規定は、家庭裁判所が、第1項の規定により、保護処分を取り消した場合に準用する。
5　家庭裁判所は、第1項の規定により、少年院に収容中の者の保護処分を取り消した場合において、必要があると認めるときは、決定をもつて、その者を引き続き少年院に収容することができる。但し、その期間は、3日を超えることはできない。
6　前3項に定めるもののほか、第1項及び第2項の規定による保護処分の取消しの事件の手続は、その性質に反しない限り、保護事件の例による。

（報告と意見の提出）
第28条　家庭裁判所は、第24条又は第25条の決定をした場合において、施設、団体、個人、保護観察所、児童福祉施設又は少年院に対して、少年に関する報告又は意見の提出を求めることができる。

（委託費用の支給）
第29条　家庭裁判所は、第25条第2項第三号の措置として、適当な施設、団体又は個人に補導を委託したときは、その者に対して、これによつて生じた費用の全部又は一部を支給することができる。

（証人等の費用）
第30条　証人、鑑定人、翻訳人及び通訳人に支給する旅費、日当、宿泊料その他の費用の額については、刑事訴訟費用に関する法令の規定を準用する。
2　参考人は、旅費、日当、宿泊料を請求することができる。
3　参考人に支給する費用は、これを証人に支給する費用とみなして、第1項の規定を適用する。
4　第22条の3第4項の規定により付添人に支給すべき旅費、日当、宿泊料及び報酬の額については、刑事訴訟法第38条第2項の規定により弁護人に支給すべき旅費、日当、宿泊料及び報酬の例による。
第30条の2　家庭裁判所は、第16条第1項の規定により保護司又は児童委員をして、調査及び観察の援助をさせた場合には、最高裁判所の定めるところにより、その費用の一部又は全部を支払うことができる。

（費用の徴収）
第31条　家庭裁判所は、少年又はこれを扶養する義務のある者から証人、鑑定人、通訳人、翻訳人、参考人、第22条の3第3項（第22条の5第4項において準用する場合を含む。）の規定により選任された付添人及び補導を委託された者に支給した旅費、日当、宿泊料その他の費用並びに少年鑑別所及び少年院において生じた費用の全部又は一部を徴収することができる。
2　前項の費用の徴収については、非訟事件手続法（平成23年法律第五十一号）第121条の規定を準用する。

（被害者等に対する通知）

第31条の2　家庭裁判所は，第3条第1項第一号又は第二号に掲げる少年に係る事件を終局させる決定をした場合において，最高裁判所規則の定めるところにより当該事件の被害者等から申出があるときは，その申出をした者に対し，次に掲げる事項を通知するものとする。ただし，その通知をすることが少年の健全な育成を妨げるおそれがあり相当でないと認められるものについては，この限りでない。
　一　少年及びその法定代理人の氏名及び住居（法定代理人が法人である場合においては，その名称又は商号及び主たる事務所又は本店の所在地）
　二　決定の年月日，主文及び理由の要旨
2　前項の申出は，同項に規定する決定が確定した後3年を経過したときは，することができない。
3　第5条の2第3項の規定は，第1項の規定により通知を受けた者について，準用する。

第4節　抗告

（抗告）
第32条　保護処分の決定に対しては，決定に影響を及ぼす法令の違反，重大な事実の誤認又は処分の著しい不当を理由とするときに限り，少年，その法定代理人又は付添人から，2週間以内に，抗告をすることができる。ただし，付添人は，選任者である保護者の明示した意思に反して，抗告をすることができない。
（抗告裁判所の調査の範囲）
第32条の2　抗告裁判所は，抗告の趣意に含まれている事項に限り，調査をするものとする。
2　抗告裁判所は，抗告の趣意に含まれていない事項であつても，抗告の理由となる事由に関しては，職権で調査をすることができる。
（抗告裁判所の事実の取調べ）
第32条の3　抗告裁判所は，決定をするについて必要があるときは，事実の取調べをすることができる。
2　前項の取調べは，合議体の構成員にさせ，又は家庭裁判所の裁判官に嘱託することができる。
（抗告受理の申立て）
第32条の4　検察官は，第22条の2第1項の決定がされた場合においては，保護処分に付さない決定又は保護処分の決定に対し，同項の決定があつた事件の非行事実の認定に関し，決定に影響を及ぼす法令の違反又は重大な事実の誤認があることを理由とするときに限り，高等裁判所に対し，2週間以内に，抗告審として事件を受理すべきことを申し立てることができる。
2　前項の規定による申立て（以下「抗告受理の申立て」という。）は，申立書を原裁判所に差し出してしなければならない。この場合において，原裁判所は，速やかにこれを高等裁判所に送付しなければならない。
3　高等裁判所は，抗告受理の申立てがされた場合において，抗告審として事件を受理するのを相当と認めるときは，これを受理することができる。この場合においては，その旨の決定をしなければならない。
4　高等裁判所は，前項の決定をする場合において，抗告受理の申立ての理由中に重要でないと認めるものがあるときは，これを排除することができる。
5　第3項の決定は，高等裁判所が原裁判所から第2項の申立書の送付を受けた日から2週間以内にしなければならない。
6　第3項の決定があつた場合には，抗告があつたものとみなす。この場合において，第32条の2の規定の適用については，抗告受理の申立ての理由中第4項の規定により排除されたもの以外のものを抗告の趣意とみなす。
（抗告審における国選付添人）
第32条の5　前条第3項の決定があつた場合において，少年に弁護士である付添人がないときは，抗告裁判所は，弁護士である付添人を付さなければならない。
2　抗告裁判所は，第22条の3第2項に規定する事件（家庭裁判所において第17条第1項第二号の措置がとられたものに限る。）について，少年に弁護士である付添人がなく，かつ，事案の内容，保護者の有無その他の事情を考慮し，抗告審の審理に弁護士である付添人が関与する必要があると認めるときは，弁護士である付添人を付することができる。
（準用）
第32条の6　第32条の2，第32条の3及び前条に定めるもののほか，抗告審の審理については，その性質に反しない限り，家庭裁判所の審判に関する規定を準用する。
（抗告審の裁判）
第33条　抗告の手続がその規定に違反したとき，又は抗告が理由のないときは，決定をもつて，抗告を棄却しなければならない。
2　抗告が理由のあるときは，決定をもつて，原決定を取り消して，事件を原裁判所に差し戻し，又は他の家庭裁判所に移送しなければならない。
（執行の停止）
第34条　抗告は，執行を停止する効力を有しない。但し，原裁判所又は抗告裁判所は，決定をもつて，執行を停止することができる。
（再抗告）
第35条　抗告裁判所のした第33条の決定に対しては，憲法に違反し，若しくは憲法の解釈に誤りがあること，又は最高裁判所若しくは控訴裁判所である高等裁判所の判例と相反する判断をしたことを理由とする場合に限り，少年，その法定代理人又は付添人から，最高裁判所に対し，2週間以内に，特に抗告をすることができる。ただし，付添人は，選任者である保護者の明示した意思に反して，抗告をすることができない。
2　第32条の2，第32条の3，第32条の5第2項及び第32条の6から前条までの規定は，前項の場合に，これを準用する。この場合において，第33条第2項中「取り消して，事件を原裁判所に差し戻し，又は他の家庭裁判所に移送しなければならない」とあるのは，「取り消さなければならない。この場合には，家庭裁判所の決定を取り消して，事件を家庭裁判所に差し戻し，又は他の家庭裁判所に移送することができる」と読み替えるものとする。
（その他の事項）
第36条　この法律で定めるものの外，保護事件に関して必要な事項は，最高裁判所がこれを定める。
第37条から第39条まで　削除

第3章　少年の刑事事件

第1節　通則

（準拠法例）
第40条　少年の刑事事件については，この法律で定めるものの外，一般の例による。

第2節　手続

（司法警察員の送致）

第41条 司法警察員は，少年の被疑事件について捜査を遂げた結果，罰金以下の刑にあたる犯罪の嫌疑があるものと思料するときは，これを家庭裁判所に送致しなければならない。犯罪の嫌疑がない場合でも，家庭裁判所の審判に付すべき事由があると思料するときは，同様である。

（検察官の送致）
第42条 検察官は，少年の被疑事件について捜査を遂げた結果，犯罪の嫌疑があるものと思料するときは，第45条第五号本文に規定する場合を除いて，これを家庭裁判所に送致しなければならない。犯罪の嫌疑がない場合でも，家庭裁判所の審判に付すべき事由があると思料するときは，同様である。
2 前項の場合においては，刑事訴訟法の規定に基づく裁判官による被疑者についての弁護人の選任は，その効力を失う。

（勾留に代る措置）
第43条 検察官は，少年の被疑事件においては，裁判官に対して，勾留の請求に代え，第17条第1項の措置を請求することができる。但し，第17条第1項第一号の措置は，家庭裁判所の裁判官に対して，これを請求しなければならない。
2 前項の請求を受けた裁判官は，第17条第1項の措置に関して，家庭裁判所と同一の権限を有する。
3 検察官は，少年の被疑事件においては，やむを得ない場合でなければ，裁判官に対して，勾留を請求することはできない。

（勾留に代る措置の効力）
第44条 裁判官が前条第1項の請求に基いて第17条第1項第一号の措置をとつた場合において，検察官は，捜査を遂げた結果，事件を家庭裁判所に送致しないときは，直ちに，裁判官に対して，その措置の取消を請求しなければならない。
2 裁判官が前条第1項の請求に基いて第17条第1項第二号の措置をとるときは，令状を発してこれをしなければならない。
3 前項の措置の効力は，その請求をした日から10日とする。

（検察官へ送致後の取扱い）
第45条 家庭裁判所が，第20条の規定によつて事件を検察官に送致したときは，次の例による。
一 第17条第1項第一号の措置は，その少年の事件が再び家庭裁判所に送致された場合を除いて，検察官が事件の送致を受けた日から10日以内に公訴が提起されないときは，その効力を失う。公訴が提起されたときは，裁判官は，検察官の請求により，又は職権をもつて，いつでも，これを取り消すことができる。
二 前号の措置の継続中，勾留状が発せられたときは，その措置は，これによつて，その効力を失う。
三 第一号の措置は，その少年が満20歳に達した後も，引き続きその効力を有する。
四 第17条第1項第二号の措置は，これを裁判官のした勾留とみなし，その期間は，検察官が事件の送致を受けた日から，これを起算する。この場合において，その事件が先に勾留状の発せられた事件であるときは，この期間は，これを延長することができない。
五 検察官は，家庭裁判所から送致を受けた事件について，公訴を提起するに足りる犯罪の嫌疑があると思料するときは，公訴を提起しなければならない。ただし，送致を受けた事件の一部について公訴を提起するに足りる犯罪の嫌疑がないか，又は犯罪の情状等に影響を及ぼすべき新たな事情を発見したため，訴追を相当でないと思料するときは，この限りでない。送致後の情況により訴追を相当でないと思料するときも，同様である。
六 少年又は保護者が選任した弁護士である付添人は，これを弁護人とみなす。
七 第四号の規定により第17条第1項第二号の措置が裁判官のした勾留とみなされた場合には，勾留状が発せられているものとみなして，刑事訴訟法中，裁判官による被疑者についての弁護人の選任に関する規定を適用する。

第45条の2 前条第一号から第四号まで及び第七号の規定は，家庭裁判所が，第19条第2項又は第23条第3項の規定により，事件を検察官に送致した場合に準用する。

（訴訟費用の負担）
第45条の3 家庭裁判所が，先に裁判官により被疑者のため弁護人が付された事件について第23条第2項又は第24条第1項の決定をするときは，刑事訴訟法中，訴訟費用の負担に関する規定を準用する。この場合において，同法第181条第1項及び第2項中「刑の言渡」とあるのは，「保護処分の決定」と読み替えるものとする。
2 検察官は，家庭裁判所が少年に訴訟費用の負担を命ずる裁判をした事件について，その裁判を執行するため必要な限度で，最高裁判所規則の定めるところにより，事件の記録及び証拠物を閲覧し，及び謄写することができる。

（保護処分等の効力）
第46条 罪を犯した少年に対して第24条第1項の保護処分がなされたときは，審判を経た事件について，刑事訴追をし，又は家庭裁判所の審判に付することができない。
2 第22条の2第1項の決定がされた場合において，同項の決定があつた事件につき，審判に付すべき事由の存在が認められないこと又は保護処分に付する必要がないことを理由とした保護処分に付さない旨の決定が確定したときは，その事件についても，前項と同様とする。
3 第1項の規定は，第27条の2第1項の規定による保護処分の取消しの決定が確定した事件については，適用しない。ただし，当該事件につき同条第6項の規定によりその例によることとされる第22条の2第1項の決定がされた場合であつて，その取消しの理由が審判に付すべき事由の存在が認められないことであるときは，この限りでない。

（時効の停止）
第47条 第8条第1項前段の場合においては第21条の決定があつてから，第8条第1項後段の場合においては送致を受けてから，保護処分の決定が確定するまで，公訴の時効は，その進行を停止する。
2 前項の規定は，第21条の決定又は送致の後，本人が満20歳に達した事件についても，これを適用する。

（勾留）
第48条 勾留状は，やむを得ない場合でなければ，少年に対して，これを発することはできない。
2 少年を勾留する場合には，少年鑑別所にこれを拘禁することができる。
3 本人が満20歳に達した後でも，引き続き前項の規定によることができる。

（取扱いの分離）
第49条 少年の被疑者又は被告人は，他の被疑者又は被告人と分離して，なるべく，その接触を避けなければならない。
2 少年に対する被告事件は，他の被告事件と関連する場合にも，審理に妨げない限り，その手続を分離しなければな

らない。

3　刑事施設，留置施設及び海上保安留置施設においては，少年（刑事収容施設及び被収容者等の処遇に関する法律（平成17年法律第五十号）第2条第四号の受刑者（同条第八号の未決拘禁者としての地位を有するものを除く。）を除く。）を成人と分離して収容しなければならない。

（審判の方針）

第50条　少年に対する刑事事件の審判は，第9条の趣旨に従つて，これを行わなければならない。

第3節　処分

（死刑と無期刑の緩和）

第51条　罪を犯すとき18歳に満たない者に対しては，死刑をもつて処断すべきときは，無期刑を科する。

2　罪を犯すとき18歳に満たない者に対しては，無期刑をもつて処断すべきときであつても，有期の懲役又は禁錮を科することができる。この場合において，その刑は，10年以上20年以下において言い渡す。

（不定期刑）

第52条　少年に対して有期の懲役又は禁錮をもつて処断すべきときは，処断すべき刑の範囲内において，長期を定めるとともに，長期の2分の1（長期が10年を下回るときは，長期から5年を減じた期間。次項において同じ。）を下回らない範囲内において短期を定めて，これを言い渡す。この場合において，長期は15年，短期は10年を超えることはできない。

2　前項の短期については，同項の規定にかかわらず，少年の改善更生の可能性その他の事情を考慮し特に必要があるときは，処断すべき刑の短期の2分の1を下回らず，かつ，長期の2分の1を下回らない範囲内において，これを定めることができる。この場合においては，刑法第14条第2項の規定を準用する。

3　刑の執行猶予の言渡をする場合には，前2項の規定は，これを適用しない。

（少年鑑別所収容中の日数）

第53条　第17条第1項第二号の措置がとられた場合においては，少年鑑別所に収容中の日数は，これを未決勾留の日数とみなす。

（換刑処分の禁止）

第54条　少年に対しては，労役場留置の言渡をしない。

（家庭裁判所への移送）

第55条　裁判所は，事実審理の結果，少年の被告人を保護処分に付するのが相当であると認めるときは，決定をもつて，事件を家庭裁判所に移送しなければならない。

（懲役又は禁錮の執行）

第56条　懲役又は禁錮の言渡しを受けた少年（第3項の規定により少年院において刑の執行を受ける者を除く。）に対しては，特に設けた刑事施設若しくは留置施設内の特に分界を設けた場所において，その刑を執行する。

2　本人が満20歳に達した後でも，満26歳に達するまでは，前項の規定による執行を継続することができる。

3　懲役又は禁錮の言渡しを受けた16歳に満たない少年に対しては，刑法第12条第2項又は第13条第2項の規定にかかわらず，16歳に達するまでの間，少年院において，その刑を執行することができる。この場合において，その少年には，矯正教育を授ける。

（刑の執行と保護処分）

第57条　保護処分の継続中，懲役，禁錮又は拘留の刑が確定したときは，先に刑を執行する。懲役，禁錮又は拘留の刑が確定してその執行前保護処分がなされたときも，同様である。

（仮釈放）

第58条　少年のとき懲役又は禁錮の言渡しを受けた者については，次の期間を経過した後，仮釈放をすることができる。

一　無期刑については7年

二　第51条第2項の規定により言い渡した有期の刑については，その刑期の3分の1

三　第52条第1項又は同条第1項及び第2項の規定により言い渡した刑については，その刑の短期の3分の1

2　第51条第1項の規定により無期刑の言渡を受けた者については，前項第一号の規定は適用しない。

（仮釈放期間の終了）

第59条　少年のとき無期刑の言渡しを受けた者が，仮釈放後，その処分を取り消されないで10年を経過したときは，刑の執行を受け終わつたものとする。

2　少年のとき第51条第2項又は第52条第1項若しくは同条第1項及び第2項の規定により有期の刑の言渡しを受けた者が，仮釈放後，その処分を取り消されないで仮釈放前に刑の執行を受けた期間と同一の期間又は第51条第2項の刑期若しくは第52条第1項の長期を経過したときは，そのいずれか早い時期において，刑の執行を受け終わつたものとする。

（人の資格に関する法令の適用）

第60条　少年のとき犯した罪により刑に処せられてその執行を受け終り，又は執行の免除を受けた者は，人の資格に関する法令の適用については，将来に向つて刑の言渡を受けなかつたものとみなす。

2　少年のとき犯した罪について刑に処せられた者で刑の執行猶予の言渡を受けた者は，その猶予期間中，刑の執行を受け終つたものとみなして，前項の規定を適用する。

3　前項の場合において，刑の執行猶予の言渡を取り消されたときは，人の資格に関する法令の適用については，その取り消されたとき，刑の言渡があつたものとみなす。

第4章　雑則

（記事等の掲載の禁止）

第61条　家庭裁判所の審判に付された少年又は少年のとき犯した罪により公訴を提起された者については，氏名，年齢，職業，住居，容ぼう等によりその者が当該事件の本人であることを推知することができるような記事又は写真を新聞紙その他の出版物に掲載してはならない。

少年院法

（平成26・6・11法律58）

第1章　総則

（目的）

第1条　この法律は，少年院の適正な管理運営を図るとともに，在院者の人権を尊重しつつ，その特性に応じた適切な矯正教育その他の在院者の健全な育成に資する処遇を行うことにより，在院者の改善更生及び円滑な社会復帰を図る

ことを目的とする。
(定義)
第2条 この法律において，次の各号に掲げる用語の意義は，それぞれ当該各号に定めるところによる。
一 在院者 保護処分在院者又は受刑在院者をいう。
二 保護処分在院者 少年法(昭和23年法律第168号)第24条第1項第三号の保護処分(第138条第2項及び第4項(第139条第3項において準用する場合を含む。)並びに第139条第2項の規定による措置並びに更生保護法(平成19年法律第八十八号)第72条第1項の規定による措置を含む。次条第一号及び第4条第1項第一号から第三号までにおいて単に「保護処分」という。)の執行を受けるため少年院に収容されている者をいう。
三 受刑在院者 少年法第56条第3項の規定により懲役若しくは禁錮の刑の執行を受けるため少年院に収容されている者又は国際受刑者移送法(平成14年法律第六十六号)第21条の規定により適用される少年法第56条第3項の規定により国際受刑者移送法第16条第1項各号の共助刑の執行を受けるため少年院に収容されている者をいう。
四 保護者 少年法第2条第2項に規定する保護者をいう。
五 保護者等 次のイからハまでのいずれかに該当する者(在院者に対し虐待，悪意の遺棄その他これらに準ずる心身に有害な影響を及ぼす行為をした者であって，その在院者の健全な育成を著しく妨げると認められるものを除く。)をいう。
イ 在院者の保護者
ロ 在院者の配偶者(婚姻の届出をしていないが，事実上婚姻関係と同様の事情にある者を含む。第110条第1項において同じ。)
ハ 在院者の親族(イ及びロに掲げる者を除く。)

第2章 少年院の運営

(少年院)
第3条 少年院は，次に掲げる者を収容し，これらの者に対し矯正教育その他の必要な処遇を行う施設とする。
一 保護処分の執行を受ける者
二 少年院において懲役又は禁錮の刑(国際受刑者移送法第16条第1項各号の共助刑を含む。以下単に「刑」という。)の執行を受ける者
(少年院の種類)
第4条 少年院の種類は，次の各号に掲げるとおりとし，それぞれ当該各号に定める者を収容するものとする。
一 第1種 保護処分の執行を受ける者であって，心身に著しい障害がないおおむね12歳以上23歳未満のもの(次号に定める者を除く。)
二 第2種 保護処分の執行を受ける者であって，心身に著しい障害がない犯罪的傾向が進んだおおむね16歳以上23歳未満のもの
三 第3種 保護処分の執行を受ける者であって，心身に著しい障害があるおおむね12歳以上26歳未満のもの
四 第4種 少年院において刑の執行を受ける者
2 法務大臣は，各少年院について，1又は2以上の前項各号に掲げる少年院の種類を指定する。
(在院者の分離)
第5条 前条第2項の規定により第2種又は第4種を含む2以上の少年院の種類を指定された少年院においては，在院者は，同条第1項第二号に定める者，同項第四号に定める者及びその他の在院者の別に従い，互いに分離するものとする。
2 前項の規定によるほか，在院者は，性別に従い，互いに分離するものとする。
3 前2項の規定にかかわらず，適当と認めるときは，居室(在院者が主として休息及び就寝のために使用する場所として少年院の長が指定する室をいう。以下同じ。)外に限り，前2項の別による分離をしないことができる。
(実地監査)
第6条 法務大臣は，この法律の適正な施行を期するため，その職員のうちから監査官を指名し，各少年院について，毎年1回以上，これに実地監査を行わせなければならない。
(意見聴取)
第7条 少年院の長は，その少年院の適正な運営に資するため必要な意見を関係する公務所及び公私の団体の職員並びに学識経験のある者から聴くことに努めなければならない。
(少年院視察委員会)
第8条 少年院に，少年院視察委員会(以下「委員会」という。)を置く。
2 委員会は，その置かれた少年院を視察し，その運営に関し，少年院の長に対して意見を述べるものとする。
(組織等)
第9条 委員会は，委員7人以内で組織する。
2 委員は，人格が高潔であって，少年の健全な育成に関する識見を有し，かつ，少年院の運営の改善向上に熱意を有する者のうちから，法務大臣が任命する。
3 委員の任期は，1年とする。ただし，再任を妨げない。
4 委員は，非常勤とする。
5 前各項に定めるもののほか，委員会の組織及び運営に関し必要な事項は，法務省令で定める。
(委員会に対する情報の提供及び委員の視察等)
第10条 少年院の長は，委員会の運営の状況について，法務省令で定めるところにより，定期的に，又は必要に応じて，委員会に対し，情報を提供するものとする。
2 委員会は，少年院の運営の状況を把握するため，委員による少年院の視察をすることができる。この場合において，委員会は，必要があると認めるときは，少年院の長に対し，委員による在院者との面接の実施について協力を求めることができる。
3 少年院の長は，前項の視察及び在院者との面接について，必要な協力をしなければならない。
4 第99条の規定にかかわらず，在院者が委員会に対して提出する書面は，検査をしてはならない。
(委員会の意見等の公表)
第11条 法務大臣は，毎年，委員会が少年院の長に対して述べた意見及びこれを受けて少年院の長が講じた措置の内容を取りまとめ，その概要を公表するものとする。
(裁判官及び検察官の巡視)
第12条 裁判官及び検察官は，少年院を巡視することができる。
(参観)
第13条 少年院の長は，その少年院の参観を申し出る者がある場合において相当と認めるときは，これを許すことができる。
(少年院の職員)
第14条 少年院の職員には，在院者の人権に関する理解を深

少年院法

めざさせ，並びに在院者の処遇を適正かつ効果的に行うために必要な知識及び技能を習得させ，及び向上させるために必要な研修及び訓練を行うものとする。

第3章 処遇の原則等

（処遇の原則）

第15条 在院者の処遇は，その人権を尊重しつつ，明るく規則正しい環境の下で，その健全な心身の成長を図るとともに，その自覚に訴えて改善更生の意欲を喚起し，並びに自主，自律及び協同の精神を養うことに資するよう行うものとする。

2 在院者の処遇に当たっては，医学，心理学，教育学，社会学その他の専門的知識及び技能を活用するとともに，個々の在院者の性格，年齢，経歴，心身の状況及び発達の程度，非行の状況，家庭環境，交友関係その他の事情を踏まえ，その者の最善の利益を考慮して，その者に対する処遇がその特性に応じたものとなるようにしなければならない。

（処遇の段階）

第16条 在院者には，その者の改善更生の状況に応じた矯正教育その他の処遇を行うため，第35条第1項の成績の評価に応じ，次に掲げる事項に関する法務省令で定める処遇の段階を順次向上又は低下させ，その者にふさわしい処遇を行うものとする。

一 矯正教育の目標，内容及び実施方法
二 第44条第1項の支援の実施方法
三 居室の指定，第37条第3項の規定による援助その他の法務省令で定める在院者の生活及び行動に関する処遇の実施方法

（保護者に対する協力の求め等）

第17条 少年院の長は，在院者の処遇について，情報の提供，少年院の職員による面接等を通じて在院者の保護者その他相当と認める者の理解を得るとともに，少年院で実施する活動への参加の依頼等を行うことによりそれらの者の協力を得るように努めるものとする。

2 少年院の長は，必要があると認めるときは，在院者の保護者に対し，その在院者の監護に関する責任を自覚させ，その矯正教育の実効を上げるため，指導，助言その他の適当な措置を執ることができる。

（関係機関等に対する協力の求め等）

第18条 少年院の長は，在院者の処遇を行うに当たり必要があると認めるときは，家庭裁判所，少年鑑別所，地方更生保護委員会又は保護観察所その他の関係行政機関，学校，病院，児童の福祉に関する機関，民間の篤志家その他の者に対し，協力を求めるものとする。

2 前項の協力をした者は，その協力を行うに当たって知り得た在院者の秘密を漏らしてはならない。

（公務所等への照会）

第19条 少年院の長は，在院者の処遇の適切な実施のため必要があるときは，公務所又は公私の団体に照会して必要な事項の報告を求めることができる。

第4章 入院

（入院時の告知）

第20条 少年院の長は，在院者に対し，その少年院への入院に際して，次に掲げる事項を告知しなければならない。

一 保健衛生及び医療に関する事項
二 物品の貸与及び支給並びに自弁に関する事項
三 金品の取扱いに関する事項
四 書籍等（書籍，雑誌その他の文書図画（信書及び新聞紙を除く。）をいう。以下同じ。）の閲覧に関する事項
五 宗教上の行為，儀式行事及び教誨に関する事項
六 第84条第1項に規定する遵守事項
七 面会及び信書の発受に関する事項
八 懲戒に関する事項
九 第120条又は第121条第1項の規定による申出に関する事項
十 苦情の申出に関する事項

2 前項の規定による告知は，法務省令で定めるところにより，平易な表現を用いて，書面で行う。

（識別のための身体検査）

第21条 法務省令で定める少年院の職員（以下「指定職員」という。）は，在院者について，その少年院への入院に際し，その者の識別のため必要な限度で，その身体を検査することができる。その後必要が生じたときも，同様とする。

2 女子の在院者について前項の規定により検査を行う場合には，女子の指定職員がこれを行わなければならない。ただし，女子の指定職員がその検査を行うことができない場合には，男子の指定職員が少年院の長の指名する女子の職員を指揮して，これを行うことができる。

（入院の通知）

第22条 少年院の長は，在院者がその少年院に入院したときは，速やかに，その旨をその保護者その他相当と認める者に通知するものとする。

第5章 矯正教育

第1節 矯正教育の目的等

第23条 矯正教育は，在院者の犯罪的傾向を矯正し，並びに在院者に対し，健全な心身を培わせ，社会生活に適応するのに必要な知識及び能力を習得させることを目的とする。

2 矯正教育を行うに当たっては，在院者の特性に応じ，次節に規定する指導を適切に組み合わせ，体系的かつ組織的にこれを行うものとする。

第2節 矯正教育の内容

（生活指導）

第24条 少年院の長は，在院者に対し，善良な社会の一員として自立した生活を営むための基礎となる知識及び生活態度を習得させるため必要な生活指導を行うものとする。

2 将来の進路を定めていない在院者に対し前項の生活指導を行うに当たっては，その特性に応じた将来の進路を選択する能力の習得に資するよう特に配慮しなければならない。

3 次に掲げる事情を有する在院者に対し第1項の生活指導を行うに当たっては，その事情の改善に資するよう特に配慮しなければならない。

一 犯罪又は刑罰法令に触れる行為により害を被った者及びその家族又は遺族の心情を理解しようとする意識が低いこと。
二 麻薬，覚醒剤その他の薬物に対する依存があること。
三 その他法務省令で定める事情

（職業指導）

第25条 少年院の長は，在院者に対し，勤労意欲を高め，職業上有用な知識及び技能を習得させるため必要な職業指導

を行うものとする。
2 前項の職業指導の実施による収入があるときは、その収入は、国庫に帰属するものとする。
3 少年院の長は、第1項の職業指導を受けた在院者に対しては、出院の際に、法務大臣が定める基準に従い算出した金額の範囲内で、職業上有用な知識及び技能の習得の状況その他の事情を考慮して相当と認められる金額の報奨金（次項において「職業能力習得報奨金」という。）を支給することができる。
4 少年院の長は、在院者がその出院前に職業能力習得報奨金の支給を受けたい旨の申出をした場合において、その使用の目的が、第67条第1項第一号に規定する自弁物品等の購入その他相当なものであると認めるときは、前項の規定にかかわらず、法務省令で定めるところにより、その時に出院したとするならばその在院者に支給することができる職業能力習得報奨金に相当する金額の範囲内で、申出の額の全部又は一部の金額を支給することができる。この場合には、その支給額に相当する金額を同項の規定により支給することができる職業能力習得報奨金の金額から減額する。

（教科指導）
第26条 少年院の長は、学校教育法（昭和22年法律第二十六号）に定める義務教育を終了しない在院者その他の社会生活の基礎となる学力を欠くことにより改善更生及び円滑な社会復帰に支障があると認められる在院者に対しては、教科指導（同法による学校教育の内容に準ずる内容の指導をいう。以下同じ。）を行うものとする。
2 少年院の長は、前項に規定するもののほか、学力の向上を図ることが円滑な社会復帰に特に資すると認められる在院者に対し、その学力の状況に応じた教科指導を行うことができる。

（学校の教育課程に準ずる教育の教科指導）
第27条 教科指導により学校教育法第1条に規定する学校（以下単に「学校」という。）のうち、いずれかの学校の教育課程に準ずる教育の全部又は一部を修了した在院者は、その修了に係る教育の範囲に応じて当該教育課程の全部又は一部を修了したものとみなす。
2 少年院の長は、学校の教育課程に準ずる教育について教科指導を行う場合には、当該教科指導については、文部科学大臣の勧告に従わなければならない。

（体育指導）
第28条 少年院の長は、在院者に対し、善良な社会の一員として自立した生活を営むための基礎となる健全な心身を培わせるため必要な体育指導を行うものとする。

（特別活動指導）
第29条 少年院の長は、在院者に対し、その情操を豊かにし、自主、自律及び協同の精神を養うことに資する社会貢献活動、野外活動、運動競技、音楽、演劇その他の活動の実施に関し必要な指導を行うものとする。

第3節 矯正教育の計画等

（矯正教育課程）
第30条 法務大臣は、在院者の年齢、心身の障害の状況及び犯罪的傾向の程度、在院者が社会生活に適応するために必要な能力その他の事情に照らして一定の共通する特性を有する在院者の類型ごとに、その類型に該当する在院者に対して行う矯正教育の重点的な内容及び標準的な期間（以下「矯正教育課程」という。）を定めるものとする。

（各少年院における矯正教育課程の指定）
第31条 法務大臣は、各少年院について、その少年院において実施すべき矯正教育課程を指定するものとする。

（少年院矯正教育課程）
第32条 少年院の長は、その少年院が前条の規定により実施すべき矯正教育課程の指定を受けたときは、法務省令で定めるところにより、当該矯正教育課程ごとに、少年院矯正教育課程を定めるものとする。
2 前項の少年院矯正教育課程には、第16条に規定する処遇の段階ごとに、当該少年院における矯正教育の目標、内容、実施方法及び期間その他矯正教育の実施に関し必要な事項を定めるものとする。

（在院者の矯正教育課程の指定）
第33条 少年院の長は、在院者がその少年院に入院したときは、できる限り速やかに、家庭裁判所及び少年鑑別所の長の意見を踏まえ、その在院者が履修すべき矯正教育課程を指定するものとする。
2 少年院の長は、必要があると認めるときは、少年鑑別所の長の意見を聴いて、在院者に係る前項の矯正教育課程を変更するものとする。

（個人別矯正教育計画）
第34条 少年院の長は、前条第1項の規定により在院者が履修すべき矯正教育課程を指定したときは、その者に対する矯正教育の計画（以下「個人別矯正教育計画」という。）を策定するものとする。
2 個人別矯正教育計画には、第32条第1項の少年院矯正教育課程に即して、在院者の特性に応じて行うべき矯正教育の目標、内容、実施方法及び期間その他矯正教育の実施に関し必要な事項を定めるものとする。
3 少年院の長は、個人別矯正教育計画を策定しようとするときは、家庭裁判所又は少年鑑別所の長の意見があるときはこれらの意見を踏まえるとともに、できる限り在院者及びその保護者その他相当と認める者の意向を参酌しつつ、在院者との面接その他の適当な方法による調査の結果に基づき、これを策定するものとする。
4 少年院の長は、第1項の規定により個人別矯正教育計画を策定したときは、速やかに、その内容を、在院者に告知し、及びその保護者その他相当と認める者に通知するものとする。
5 少年院の長は、必要があると認めるときは、在院者に係る第1項の個人別矯正教育計画を変更するものとする。
6 第2項から第4項までの規定は、前項の規定による個人別矯正教育計画の変更について準用する。

（成績の評価及び告知等）
第35条 少年院の長は、在院者について、矯正教育の効果を把握するため、法務省令で定めるところにより、成績の評価を行うものとする。
2 前項の成績の評価は、法務省令で定めるところにより、個人別矯正教育計画において定められた矯正教育の目標の達成の程度その他の法務省令で定める事項に関し、総合的に行うものとする。
3 少年院の長は、第1項の成績の評価を行ったときは、速やかに、その結果を、在院者に告知し、及びその保護者その他相当と認める者に通知するものとする。
4 少年院の長は、前項に規定する通知をする場合その他適当と認める場合には、在院者の保護者その他相当と認める者に対し、その在院者の生活及び心身の状況を通知するものとする。

（鑑別のための少年鑑別所への収容）
第36条 少年院の長は、在院者について、第33条第1項の規

少年院法

定により指定された矯正教育課程（同条第2項の規定による変更があったときは、その変更後のもの。第134条第2項において「指定矯正教育課程」という。）又は第34条第1項の規定により策定された個人別矯正教育計画（同条第5項の規定による変更があったときは、その変更後のもの）がその者にとって適切なものであるかどうかを確認するためその他必要があると認めるときは、その者に少年鑑別所の長による鑑別を受けさせることができる。

2　前項の規定により少年院の長が在院者に少年鑑別所の長による鑑別を受けさせる場合において、当該少年鑑別所に収容して鑑別を行うことが必要である旨の少年鑑別所の長の意見があるときは、7日間を超えない範囲内で、その在院者を少年鑑別所に収容することができる。ただし、やむを得ない事由があるときは、通じて14日間を超えない範囲内で、その収容を継続することができる。

第4節　矯正教育の実施

（在院者の日課）

第37条　少年院の長は、法務省令で定めるところにより、在院者の日課（食事、就寝その他の起居動作をすべき時間帯、矯正教育の時間帯及び余暇に充てられるべき時間帯を定めたものをいう。次項及び第84条第2項第九号において同じ。）を定め、これを在院者に励行させるものとする。

2　少年院の長は、必要と認めるときは、日課に定められた矯正教育の時間帯以外の時間帯においても、矯正教育を行うことができる。

3　少年院の長は、法務省令で定めるところにより、在院者に対し、学習、娯楽、運動競技その他の余暇に充てられるべき時間帯における活動について、援助を与えるものとする。

（集団の編成）

第38条　矯正教育は、その効果的な実施を図るため、在院者が履修すべき矯正教育課程、第16条に規定する処遇の段階その他の事情を考慮して、在院者を適切な集団に編成して行うものとする。

2　少年院の長は、矯正教育を行うに当たり、在院者の心身の状況に照らしてその者が集団生活に適応することが困難であるとき、その他在院者に対して個別に矯正教育を行う必要があると認めるときは、前項の規定にかかわらず、在院者を集団に編成しないことができる。

（矯正教育の院外実施）

第39条　矯正教育は、その効果的な実施を図るため必要な限度において、少年院の外の適当な場所で行うことができる。

（矯正教育の援助）

第40条　少年院の長は、矯正教育の効果的な実施を図るため、その少年院の所在地を管轄する矯正管区の長の承認を得て、事業所の事業主、学校の長、学識経験のある者その他適当と認める者に委嘱して、矯正教育の援助を行わせることができる。

2　少年院の長は、在院者（刑法（明治40年法律第四十五号）第28条、少年法第58条又は国際受刑者移送法第22条の規定により仮釈放を許すことができる期間を経過していない受刑在院者を除く。以下この条において同じ。）の円滑な社会復帰を図るため必要があると認める場合であって、その者の改善更生の状況その他の事情を考慮し、相当と認めるときは、少年院の職員の同行なしに、前項の規定による援助として在院者に対する指導を行う者（次項及び第5項第四号において「嘱託指導者」という。）による指導を受けさせることができる。

3　少年院の長は、前項の指導（以下「院外委嘱指導」という。）を受けさせる場合には、少年院の長は、法務省令で定めるところにより、当該嘱託指導者との間において、在院者が受ける院外委嘱指導の内容及び時間、在院者の安全及び衛生を確保するため必要な措置その他院外委嘱指導の実施に関し必要な事項について、取決めを行わなければならない。

4　少年院の長は、在院者に院外委嘱指導を受けさせる場合には、あらかじめ、その在院者が院外委嘱指導に関し遵守すべき事項（以下この条において「特別遵守事項」という。）を定め、これをその在院者に告知するものとする。

5　特別遵守事項は、次に掲げる事項を具体的に定めるものとする。

一　指定された経路及び方法により移動しなければならないこと。
二　指定された時刻までに少年院に帰着しなければならないこと。
三　正当な理由なく、院外委嘱指導を受ける場所以外の場所に立ち入ってはならないこと。
四　嘱託指導者による指導上の指示に従わなければならないこと。
五　正当な理由なく、犯罪性のある者その他接触することにより矯正教育の適切な実施に支障を生ずるおそれがある者と接触してはならないこと。

6　少年院の長は、院外委嘱指導を受ける在院者が第84条第1項に規定する遵守事項又は特別遵守事項を遵守しなかった場合その他院外委嘱指導を不適当とする事由があると認める場合には、これを中止することができる。

（在院者の安全及び衛生の確保）

第41条　少年院の長は、矯正教育を受ける在院者の安全及び衛生を確保するため必要な措置を講じなければならない。

2　在院者は、前項の規定により少年院の長が講ずる措置に応じて、必要な事項を守らなければならない。

3　第25条第1項の職業指導について、第1項の規定により少年院の長が講ずべき措置及び前項の規定により在院者が守らなければならない事項は、労働安全衛生法（昭和47年法律第五十七号）その他の法令における安全及び衛生を確保するため事業者が講ずべき措置及び労働者が守らなければならない事項に準じて、法務大臣が定める。

（手当金）

第42条　少年院の長は、在院者が矯正教育を受けたことに起因して死亡した場合には、法務省令で定めるところにより、その遺族等（法務省令で定める遺族その他の者をいう。以下同じ。）に対し、死亡手当金を支給することができる。

2　少年院の長は、矯正教育を受けたことに起因して負傷し、又は疾病にかかった在院者が治った場合において、身体に障害が残ったときは、法務省令で定めるところにより、その者に障害手当金を支給することができる。

3　少年院の長は、矯正教育を受けたことに起因して負傷し、又は疾病にかかった在院者が出院の時になお治っていない場合において、その傷病の性質、程度その他の状況を考慮して相当と認められるときは、法務省令で定めるところにより、その者に特別手当金を支給することができる。

（損害賠償との調整等）

第43条　国が国家賠償法（昭和22年法律第百二十五号）、民法（明治29年法律第八十九号）その他の法律による損害賠

償の責任を負う場合において，前条の手当金を支給したときは，同一の事由については，国は，その価額の限度においてその損害賠償の責任を免れる。
2 前条の手当金として支給を受けた金銭を標準として，租税その他の公課を課してはならない。

第6章　社会復帰支援等

（社会復帰支援）
第44条　少年院の長は，在院者の円滑な社会復帰を図るため，出院後に自立した生活を営む上での困難を有する在院者に対しては，その意向を尊重しつつ，次に掲げる支援を行うものとする。
　一　適切な住居その他の宿泊場所を得ること及び当該宿泊場所に帰住することを助けること。
　二　医療及び療養を受けることを助けること。
　三　修学又は就業を助けること。
　四　前三号に掲げるもののほか，在院者が健全な社会生活を営むために必要な援助を行うこと。
2 前項の支援は，その効果的な実施を図るため必要な限度において，少年院の外の適当な場所で行うことができる。
3 少年院の長は，第1項の支援を行うに当たっては，保護観察所の長と連携を図るように努めなければならない。

（外出及び外泊）
第45条　少年院の長は，在院者（刑法第28条，少年法第58条又は国際受刑者移送法第22条の規定により仮釈放を許すことができる期間を経過していない受刑在院者を除く。）の円滑な社会復帰を図るため，少年院の外において，その者が，出院後の住居又は就業先の確保その他の一身上の重要な用務を行い，更生保護に関係のある者を訪問し，その他その出院後の社会生活に有用な体験をする必要があると認める場合であって，その者の改善更生の状況その他の事情を考慮し，相当と認めるときは，少年院の職員の同行なしに，外出，又は7日以内の期間を定めて外泊することを許すことができる。
2 第40条第4項から第6項まで（第5項第四号を除く。）の規定は，前項の規定による外出及び外泊について準用する。

（刑期不算入）
第46条　前条第1項の規定による外泊をした受刑在院者が，少年院の長が指定した日時までに少年院に帰着しなかった場合には，その外泊の期間は，刑期に算入しない。ただし，自己の責めに帰することのできない事由によって帰着することができなかった場合は，この限りでない。

（外出等に要する費用）
第47条　第45条第1項の規定による外出又は外泊に要する費用については，在院者が負担することができない場合又は少年院の長が相当と認める場合には，その全部又は一部を国庫の負担とする。

第7章　保健衛生及び医療

（保健衛生及び医療の原則）
第48条　少年院においては，在院者の心身の状況を把握することに努めるとともに，在院者の健全な心身の成長を図り，及び少年院内の衛生を保持するため，社会一般の保健衛生及び医療の水準に照らし適切な保健衛生上及び医療上の措置を講ずるものとする。

（運動）
第49条　在院者には，日曜日その他法務省令で定める日を除き，できる限り戸外で，その健全な心身の成長を図るため適切な運動をする機会を与えなければならない。ただし，審判期日又は公判期日への出頭その他の事情により少年院の執務時間内にその機会を与えることができないときは，この限りでない。

（在院者の清潔義務）
第50条　在院者は，身体，着衣及び所持品並びに居室その他日常使用する場所を清潔にしなければならない。

（入浴）
第51条　在院者には，法務省令で定めるところにより，少年院における保健衛生上適切な入浴を行わせる。

（調髪及びひげそり）
第52条　在院者には，法務省令で定めるところにより，調髪及びひげそりを行わせる。
2 少年院の長は，在院者が自弁により調髪を行いたい旨の申出をした場合において，その者の処遇上適当と認めるときは，これを許すことができる。

（健康診断）
第五十三条　少年院の長は，在院者に対し，その少年院への入院後速やかに，及びおおむね6月に1回以上定期的に，法務省令で定めるところにより，健康診断を行わなければならない。少年院における保健衛生上必要があるときも，同様とする。
2 在院者は，前項の規定による健康診断を受けなければならない。この場合においては，その健康診断の実施のため必要な限度内における採血，エックス線撮影その他の医学的処置を拒むことはできない。

（診療等）
第54条　少年院の長は，在院者が次の各号のいずれかに該当する場合には，速やかに，少年院の職員である医師等（医師又は歯科医師をいう。以下この項及び次条において同じ。）又は少年院の長が委嘱する医師等による診療（栄養補給の処置を含む。）を行い，その他必要な医療上の措置を執るものとする。ただし，第一号に該当する場合において，その者の心身に著しい障害が生じ，又は他人にその疾病を感染させるおそれがないときは，その者の意思に反しない場合に限る。
　一　負傷し，若しくは疾病にかかっているとき，又はこれらの疑いがあるとき。
　二　飲食物を摂取しない場合において，その心身に著しい障害が生ずるおそれがあるとき。
2 少年院の長は，前項の規定により診療を行う場合において，必要に応じ在院者を少年院の外の病院又は診療所に通院させ，やむを得ないときは在院者を少年院の外の病院又は診療所に入院させることができる。

（指名医による診療）
第55条　少年院の長は，負傷し，又は疾病にかかっている在院者について，その者又はその親権を行う者若しくは未成年後見人（以下「親権を行う者等」という。）が，医師等（少年院の職員である医師等及び少年院の長が委嘱する医師等を除く。）を指名して，その在院者がその者の診療を受けることを申請した場合において，傷病の種類及び程度，入院前にその医師等による診療を受けていたことその他の事情に照らして，その在院者の医療上適当であると認めるときは，少年院内において，その在院者が自弁によりその診療を受けることを許すことができる。
2 少年院の長は，前項の規定による診療を受けることを許す場合において，同項の診療を行う医師等（以下この条に

おいて「指名医」という。）の診療方法を確認するため，又はその後にその在院者に対して少年院において診療を行うため必要があるときは，その少年院の職員をしてその診療に立ち会わせ，若しくはその診療に関して指名医に質問させ，又は診療録の写しその他のその診療に関する資料の提出を求めることができる。

3　指名医は，その診療に際し，少年院の長が法務省令で定めるところにより指示する事項を遵守しなければならない。

4　少年院の長は，第1項の規定による診療を受けることを許した場合において，その指名医が，第2項の規定により少年院の長が行う措置に従わないとき，前項の規定により少年院の長が指示する事項を遵守しないとき，その他その診療を継続することが不適当であるときは，これを中止し，以後，その指名医の診療を受けることを許さないことができる。

（在院者の重態の通知等）

第56条　少年院の長は，負傷し，又は疾病にかかっている在院者が重態となり，又はそのおそれがあると認めるときは，直ちに，その旨をその保護者その他相当と認める者に通知しなければならない。

2　少年院の長は，前項の規定により通知を受けた者から同項の在院者を看護したい旨の申出があった場合において，相当と認めるときは，法務省令で定めるところにより，その在院者に対し，その看護を受けることを許すことができる。

（感染症予防上の措置）

第57条　少年院の長は，少年院内における感染症の発生を予防し，又はそのまん延を防止するため必要がある場合には，在院者に対し，第53条の規定による健康診断又は第54条の規定による診療その他必要な医療上の措置を執るほか，予防接種，当該疾病を感染させるおそれがなくなるまでの間の隔離その他法務省令で定める措置を執るものとする。

（養護のための措置等）

第58条　少年院の長は，妊産婦，身体虚弱者その他の養護を必要とする在院者について，その養護を必要とする事情に応じ，傷病者のための措置に準じた措置を執るものとする。

2　少年院の長は，在院者が出産するときは，やむを得ない場合を除き，少年院の外の病院，診療所又は助産所に入院させるものとする。

（子の養育）

第59条　少年院の長は，女子の在院者がその子を少年院内で養育したい旨の申出をした場合において，相当と認めるときは，その子が1歳に達するまで，これを許すことができる。

2　少年院の長は，在院者が，前項の規定により養育され1歳に達した子について，引き続いて少年院内で養育したい旨の申出をした場合において，その在院者の心身の状況に照らして，又はその子を養育する上で，特に必要があるときは，引き続き6月間に限り，これを許すことができる。

3　在院者が前2項の規定により子を養育している場合には，その子の養育に必要な物品を貸与し，又は支給する。

4　前項に規定する場合において，在院者が，その子の養育に必要な物品について，自弁のものを使用し，若しくは摂取し，又は自弁のものを使用させ，若しくは摂取させたい旨の申出をした場合には，少年院の規律及び秩序の維持その他管理運営上支障がない限り，これを許すものとする。

5　在院者が第1項又は第2項の規定により養育している子については，在院者の例により，健康診断，診療その他の必要な措置を執るものとする。

第8章　物品の貸与等及び自弁

（物品の貸与等）

第60条　在院者には，次に掲げる物品（書籍等及び新聞紙を除く。以下この章において同じ。）であって，少年院における日常生活に必要なもの（第62条第1項各号に掲げる物品を除く。）を貸与し，又は支給する。

一　衣類及び寝具
二　食事及び湯茶
三　日用品，学用品その他の物品

2　在院者には，前項に定めるもののほか，法務省令で定めるところにより，必要に応じ，室内装飾品その他の少年院における日常生活に用いる物品（第62条第1項各号に掲げる物品を除く。）を貸与し，又は嗜好品（酒類及びたばこを除く。次条第四号において同じ。）を支給することができる。

（自弁の物品の使用等）

第61条　少年院の長は，在院者が，次に掲げる物品（次条第1項各号に掲げる物品を除く。）について，自弁のものを使用し，又は摂取したい旨の申出をした場合において，その者の処遇上適当と認めるときは，法務省令で定めるところにより，これを許すことができる。

一　衣類
二　食料品及び飲料
三　室内装飾品
四　嗜好品
五　日用品，学用品その他の少年院における日常生活に用いる物品

（補正器具等の自弁等）

第六十二条　在院者には，次に掲げる物品については，少年院の規律及び秩序の維持その他管理運営上支障を生ずるおそれがある場合を除き，自弁のものを使用させるものとする。

一　眼鏡その他の補正器具
二　信書を発するのに必要な封筒その他の物品
三　第45条第1項の規定による外出若しくは外泊又は第110条第1項の規定による出席若しくは訪問の際に使用する衣類その他の物品
四　その他法務省令で定める物品

2　前項に掲げる物品について，在院者が自弁のものを使用することができない場合であって，必要と認めるときは，その者にこれを貸与し，又は支給するものとする。

（物品の貸与等の基準）

第63条　第60条又は前条第2項の規定により在院者に貸与し，又は支給する物品は，在院者の健全な育成を図るのにふさわしく，かつ，国民生活の実情等を勘案し，在院者としての地位に照らして，適正と認められるものでなければならない。

第9章　金品の取扱い

（金品の検査）

第64条　少年院の職員は，次に掲げる金品について，検査を行うことができる。

一　在院者が入院の際に所持する現金及び物品

少年院法

二　在院者が在院中に取得した現金及び物品（信書を除く。次号において同じ。）であって，同号に掲げる現金及び物品以外のもの（少年院の長から支給された物品を除く。）
三　在院者に交付するため当該在院者以外の者が少年院に持参し，又は送付した現金及び物品

（入院時の所持物品等の処分）
第65条　少年院の長は，前条第一号又は第二号に掲げる物品が次の各号のいずれかに該当するときは，在院者に対し，その物品について，その保護者等その他相当と認める者への交付その他相当の処分を求めるものとする。
一　保管に不便なものであるとき。
二　腐敗し，又は滅失するおそれがあるものであるとき。
三　危険を生ずるおそれがあるものであるとき。
2　前項の規定により物品の処分を求めた場合において，在院者が相当の期間内にその処分をしないときは，少年院の長は，これを売却してその代金を領置する。ただし，売却することができないものは，廃棄することができる。

（差入物の引取り等）
第66条　少年院の長は，第64条第三号に掲げる現金又は物品が次の各号のいずれにも該当しないときは，その現金又は物品を持参し，又は送付した者（以下「差入人」という。）に対し，その引取りを求めるものとする。
一　在院者の保護者等が持参し，又は送付したものであるとき。
二　婚姻関係の調整，訴訟の遂行，修学又は就業の準備その他の在院者の身上，法律上，教育上又は職業上の重大な利害に係る用務の処理のため在院者が交付を受けることが必要なものであるとき。
三　在院者が交付を受けることが，その改善更生に資すると認められるものであるとき。
2　前項の規定にかかわらず，少年院の長は，第64条第三号に掲げる現金又は物品であって，同項各号のいずれにも該当しないものについて，健全な社会生活を営むために必要な援助を受けることその他相当の事情があり，かつ，その交付により，少年院の規律及び秩序を害し，又は在院者の矯正教育の適切な実施に支障を生ずるおそれがないと認めるときは，同項の規定による引取りを求めないことができる。
3　第1項の規定による引取りを求めることとした現金又は物品について，差入人の所在が明らかでないため同項の規定による引取りを求めることができないときは，少年院の長は，その旨を政令で定める方法によって公告しなければならない。
4　前項に規定する現金又は物品について，第1項の規定による引取りを求め，又は前項の規定により公告した日から起算して6月を経過する日までに差入人がその現金又は物品の引取りをしないときは，その現金又は物品は，国庫に帰属する。
5　第3項に規定する物品であって，前条第1項各号のいずれかに該当するものについては，少年院の長は，前項の期間内でも，これを売却してその代金を保管することができる。ただし，売却できないものは，廃棄することができる。

第67条　少年院の長は，第64条第三号に掲げる物品（前条第1項の規定による引取りを求めることとした物品を除く。）が次の各号のいずれかに該当するときは，差入人に対し，その引取りを求めるものとする。
一　自弁により使用し，若しくは摂取することができることとされる物品又は出院の際に必要と認められる物品（第71条及び第73条において「自弁物品等」という。）以外の物品であるとき。
二　第65条第1項各号のいずれかに該当する物品であるとき。
2　前項の規定による引取りを求めることとした物品について，差入人の所在が明らかでないため同項の規定による引取りを求めることが相当でないとき，又は差入人がその引取りを拒んだときは，少年院の長は，在院者に対し，その保護者等その他相当と認める者への交付その他相当の処分を求めるものとする。
3　第65条第2項の規定は，前項の規定により処分を求めた場合について準用する。

第68条　少年院の長は，第64条第三号に掲げる現金又は物品について，第66条第1項又は前条第1項の規定による引取りを求めないこととした場合において，在院者がその交付を受けることを拒んだときは，差入人に対し，その引取りを求めるものとする。この場合において，第66条第3項及び第4項の規定を準用する。

（金品の領置）
第69条　次に掲げる金品は，少年院の長が領置する。
一　第64条第一号又は第二号に掲げる物品であって，第65条第1項各号のいずれにも該当しないもの
二　第64条第三号に掲げる物品であって，第66条第1項又は第67条第1項の規定による引取りを求めないこととしたもの（在院者が交付を受けることを拒んだ物品を除く。）
三　第64条第三号に掲げる現金であって，第66条第1項の規定による引取りを求めないこととしたもの
2　少年院の長は，在院者について領置している物品（法務省令で定めるものを除く。）の総量（第71条において「領置総量」という。）が領置限度量（在院者1人当たりについて領置することができる物品の量として少年院の長が定める量をいう。同条において同じ。）を超えるときは，当該在院者に対し，その超過量に相当する量の物品について，その保護者等その他相当と認める者への交付その他相当の処分を求めることができる。腐敗し，又は滅失するおそれが生じた物品についても，同様とする。
3　第65条第2項の規定は，前項の規定により処分を求めた場合について準用する。

（領置物品の使用等）
第70条　少年院の長は，在院者について領置している物品のうち，この法律の規定により在院者が使用し，又は摂取することができるものについて，在院者がその引渡しを求めた場合には，法務省令で定めるところにより，これを引き渡すものとする。ただし，その者が所持する物品の総量が次項の規定により所持することができる物品の量を超えることとなる場合は，この限りでない。
2　少年院の長は，法務省令で定めるところにより，前項本文の規定により在院者が引渡しを受けて所持する物品及び在院者が受けた信書でその保管するものに関し，これらを所持し，保管するための方法並びに所持することができる物品の量及び保管することができる信書の通数について，少年院の管理運営上必要な制限をすることができる。
3　少年院の長は，第1項本文の規定により在院者が引渡しを受けて所持する物品又は在院者が受けた信書でその保管するものについて，その者が，少年院の長においてその物品の引渡しを受け，又はその信書を領置することを求めた

207

少年院法

場合には，その引渡しを受け，又は領置するものとする。

4　少年院の長は，第1項本文の規定により在院者が引渡しを受けて所持する物品又は在院者が受けた信書でその保管するものについて，在院者が第2項の規定による制限に違反したときは，その物品を取り上げること又はその信書を取り上げて領置することができる。

（領置金の使用）

第71条　少年院の長は，在院者が，自弁物品等を購入し，又は少年院における日常生活上自ら負担すべき費用に充てるため，領置されている現金を使用することを申請した場合には，必要な金額の現金の使用を許すものとする。ただし，自弁物品等の購入により領置総量が領置限度量を超えることとなるときは，この限りでない。

（領置金品の他の者への交付）

第72条　少年院の長は，在院者が，領置されている金品（第105条に規定する文書図画に該当するものを除く。次項において同じ。）について，他の者（当該少年院に収容されている者を除く。同項において同じ。）への交付（信書の発信に該当するものを除く。同項において同じ。）を申請した場合において，次の各号のいずれかに該当するときは，これを許すものとする。

一　在院者の保護者等に交付するとき。
二　婚姻関係の調整，訴訟の遂行，修学又は就業の準備その他の在院者の身上，法律上，教育上又は職業上の重大な利害に係る用務の処理のため在院者が交付することが必要であるとき。
三　在院者が交付することが，その改善更生に資すると認められるとき。

2　少年院の長は，在院者が，領置されている金品について，他の者への交付を申請した場合であって，前項各号のいずれにも該当しないときにおいて，健全な社会生活を営むために必要な援助を受けることその他在院者がその金品を交付することを必要とする事情があり，かつ，その交付により，少年院の規律及び秩序を害し，又は在院者の矯正教育の適切な実施に支障を生ずるおそれがないと認めるときは，これを許すことができる。

（差入れ等に関する制限）

第73条　少年院の長は，この章に定めるもののほか，法務省令で定めるところにより，差入人による在院者に対する金品の交付及び在院者による自弁物品等の購入について，少年院の管理運営上必要な制限をすることができる。

（領置物の引渡し）

第74条　少年院の長は，在院者の出院の際，領置している金品をその者又はその親権を行う者等に引き渡すものとする。

（出院者の遺留物）

第75条　出院した在院者の遺留物（少年院に遺留した金品をいう。以下同じ。）は，その出院の日から起算して6月を経過する日までに，その者又はその親権を行う者等からの引渡しを求める申出がなく，又はその引渡しに要する費用の提供がないときは，国庫に帰属する。

2　前項の期間内でも，少年院の長は，腐敗し，又は滅失するおそれが生じた遺留物は，廃棄することができる。

（逃走者等の遺留物）

第76条　在院者が次の各号のいずれかに該当する場合において，当該各号に定める日から起算して6月を経過する日までに，その者又はその親権を行う者等から引渡しを求める申出がなく，又は引渡しに要する費用の提供がないときは，その遺留物は，国庫に帰属する。

一　逃走したとき　逃走した日
二　院外委嘱指導又は第45条第1項の規定による外出若しくは外泊の場合において，少年院の長が指定した日時までに少年院に帰着しなかったとき　その日
三　第90条第2項の規定により解放された場合において，同条第3項に規定する避難を必要とする状況がなくなった後速やかに同項に規定する場所に出頭しなかったとき　その状況がなくなった日

2　前条第2項の規定は，前項の遺留物について準用する。

（死亡者の遺留物）

第77条　死亡した在院者の遺留物は，法務省令で定めるところにより，その遺族等に対し，その申請に基づき，引き渡すものとする。

2　死亡した在院者の遺留物がある場合において，その遺族等の所在が明らかでないため第144条の規定による通知をすることができないときは，少年院の長は，その旨を政令で定める方法によって公告しなければならない。

3　第1項の遺留物は，第144条の規定による通知をし，又は前項の規定により公告をした日から起算して6月を経過する日までに第1項の申請がないときは，国庫に帰属する。

4　第75条第2項の規定は，第1項の遺留物について準用する。

第10章　書籍等の閲覧

（少年院の書籍等）

第78条　少年院の長は，在院者の健全な育成を図るのにふさわしい書籍等の整備に努め，矯正教育及び在院者の円滑な社会復帰のための支援を行うに当たってこれを積極的に活用するとともに，在院者が学習，娯楽等の目的で自主的にこれを閲覧する機会を与えるものとする。

2　前項に規定する閲覧の方法は，少年院の長が定める。

（自弁の書籍等の閲覧）

第79条　少年院の長は，在院者が，自弁の書籍等を閲覧したい旨の申出をした場合において，その閲覧により，少年院の規律及び秩序を害する結果を生じ，又はその者の矯正教育の適切な実施に支障を生ずるおそれがないと認めるときは，これを許すことができる。

2　少年院の長は，前項の規定により閲覧を許すか否かを判断するに当たっては，書籍等の閲覧が，一般に，青少年の健全な育成に資するものであることに留意しなければならない。

3　第1項の規定により閲覧を許すか否かを判断するため自弁の書籍等の翻訳が必要であるときは，法務省令で定めるところにより，在院者にその費用を負担させることができる。この場合において，在院者が負担すべき費用を負担しないときは，その閲覧を許さない。

（時事の報道に接する機会の付与）

第80条　少年院の長は，在院者に対し，日刊新聞紙の備付け，報道番組の放送その他の方法により，できる限り，主要な時事の報道に接する機会を与えるように努めなければならない。

第11章　宗教上の行為等

（一人で行う宗教上の行為）

第81条　在院者が1人で行う礼拝その他の宗教上の行為は，これを禁止し，又は制限してはならない。ただし，少年院

の規律及び秩序の維持その他管理運営上支障を生ずるおそれがある場合は、この限りでない。
（宗教上の儀式行事及び教誨）
第82条　少年院の長は、在院者が宗教家（民間の篤志家に限る。以下この項において同じ。）の行う宗教上の儀式行事に参加し、又は宗教家の行う宗教上の教誨を受けることができる機会を設けるように努めなければならない。
2　少年院の長は、少年院の規律及び秩序の維持その他管理運営上支障を生ずるおそれがある場合には、在院者に前項に規定する儀式行事に参加させず、又は同項に規定する教誨を受けさせないことができる。

第12章　規律及び秩序の維持

（少年院の規律及び秩序）
第83条　少年院の規律及び秩序は、在院者の処遇の適切な実施を確保し、並びにその改善更生及び円滑な社会復帰を図るにふさわしい安全かつ平穏な共同生活を保持することができるよう、適正に維持されなければならない。
2　前項の目的を達成するため執る措置は、そのために必要な限度を超えてはならない。
（遵守事項等）
第84条　少年院の長は、在院者が遵守すべき事項（次項及び第113条第1項において「遵守事項」という。）を定める。
2　遵守事項は、次に掲げる事項を具体的に定めるものとする。
一　犯罪行為をしてはならないこと。
二　他人に対し、粗野若しくは乱暴な言動をし、又は迷惑を及ぼす行為をしてはならないこと。
三　自己を傷つける行為をしてはならないこと。
四　少年院の職員の職務の執行を妨げる行為をしてはならないこと。
五　自己又は他の在院者の収容の確保を妨げるおそれのある行為をしてはならないこと。
六　少年院の安全を害するおそれのある行為をしてはならないこと。
七　少年院内の衛生又は風紀を害する行為をしてはならないこと。
八　金品について、不正な使用、所持、授受その他の行為をしてはならないこと。
九　正当な理由なく、日課に定められた矯正教育の時間帯における矯正教育を拒んではならないこと。
十　前各号に掲げるもののほか、少年院の規律及び秩序を維持するため必要な事項
十一　前各号に掲げる事項について定めた遵守事項又は第40条第4項（第45条第2項において準用する場合を含む。）に規定する特別遵守事項に違反する行為を企て、あおり、唆し、又は援助してはならないこと。
3　前2項のほか、少年院の長又はその指定する職員は、少年院の規律及び秩序を維持するため必要がある場合には、在院者に対し、その生活及び行動について指示することができる。
（身体の検査等）
第85条　指定職員は、少年院の規律及び秩序を維持するため必要がある場合には、在院者について、その身体、着衣、所持品及び居室を検査し、並びにその所持品を取り上げて一時保管することができる。
2　第21条第2項の規定は、前項の規定による女子の在院者の身体及び着衣の検査について準用する。

3　指定職員は、少年院の規律及び秩序を維持するため必要がある場合には、少年院内において、在院者以外の者（弁護士である付添人若しくは在院者若しくはその保護者の依頼により付添人となろうとする弁護士又は弁護人等（弁護人又は刑事訴訟法（昭和23年法律第131号）第39条第1項に規定する弁護人となろうとする者をいう。以下同じ。）を除く。）の着衣及び携帯品を検査し、並びにその者の携帯品を取り上げて一時保管することができる。
4　前項の検査は、文書図画の内容の検査に及んではならない。
（制止等の措置）
第86条　指定職員は、在院者が自身を傷つけ若しくは他人に危害を加え、逃走し、少年院の職員の職務の執行を妨げ、その他少年院の規律及び秩序を著しく害する行為をし、又はこれらの行為をしようとする場合には、合理的に必要と判断される限度で、その行為を制止し、その在院者を拘束し、その他その行為を抑止するため必要な措置を執ることができる。
2　指定職員は、在院者以外の者が次の各号のいずれかに該当する場合には、合理的に必要と判断される限度で、その行為を制止し、その行為をする者を拘束し、その他その行為を抑止するため必要な措置を執ることができる。
一　少年院に侵入し、その設備を損壊し、少年院の職員の職務執行を妨げ、又はこれらの行為をまさにしようとするとき。
二　指定職員の要求を受けたのに少年院から退去しないとき。
三　在院者の逃走又は少年院の職員の職務執行の妨害を、現場で、援助し、あおり、又は唆すとき。
四　在院者に危害を加え、又はまさに加えようとするとき。
3　前2項の措置に必要な警備用具については、法務省令で定める。
（手錠の使用）
第87条　指定職員は、在院者を護送するとき、又は在院者が次の各号のいずれかの行為をするおそれがある場合において、やむを得ないときは、少年院の長の命令により、法務省令で定めるところにより、手錠（手錠に附属するひもがある場合には、これを含む。以下この条及び第121条第1項第六号において同じ。）を使用することができる。
一　逃走すること。
二　自身を傷つけ、又は他人に危害を加えること。
三　少年院の設備、器具その他の物を損壊すること。
2　前項に規定する場合において、少年院の長の命令を待ついとまがないときは、指定職員は、その命令を待たないで、手錠を使用することができる。この場合には、速やかに、その旨を少年院の長に報告しなければならない。
3　在院者を護送する際に手錠を使用するに当たっては、その名誉をいたずらに害することのないように配慮しなければならない。
4　手錠の制式は、法務省令で定める。
（保護室への収容）
第88条　指定職員は、在院者が次の各号のいずれかに該当する場合において、やむを得ないときは、少年院の長の命令により、その者を保護室に収容することができる。
一　自身を傷つけるおそれがあるとき。
二　次のイからハまでのいずれかに該当する場合において、少年院の規律及び秩序を維持するため特に必要があるとき。

少年院法

　　イ　指定職員の制止に従わず、大声又は騒音を発するとき。
　　ロ　他人に危害を加えるおそれがあるとき。
　　ハ　少年院の設備、器具その他の物を損壊し、又は汚損するおそれがあるとき。
2　前項に規定する場合において、少年院の長の命令を待ついとまがないときは、指定職員は、その命令を待たないで、その在院者を保護室に収容することができる。この場合には、速やかに、その旨を少年院の長に報告しなければならない。
3　保護室への収容の期間は、72時間以内とする。ただし、特に継続の必要がある場合には、少年院の長は、48時間ごとにこれを更新することができる。
4　保護室に収容されている在院者に対しては、その心情の安定を図るための適切な働き掛けを行うように努めなければならない。
5　少年院の長は、第3項の期間中であっても、保護室への収容の必要がなくなったときは、直ちにその収容を中止させなければならない。
6　在院者を保護室に収容し、又はその収容の期間を更新した場合には、少年院の長は、速やかに、その在院者の健康状態について、少年院の職員である医師又は少年院の長が委嘱する医師の意見を聴かなければならない。
7　保護室の構造及び設備の基準は、法務省令で定める。

（収容のための連戻し）
第89条　指定職員は、在院者が次の各号のいずれかに該当する場合には、これを連れ戻すことができる。ただし、当該各号に定める時から48時間を経過した後は、保護処分在院者にあっては裁判官のあらかじめ発する連戻状によらなければ連戻しに着手することができず、受刑在院者にあっては連戻しに着手することができない。
　一　逃走したとき　逃走の時
　二　院外委嘱指導又は第45条第1項の規定による外出若しくは外泊の場合において、少年院の長が指定した日時までに少年院に帰着しなかったとき　その日時
2　前項の規定による連戻しが困難である場合には、少年院の長は、警察官に対して連戻しのための援助を求めることができる。この場合において、援助を求められた警察官については、同項の規定を準用する。
3　第1項ただし書（前項において準用する場合を含む。）の連戻状は、少年院の長の請求により、その少年院の所在地を管轄する家庭裁判所の裁判官が発する。この場合においては、少年法第4条及び第36条の規定を準用する。

（災害時の避難及び解放）
第90条　少年院の長は、地震、火災その他の災害に際し、少年院内において避難の方法がないときは、在院者を適当な場所に護送しなければならない。
2　前項の場合において、在院者を護送することができないときは、少年院の長は、その者を少年院から解放することができる。地震、火災その他の災害に際し、少年院の外にある在院者を避難させるため適当な場所に護送することができない場合も、同様とする。
3　前項の規定により解放された者は、避難を必要とする状況がなくなった後速やかに、少年院又は少年院の長が指定した場所に出頭しなければならない。
4　指定職員は、第2項の規定により解放された保護処分在院者が前項の規定に違反して前項に規定する場所に出頭しないときは、裁判官のあらかじめ発する連戻状により、その者を連れ戻すことができる。

5　前項の規定による連戻しが困難である場合には、少年院の長は、警察官に対して連戻しのための援助を求めることができる。この場合において、援助を求められた警察官については、同項の規定を準用する。
6　前条第3項の規定は、第4項（前項において準用する場合を含む。）の連戻状について準用する。

第13章　外部交通

第1節　留意事項

第91条　この章の定めるところにより、在院者に対し、外部交通（面会、信書の発受及び第106条第1項の通信をいう。以下この条において同じ。）を行うことを許し、又はこれを禁止し、差し止め、若しくは制限するに当たっては、適正な外部交通が在院者の改善更生及び円滑な社会復帰に資するものであることに留意しなければならない。

第2節　面会

（面会の相手方）
第92条　少年院の長は、在院者に対し、次に掲げる者から面会の申出があったときは、第109条第3項の規定により禁止される場合を除き、これを許すものとする。
　一　在院者の保護者等
　二　婚姻関係の調整、訴訟の遂行、修学又は就業の準備その他の在院者の身上、法律上、教育上又は職業上の重大な利害に係る用務の処理のため面会することが必要な者
　三　在院者の更生保護に関係のある者その他の面会により在院者の改善更生に資すると認められる者
2　少年院の長は、在院者に対し、前項各号に掲げる者以外の者から面会の申出があった場合において、健全な社会生活を営むために必要な援助を受けることその他面会することを必要とする事情があり、かつ、面会により、少年院の規律及び秩序を害する結果を生じ、又は在院者の矯正教育の適切な実施に支障を生ずるおそれがないと認めるときは、これを許すことができる。

（面会の立会い等）
第93条　少年院の長は、その指名する職員に、在院者の面会（付添人等（付添人又は在院者若しくはその保護者の依頼により付添人となろうとする弁護士をいう。以下同じ。）又は弁護人等との面会を除く。）に立ち会わせ、又はその面会の状況を録音させ、若しくは録画させるものとする。ただし、少年院の規律及び秩序を害する結果を生じ、又は在院者の矯正教育の適切な実施に支障を生ずるおそれがないと認める場合には、その立会い並びに録音及び録画（次項において「立会い等」という。）をさせないことができる。
2　少年院の長は、前項の規定にかかわらず、在院者の次に掲げる者との面会については、少年院の規律及び秩序を害する結果を生ずるおそれがあると認めるべき特別の事情がある場合を除き、立会い等をさせてはならない。
　一　自己に対する少年院の長の措置その他自己が受けた処遇に関し調査を行う国又は地方公共団体の機関の職員
　二　自己に対する少年院の長の措置その他自己が受けた処遇に関し弁護士法（昭和24年法律第205号）第3条第1項に規定する職務を遂行する弁護士

（面会の一時停止及び終了）
第94条　少年院の職員は、次の各号のいずれか（付添人等又は弁護人等との面会の場合にあっては、第一号ロに限る。）

に該当する場合には，その行為若しくは発言を制止し，又はその面会を一時停止させることができる。この場合においては，面会の一時停止のため，在院者又は面会の相手方に対し面会の場所からの退出を命じ，その他必要な措置を執ることができる。
  一 在院者又は面会の相手方が次のイ又はロのいずれかに該当する行為をするとき。
    イ 次条第1項の規定による制限に違反する行為
    ロ 少年院の規律及び秩序を害する行為
  二 在院者又は面会の相手方が次のイからホまでのいずれかに該当する内容の発言をするとき。
    イ 暗号の使用その他の理由によって，少年院の職員が理解できないもの
    ロ 犯罪又は非行を助長し，又は誘発するもの
    ハ 少年院の規律及び秩序を害する結果を生ずるおそれのあるもの
    ニ 在院者の矯正教育の適切な実施に支障を生ずるおそれのあるもの
    ホ 特定の用務の処理のため必要であることを理由として許された面会において，その用務の処理のため必要な範囲を明らかに逸脱するもの
2 少年院の長は，前項の規定により面会が一時停止された場合において，面会を継続させることが相当でないと認めるときは，その面会を終わらせることができる。

（面会に関する制限）
第95条 少年院の長は，在院者の面会（付添人等又は弁護人等との面会を除く。）に関し，法務省令で定めるところにより，面会の相手方の人数，面会の場所，日及び時間帯，面会の時間及び回数その他面会の態様について，少年院の規律及び秩序の維持その他管理運営上必要な制限をすることができる。
2 前項の規定により面会の回数について制限をするときは，その回数は，1月につき2回を下回ってはならない。

第96条 在院者の付添人等又は弁護人等との面会の日及び時間帯は，日曜日その他政令で定める日以外の日の少年院の執務時間内とする。
2 前項の面会の相手方の人数は，3人以内とする。
3 少年院の長は，付添人等又は弁護人等から前2項の定めによらない面会の申出がある場合においても，少年院の管理運営上支障があるときを除き，これを許すものとする。
4 少年院の長は，第1項の面会に関し，法務省令で定めるところにより，面会の場所について，少年院の規律及び秩序の維持その他管理運営上必要な制限をすることができる。

（宿泊面会）
第97条 少年院の長は，在院者に対してその保護者その他相当と認める者との面会を許す場合において，在院者及びその保護者その他相当と認める者の意向その他の事情を踏まえ，相当と認めるときは，法務省令で定めるところにより，在院者を少年院の特に区別した場所に収容し，同所にその保護者その他相当と認める者を宿泊させる方法により面会させることができる。

第3節　信書の発受

（発受を許す信書）
第98条 少年院の長は，在院者に対し，この節，第109条第3項又は次章の規定により禁止される場合を除き，他の者との間で信書を発受することを許すものとする。

（信書の検査）
第99条 少年院の長は，その指名する職員に，在院者が発受する信書について，検査を行わせるものとする。
2 次に掲げる信書については，前項の検査は，これらの信書に該当することを確認するために必要な限度において行うものとする。ただし，第四号に掲げる信書について，少年院の規律及び秩序を害する結果を生ずるおそれがあると認めるべき特別の事情がある場合は，この限りでない。
  一 在院者が付添人等又は弁護人等から受ける信書
  二 在院者が国又は地方公共団体の機関から受ける信書
  三 在院者が自己に対する少年院の長の措置その他自己が受けた処遇に関し調査を行う国又は地方公共団体の機関に対して発する信書
  四 在院者が自己に対する少年院の長の措置その他自己が受けた処遇に関し弁護士法第3条第1項に規定する職務を遂行する弁護士（弁護士法人を含む。第101条第2項において同じ。）との間で発受する信書
3 少年院の長は，少年院の規律及び秩序を害する結果を生じ，又は在院者の矯正教育の適切な実施に支障を生ずるおそれがないと認める場合は，前2項の規定にかかわらず，第1項の検査を行わないことができる。

（信書の発受の禁止）
第100条 少年院の長は，犯罪性のある者その他在院者が信書を発受することにより，少年院の規律及び秩序を害し，又は在院者の矯正教育の適切な実施に支障を生ずるおそれがある者（在院者の保護者等を除く。）については，在院者がその者との間で信書を発受することを禁止することができる。ただし，婚姻関係の調整，訴訟の遂行，修学又は就業の準備その他の在院者の身上，法律上，教育上又は職業上の重大な利害に係る用務の処理のため信書を発受する場合は，この限りでない。

（信書の内容による差止め等）
第101条 少年院の長は，第99条の規定による検査の結果，在院者が発受する信書について，その全部又は一部が次の各号のいずれかに該当するときは，その発受を差し止め，又はその該当箇所を削除し，若しくは抹消することができる。同条第2項各号に掲げる信書について，これらの信書に該当することを確認する過程においてその全部又は一部が次の各号のいずれかに該当することが判明した場合も，同様とする。
  一 暗号の使用その他の理由によって，少年院の職員が理解できない内容のものであるとき。
  二 発受によって，刑罰法令に触れる行為をすることとなり，又は犯罪若しくは非行を助長し，若しくは誘発するおそれがあるとき。
  三 発受によって，少年院の規律及び秩序を害する結果を生ずるおそれがあるとき。
  四 威迫にわたる記述又は明らかな虚偽の記述があるため，受信者を著しく不安にさせ，又は受信者に損害を被らせるおそれがあるとき。
  五 受信者を著しく侮辱する記述があるとき。
  六 発受によって，在院者の矯正教育の適切な実施に支障を生ずるおそれがあるとき。
2 前項の規定にかかわらず，在院者が国又は地方公共団体の機関との間で発受する信書であってその機関の権限に属する事項を含むもの及び在院者が弁護士との間で発受する信書であってその在院者に係る弁護士法第3条第1項に規定する弁護士の職務に属する事項を含むものは，その発受の差止め又はその事項に係る部分の削除若しくは抹消は，その部分の全部又は一部が前項第一号から第三号

少年院法

までのいずれかに該当する場合に限り、これを行うことができる。

(信書に関する制限)

第102条 少年院の長は、法務省令で定めるところにより、在院者が発する信書の作成要領、その発信の申請の日及び時間帯、在院者が発信を申請する信書(付添人等又は弁護人等に対して発するものを除く。)の通数並びに在院者の信書の発受の方法について、少年院の管理運営上必要な制限をすることができる。

2 前項の規定により在院者が発信を申請する信書の通数について制限をするときは、その通数は、1月につき4通を下回ってはならない。

(発信に要する費用)

第103条 信書の発信に要する費用については、在院者が負担することができない場合において、少年院の長が発信の目的に照らし相当と認めるときは、その全部又は一部を国庫の負担とする。

(発受を禁止した信書等の取扱い)

第104条 少年院の長は、第100条、第101条又は第109条第3項の規定により信書の発受を禁止し、又は差し止めた場合にはその信書を、第101条の規定により信書の一部を削除した場合にはその削除した部分を保管するものとする。

2 少年院の長は、第101条の規定により信書の記述の一部を抹消する場合には、その抹消する部分の複製を作成し、これを保管するものとする。

3 少年院の長は、在院者の出院の際、前2項の規定により保管する信書の全部若しくは一部又は複製(以下「発受禁止信書等」という。)をその者又はその親権を行う者等に引き渡すものとする。

4 少年院の長は、在院者が死亡した場合には、法務省令で定めるところにより、その遺族等に対し、その申請に基づき、発受禁止信書等を引き渡すものとする。

5 前2項の規定にかかわらず、発受禁止信書等の引渡しにより、少年院の規律及び秩序の維持に支障を生じ、又は在院者の犯罪若しくは非行を助長し、若しくは誘発するおそれがあるときは、これを引き渡さないものとする。次に掲げる場合において、その引渡しにより少年院の規律及び秩序の維持に支障を生じ、又は在院者の犯罪若しくは非行を助長し、若しくは誘発するおそれがあるときも、同様とする。

一 出院した在院者又はその親権を行う者等が、在院者の出院後に、発受禁止信書等の引渡しを求めたとき。

二 在院者が第76条第1項各号のいずれかに該当する場合において、その在院者又はその親権を行う者等が、発受禁止信書等の引渡しを求めたとき。

6 第75条第1項、第76条第1項並びに第77条第2項及び第3項の規定は、在院者に係る発受禁止信書等(前項の規定により引き渡さないこととしたものを除く。)について準用する。この場合において、同条第3項中「第1項の申請」とあるのは、「第104条第4項の申請」と読み替えるものとする。

7 第5項の規定により引き渡さないこととした発受禁止信書等は、在院者の出院の日若しくは死亡の日又は在院者が第76条第1項各号のいずれかに該当することとなった日から起算して3年を経過した日に、国庫に帰属する。

(在院者作成の文書図画)

第105条 少年院の長は、在院者が、その作成した文書図画(信書を除く。)を他の者に交付することを申請した場合には、その交付につき、在院者が発する信書に準じて検査その他の措置を執ることができる。

第4節 電話等による通信

(電話等による通信)

第106条 少年院の長は、在院者に対し、その改善更生又は円滑な社会復帰に資すると認めるとき、その他相当と認めるときは、第92条第1項各号に掲げる者との間において、電話その他政令で定める電気通信の方法による通信を行うことを許すことができる。

2 第103条の規定は、前項の通信について準用する。

(通信の確認等)

第107条 少年院の長は、その指名する職員に、前条第1項の通信の内容を確認するため、その通信を受けさせ、又はその内容を記録させるものとする。ただし、その通信により、少年院の規律及び秩序の維持を害する結果を生じ、又は在院者の矯正教育の適切な実施に支障を生ずるおそれがないと認めるときは、この限りでない。

2 第94条(第1項第一号イを除く。)の規定は、前条第1項の通信について準用する。

第5節 雑則

(外部交通の助言又は援助)

第108条 少年院の長は、在院者が面会し、信書を発し、又は第106条第1項の通信を行う場合において、その相手方との意思疎通を円滑に行い、良好な関係を築くことができるようにするため必要と認めるときは、在院者に対し、助言又は援助を行うものとする。ただし、在院者が、付添人等若しくは弁護人等その他法務省令で定める者と面会し、又はこれらの者に対して信書を発しようとする場合は、この限りでない。

(外国語による面会等)

第109条 少年院の長は、在院者又はその面会等(面会又は第106条第1項の通信をいう。以下この条において同じ。)の相手方が国語に通じない場合には、外国語による面会等を許すものとする。この場合において、発言又は通信の内容を確認するため通訳又は翻訳が必要であるときは、法務省令で定めるところにより、その在院者にその費用を負担させることができる。

2 少年院の長は、在院者又はその信書の発受の相手方が国語に通じない場合その他相当と認める場合には、外国語による信書の発受を許すものとする。この場合において、信書の内容を確認するため翻訳が必要であるときは、法務省令で定めるところにより、その在院者にその費用を負担させることができる。

3 在院者が前2項の規定により負担すべき費用を負担しないときは、その面会等又は信書の発受を許さない。

(近親者の葬式への出席等)

第110条 少年院の長は、在院者が、その近親者(配偶者及び三親等以内の親族をいう。以下この項において同じ。)の葬式へ出席し、又は負傷若しくは疾病により重態であるその在院者の近親者を訪問することを適当と認めるときは、これを許すことができる。

2 前項の規定による出席又は訪問をするために要する費用のうち、在院者に係る交通費は、在院者の負担とする。ただし、少年院の長は、在院者が貧困のためこれを完納することができないとき、その他相当と認めるときは、その全部又は一部を免除することができる。

(条約の効力)

第111条 この章及び次章に規定する面会及び信書の発受に

少年院法

関する事項について条約に別段の定めがあるときは，その規定による。

第14章　賞罰

（賞）
第112条　少年院の長は，在院者が善行をなし，第35条第1項の成績の評価を向上させ，又は一定の技能を習得した場合には，法務省令で定めるところにより，賞詞，賞票その他の賞を与えることができる。

（懲戒の要件等）
第113条　少年院の長は，在院者が，遵守事項若しくは第40条第4項（第45条第2項において準用する場合を含む。）に規定する特別遵守事項を遵守せず，又は第84条第3項の規定に基づき少年院の職員が行った指示に従わなかった場合には，その在院者に懲戒を行うことができる。
2　懲戒を行うに当たっては，懲戒が行われるべき行為（以下「反則行為」という。）をした在院者の年齢，心身の状態及び行状，反則行為の性質，軽重，動機及び少年院の運営に及ぼした影響，反則行為後におけるその在院者の態度，懲戒がその者の改善更生に及ぼす影響その他の事情を考慮しなければならない。
3　懲戒は，反則行為を抑制するのに必要な限度を超えてはならない。

（懲戒の種類）
第114条　在院者に行う懲戒の種類は，次のとおりとする。
一　厳重な訓戒
二　20日以内の謹慎

（謹慎の内容）
第115条　前条第二号に規定する謹慎（以下この条及び第119条第3項において単に「謹慎」という。）においては，次に掲げる行為を停止し，法務省令で定めるところにより，居室内において処遇し，在院者に反省を促すものとする。
一　第61条の規定により自弁の物品（少年院の長が指定する物品を除く。）を使用し，又は摂取すること。
二　書籍等及び新聞紙（いずれも被告人若しくは被疑者としての権利の保護又は訴訟の準備その他の権利の保護に必要と認められるものを除く。）を閲覧すること。
三　宗教上の儀式行事に参加し，又は他の在院者と共に宗教上の教誨を受けること。
四　面会すること（第92条第1項各号に掲げる者と面会する場合及び被告人若しくは被疑者としての権利の保護又は訴訟の準備その他の権利の保護に必要と認められる場合を除く。）。
五　信書を発受すること（次のイからハまでに掲げる信書を発受する場合及び被告人若しくは被疑者としての権利の保護又は訴訟の準備その他の権利の保護に必要と認められる場合を除く。）。
　イ　在院者の保護者等との間で発受する信書
　ロ　婚姻関係の調整，訴訟の遂行，修学又は就業の準備その他の在院者の身分上，法律上，教育上又は職業上の重大な利害に係る用務の処理のため発受する信書
　ハ　発受により在院者の改善更生に資すると認められる信書
2　謹慎に付されている在院者については，第49条の規定にかかわらず，その健全な心身の成長に支障を生じない限度において，法務省令で定める基準に従い，運動を制限することができる。
3　謹慎に付されている在院者には，謹慎の趣旨を踏まえ，適切な矯正教育を行うものとする。

（反則行為に係る物の国庫への帰属）
第116条　少年院の長は，懲戒を行う場合において，少年院の規律及び秩序を維持するため必要があるときは，次に掲げる物を国庫に帰属させることができる。ただし，反則行為をした在院者以外の者に属する物については，この限りでない。
一　反則行為を組成した物
二　反則行為の用に供し，又は供しようとした物
三　反則行為によって生じ，若しくはこれによって得た物又は反則行為の報酬として得た物
四　前号に掲げる物の対価として得た物

（反則行為の調査）
第117条　少年院の長は，在院者が反則行為をした疑いがあると思料する場合には，反則行為の有無及び第113条第2項の規定により考慮すべき事情並びに前条の規定による処分の要件の有無について，できる限り速やかに調査を行わなければならない。
2　少年院の長は，前項の調査をするため必要があるときは，指定職員に，在院者の身体，着衣，所持品及び居室を検査させ，並びにその所持品を取り上げて一時保管させることができる。
3　第21条第2項の規定は，前項の規定による女子の在院者の身体及び着衣の検査について準用する。
4　少年院の長は，在院者について，反則行為をした疑いがあると思料する場合において，必要があるときは，法務省令で定めるところにより，他の在院者との接触を制限するため必要な措置を執ることができる。
5　前項の措置を執ることができる期間は，10日間とする。ただし，少年院の長は，やむを得ない事由があると認めるときは，10日間に限り，その期間を延長することができる。
6　少年院の長は，前項の期間中であっても，第4項の措置を執る必要がなくなったときは，直ちにその措置を中止しなければならない。

（懲戒を行う手続）
第118条　少年院の長は，在院者に懲戒を行おうとする場合には，法務省令で定めるところにより，その聴取をする3人以上の職員を指名した上，その在院者に対し，弁明の機会を与えなければならない。この場合において，在院者に対し，あらかじめ，書面で，弁明をすべき日時又は期限及び懲戒（第116条の規定による処分を含む。次項及び次条において同じ。）の原因となる事実の要旨を通知するとともに，在院者を補佐すべき者を少年院の職員のうちから指名しなければならない。
2　前項前段の規定により指名を受けた職員は，懲戒を行うことの適否及び行うべき懲戒の内容について協議し，これらの事項についての意見及び在院者の弁明の内容を記載した報告書を少年院の長に提出しなければならない。
3　第1項後段の規定により指名を受けた職員は，前条第1項の調査の結果を踏まえつつ，在院者から事情を聴取した上で，その正当な利益を保護するためにその者を誠実に補佐しなければならない。

（懲戒の実施）
第119条　少年院の長は，懲戒を行うときは，在院者に対し，懲戒の内容及び懲戒の原因として認定した事実の要旨を告知した上，直ちにこれを行うものとする。ただし，反省の情が著しい場合その他の理由がある場合には，その実施を延期し，又はその全部若しくは一部の実施を免除する

少年院法

ことができる。
2 懲戒を行うに当たっては、反則行為をした在院者の規範意識を醸成し、その改善更生に資するよう努めなければならない。
3 少年院の長は、在院者を謹慎に付するに当たっては、その者の健康状態について、少年院の職員である医師又は少年院の長が委嘱する医師の意見を聴かなければならない。

第15章 救済の申出等

第1節 救済の申出

（救済の申出）
第120条 在院者は、自己に対する少年院の長の措置その他自己が受けた処遇について苦情があるときは、書面で、法務大臣に対し、救済を求める申出をすることができる。
第121条 出院した者は、自己に対する第一号から第四号までに掲げる少年院の長の措置又は自己に対する第五号から第七号までに掲げる少年院の職員による行為について苦情があるときは、書面で、法務大臣に対し、救済を求める申出をすることができる。
一 第79条第3項の規定による費用を負担させる処分
二 第104条第5項前段の規定による発受禁止信書等の引渡しをしない処分（同条第3項の規定による引渡しに係るものに限る。第126条第1項第六号において同じ。）
三 第109条第1項又は第2項の規定による費用を負担させる処分
四 第116条の規定による物を国庫に帰属させる処分
五 身体に対する有形力の行使
六 手錠の使用
七 保護室への収容
2 前項の規定による申出は、出院した日の翌日から起算して30日以内にしなければならない。
3 天災その他前項の期間内に第1項の規定による申出をしなかったことについてやむを得ない理由があるときは、前項の規定にかかわらず、その理由がやんだ日の翌日から起算して1週間以内に限り、その申出をすることができる。
第122条 第120条又は前条第1項の規定による申出（以下「救済の申出」という。）は、これを行う者が自らしなければならない。

（相談員）
第123条 少年院の長の指名を受けた少年院の職員（次項及び第131条第1項において「相談員」という。）は、在院者に対し、救済の申出に関する相談に応じるものとする。
2 相談員は、その相談によって知り得た救済の申出の内容をその少年院の他の職員に漏らしてはならない。

（調査）
第124条 法務大臣は、職権で、救済の申出に関して必要な調査をするものとする。
2 法務大臣は、前項の調査をするため必要があるときは、少年院の長に対し、報告若しくは資料その他の物件の提出を命じ、又はその指名する職員をして、救済の申出をした者その他の関係者に対し質問をさせ、若しくは物件の提出を求めさせ、これらの者が提出した物件を留め置かせ、若しくは検証を行わせることができる。

（処理）
第125条 法務大臣は、救済の申出を受けたときは、これを誠実に処理するものとする。
2 法務大臣は、救済の申出の内容が、その申出をした者に対する第121条第1項第五号から第七号までに掲げる少年院の職員による行為に係るものである場合にあってはできる限り60日以内に、それら以外のものである場合にあってはできる限り90日以内にその処理を終えるよう努めるものとする。

（法務大臣の措置）
第126条 法務大臣は、救済の申出の内容がその申出をした者に対する次に掲げる少年院の長の措置に係るものであって、その措置が違法又は不当であることを確認した場合において、必要があると認めるときは、その措置の全部又は一部を取り消し、又は変更するものとする。
一 第55条第1項の規定による診療を受けることを許さない処分又は同条第4項の規定による診療の中止
二 第71条の規定による領置されている現金の使用又は第72条の規定による領置されている金品の交付を許さない処分
三 第79条第3項の規定による費用を負担させる処分
四 第81条に規定する宗教上の行為の禁止又は制限
五 第100条、第101条、第102条第1項又は第105条の規定による信書の発受又は文書図画の交付の禁止、差止め又は制限
六 第104条第5項前段の規定による発受禁止信書等の引渡しをしない処分
七 第109条第1項又は第2項の規定による費用を負担させる処分
八 第113条第1項の規定による懲戒
九 第116条の規定による物を国庫に帰属させる処分
十 第117条第4項の規定による措置
2 法務大臣は、救済の申出の内容がその申出をした者に対する第121条第1項第五号から第七号までに掲げる少年院の職員による行為に係るものであって、同項第五号に掲げる行為にあってはその行為が違法であることを、同項第六号又は第七号に掲げる行為にあってはその行為が違法又は不当であることを確認した場合において、必要があると認めるときは、同様の行為の再発の防止のため必要な措置その他の措置を執るものとする。

（通知）
第127条 法務大臣は、第125条の規定による処理を終えたときは、速やかに、処理の結果（前条第1項の規定による法務大臣の措置を含む。）を救済の申出をした者に通知しなければならない。ただし、在院者による救済の申出（第121条第1項各号に掲げる少年院の長の措置又は少年院の職員による行為に係る救済の申出を除く。）について、その在院者が出院したときは、この限りでない。

（法務省令への委任）
第128条 この節に定めるもののほか、救済の申出に関し必要な事項は、法務省令で定める。

第2節 苦情の申出

（監査官に対する苦情の申出）
第129条 在院者は、自己に対する少年院の長の措置その他自己が受けた処遇について、口頭又は書面で、第6条の規定により実地監査を行う監査官（以下この条及び第131条第1項において単に「監査官」という。）に対し、苦情の申出をすることができる。
2 第122条の規定は、前項の苦情の申出について準用する。
3 監査官は、口頭による苦情の申出を受けるに当たっては、少年院の職員を立ち会わせてはならない。
4 監査官は、苦情の申出を受けたときは、これを誠実に処理し、処理の結果を苦情の申出をした者に通知しなければ

少年院法

ならない。ただし、その者が出院したときは、この限りでない。

（少年院の長に対する苦情の申出）
第130条　在院者は、自己に対する少年院の長の措置その他自己が受けた処遇について、口頭又は書面で、少年院の長に対し、苦情の申出をすることができる。
2　第122条の規定は、前項の苦情の申出について準用する。
3　在院者が口頭で第1項の苦情の申出をしようとするときは、少年院の長は、その指名する職員にその内容を聴取させることができる。
4　前条第4項の規定は、少年院の長が苦情の申出を受けた場合について準用する。

第3節　雑則

（秘密申出）
第131条　少年院の長は、在院者が、救済の申出をし、又は監査官に対し苦情の申出をするに当たり、その内容を少年院の職員（当該救済の申出に関する相談に応じた相談員を除く。）に秘密にすることができるように、必要な措置を講じなければならない。
2　第99条の規定にかかわらず、救済の申出又は苦情の申出の書面は、検査をしてはならない。

（不利益取扱いの禁止）
第132条　少年院の職員は、在院者が救済の申出又は苦情の申出をしたことを理由として、その者に対し不利益な取扱いをしてはならない。

第16章　仮収容

第133条　少年院の長は、次に掲げる場合において、必要があると認めるときは、その少年院以外の少年院又は少年鑑別所に在院者を仮に収容することができる。
一　第39条の規定により少年院の外で矯正教育を行う場合
二　第44条第2項の規定により少年院の外で同条第1項の支援を行う場合
三　第110条第1項の規定による出席又は訪問をする場合
2　在院者を同行する場合（第89条第1項（同条第2項において準用する場合を含む。）又は第90条第4項（同条第5項において準用する場合を含む。）において、やむを得ない事由があるときは、最寄りの少年院若しくは少年鑑別所又は刑事施設の特に区別した場所にその者を仮に収容することができる。
3　前2項、少年法第17条の4第1項若しくは第27条の2第5項又は少年鑑別所法（平成26年法律第五十九号）第123条の規定により仮に収容されている者の処遇については、その性質に反しない限り、在院者に関する規定を準用する。

第17章　移送

第134条　少年院の長は、矯正教育の効果的な実施その他の理由により必要があると認めるときは、その少年院の所在地を管轄する矯正管区の長の指命を得て、在院者をその少年院以外の少年院に移送することができる。
2　前項の場合において、移送する少年院の長は、指定矯正教育課程とは異なる矯正教育課程を当該少年院以外の少年院の長が行うことを理由として、当該在院者を移送するときは、あらかじめ、少年鑑別所の長の意見を聴かなければならない。

い。ただし、専ら医療上の理由により在院者を移送する場合は、この限りでない。

第18章　仮退院、退院及び収容継続

（仮退院の申出）
第135条　少年院の長は、保護処分在院者について、第16条に規定する処遇の段階が最高段階に達し、仮に退院を許すのが相当であると認めるときは、地方更生保護委員会に対し、仮退院を許すべき旨の申出をしなければならない。

（退院の申出等）
第136条　少年院の長は、保護処分在院者について、第23条第1項に規定する目的を達したと認めるときは、地方更生保護委員会に対し、退院を許すべき旨の申出をしなければならない。
2　少年院の長は、保護処分在院者が地方更生保護委員会から更生保護法第46条第1項の規定による退院を許す旨の決定の告知を受けたときは、その者がその告知を受けた日から起算して7日を超えない範囲内において、その者を出院させるべき日を指定するものとする。

（20歳退院及び収容継続）
第137条　少年院の長は、保護処分在院者が20歳に達したときは退院させるものとし、20歳に達した日の翌日にその者を出院させなければならない。ただし、少年法第24条第1項第三号の保護処分に係る同項の決定のあった日から起算して1年を経過していないときは、その日から起算して1年間に限り、その収容を継続することができる。
2　更生保護法第72条第2項前段の規定により家庭裁判所が少年院に収容する期間を定めた保護処分在院者については、前項の規定は適用しない。

（23歳までの収容継続）
第138条　少年院の長は、次の各号に掲げる保護処分在院者について、その者の心身に著しい障害があり、又はその犯罪的傾向が矯正されていないため、それぞれ当該各号に定める日を超えてその収容を継続することが相当であると認めるときは、その者を送致した家庭裁判所に対し、その収容を継続する旨の決定の申請をしなければならない。
一　前条第1項本文の規定により退院させるものとされる者　20歳に達した日
二　前条第1項ただし書の規定により少年院に収容することができる期間又は家庭裁判所が次項、少年法第26条の4第2項若しくは更生保護法第68条第3項若しくは第72条第2項の規定により定めた少年院に収容する期間（当該期間の末日が23歳に達した日である場合を除く。）が満了する日　当該期間の末日
2　前項の申請を受けた家庭裁判所は、当該申請に係る保護処分在院者について、その申請に理由があると認めるときは、その収容を継続する旨の決定をしなければならない。この場合においては、当該決定と同時に、その者が23歳を超えない期間の範囲内で、少年院に収容する期間を定めなければならない。
3　家庭裁判所は、前項の決定に係る事件の審理に当たっては、医学、心理学、教育学、社会学その他の専門的知識を有する者及び第1項の申請に係る保護処分在院者を収容している少年院の職員の意見を聴かなければならない。
4　少年院の長は、第1項の申請に係る家庭裁判所の決定の通知を受けるまでの間、当該申請に係る保護処分在院者の収容を継続することができる。
5　前3項に定めるもののほか、第2項の決定に係る事件の

215

少年院法

手続は、その性質に反しない限り、少年の保護処分に係る事件の手続の例による。

（23歳を超える収容継続）
第139条　少年院の長は、次の各号に掲げる保護処分在院者について、その者の精神に著しい障害があり、医療に関する専門的知識及び技術を踏まえて矯正教育を継続して行うことが特に必要であるため、それぞれ当該各号に定める日を超えてその収容を継続することが相当であると認めるときは、その者を送致した家庭裁判所に対し、その収容を継続する旨の決定の申請をしなければならない。
　一　家庭裁判所が前条第2項、少年法第26条の4第2項又は更生保護法第68条第3項若しくは第72条第2項の規定により定めた少年院に収容する期間が23歳に達した日に満了する者　23歳に達した日
　二　家庭裁判所が次項又は更生保護法第72条第3項の規定により定めた少年院に収容する期間（当該期間の末日が26歳に達した日である場合を除く。）が満了する者　当該期間の末日
2　前項の申請を受けた家庭裁判所は、当該申請に係る保護処分在院者について、その申請に理由があると認めるときは、その収容を継続する旨の決定をしなければならない。この決定においては、当該決定と同時に、その者が26歳を超えない期間の範囲内で、少年院に収容する期間を定めなければならない。
3　前条第3項から第5項までの規定は、前項の決定に係る事件の手続について準用する。この場合において、同条第3項及び第4項中「第1項」とあるのは「次条第1項」と、同条第5項中「前2項」とあるのは「次条第2項及び同条第3項において準用する前2項」と、「第2項」とあるのは「次条第2項」と読み替えるものとする。

第19章　出院

（保護処分在院者の出院）
第140条　保護処分在院者の出院は、次の各号に掲げる場合の区分に応じ、当該各号に定める期間内に、できる限り速やかに行う。
　一　出院させるべき日があらかじめ定められている場合　その日の午前中
　二　第137条第1項ただし書の規定により少年院に収容することができる期間又は家庭裁判所が第138条第2項、前条第2項、少年法第26条の4第2項若しくは更生保護法第68条第3項若しくは第72条第2項若しくは第3項の規定により定めた少年院に収容する期間の満了による場合　当該期間の末日の翌日の午前中
　三　前二号に掲げる場合以外の場合　出院の根拠となる文書が少年院に到達した時から10時間以内

（受刑在院者の出院）
第141条　少年院の長は、受刑在院者が16歳に達したときは、16歳に達した日の翌日から起算して14日以内に、その者を刑事施設の長に引き渡して出院させなければならない。ただし、その期間内に刑の執行が終了すべきときは、この限りでない。
2　受刑在院者の出院については、前項の規定による出院を除き、刑事収容施設及び被収容者等の処遇に関する法律（平成17年法律第五十号）第171条の規定を準用する。

（願い出による滞留）
第142条　少年院の長は、出院させるべき在院者が負傷又は疾病により重態であるとき、その他その者の利益のためにやむを得ない事由があるときは、その願い出により、その者が少年院に一時とどまることを許すことができる。この場合において、その者が更生保護法第41条の規定による仮退院を許す旨の決定又は同法第46条第1項の規定による退院を許す旨の決定を受けた者であるときは、速やかに、その者が少年院に一時とどまることを許した旨をその仮退院又は退院を許す旨の決定をした地方更生保護委員会に報告しなければならない。
2　前項の規定により少年院にとどまる者の処遇については、その性質に反しない限り、在院者に関する規定を準用する。

（帰住旅費等の支給）
第143条　出院する在院者に対しては、その帰住を助けるため必要な旅費又は衣類を支給するものとする。

第20章　死亡

（死亡の通知）
第144条　少年院の長は、在院者が死亡した場合には、法務省令で定めるところにより、その遺族等に対し、その死亡の原因及び日時並びに交付すべき遺留物、支給する死亡手当金又は発受禁止信書等があるときはその旨を速やかに通知しなければならない。

（死体に関する措置）
第145条　在院者が死亡した場合において、その死体の埋葬又は火葬を行う者がないときは、墓地、埋葬等に関する法律（昭和23年法律第四十八号）第9条の規定にかかわらず、その埋葬又は火葬は、少年院の長が行うものとする。
2　前項に定めるもののほか、在院者の死体に関する措置については、法務省令で定める。

第21章　補則

（退院者等からの相談）
第146条　少年院を、退院し、若しくは仮退院した者又はその保護者その他相当と認める者から、退院し、又は仮退院した者の交友関係、進路選択その他健全な社会生活を営む上での各般の問題について相談を求められた場合において、相当と認めるときは、少年院の職員にその相談に応じさせることができる。

第22章　罰則

第147条　院外委嘱指導を受け、又は第45条第1項の規定による外出若しくは外泊をした受刑在院者が、その院外委嘱指導の日又はその外出の日若しくは外泊の期間の末日を過ぎて少年院に帰着しないときは、1年以下の懲役に処する。
2　第90条第2項（第133条第3項において準用する場合を含む。）の規定により開放された者（刑法第97条に規定する者に該当するものに限る。）が、第90条第3項（第133条第3項において準用する場合を含む。）の規定に違反して少年院又は指定された場所に出頭しないときも、前項と同様とする。

少年鑑別所法

（平成26・6・11法律59）

第1章 総則
第1節 目的等

（目的）

第1条 この法律は、少年鑑別所の適正な管理運営を図るとともに、鑑別対象者の鑑別を適切に行うほか、在所者の人権を尊重しつつ、その者の状況に応じた適切な観護処遇を行い、並びに非行及び犯罪の防止に関する援助を適切に行うことを目的とする。

（定義）

第2条 この法律において、次の各号に掲げる用語の意義は、それぞれ当該各号に定めるところによる。
一 鑑別対象者 第17条第1項又は第18条第1項の規定による鑑別の対象となる者をいう。
二 在所者 少年鑑別所に収容されている者をいう。
三 被観護在所者 少年法（昭和23年法律第百六十八号）第17条第1項第二号の観護の措置（同法第7項の規定により同号の観護の措置とみなされる場合を含む。以下単に「観護の措置」という。）が執られて少年鑑別所に収容されている者又は同法第14条第2項において準用する刑事訴訟法（昭和23年法律第131号）第167条第1項の規定により少年鑑別所に留置されている者をいう。
四 未決在所者 刑事訴訟法の規定により少年鑑別所に勾留（少年法第45条第四号の規定により勾留とみなされる場合を含む。第125条第一号及び第三号において同じ。）されている者又は刑事訴訟法第167条第1項（同法第224条第2項において準ずる場合を含む。）の規定により少年鑑別所に留置されている者をいう。
五 在院中在所者 少年院法（平成26年法律第五十八号）第36条第2項又は第133条第1項若しくは第2項の規定により少年鑑別所に収容されている者をいう。
六 各種在所者 在所者であって、被観護在所者、未決在所者及び在院中在所者以外のものをいう。
七 保護者 少年法第2条第2項に規定する保護者をいう。
八 保護者等 次のイ又はロのいずれかに該当する者（在所者に対し虐待、悪意の遺棄その他これらに準ずる心身に有害な影響を及ぼす行為をした者であって、その在所者の健全な育成を著しく妨げると認められるものを除く。）をいう。
　イ 在所者の保護者
　ロ 在所者の親族（イに掲げる者を除き、婚姻の届出をしていないが、事実上婚姻関係と同様の事情にある者を含む。）

第2節 少年鑑別所の運営

（少年鑑別所）

第3条 少年鑑別所は、次に掲げる事務を行う施設とする。
一 鑑別対象者の鑑別を行うこと。
二 観護の措置が執られて少年鑑別所に収容される者その他法令の規定により少年鑑別所に収容すべきこととされる者及び収容することができることとされる者を収容し、これらの者に対し必要な観護処遇を行うこと。
三 この法律の定めるところにより、非行及び犯罪の防止に関する援助を行うこと。

（在所者の分離）

第4条 在所者は、次に掲げる別に従い、それぞれ互いに分離するものとする。
一 性別
二 被観護在所者（未決在所者としての地位を有するものを除く。）、未決在所者（被観護在所者としての地位を有するものを除く。）、未決在所者としての地位を有する被観護在所者、在院中在所者及び各種在所者の別
2 前項の規定にかかわらず、適当と認めるときは、居室（在所者が主として休息及び就寝のために使用する場所として少年鑑別所の長が指定する室をいう。以下同じ。）外に限り、同項第二号に掲げる別による分離をしないことができる。

（実地監査）

第5条 法務大臣は、この法律の適正な施行を期するため、その職員のうちから監査官を指名し、各少年鑑別所について、毎年1回以上、これに実地監査を行わせなければならない。

（意見聴取）

第6条 少年鑑別所の長は、その少年鑑別所の適正な運営に資するため必要な意見を関係する公務所及び公私の団体の職員並びに学識経験のある者から聴くことに努めなければならない。

（少年鑑別所視察委員会）

第7条 少年鑑別所に、少年鑑別所視察委員会（以下「委員会」という。）を置く。
2 委員会は、その置かれた少年鑑別所を視察し、その運営に関し、少年鑑別所の長に対して意見を述べるものとする。

（組織等）

第8条 委員会は、委員七人以内で組織する。
2 委員は、人格が高潔であって、少年の健全な育成に関する識見を有し、かつ、少年鑑別所の運営の改善向上に熱意を有する者のうちから、法務大臣が任命する。
3 委員の任期は、1年とする。ただし、再任を妨げない。
4 委員は、非常勤とする。
5 前各項に定めるもののほか、委員会の組織及び運営に関し必要な事項は、法務省令で定める。

（委員会に対する情報の提供及び委員の視察等）

第9条 少年鑑別所の長は、少年鑑別所の運営の状況について、法務省令で定めるところにより、定期的に、又は必要に応じて、委員会に対し、情報を提供するものとする。
2 委員会は、少年鑑別所の運営の状況を把握するため、委員による少年鑑別所の視察をすることができる。この場合において、委員会は、必要があると認めるときは、少年鑑別所の長に対し、委員による在所者との面接の実施について協力を求めることができる。
3 少年鑑別所の長は、前項の視察及び在所者との面接について、必要な協力をしなければならない。
4 第93条（第99条において準用する場合を含む。）及び第101条（第104条において準用する場合を含む。）の規定にかかわらず、在所者が委員会に対して提出する書面は、検査をしてはならない。

（委員会の意見等の公表）

第10条 法務大臣は、毎年、委員会が少年鑑別所の長に対して述べた意見及びこれを受けて少年鑑別所の長が講じた措置の内容を取りまとめ、その概要を公表するものとする。

217

少年鑑別所法

(裁判官及び検察官の巡視)
第11条　裁判官及び検察官は，少年鑑別所を巡視することができる。
(参観)
第12条　少年鑑別所の長は，その少年鑑別所の参観を申し出る者がある場合において相当と認めるときは，これを許すことができる。
(少年鑑別所の職員)
第13条　少年鑑別所の職員には，在所者の人権に関する理解を深めさせ，並びに鑑別対象者の鑑別，在所者の観護処遇その他の少年鑑別所の業務を適正かつ効果的に行うために必要な知識及び技能を習得させ，及び向上させるために必要な研修及び訓練を行うものとする。

第3節　関係機関等との連携

(関係機関等に対する協力の求め等)
第14条　少年鑑別所の長は，第3条各号に掲げる事務を適切に実施するため必要があると認めるときは，家庭裁判所，少年院，地方更生保護委員会又は保護観察所その他の関係行政機関，学校，病院，児童の福祉に関する機関，民間の篤志家その他の者に対し，協力を求めるものとする。
2　前項の協力をした者は，その協力を行うに当たって知り得た鑑別対象者又は在所者に関する秘密を漏らしてはならない。
(公務所等への照会)
第15条　少年鑑別所の長は，鑑別対象者の鑑別及び在所者の観護処遇の適切な実施のため必要があるときは，公務所又は公私の団体に照会して必要な事項の報告を求めることができる。

第2章　鑑別対象者の鑑別

(鑑別の実施)
第16条　鑑別対象者の鑑別においては，医学，心理学，教育学，社会学その他の専門的知識及び技術に基づき，鑑別対象者について，その非行又は犯罪に影響を及ぼした資質上及び環境上問題となる事情を明らかにした上，その事情の改善に寄与するため，その者の処遇に資する適切な指針を示すものとする。
2　鑑別対象者の鑑別を行うに当たっては，その者の性格，経歴，心身の状況及び発達の程度，非行の状況，家庭環境並びに交友関係，在所中の生活及び行動の状況（鑑別対象者が在所者である場合に限る。）その他の鑑別を行うために必要な事情に関する調査を行うものとする。
3　前項の調査は，鑑別を求めた者に対して資料の提出，説明その他の必要な協力を求める方法によるほか，必要と認めるときは，鑑別対象者又はその保護者その他参考人との面接，心理検査その他の検査，前条の規定による照会その他相当と認める方法により行うものとする。
(家庭裁判所等の求めによる鑑別等)
第17条　少年鑑別所の長は，家庭裁判所，地方更生保護委員会，保護観察所の長，児童自立支援施設の長，児童養護施設の長，少年院の長又は刑事施設の長から，次に掲げる者について鑑別を求められたときは，これを行うものとする。
一　保護処分（更生保護法（平成19年法律第八十八号）第72条第1項並びに同法第138条第2項及び第139条第2項の規定による措置を含む。次号において同じ。）又は少年法第18条第2項の規定による措置に係る事件の調査又は審判を受ける者
二　保護処分の執行を受ける者
三　懲役又は禁錮の刑の執行を受ける者であって，20歳未満のもの
2　少年鑑別所の長は，前項の規定による鑑別を終えたときは，速やかに，書面で，鑑別を求めた者に対し，鑑別の結果を通知するものとする。
3　前項の通知を受けた者は，鑑別により知り得た秘密を漏らしてはならない。
(少年院の指定等)
第18条　少年鑑別所の長は，その職員が家庭裁判所から少年法第24条第1項第三号の保護処分に係る同項の決定又は更生保護法第72条第1項の決定の執行の指揮を受けたときは，その決定を受けた者について鑑別を行い，少年院法第31条の規定により各少年院について指定された矯正教育課程（同法第30条に規定する矯正教育課程をいう。）その他の事情を考慮して，その者を収容すべき少年院を指定するものとする。
2　少年鑑別所の長は，前項の指定をしたときは，その旨を同項の決定を受けた者に告知し，及び同項の指定に係る少年院の長に通知するものとする。
3　前項の規定による少年院の長に対する通知には，第1項の規定による鑑別の結果を付するものとする。

第3章　在所者の観護処遇

第1節　通則

(観護処遇)
第19条　在所者の観護処遇は，この章の定めるところにより行うものとする。
(在所者の観護処遇の原則)
第20条　在所者の観護処遇に当たっては，懇切にして誠意のある態度をもって接することにより在所者の情操の保護に配慮するとともに，その者の特性に応じた適切な働き掛けを行うことによりその健全な育成に努めるものとする。
2　在所者の観護処遇は，医学，心理学，教育学，社会学その他の専門的知識及び技術を活用して行うものとする。
(未決在所者の観護処遇における留意事項)
第21条　未決在所者の観護処遇に当たっては，未決の者としての地位を考慮し，その逃走及び刑事事件に関する証拠の隠滅の防止並びにその防御権の尊重に特に留意しなければならない。
(在院中在所者の観護処遇における留意事項)
第22条　在院中在所者の観護処遇に当たっては，矯正教育を受ける者としての地位を考慮し，その改善更生及び円滑な社会復帰に資するよう留意しなければならない。

第2節　入所

(入所時の告知)
第23条　少年鑑別所の長は，在所者に対し，その少年鑑別所への入所に際し，在所者としての地位に応じ，次に掲げる事項を告知しなければならない。その少年鑑別所に収容されている在所者がその地位を異にするに至ったときも，同様とする。
一　保健衛生及び医療に関する事項
二　物品の貸与及び支給並びに自弁に関する事項
三　金品の取扱いに関する事項
四　書籍等（書籍，雑誌その他の文書図画（信書及び新聞紙を除く。）をいう。以下同じ。）及び新聞紙の閲覧に関

する事項
　五　宗教上の行為，儀式行事及び教誨に関する事項
　六　第73条第１項に規定する遵守事項
　七　面会及び信書の発受に関する事項
　八　第109条又は第110条第１項の規定による申出に関する事項
　九　苦情の申出に関する事項
２　前項の規定による告知は，法務省令で定めるところにより，平易な表現を用いて，書面で行う。
（識別のための身体検査）
第24条　法務省令で定める少年鑑別所の職員（以下「指定職員」という。）は，在所者について，その少年鑑別所への入所に際し，その者の識別のため必要な限度で，その身体を検査することができる。その後必要が生じたときも，同様とする。
２　女子の在所者について前項の規定により検査を行う場合には，女子の指定職員がこれを行わなければならない。ただし，女子の指定職員がその検査を行うことができない場合には，男子の指定職員が少年鑑別所の長の指名する女子の職員を指揮して，これを行うことができる。
（入所の通知）
第25条　少年鑑別所の長は，被観護在所者，未決在所者その他法務省令で定める在所者がその少年鑑別所に入所したときは，速やかに，その旨をその保護者その他相当と認める者に通知するものとする。

　　　　　第３節　観護処遇の態様等
（観護処遇の態様）
第26条　在所者の観護処遇（運動，入浴又は面会の場合その他の法務省令で定める場合における観護処遇を除く。）は，居室外において行うことが適当と認める場合を除き，昼夜，居室において行う。
２　在所者の居室は，その観護処遇上又は鑑別上共同室に収容することが適当と認める場合を除き，できる限り，単独室とする。
３　前項の規定にかかわらず，被観護在所者及び未決在所者について，その保護事件又は刑事事件に関する証拠の隠滅の防止上支障を生ずるおそれがある場合には，その居室は単独室としなければならない。
４　被観護在所者及び未決在所者は，その保護事件又は刑事事件に関する証拠の隠滅の防止上支障を生ずるおそれがある場合には，居室外においても他の在所者と接触をさせてはならない。
（起居動作の時間帯）
第27条　少年鑑別所の長は，法務省令で定めるところにより，食事，就寝その他の起居動作をすべき時間帯を定め，これを在所者に告知するものとする。

　　　　　第４節　健全な育成のための支援
（生活態度に関する助言及び指導）
第28条　少年鑑別所の長は，在所者が健全な社会生活を営むことができるよう，在所者に対し，その自主性を尊重しつつ，その生活態度に関し必要な助言及び指導を行うものとする。
（学習等の機会の提供等）
第29条　少年鑑別所の長は，在所者の情操を豊かにし，その者が健全な社会生活を営むために必要な知識及び能力の向上を図ることができるよう，在所者に対し，その自主性を尊重しつつ，学習，文化活動その他の活動の機会を与えるとともに，その活動の実施に関し必要な助言及び援助を行うものとする。
２　前項の場合において，学校教育法（昭和22年法律第二十六号）に定める義務教育を終了しない在所者に対しては，学習の機会が与えられるよう特に配慮しなければならない。

　　　　　第５節　保健衛生及び医療
（保健衛生及び医療の原則）
第30条　少年鑑別所においては，在所者の心身の状況を把握することに努めるとともに，在所者の健全な心身の成長を図り，及び少年鑑別所内の衛生を保持するため，社会一般の保健衛生及び医療の水準に照らし適切な保健衛生上及び医療上の措置を講ずるものとする。
（運動）
第31条　在所者には，日曜日その他法務省令で定める日を除き，できる限り戸外で，その健全な心身の成長を図るため適切な運動を行う機会を与えなければならない。ただし，審判期日又は公判期日への出頭その他の事情により少年鑑別所の執務時間内にその機会を与えることができないときは，この限りでない。
（在所者の清潔義務）
第32条　在所者は，身体，着衣及び所持品並びに居室その他日常使用する場所を清潔にしなければならない。
（入浴）
第33条　在所者には，法務省令で定めるところにより，少年鑑別所における保健衛生上適切な入浴を行わせる。
（調髪及びひげそり）
第34条　少年鑑別所の長は，在所者が調髪又はひげそりを行いたい旨の申出をした場合には，法務省令で定めるところにより，これを許すものとする。
（健康診断）
第35条　少年鑑別所の長は，在所者に対し，その少年鑑別所への入所後速やかに，法務省令で定めるところにより，健康診断を行わなければならない。少年鑑別所における保健衛生上必要があるときも，同様とする。
２　在所者は，前項の規定による健康診断を受けなければならない。この場合において，その健康診断の実施のため必要な限度内における採血，エックス線撮影その他の医学的処置を拒むことはできない。
（診療等）
第36条　少年鑑別所の長は，在所者が次の各号のいずれかに該当する場合には，速やかに，少年鑑別所の職員である医師等（医師又は歯科医師をいう。以下この項及び次条において同じ。）又は少年鑑別所の長が委嘱する医師等による診療（栄養補給の処置を含む。以下同じ。）を行い，その他必要な医療上の措置を執るものとする。ただし，第一号に該当する場合において，その者の心身に著しい障害が生じ，又は他人にその疾病を感染させるおそれがないときは，その者の意思に反しない場合に限る。
　一　負傷し，若しくは疾病にかかっているとき，又はこれらの疑いがあるとき。
　二　飲食物を摂取しない場合において，その心身に著しい障害が生ずるおそれがあるとき。
２　少年鑑別所の長は，前項の規定により診療を行う場合において，必要に応じ在所者を少年鑑別所の外の病院又は診療所に通院させ，やむを得ないときは在所者を少年鑑別所の外の病院又は診療所に入院させることができる。
（指名医による診療）

少年鑑別所法

第37条　少年鑑別所の長は、負傷し、又は疾病にかかっている在所者について、その者又はその親権を行う者若しくは未成年後見人(以下「親権を行う者等」という。)が、医師等(少年鑑別所の職員である医師等及び少年鑑別所の長が委嘱する医師等を除く。)を指名して、その在所者がその診療を受けることを申請した場合において、傷病の種類及び程度、入所前にその医師等による診療を受けていたことその他の事情に照らして、その在所者の医療上適当であると認めるときは、少年鑑別所内において、その在所者が自弁によりその診療を受けることを許すことができる。

2　少年鑑別所の長は、前項の規定による診療を受けることを許す場合において、同項の診療を行う医師等(以下この条において「指名医」という。)の診療方法を確認するため、又はその後にその在所者に対して少年鑑別所において診療を行うため必要があるときは、少年鑑別所の職員をしてその診療に立ち会わせ、若しくはその診療に関して指名医に質問させ、又は診療録の写しその他のその診療に関する資料の提出を求めることができる。

3　指名医は、その診療に際し、少年鑑別所の長が法務省令で定めるところにより指示する事項を遵守しなければならない。

4　少年鑑別所の長は、第1項の規定による診療を受けることを許した場合において、その指名医が、第2項の規定により少年鑑別所の長が行う措置に従わないとき、前項の規定により少年鑑別所の長が指示する事項を遵守しないとき、その他その診療を継続することが不適当であるときは、これを中止し、以後、その指名医の診療を受けることを許さないことができる。

(在所者の重態の通知等)

第38条　少年鑑別所の長は、負傷し、又は疾病にかかっている在所者が重態となり、又はそのおそれがあると認めるときは、直ちに、その旨をその保護者その他相当と認める者に通知しなければならない。

2　少年鑑別所の長は、前項の規定により通知を受けた者から同項の在所者を看護したい旨の申出があった場合において、相当と認めるときは、法務省令で定めるところにより、その在所者に対し、その看護を受けることを許すことができる。

(感染症予防上の措置)

第39条　少年鑑別所の長は、少年鑑別所内における感染症の発生を予防し、又はそのまん延を防止するため必要がある場合には、在所者に対し、第35条の規定による健康診断又は第36条の規定による診療その他の必要な医療上の措置を執るほか、予防接種、当該疾病を感染させるおそれがなくなるまでの間の隔離その他法務省令で定める措置を執るものとする。

(養護のための措置等)

第40条　少年鑑別所の長は、妊産婦、身体虚弱者その他の養護を必要とする在所者について、その養護を必要とする事情に応じ、傷病者のための措置に準じた措置を執るものとする。

2　少年鑑別所の長は、在所者が出産するときは、やむを得ない場合を除き、少年鑑別所の外の病院、診療所又は助産所に入院させるものとする。

第6節　物品の貸与等及び自弁

(物品の貸与等)

第41条　在所者には、次に掲げる物品(書籍等及び新聞紙を除く。以下この節において同じ。)であって、少年鑑別所における日常生活に必要なもの(第43条第1項各号に掲げる物品を除く。)を貸与し、又は支給するものとする。
一　衣類及び寝具
二　食事及び湯茶
三　日用品、学用品その他の物品

2　在所者には、前項に定めるもののほか、法務省令で定めるところにより、必要に応じ、室内装飾品その他の少年鑑別所における日常生活に用いる物品(第43条第1項各号に掲げる物品を除く。)を貸与し、又は嗜好品(酒類及びたばこを除く。次条第1項第四号において同じ。)を支給することができる。

(自弁の物品の使用等)

第42条　少年鑑別所の長は、在院中在所者以外の在所者が、次に掲げる物品(次条第1項各号に掲げる物品を除く。次項において同じ。)について、自弁のものを使用し、又は摂取したい旨の申出をした場合には、少年鑑別所の規律及び秩序の維持その他管理運営上支障を生ずるおそれがある場合並びにその健全な育成を著しく妨げるおそれがある場合を除き、法務省令で定めるところにより、これを許すものとする。
一　衣類
二　食料品及び飲料
三　室内装飾品
四　嗜好品
五　日用品、学用品その他の少年鑑別所における日常生活に用いる物品

2　少年鑑別所の長は、在院中在所者が、前項各号に掲げる物品について、自弁のものを使用し、又は摂取したい旨の申出をした場合において、その者の観護処遇上適当と認めるときは、法務省令で定めるところにより、これを許すことができる。

(補正器具等の自弁等)

第43条　在所者には、次に掲げる物品については、少年鑑別所の規律及び秩序の維持その他管理運営上支障を生ずるおそれがある場合を除き、自弁のものを使用させるものとする。
一　眼鏡その他の補正器具
二　信書を発するのに必要な封筒その他の物品
三　その他法務省令で定める物品

2　前項各号に掲げる物品について、在所者が自弁のものを使用することができない場合であって、必要と認めるときは、その者にこれを貸与し、又は支給するものとする。

(物品の貸与等の基準)

第44条　第41条又は前条第2項の規定により貸与し、又は支給する物品は、在所者の健全な育成を図るのにふさわしく、かつ、国民生活の実情等を勘案し、在所者としての地位に照らして、適正と認められるものでなければならない。

第7節　金品の取扱い

(金品の検査)

第45条　少年鑑別所の職員は、次に掲げる金品について、検査を行うことができる。
一　在所者が入所の際に所持する現金及び物品
二　在所者が在所中に取得した現金及び物品(信書を除く。次号において同じ。)であって、同号に掲げる現金及び物品以外のもの(少年鑑別所の長から支給された物品を除く。)
三　在所者に交付するため当該在所者以外の者が少年鑑

所に持参し，又は送付した現金及び物品
（入所時の所持物品等の処分）
第46条　少年鑑別所の長は，前条第一号又は第二号に掲げる物品が次の各号のいずれかに該当するときは，在所者に対し，その物品について，その保護者等その他相当と認める者への交付その他相当の処分を求めるものとする。
一　保管に不便なものであるとき。
二　腐敗し，又は滅失するおそれがあるものであるとき。
三　危険を生ずるおそれがあるものであるとき。
2　前項の規定により物品の処分を求めた場合において，在所者が相当の期間内にその処分をしないときは，少年鑑別所の長は，これを売却してその代金を領置する。ただし，売却することができないものは，廃棄することができる。
（被観護在所者への差入物の引取り等）
第47条　少年鑑別所の長は，第45条第三号に掲げる現金又は物品の交付の相手方が被観護在所者である場合であって，当該現金若しくは物品が次の各号のいずれにも該当しないとき，又は当該物品が刑事訴訟法（少年法において準用する場合を含む。次項において同じ。）の定めるところにより被観護在所者が交付を受けることが許されないものであるときは，その現金又は物品を持参し，又は送付した者（以下「差入人」という。）に対し，その引取りを求めるものとする。
一　被観護在所者の保護者等が持参し，又は送付したものであるとき。
二　婚姻関係の調整，訴訟の遂行，修学又は就業の準備その他の被観護在所者の身分上，法律上，教育上又は職業上の重大な利害に係る用務の処理のため被観護在所者が交付を受けることが必要なものであるとき。
2　前項の規定にかかわらず，少年鑑別所の長は，第45条第三号に掲げる現金又は物品の交付の相手方が被観護在所者である場合であって，当該現金又は物品が同項各号のいずれにも該当しないときにおいて，健全な社会生活を営むために必要な援助を受けることその他被観護在所者がその交付を受けることを必要とする事情があり，かつ，次の各号（交付の相手方が鑑別対象者でない場合にあっては，第四号を除く。）のいずれにも該当すると認めるときは，同項の規定による引取りを求めないことができる。ただし，当該現金又は物品が刑事訴訟法の定めるところにより被観護在所者が交付を受けることが許されないものであるときは，この限りでない。
一　交付により，少年鑑別所の規律及び秩序を害するおそれがないとき。
二　交付により，被観護在所者の保護事件又は刑事事件に関する証拠の隠滅の結果を生ずるおそれがないとき。
三　交付により，被観護在所者の健全な育成を著しく妨げるおそれがないとき。
四　交付により，被観護在所者の鑑別の適切な実施に支障を生ずるおそれがないとき。
3　第1項の規定による引取りを求めることとした現金又は物品について，差入人の所在が明らかでないため同項の規定による引取りを求めることができないときは，少年鑑別所の長は，その旨を政令で定める方法によって公告しなければならない。
4　前項に規定する現金又は物品について，第1項の規定による引取りを求め，又は前項の規定により公告した日から起算して6月を経過する日までに差入人がその現金又は物品の引取りをしないときは，その現金又は物品は，国庫に帰属する。

5　第3項に規定する物品であって，前条第1項各号のいずれかに該当するものについては，少年鑑別所の長は，前項の期間内でも，これを売却してその代金を保管することができる。ただし，売却できないものは，廃棄することができる。
第48条　少年鑑別所の長は，第45条第三号に掲げる物品（前条第1項の規定による引取りを求めることとした物品を除く。）の交付の相手方が被観護在所者である場合であって，当該物品が次の各号のいずれかに該当するときは，差入人に対し，その引取りを求めるものとする。
一　自弁により使用し，若しくは摂取することができることとされる物品又は退所の際に必要と認められる物品（第55条及び第60条において「自弁物品等」という。）以外の物品であるとき。
二　第46条第1項各号のいずれかに該当する物品であるとき。
2　前項の規定による引取りを求めることとした物品について，差入人の所在が明らかでないため同項の規定による引取りを求めることができないとき，若しくはその引取りを求めることが相当でないとき，又は差入人がその引取りを拒んだときは，少年鑑別所の長は，被観護在所者に対し，その保護者等その他相当と認める者への交付その他相当の処分を求めるものとする。
3　第46条第2項の規定は，前項の規定により処分を求めた場合について準用する。
第49条　少年鑑別所の長は，第45条第三号に掲げる現金又は物品の交付の相手方が被観護在所者である場合であって，第47条第1項又は前条第1項の規定による引取りを求めないこととしたときにおいて，被観護在所者がその交付を受けることを拒んだときは，差入人に対し，その引取りを求めるものとする。この場合においては，第47条第3項及び第4項の規定を準用する。
（未決在所者への差入物の引取り等）
第50条　少年鑑別所の長は，第45条第三号に掲げる現金又は物品の交付の相手方が未決在所者（被観護在所者としての地位を有するものを除く。以下この条において同じ。）である場合であって，当該現金又は物品が次の各号のいずれかに該当するときは，差入人に対し，その引取りを求めるものとする。
一　交付（差入人が未決在所者の保護者等であるものを除く。第三号において同じ。）により，少年鑑別所の規律及び秩序を害するおそれがあるものであるとき。
二　刑事訴訟法の定めるところにより未決在所者が交付を受けることが許されない物品であるとき。
三　交付により，未決在所者の健全な育成を著しく妨げるおそれがあるものであるとき。
四　差入人の氏名が明らかでないものであるとき。
2　前3条（第47条第1項及び第2項を除く。）の規定は，第45条第三号に掲げる現金又は物品の交付の相手方が未決在所者である場合について準用する。この場合において，第47条第3項及び第4項中「第1項」とあり，並びに第48条第1項中「前条第1項」とあるのは「第50条第1項」と，前条中「第47条第1項」とあるのは「次条第1項」と読み替えるものとする。
（在院中在所者への差入物の引取り等）
第51条　少年鑑別所の長は，第45条第三号に掲げる現金又は物品の交付の相手方が在院中在所者である場合であって，当該現金又は物品が次の各号のいずれにも該当しないときは，差入人に対し，その引取りを求めるものとする。

少年鑑別所法

　一　在院中在所者の保護者等が持参し、又は送付したものであるとき。
　二　婚姻関係の調整、訴訟の遂行、修学又は就業の準備その他の在院中在所者の身分上、法律上、教育上又は職業上の重大な利害に係る用務の処理のため在院中在所者が交付を受けることが必要なものであるとき。
　三　在院中在所者が交付を受けることが、その改善更生に資すると認められるものであるとき。
２　前項の規定にかかわらず、少年鑑別所の長は、第45条第三号に掲げる現金又は物品の交付の相手方が在院中在所者である場合であって、当該現金又は物品が同項各号のいずれも該当しないときにおいて、健全な社会生活を営むために必要な援助を受けることその他在院中在所者がその交付を受けることを必要とする事情があり、かつ、次の各号（交付の相手方が鑑別対象者でない場合にあっては、第三号を除く。）のいずれにも該当すると認めるときは、同項の規定による引取りを求めないことができる。
　一　交付により、少年鑑別所の規律及び秩序を害するおそれがないとき。
　二　交付により、在院中在所者の改善更生に支障を生ずるおそれがないとき。
　三　交付により、在院中在所者の鑑別の適切な実施に支障を生ずるおそれがないとき。
３　第47条から第49条まで（第47条第1項及び第2項を除く。）の規定は、第45条第三号に掲げる現金又は物品の交付の相手方が在院中在所者である場合について準用する。この場合において、第47条第3項及び第4項中「第1項」とあり、第48条第1項中「前条第1項」とあり、並びに第49条中「第47条第1項」とあるのは、「第51条第1項」と読み替えるものとする。

（各種在所者への差入物の引取り等）
第52条　第47条から第49条まで（第47条第2項ただし書及び第二号を除く。）の規定は、第45条第三号に掲げる現金又は物品の交付の相手方が各種在所者である場合について準用する。この場合において、第47条第1項中「とき、又は当該物品が刑事訴訟法（少年法において準用する場合を含む。次項において同じ。）の定めるところにより被観護在所者が交付を受けることが許されないものであるとき」とあるのは、「とき」と読み替えるものとする。

（金品の領置）
第53条　次に掲げる金品は、少年鑑別所の長が領置する。
　一　第45条第一号又は第二号に掲げる物品であって、第46条第1項各号のいずれにも該当しないもの
　二　第45条第三号に掲げる物品であって、第47条第1項（前条において準用する場合を含む。）、第48条第1項（第50条第2項、第51条第3項及び前条において準用する場合を含む。）、第50条第1項又は第51条第1項の規定による引取りを求めないこととしたもの（在所者が交付を受けることを拒んだ物品を除く。）
　三　第45条各号に掲げる現金であって、第47条第1項（前条において準用する場合を含む。）、第50条第1項又は第51条第1項の規定による引取りを求めないこととしたもの
２　少年鑑別所の長は、在所者について領置している物品（法務省令で定めるものを除く。）の総量（第55条第一号において「領置総量」という。）が領置限度量（在所者としての地位の別ごとに在所者1人当たりについて領置することができる物品の量として少年鑑別所の長が定める量をいう。同項において同じ。）を超えるときは、当該在所者に対し、その超過量に相当する量の物品について、その保護者等その他相当と認める者への交付その他相当の処分を求めることができる。腐敗し、又は滅失するおそれが生じた物品についても、同様とする。
３　第46条第2項の規定は、前項の規定により処分を求めた場合について準用する。

（領置物品の使用等）
第54条　少年鑑別所の長は、在所者について領置している物品のうち、この法律の規定により在所者が使用し、又は摂取することができるものについて、在所者がその引渡しを求めた場合には、法務省令で定めるところにより、これを引き渡すものとする。ただし、その者が所持する物品の総量が次項の規定により所持することができる物品の量を超えることとなる場合は、この限りでない。
２　少年鑑別所の長は、法務省令で定めるところにより、前項本文の規定により在所者が引渡しを受けて所持する物品及び在所者が受けた信書でその保管するものに関し、これらを所持し、又は保管する方法並びに所持することができる物品の量及び保管することができる信書の通数について、少年鑑別所の管理運営上必要な制限をすることができる。
３　少年鑑別所の長は、第1項本文の規定により在所者が引渡しを受けて所持する物品又は在所者が受けた信書でその保管するものについて、その者が、少年鑑別所の長においてその物品の引渡しを受け、又はその信書を領置することを求めた場合には、その引渡しを受け、又は領置するものとする。
４　少年鑑別所の長は、第1項本文の規定により在所者が引渡しを受けて所持する物品又は在所者が受けた信書でその保管するものについて、在所者が第2項の規定による制限に違反したときは、その物品を取り上げること又はその信書を取り上げて領置することができる。

（領置金の使用）
第55条　少年鑑別所の長は、在所者が、自弁物品等を購入し、又は少年鑑別所における日常生活上自ら負担すべき費用に充てるため、領置されている現金を使用することを申請した場合には、必要な金額の現金の使用を許すものとする。ただし、自弁物品等を購入するための現金の使用については、次の各号のいずれかに該当するときは、この限りでない。
　一　購入により、領置総量が領置限度量を超えることとなるとき。
　二　在所者が被観護在所者又は未決在所者である場合において、刑事訴訟法（少年法において準用する場合を含む。）の定めるところにより購入する自弁物品等の交付を受けることが許されないとき。

（被観護在所者の領置金品の他の者への交付）
第56条　少年鑑別所の長は、被観護在所者が、領置されている金品（第98条に規定する文書図画に該当するものを除く。次項において同じ。）について、他の者（当該少年鑑別所に収容されている者を除く。同項及び次条から第59条までにおいて同じ。）への交付（信書の発信に該当するものを除く。同項及び次条から第59条までにおいて同じ。）を申請した場合において、次の各号のいずれかに該当するときは、これを許すものとする。ただし、当該物品が刑事訴訟法（少年法において準用する場合を含む。同項において同じ。）の定めるところにより交付が許されないものであるときは、この限りでない。
　一　被観護在所者の保護者等に交付するとき。

少年鑑別所法

二　婚姻関係の調整，訴訟の遂行，修学又は就業の準備その他の被観護在所者の身上，法律上，教育上又は職業上の重大な利益に係る用務の処理のため被観護在所者が交付することが必要であるとき。
2　少年鑑別所の長は，被観護在所者が，領置されている金品について，他の者への交付を申請した場合であって，前項各号のいずれにも該当しないときにおいて，健全な社会生活を営むために必要な援助を受けることその他被観護在所者がその金品を交付することを必要とする事情があり，かつ，次の各号（被観護在所者が鑑別対象者でない場合にあっては，第四号を除く。）のいずれにも該当すると認めるときは，これを許すことができる。ただし，当該物品が刑事訴訟法の定めるところにより交付が許されないものであるときは，この限りでない。
　一　交付により，少年鑑別所の規律及び秩序を害するおそれがないとき。
　二　交付により，被観護在所者の保護事件又は刑事事件に関する証拠の隠滅の結果を生ずるおそれがないとき。
　三　交付により，被観護在所者の健全な育成を著しく妨げるおそれがないとき。
　四　交付により，被観護在所者の鑑別の適切な実施に支障を生ずるおそれがないとき。

（未決在所者の領置金品の他の者への交付）
第57条　少年鑑別所の長は，未決在所者（被観護在所者としての地位を有するものを除く。）が，領置されている金品（第99条において準用する第98条に規定する文書図画に該当するものを除く。）について，他の者への交付を申請した場合には，次の各号のいずれかに該当するときを除き，これを許すものとする。
　一　交付（その相手方が未決在所者の保護者等であるものを除く。第三号において同じ。）により，少年鑑別所の規律及び秩序を害するおそれがあるとき。
　二　刑事訴訟法の定めるところにより交付が許されない物品であるとき。
　三　交付により，未決在所者の健全な育成を著しく妨げるおそれがあるとき。

（在院中在所者の領置金品の他の者への交付）
第58条　少年鑑別所の長は，在院中在所者が，領置されている金品（第103条において準用する第98条に規定する文書図画に該当するものを除く。次項において同じ。）について，他の者への交付を申請した場合において，次の各号のいずれかに該当するときは，これを許すものとする。
　一　在院中在所者の保護者等に交付するとき。
　二　婚姻関係の調整，訴訟の遂行，修学又は就業の準備その他の在院中在所者の身上，法律上，教育上又は職業上の重大な利益に係る用務の処理のため在院中在所者が交付することが必要であるとき。
　三　交付が，その改善更生に資すると認められるとき。
2　少年鑑別所の長は，在院中在所者が，領置されている金品について，他の者への交付を申請した場合であって，前項各号のいずれにも該当しないときにおいて，健全な社会生活を営むために必要な援助を受けることその他在院中在所者がその金品を交付することを必要とする事情があり，かつ，次の各号（在院中在所者が鑑別対象者でない場合にあっては，第三号を除く。）のいずれにも該当すると認めるときは，これを許すことができる。
　一　交付により，少年鑑別所の規律及び秩序を害するおそれがないとき。

　二　交付により，在院中在所者の改善更生に支障を生ずるおそれがないとき。
　三　交付により，在院中在所者の鑑別の適切な実施に支障を生ずるおそれがないとき。

（各種在所者の領置金品の他の者への交付）
第59条　第56条（第1項ただし書並びに第2項ただし書及び第二号を除く。）の規定は，各種在所者が領置されている金品（第104条において準用する第98条に規定する文書図画に該当するものを除く。）について他の者への交付を申請した場合について準用する。

（差入れ等に関する制限）
第60条　少年鑑別所の長は，この節に定めるもののほか，法務省令で定めるところにより，差入人による在所者に対する金品の交付及び在所者による自弁物品等の購入について，少年鑑別所の管理運営上必要な制限をすることができる。

（領置物の引渡し）
第61条　少年鑑別所の長は，在所者の退所の際，領置している金品をその者又はその親権を行う者等に引き渡すものとする。

（退所者の遺留物）
第62条　退所した在所者の遺留物（少年鑑別所に遺留した金品をいう。以下同じ。）は，その退所の日から起算して6月を経過する日までに，その者又はその親権を行う者等からの引渡しを求める申出がなく，又はその引渡しに要する費用の提供がないときは，国庫に帰属する。
2　前項の期間内でも，少年鑑別所の長は，腐敗し，又は滅失するおそれが生じた遺留物は，廃棄することができる。

（逃走者等の遺留物）
第63条　在所者が次の各号のいずれかに該当する場合において，当該各号に定める日から起算して6月を経過する日までに，その者又はその親権を行う者等から引渡しを求める申出がなく，又は引渡しに要する費用の提供がないときは，その遺留物は，国庫に帰属する。
　一　逃走したとき　逃走した日
　二　第79条第2項の規定により解放された場合において，同項第3項に規定する避難を必要とする状況がなくなった後速やかに同項に規定する場所に出頭しなかったとき　避難を必要とする状況がなくなった日
2　前条第2項の規定は，前項の遺留物について準用する。

（死亡者の遺留物）
第64条　死亡した在所者の遺留物は，法務省令で定めるところにより，その遺族等（法務省令で定める遺族その他の者をいう。以下同じ。）に対し，その申請に基づき，引き渡すものとする。
2　死亡した在所者の遺留物がある場合において，その遺族等の所在が明らかでないため第129条の規定による通知をすることができないときは，少年鑑別所の長は，その旨を政令で定める方法によって公告しなければならない。
3　第1項の遺留物は，第129条の規定による通知をし，又は前項の規定により公告をした日から起算して6月を経過する日までに第1項の申請がないときは，国庫に帰属する。
4　第62条第2項の規定は，第1項の遺留物について準用する。

第8節　書籍等の閲覧等

（少年鑑別所の書籍等）
第65条　少年鑑別所の長は，在所者の健全な育成を図るのに

少年鑑別所法

ふさわしい書籍等の整備に努め、在所者が学習、娯楽等の目的で自主的にこれを閲覧する機会を与えるものとする。
2 前項に規定する閲覧の方法は、少年鑑別所の長が定める。
（在院中在所者以外の在所者の自弁の書籍等及び新聞紙の閲覧）
第66条 在院中在所者以外の在所者が自弁の書籍等及び新聞紙を閲覧することは、この条及び第68条の規定による場合のほか、これを禁止し、又は制限してはならない。
2 少年鑑別所の長は、在院中在所者以外の在所者が自弁の書籍等又は新聞紙を閲覧することにより次の各号のいずれかに該当する場合には、その閲覧を禁止することができる。
 一 少年鑑別所の規律及び秩序を害する結果を生ずるおそれがあるとき。
 二 在院中在所者以外の在所者が被観護在所者又は未決在所者である場合において、その保護事件又は刑事事件に関する証拠の隠滅の結果を生ずるおそれがあるとき。
 三 在院中在所者以外の在所者の健全な育成を著しく妨げるおそれがあるとき。
 四 在院中在所者以外の在所者が鑑別対象者である場合において、その鑑別の適切な実施に支障を生ずるおそれがあるとき。
3 前項の規定により閲覧を禁止すべき事由の有無を確認するため自弁の書籍等又は新聞紙の翻訳が必要であるときは、法務省令で定めるところにより、在院中在所者以外の在所者にその費用を負担させることができる。この場合において、その者が負担すべき費用を負担しないときは、その閲覧を禁止する。
（在院中在所者の自弁の書籍等及び新聞紙の閲覧）
第67条 少年鑑別所の長は、在院中在所者が、自弁の書籍等又は新聞紙を閲覧したい旨の申出をした場合において、次の各号（在院中在所者が鑑別対象者でない場合にあっては、第三号を除く。）のいずれにも該当すると認めるときは、これを許すことができる。
 一 閲覧により、少年鑑別所の規律及び秩序を害する結果を生ずるおそれがないとき。
 二 閲覧により、在院中在所者の改善更生に支障を生ずるおそれがないとき。
 三 閲覧により、在院中在所者の鑑別の適切な実施に支障を生ずるおそれがないとき。
2 少年鑑別所の長は、前項の規定により閲覧を許すか否かを判断するに当たっては、書籍等及び新聞紙の閲覧が、一般に、青少年の健全な育成に資するものであることに留意しなければならない。
3 第1項の規定により閲覧を許すか否かを判断するため自弁の書籍等又は新聞紙の翻訳が必要であるときは、法務省令で定めるところにより、在院中在所者にその費用を負担させることができる。この場合において、その者が負担すべき費用を負担しないときは、その閲覧を許さない。
（新聞紙に関する制限）
第68条 少年鑑別所の長は、法務省令で定めるところにより、在所者が取得することができる新聞紙の範囲及び取得方法について、少年鑑別所の管理運営上必要な制限をすることができる。
（時事の報道に接する機会の付与）
第69条 少年鑑別所の長は、在所者に対し、日刊新聞紙の備付け、報道番組の放送その他の方法により、できる限り、主要な時事の報道に接する機会を与えるように努めなけれ

ばならない。

第9節 宗教上の行為等

（一人で行う宗教上の行為）
第70条 在所者が1人で行う礼拝その他の宗教上の行為は、これを禁止し、又は制限してはならない。ただし、少年鑑別所の規律及び秩序の維持その他管理運営上支障を生ずるおそれがある場合は、この限りでない。
（宗教上の儀式行事及び教誨）
第71条 少年鑑別所の長は、在所者が宗教家（民間の篤志家に限る。以下この項において同じ。）の行う宗教上の儀式行事に参加し、又は宗教家の行う宗教上の教誨を受けることができる機会を設けるように努めなければならない。
2 少年鑑別所の長は、少年鑑別所の規律及び秩序の維持その他管理運営上支障を生ずるおそれがある場合には、在所者に前項に規定する儀式行事に参加させず、又は同項に規定する教誨を受けさせないことができる。

第10節 規律及び秩序の維持

（少年鑑別所の規律及び秩序）
第72条 少年鑑別所の規律及び秩序は、在所者の観護処遇及び鑑別の適切な実施を確保し、並びにその健全な育成を図るのにふさわしい安全かつ平穏な環境を保持することができるよう、適正に維持されなければならない。
2 前項の目的を達成するため執る措置は、そのために必要な限度を超えてはならない。
（遵守事項等）
第73条 少年鑑別所の長は、在所者が遵守すべき事項（次項において「遵守事項」という。）を定める。
2 遵守事項は、在所者としての地位に応じ、次に掲げる事項を具体的に定めるものとする。
 一 犯罪行為をしてはならないこと。
 二 他人に対し、粗野若しくは乱暴な言動をし、又は迷惑を及ぼす行為をしてはならないこと。
 三 自身を傷つける行為をしてはならないこと。
 四 少年鑑別所の職員の職務の執行を妨げる行為をしてはならないこと。
 五 自己又は他の在所者の収容の確保を妨げるおそれのある行為をしてはならないこと。
 六 少年鑑別所の安全を害するおそれのある行為をしてはならないこと。
 七 少年鑑別所内の衛生又は風紀を害する行為をしてはならないこと。
 八 金品について、不正な使用、所持、授受その他の行為をしてはならないこと。
 九 前各号に掲げるもののほか、少年鑑別所の規律及び秩序を維持するため必要な事項
 十 前各号に掲げる事項について定めた遵守事項に違反する行為を企て、唆し、又は援助してはならないこと。
3 前2項のほか、少年鑑別所の長又はその指定する職員は、少年鑑別所の規律及び秩序を維持するため必要がある場合には、在所者に対し、その生活及び行動について指示することができる。
（身体の検査等）
第74条 指定職員は、少年鑑別所の規律及び秩序を維持するため必要がある場合には、在所者について、その身体、着衣、所持品及び居室を検査し、並びにその所持品を取り上げて一時保管することができる。

2 第24条第2項の規定は、前項の規定による女子の在所者の身体及び着衣の検査について準用する。
3 指定職員は、少年鑑別所の規律及び秩序を維持するため必要がある場合には、少年鑑別所内において、在所者以外の者（弁護士である付添人若しくは在所者若しくはその保護者の依頼により付添人となろうとする弁護士又は弁護人等（弁護人又は刑事訴訟法第39条第1項に規定する弁護人となろうとする者をいう。以下同じ。）を除く。）の着衣及び携帯品を検査し、並びにその者の携帯品を取り上げて一時保管することができる。
4 前項の検査は、文書図画の内容の検査に及んではならない。

（制止等の措置）
第75条 指定職員は、在所者が自身を傷つけ若しくは他人に危害を加え、逃走し、少年鑑別所の職員の職務の執行を妨げ、その他少年鑑別所の規律及び秩序を著しく害する行為をし、又はこれらの行為をしようとする場合には、合理的に必要と判断される限度で、その行為を制止し、その在所者を拘束し、その他その行為を抑止するため必要な措置を執ることができる。
2 指定職員は、在所者以外の者が次の各号のいずれかに該当する場合には、合理的に必要と判断される限度で、その行為を制止し、その行為をする者を拘束し、その他その行為を抑止するため必要な措置を執ることができる。
  一 少年鑑別所に侵入し、その設備を損壊し、少年鑑別所の職員の職務執行を妨げ、又はこれらの行為をまさにしようとするとき。
  二 指定職員の要求を受けたのに少年鑑別所から退去しないとき。
  三 在所者の逃走又は少年鑑別所の職員の職務執行の妨害を、現場で、援助し、あおり、又は唆すとき。
  四 在所者に危害を加え、又はまさに加えようとするとき。
3 前2項の措置に必要な警備用具については、法務省令で定める。

（手錠の使用）
第76条 指定職員は、在所者を護送するとき、又は在所者が次の各号のいずれかの行為をするおそれがある場合において、やむを得ないときは、少年鑑別所の長の命令により、法務省令で定めるところにより、手錠（手錠に附属するひもがある場合にはこれを含む。以下この条及び第110条第1項第五号において同じ。）を使用することができる。
  一 逃走すること。
  二 自身を傷つけ、又は他人に危害を加えること。
  三 少年鑑別所の設備、器具その他の物を損壊すること。
2 前項に規定する場合において、少年鑑別所の長の命令を待ついとまがないときは、指定職員は、その命令を待たないで、手錠を使用することができる。この場合には、速やかに、その旨を少年鑑別所の長に報告しなければならない。
3 在所者を護送する際に手錠を使用するに当たっては、その名誉をいたずらに害することのないように配慮しなければならない。
4 手錠の型式は、法務省令で定める。

（保護室への収容）
第77条 指定職員は、在所者が次の各号のいずれかに該当する場合において、やむを得ないときは、少年鑑別所の長の命令により、その者を保護室に収容することができる。
  一 自身を傷つけるおそれがあるとき。
  二 次のイからハまでのいずれかに該当する場合において、少年鑑別所の規律及び秩序を維持するため特に必要があるとき。
    イ 指定職員の制止に従わず、大声又は騒音を発するとき。
    ロ 他人に危害を加えるおそれがあるとき。
    ハ 少年鑑別所の設備、器具その他の物を損壊し、又は汚損するおそれがあるとき。
2 前項に規定する場合において、少年鑑別所の長の命令を待ついとまがないときは、指定職員は、その命令を待たないで、その在所者を保護室に収容することができる。この場合には、速やかに、その旨を少年鑑別所の長に報告しなければならない。
3 保護室への収容の期間は、72時間以内とする。ただし、特に継続の必要がある場合には、少年鑑別所の長は、48時間ごとにこれを更新することができる。
4 保護室に収容されている在所者に対しては、その心情の安定を図るための適切な働き掛けを行うように努めなければならない。
5 少年鑑別所の長は、第3項の期間中であっても、保護室への収容の必要がなくなったときは、直ちにその収容を中止させなければならない。
6 在所者を保護室に収容し、又はその収容の期間を更新した場合には、少年鑑別所の長は、速やかに、その在所者の健康状態について、少年鑑別所の職員である医師又は少年鑑別所の長が委嘱する医師の意見を聴かなければならない。
7 保護室の構造及び設備の基準は、法務省令で定める。

（収容のための連戻し）
第78条 指定職員は、在所者が逃走した場合には、これを連れ戻すことができる。ただし、逃走の時から48時間を経過した後は、被観護措置者等（観護の措置（当該措置が少年法第43条第1項の規定による請求により執られたものである場合において、事件が家庭裁判所に送致されていないときを除く。）を受けて収容されている者、少年院法第2条第二号に規定する保護処分在院者としての地位を有する在所者及び少年法第26条の2の規定により収容されている者をいう。以下この項及び次条第4項において同じ。）にあっては裁判官のあらかじめ発する連戻状によらなければ連戻しに着手することができず、被観護措置者等以外の在所者にあっては連戻しに着手することができない。
2 前項の規定による連戻しが困難である場合には、少年鑑別所の長は、警察官に対して連戻しのための援助を求めることができる。この場合において、援助を求められた警察官については、同項の規定を準用する。
3 第1項ただし書（前項において準用する場合を含む。）の連戻状は、少年鑑別所の長の請求により、その少年鑑別所所在地を管轄する家庭裁判所の裁判官が発する。この場合においては、少年法第4条及び第36条の規定を準用する。

（災害時の避難及び解放）
第79条 少年鑑別所の長は、地震、火災その他の災害に際し、少年鑑別所内において避難の方法がないときは、在所者を適当な場所に護送しなければならない。
2 前項の場合において、在所者を護送することができないときは、少年鑑別所の長は、その者を少年鑑別所から解放することができる。地震、火災その他の災害に際し、少年鑑別所の外にある在所者を避難させるため適当な場所に護送することができない場合も、同様とする。

少年鑑別所法

3 前項の規定により解放された者は、避難を必要とする状況がなくなった後速やかに、少年鑑別所又は少年鑑別所の長が指定した場所に出頭しなければならない。
4 指定職員は、第2項の規定により解放された被観護措置者等が前項の規定に違反して少年鑑別所又は指定された場所に出頭しないときは、裁判官のあらかじめ発する連戻状により、その者を連れ戻すことができる。
5 前項の規定による連戻しが困難である場合には、少年鑑別所の長は、警察官に対して連戻しのための援助を求めることができる。この場合において、援助を求められた警察官については、同項の規定を準用する。
6 前条第3項の規定は、第4項(前項において準用する場合を含む。)の連戻状について準用する。

第11節 外部交通
第1款 面会
第1目 被観護在所者
（面会の相手方）

第80条 少年鑑別所の長は、被観護在所者に対し、次に掲げる者から面会の申出があったときは、第107条第3項の規定により禁止する場合を除き、これを許すものとする。ただし、刑事訴訟法(少年法において準用する場合を含む。次項において同じ。)の定めるところにより面会が許されない場合は、この限りでない。
一 被観護在所者の保護者等
二 婚姻関係の調整、訴訟の遂行、修学又は就業の準備その他の被観護在所者の身上、法律上、教育上又は職業上の重大な利害に係る用務の処理のため面会することが必要な者
2 少年鑑別所の長は、被観護在所者に対し、前項各号に掲げる者以外の者から面会の申出があった場合において、健全な社会生活を営むために必要な援助を受けることその他面会することを必要とする事情があり、かつ、次の各号(被観護在所者が鑑別対象者でない場合にあっては、第四号を除く。次条第1項において同じ。)のいずれにも該当すると認めるときは、これを許すことができる。ただし、刑事訴訟法の定めるところにより面会が許されない場合は、この限りでない。
一 面会により、少年鑑別所の規律及び秩序を害する結果を生ずるおそれがないとき。
二 面会により、被観護在所者の保護事件又は刑事事件に関する証拠の隠滅の結果を生ずるおそれがないとき。
三 面会により、被観護在所者の健全な育成を著しく妨げるおそれがないとき。
四 面会により、被観護在所者の鑑別の適切な実施に支障を生ずるおそれがないとき。

（面会の立会い等）

第81条 少年鑑別所の長は、その指名する職員に、被観護在所者の面会(付添人等(付添人又は在所者若しくはその保護者の依頼により付添人となろうとする弁護士をいう。以下同じ。)又は弁護人等との面会を除く。)に立ち会わせ、又はその面会の状況を録音させ、若しくは録画させるものとする。ただし、前条第2項各号のいずれにも該当すると認めるときは、その立会い並びに録音及び録画(次項において「立会い等」という。)をさせないことができる。
2 少年鑑別所の長は、前項の規定にかかわらず、被観護在所者の面会に立ち会う者との面会以外については、少年鑑別所の規律及び秩序を害する結果又は被観護在所者の保護事件若しくは刑事事件に関する証拠の隠滅の結果を生ずるおそれが

あると認めるべき特別の事情がある場合を除き、立会い等をさせてはならない。
一 自己に対する少年鑑別所の長の措置その他自己が受けた観護処遇又は鑑別に関し調査を行う国又は地方公共団体の機関の職員
二 自己に対する少年鑑別所の長の措置その他自己が受けた観護処遇又は鑑別に関し弁護士法(昭和24年法律第二百五号)第3条第1項に規定する職務を遂行する弁護士

（面会の一時停止及び終了）

第82条 少年鑑別所の職員は、次の各号のいずれか(付添人等又は弁護人等との面会の場合にあっては、第一号ロに限る。)に該当する場合には、その行為若しくは発言を制止し、又はその面会を一時停止させることができる。この場合においては、面会の一時停止のため、被観護在所者又は面会の相手方に対し面会の場所からの退出を命じ、その他必要な措置を執ることができる。
一 被観護在所者又は面会の相手方が次のイ又はロのいずれかに該当する行為をするとき。
 イ 次条第1項の規定による制限に違反する行為
 ロ 少年鑑別所の規律及び秩序を害する行為
二 被観護在所者又は面会の相手方が次のイからトまでのいずれかに該当する内容の発言をするとき。
 イ 暗号の使用その他の理由によって、少年鑑別所の職員が理解できないもの
 ロ 犯罪又は非行を助長し、又は誘発するもの
 ハ 少年鑑別所の規律及び秩序を害する結果を生ずるおそれのあるもの
 ニ 被観護在所者の保護事件又は刑事事件に関する証拠の隠滅の結果を生ずるおそれのあるもの
 ホ 被観護在所者の健全な育成を著しく妨げるおそれのあるもの
 ヘ 特定の用務の処理のため必要であることを理由として許された面会において、その用務の処理のため必要な範囲を明らかに逸脱するもの
 ト 被観護在所者が鑑別対象者である場合において、その鑑別の適切な実施に支障を生ずるおそれのあるもの
2 少年鑑別所の長は、前項の規定により面会が一時停止された場合において、面会を継続させることが相当でないと認めるときは、その面会を終わらせることができる。

（面会に関する制限）

第83条 少年鑑別所の長は、被観護在所者の面会(付添人等又は弁護人等との面会を除く。)に関し、法務省令で定めるところにより、面会の相手方の人数、面会の場所、日及び時間帯、面会の時間及び回数その他面会の態様について、少年鑑別所の規律及び秩序の維持その他管理運営上必要な制限をすることができる。
2 前項の規定により面会の回数について制限をするときは、その回数は、1日につき1回を下回ってはならない。

第84条 被観護在所者の付添人等又は弁護人等との面会の日及び時間帯は、日曜日その他政令で定める日以外の日の少年鑑別所の執務時間内とする。
2 前項の面会の相手方の人数は、3人以内とする。
3 少年鑑別所の長は、付添人等又は弁護人等から前2項の定めによらない面会の申出がある場合においても、少年鑑別所の管理運営上支障があるときを除き、これを許すものとする。
4 少年鑑別所の長は、第1項の面会に関し、法務省令で定めるところにより、面会の場所について、少年鑑別所の規律及び秩序の維持その他管理運営上必要な制限をすること

第2目 未決在所者

(面会の相手方)
第85条 少年鑑別所の長は、未決在所者(被観護在所者としての地位を有するものを除く。以下この目において同じ。)に対し、他の者から面会の申出があったときは、次項又は第107条第3項の規定により禁止される場合を除き、これを許すものとする。ただし、刑事訴訟法の定めるところにより面会が許されない場合は、この限りでない。

2 少年鑑別所の長は、犯罪性のある者その他未決在所者が面会することにより、その健全な育成を著しく妨げるおそれがある者(未決在所者の保護者等を除く。)については、未決在所者がその者と面会することを禁止することができる。ただし、付添人等又は弁護人等と面会する場合及び被告人若しくは被疑者としての権利の保護又は訴訟の準備その他の権利の保護のために必要と認められる場合については、この限りでない。

(面会の立会い等)
第86条 少年鑑別所の長は、その指名する職員に、未決在所者の面会(付添人等又は弁護人等との面会を除く。)に立ち会わせ、又はその面会の状況を録音させ、若しくは録画させるものとする。ただし、次の各号のいずれにも該当すると認めるときは、その立会い並びに録音及び録画(次項において「立会い等」という。)をさせないことができる。
一 面会により、少年鑑別所の規律及び秩序を害する結果を生ずるおそれがないとき。
二 面会により、未決在所者の刑事事件に関する証拠の隠滅の結果を生ずるおそれがないとき。
三 面会により、未決在所者の健全な育成を著しく妨げるおそれがないとき。

2 少年鑑別所の長は、前項の規定にかかわらず、未決在所者の次に掲げる者との面会については、少年鑑別所の規律及び秩序を害する結果又は未決在所者の刑事事件に関する証拠の隠滅の結果を生ずるおそれがあると認めるべき特別の事情がある場合を除き、立会い等をさせてはならない。
一 自己に対する少年鑑別所の長の措置その他自己が受けた観護処遇に関し調査を行う国又は地方公共団体の機関の職員
二 自己に対する少年鑑別所の長の措置その他自己が受けた観護処遇に関し弁護士法第3条第1項に規定する職務を遂行する弁護士

(面会の一時停止及び終了等)
第87条 第82条から第84条まで(第82条第1項第二号ヘ及びトを除く。)の規定は、未決在所者の面会について準用する。この場合において、同号ニ中「保護事件又は刑事事件」とあるのは、「刑事事件」と読み替えるものとする。

第3目 在院中在所者

(面会の相手方)
第88条 少年鑑別所の長は、在院中在所者に対し、次に掲げる者から面会の申出があったときは、第107条第3項の規定により禁止される場合を除き、これを許すものとする。
一 在院中在所者の保護者等
二 婚姻関係の調整、訴訟の遂行、修学又は就業の準備その他の在院中在所者の身分上、法律上、教育上又は職業上の重大な利害に係る用務の処理のため面会することが必要な者
三 在院中在所者の更生保護に関係のある者その他の面会により在院中在所者の改善更生に資すると認められる者

2 少年鑑別所の長は、在院中在所者に対し、前項各号に掲げる者以外の者から面会の申出があった場合において、健全な社会生活を営むために必要な援助を受けることその他の面会することを必要とする事情があり、かつ、次の各号(在院中在所者が鑑別対象者でない場合にあっては、第三号を除く。次条第1項において同じ。)のいずれにも該当すると認めるときは、これを許すことができる。
一 面会により、少年鑑別所の規律及び秩序を害する結果を生ずるおそれがないとき。
二 面会により、在院中在所者の改善更生に支障を生ずるおそれがないとき。
三 面会により、在院中在所者の鑑別の適切な実施に支障を生ずるおそれがないとき。

(面会の立会い等)
第89条 少年鑑別所の長は、その指名する職員に、在院中在所者の面会(付添人等又は弁護人等との面会を除く。)に立ち会わせ、又はその面会の状況を録音させ、若しくは録画させるものとする。ただし、前条第2項各号のいずれにも該当すると認めるときは、その立会い並びに録音及び録画(次項において「立会い等」という。)をさせないことができる。

2 少年鑑別所の長は、前項の規定にかかわらず、在院中在所者の次に掲げる者との面会については、少年鑑別所の規律及び秩序を害する結果を生ずるおそれがあると認めるべき特別の事情がある場合を除き、立会い等をさせてはならない。
一 自己に対する少年鑑別所の長の措置その他自己が少年鑑別所において受けた観護処遇若しくは鑑別又は自己に対する少年院の長の措置その他自己が少年院において受けた処遇に関し調査を行う国又は地方公共団体の機関の職員
二 自己に対する少年鑑別所の長の措置その他自己が少年鑑別所において受けた観護処遇若しくは鑑別又は自己に対する少年院の長の措置その他自己が少年院において受けた処遇に関し弁護士法第3条第1項に規定する職務を遂行する弁護士

(面会の一時停止及び終了等)
第90条 第82条から第84条まで(第82条第1項第二号ニを除く。)の規定は、在院中在所者の面会について準用する。この場合において、同号ホ中「健全な育成を著しく妨げる」とあるのは、「改善更生に支障を生ずる」と読み替えるものとする。

第4目 各種在所者

第91条 第1目(第80条第1項ただし書並びに第2項ただし書及び第二項並びに第82条第1項第二号ニを除く。)の規定は、各種在所者の面会について準用する。この場合において、第81条第1項中「前条第2項各号」とあるのは「前条第2項各号(第二号を除く。)」と、同条第2項中「結果又は被観護在所者の保護事件若しくは刑事事件に関する証拠の隠滅の結果」とあるのは「結果」と読み替えるものとする。

第2款 信書の発受

第1目 被観護在所者

(発受を許す信書)
第92条 少年鑑別所の長は、被観護在所者に対し、この目又は第107条第3項の規定により禁止される場合を除き、他の者との間で信書を発受することを許すものとする。ただし、刑事訴訟法(少年法において準用する場合を含む。)の定めるところにより信書の発受が許されない場合は、この限りでない。

少年鑑別所法

(信書の検査)
第93条 少年鑑別所の長は，その指名する職員に，被観護在所者が発受する信書について，検査を行わせるものとする。
2 次に掲げる信書については，前項の検査は，これらの信書に該当することを確認するために必要な限度において行うものとする。ただし，第三号に掲げる信書について，少年鑑別所の規律及び秩序を害する結果又は被観護在所者の保護事件若しくは刑事事件に関する証拠の隠滅の結果を生ずるおそれがあると認めるべき特別の事情がある場合は，この限りでない。
一 被観護在所者が付添人等又は弁護人等から受ける信書
二 被観護在所者が国又は地方公共団体の機関から受ける信書
三 被観護在所者が自己に対する少年鑑別所の長の措置その他自己が受けた観護処遇又は鑑別に関し弁護士法第3条第1項に規定する職務を遂行する弁護士(弁護士法人を含む。以下この款において同じ。)から受ける信書
3 少年鑑別所の長は，少年鑑別所の規律及び秩序を害する結果を生じ，又は被観護在所者の保護事件若しくは刑事事件に関する証拠の隠滅の結果を生ずるおそれがないと認める場合には，前2項の規定にかかわらず，第1項の検査を行わせないことができる。

(信書の内容による差止め等)
第94条 少年鑑別所の長は，前条の規定による検査の結果，被観護在所者が発受する信書について，その全部又は一部が次の各号のいずれかに該当する場合には，その発受を差し止め，又はその該当箇所を削除し，若しくは抹消することができる。同条第2項各号に掲げる信書について，これらの信書に該当することを確認する過程においてその全部又は一部が次の各号のいずれかに該当することが判明した場合も，同様とする。
一 暗号の使用その他の理由によって，少年鑑別所の職員が理解できない内容のものであるとき。
二 発受によって，刑罰法令に触れる行為をすることとなり，又は犯罪若しくは非行を助長し，若しくは誘発するおそれがあるとき。
三 発受によって，少年鑑別所の規律及び秩序を害する結果を生ずるおそれがあるとき。
四 威迫にわたる記述又は明らかな虚偽の記述があるため，受信者を著しく不安にさせ，又は受信者に損害を被らせるおそれがあるとき。
五 受信者を著しく侮辱する記述があるとき。
六 発受によって，被観護在所者の保護事件又は刑事事件に関する証拠の隠滅の結果を生ずるおそれがあるとき。
七 発受によって，被観護在所者の健全な育成を著しく妨げるおそれがあるとき。
八 被観護在所者が鑑別対象者である場合において，発受によって，その鑑別の適切な実施に支障を生ずるおそれがあるとき。
2 前項の規定にかかわらず，被観護在所者が国又は地方公共団体の機関との間で発受する信書であってその機関の権限に属する事項を含むもの及び被観護在所者が弁護士との間で発受する信書であってその被観護在所者に係る弁護士法第3条第1項に規定する弁護士の職務に属する事項を含むものについては，その発受の差止め又はその事項に係る部分の削除若しくは抹消は，その部分の全部又は一部が前項第一号から第三号まで又は第六号のいずれかに該当する場合に限り，これを行うことができる。

(信書に関する制限)
第95条 少年鑑別所の長は，法務省令で定めるところにより，被観護在所者が発する信書の作成要領，その発信の申請の日及び時間帯，被観護在所者が発信を申請する信書(付添人等又は弁護人等に対して発するものを除く。)の通数並びに被観護在所者の信書の発受の方法について，少年鑑別所の管理運営上必要な制限をすることができる。
2 前項の規定により被観護在所者が発信する信書の通数について制限をするときは，その通数は，1日につき1通を下回ってはならない。

(発信に要する費用)
第96条 信書の発信に要する費用については，被観護在所者が負担することができない場合において，少年鑑別所の長が発信の目的に照らし相当と認めるときは，その全部又は一部を国庫の負担とする。

(発受を禁止した信書等の取扱い)
第97条 少年鑑別所の長は，第94条又は第107条第3項の規定により信書の発受を差し止め，又は禁止した場合にはその信書を，第94条の規定により信書の一部を削除した場合にはその削除した部分を保管するものとする。
2 前項の規定により第94条の規定により信書の記述の一部を抹消する場合には，その抹消する部分の複製を作成し，これを保管するものとする。
3 少年鑑別所の長は，被観護在所者の退所の際，前2項の規定により保管する信書の全部若しくは一部又は複製(以下「発受禁止信書等」という。)をその者又はその親権を行う者等に引き渡すものとする。
4 少年鑑別所の長は，被観護在所者が死亡した場合には，法務省令で定めるところにより，その遺族等に対し，その申請に基づき，発受禁止信書等を引き渡すものとする。
5 前2項の規定にかかわらず，発受禁止信書等の引渡しにより少年鑑別所の規律及び秩序の維持に支障を生ずるおそれがあるときは，これを引き渡さないものとする。次に掲げる場合において，その引渡しにより少年鑑別所の規律及び秩序の維持に支障を生ずるおそれがあるときも，同様とする。
一 退所した被観護在所者又はその親権を行う者等が，被観護在所者の退所後に，発受禁止信書等の引渡しを求めたとき。
二 被観護在所者が第63条第1項各号のいずれかに該当する場合において，その被観護在所者又はその親権を行う者等が，発受禁止信書等の引渡しを求めたとき。
6 第62条第1項，第63条第1項並びに第64条第2項及び第3項の規定は，被観護在所者に係る発受禁止信書等(前項の規定により引き渡さないこととされたものを除く。)について準用する。この場合において，同条第3項中「第1項の申請」とあるのは，「第97条第4項の申請」と読み替えるものとする。
7 第5項の規定により引き渡さないこととした発受禁止信書等は，被観護在所者の退所若しくは死亡の日又は被観護在所者が第63条第1項各号のいずれかに該当することとなった日から起算して3年を経過した日に，国庫に帰属する。

(被観護在所者作成の文書図画)
第98条 少年鑑別所の長は，被観護在所者が，その作成した文書図画(信書を除く。)を他の者に交付することを申請した場合には，その交付につき，被観護在所者が発する信書に準じて検査その他の措置を執ることができる。

少年鑑別所法

第2目　未決在所者
第99条　前目（第94条第1項第八号を除く。）の規定は、未決在所者（被観護在所者としての地位を有するものを除く。）が発受する信書について準用する。この場合において、第92条ただし書中「刑事訴訟法（少年法において準用する場合を含む。）」とあるのは「刑事訴訟法」と、第93条第2項ただし書及び第3項中「保護事件若しくは刑事事件」とあり、並びに第94条第1項第六号中「保護事件又は刑事事件」とあるのは「刑事事件」と、第93条第2項第三号中「観護処遇又は鑑別」とあるのは「観護処遇」と読み替えるものとする。

第3目　在院中在所者
（発受を許す信書）
第100条　少年鑑別所の長は、在院中在所者に対し、この目又は第107条第3項の規定により禁止される場合を除き、他の者との間で信書を発受することを許すものとする。
（信書の検査）
第101条　少年鑑別所の長は、その指名する職員に、在院中在所者が発受する信書について、検査を行わせるものとする。
2　次に掲げる信書については、前項の検査は、これらの信書に該当することを確認するために必要な限度において行うものとする。ただし、第四号に掲げる信書について、少年鑑別所の規律及び秩序を害する結果を生ずるおそれがあると認めるべき特別の事情がある場合は、この限りでない。
一　在院中在所者が付添人等又は弁護人等から受ける信書
二　在院中在所者が国又は地方公共団体の機関から受ける信書
三　在院中在所者が自己に対する少年鑑別所の長の措置その他自己が少年鑑別所において受けた観護処遇若しくは鑑別又は自己に対する少年院の長の措置その他自己が少年院において受けた処遇に関し調査を行う国又は地方公共団体の機関に対して発する信書
四　在院中在所者が自己に対する少年鑑別所の長の措置その他自己が少年鑑別所において受けた観護処遇若しくは鑑別又は自己に対する少年院の長の措置その他自己が少年院において受けた処遇に関し弁護士法第3条第1項に規定する職務を遂行する弁護士に対して発する信書
3　少年鑑別所の長は、少年鑑別所の規律及び秩序を害する結果を生じ、又は在院中在所者の改善更生に支障を生ずるおそれがないと認める場合には、前2項の規定にかかわらず、第1項の検査を行わせないことができる。
（信書の発受の禁止）
第102条　少年鑑別所の長は、犯罪性のある者その他在院中在所者が信書を発受することにより、少年鑑別所の規律及び秩序を害し、又は在院中在所者の改善更生に支障を生ずるおそれがある者（在院中在所者の保護者を除く。）については、在院中在所者がその者との間で信書を発受することを禁止することができる。ただし、婚姻関係の調整、訴訟の遂行、修学又は就業の準備その他の在院中在所者の身上、法律上、教育上又は職業上の重大な利害に係る用務の処理のため信書を発受する場合は、この限りでない。
（信書の内容による差止め等）
第103条　第94条から第98条まで（第94条第1項第六号を除く。）の規定は、在院中在所者が発受する信書について準用する。この場合において、同条中「前条」とあるのは「第101条」と、同項第七号中「健全な育成を著しく妨げる」とあるのは「改善更生に支障を生ずる」と、第94条

2項中「第三号まで又は第六号」とあるのは「第三号まで」と、第97条第1項中「又は第107条第3項」とあるのは「、第102条又は第107条第3項」と、同条第5項中「生ずる」とあるのは「生じ、又は在院中在所者の犯罪若しくは非行を助長し、若しくは誘発する」と読み替えるものとする。

第4目　各種在所者
第104条　第92条本文、第94条から第98条まで（第94条第1項第六号を除く。）及び第101条の規定は、各種在所者が発受する信書について準用する。この場合において、同項中「前条」とあるのは「第104条において準用する第101条」と、第94条第2項中「第三号まで又は第六号」とあるのは「第三号まで」と、第101条第2項第三号及び第四号中「若しくは鑑別又は自己に対する少年院の長の措置その他自己が少年院において受けた処遇」とあるのは「又は鑑別」と、同条第3項中「結果を生じ、又は在院中在所者の改善更生に支障」とあるのは「結果」と読み替えるものとする。

第3款　電話等による通信
（電話等による通信）
第105条　少年鑑別所の長は、在院中在所者に対し、その改善更生は円滑な社会復帰に資すると認めるとき、その他相当と認めるときは、第88条第1項各号に掲げる者との間において、電話その他政令で定める電気通信の方法による通信を行うことを許すことができる。
2　第96条の規定は、前項の通信について準用する。
（通信の確認等）
第106条　少年鑑別所の長は、その指名する職員に、前条第1項の通信の内容を確認するため、その通信を受けさせ、又は記録を記録させるものとする。ただし、次の各号（在院中在所者が鑑別対象者でない場合にあっては、第三号を除く。）のいずれにも該当すると認めるときは、この限りでない。
一　通信により、少年鑑別所の規律及び秩序を害する結果を生ずるおそれがないとき。
二　通信により、在院中在所者の改善更生に支障を生ずるおそれがないとき。
三　通信により、在院中在所者の鑑別の適切な実施に支障を生ずるおそれがないとき。
2　第82条（第1項第一号イ及び第二号ニを除く。）の規定は、在院中在所者による前条第1項の通信について準用する。この場合において、同号ホ中「健全な育成を著しく妨げる」とあるのは、「改善更生に支障を生ずる」と読み替えるものとする。

第4款　雑則
（外国語による面会等）
第107条　少年鑑別所の長は、在所者又はその面会等（面会又は第105条第1項の通信をいう。以下この条において同じ。）の相手方が国語に通じない場合には、外国語による面会等を許すものとする。この場合において、発言又は通信の内容を確認するため通訳又は翻訳が必要であるときは、法務省令で定めるところにより、その在所者にその費用を負担させることができる。
2　少年鑑別所の長は、在所者又はその信書の発受の相手方が国語に通じない場合その他相当と認める場合には、外国語による信書の発受を許すものとする。この場合において、信書の内容を確認するため翻訳が必要であるときは、法務省令で定めるところにより、その在所者にその費用を負担させることができる。

少年鑑別所法

3 在所者が前2項の規定により負担すべき費用を負担しないときは、その面会等又は信書の発受を許さない。
(条約の効力)
第108条 この節に規定する面会及び信書の発受に関する事項について条約に別段の定めがあるときは、その規定による。

第12節 救済の申出等
第1款 救済の申出
(救済の申出)
第109条 在所者は、自己に対する少年鑑別所の長の措置その他自己が受けた観護処遇又は鑑別について苦情があるときは、書面で、法務大臣に対し、救済を求める申出をすることができる。
第110条 退所した者は、自己に対する第一号から第三号までに掲げる少年鑑別所の長の措置又は自己に対する第四号から第六号までに掲げる少年鑑別所の職員による行為について苦情があるときは、書面で、法務大臣に対し、救済を求める申出をすることができる。
一 第66条第3項又は第67条第3項の規定による費用を負担させる処分
二 第97条第5項前段(第99条、第103条及び第104条において準用する場合を含む。第115条第1項第九号において同じ。)の規定による発受禁止信書等の引渡しをしない処分(第97条第3項(第99条、第103条及び第104条において準用する場合を含む。)の規定による引渡しに係るものに限る。同号において同じ。)
三 第107条第1項又は第2項の規定による費用を負担させる処分
四 身体に対する有形力の行使
五 手錠の使用
六 保護室への収容

2 前項の規定による申出は、退所した日の翌日から起算して30日以内にしなければならない。
3 天災その他前項の期間内に第1項の規定による申出をしなかったことについてやむを得ない理由があるときは、前項の規定にかかわらず、その理由がやんだ日の翌日から起算して1週間以内に限り、その申出をすることができる。
第111条 第109条又は前条第1項の規定による申出(以下「救済の申出」という。)は、これを行う者が自らしなければならない。

(相談員)
第112条 少年鑑別所の長の指名を受けた少年鑑別所の職員(次項及び第120条第1項において「相談員」という。)は、在所者に対し、救済の申出に関する相談に応じるものとする。
2 相談員は、その相談によって知り得た救済の申出の内容をその少年鑑別所の他の職員に漏らしてはならない。

(調査)
第113条 法務大臣は、職権で、救済の申出に関して必要な調査をするものとする。
2 法務大臣は、前項の調査をするために必要があるときは、少年鑑別所の長に対し、報告若しくは資料その他の物件の提出を命じ、又はその指名する職員をして、救済の申出をした者その他の関係者に対し質問をさせ、若しくは物件の提出を求めさせ、これらの者が提出した物件を留め置かせ、若しくは検証を行わせることができる。

(処理)
第114条 法務大臣は、救済の申出を受けたときは、これを誠実に処理するものとする。
2 法務大臣は、救済の申出の内容が、その申出をした者に対する第110条第1項第四号から第六号までに掲げる少年鑑別所の職員による行為に係るものである場合にあってはできる限り60日以内に、それら以外のものである場合にあってはできる限り90日以内にその処理を終えるよう努めるものとする。

(法務大臣の措置)
第115条 法務大臣は、救済の申出の内容がその申出をした者に対する次に掲げる少年鑑別所の長の措置に係るものであって、その措置が違法又は不当であることを確認した場合において、必要があると認めるときは、その措置の全部又は一部を取り消し、又は変更するものとする。
一 第37条第1項の規定による診療を受けることを許さない処分又は同条第4項の規定による診療の中止
二 第42条第1項の規定による自弁の物品の使用又は摂取を許さない処分
三 第55条の規定による領置されている現金の使用又は第56条(第59条において準用する場合を含む。)、第57条若しくは第58条の規定による領置されている金品の交付を許さない処分
四 第66条第2項の規定による書籍等又は新聞紙の閲覧の禁止
五 第66条第3項又は第67条第3項の規定による費用を負担させる処分
六 第68条の規定による新聞紙の取得の制限
七 第70条に規定する宗教上の行為の禁止又は制限
八 第94条、第95条第1項若しくは第98条(これらの規定を第99条、第103条及び第104条において準用する場合を含む。)の規定又は第102条の規定による信書の発受又は文書図画の交付の禁止、差止め又は制限
九 第97条第5項前段の規定による発受禁止信書等の引渡しをしない処分
十 第107条第1項又は第2項の規定による費用を負担させる処分
2 法務大臣は、救済の申出の内容がその申出をした者に対する第110条第1項第四号から第六号までに掲げる少年鑑別所の職員による行為に係るものであって、同項第四号に掲げる行為にあってはその行為が違法であることを、同項第五号又は第六号に掲げる行為にあってはその行為が違法又は不当であることを確認した場合において、必要があると認めるときは、同様の行為の再発の防止のため必要な措置その他の措置を執るものとする。

(通知)
第116条 法務大臣は、第114条の規定による処理を終えたときは、速やかに、処理の結果(前条第1項の規定による法務大臣の措置を含む。)を救済の申出をした者に通知しなければならない。ただし、在所者に対する救済の申出(第110条第1項各号に掲げる少年鑑別所の長の措置又は少年鑑別所の職員による行為に係る救済の申出を除く。)について、その在所者が退所したときは、この限りでない。

(法務省令への委任)
第117条 この款に定めるもののほか、救済の申出に関し必要な事項は、法務省令で定める。

第2款 苦情の申出
(監査官に対する苦情の申出)
第118条 在所者は、自己に対する少年鑑別所の長の措置その他自己が受けた観護処遇又は鑑別について、口頭又は書面で、第5条の規定により実地監査を行う監査官(以下

の条及び第120条第１項において単に「監査官」という。）に対し，苦情の申出をすることができる。
２　第111条の規定は，前項の苦情の申出について準用する。
３　監査官は，口頭による苦情の申出を受けるに当たっては，少年鑑別所の職員を立ち会わせてはならない。
４　監査官は，苦情の申出を受けたときは，これを誠実に処理し，処理の結果を苦情の申出をした者に通知しなければならない。ただし，その者が退所したときは，この限りでない。
（少年鑑別所の長に対する苦情の申出）
第119条　在所者は，自己に対する少年鑑別所の長の措置その他自己が受けた観護処遇又は鑑別について，口頭又は書面で，少年鑑別所の長に対し，苦情の申出をすることができる。
２　第111条の規定は，前項の苦情の申出について準用する。
３　在所者が口頭で第１項の苦情の申出をしようとするときは，少年鑑別所の長は，その指名する職員にその内容を聴取させることができる。
４　前条第４項の規定は，少年鑑別所の長が苦情の申出を受けた場合について準用する。

第３款　雑則

（秘密申出）
第120条　少年鑑別所の長は，在所者が，救済の申出をし，又は監査官に対し苦情の申出をするに当たり，その内容を少年鑑別所の職員（当該救済の申出に関する相談に応じた相談員を除く。）に秘密にすることができるように，必要な措置を講じなければならない。
２　第93条（第99条において準用する場合を含む。）及び第101条（第104条において準用する場合を含む。）の規定にかかわらず，救済の申出又は苦情の申出の書面は，検査をしてはならない。
（不利益取扱いの禁止）
第121条　少年鑑別所の職員は，在所者が救済の申出又は苦情の申出をしたことを理由として，その者に対し不利益な取扱いをしてはならない。
（在院中在所者に関する特則）
第122条　第112条及び前２条の規定は，在院中在所者が少年院法第120条の規定により法務大臣に対して救済を求める申出をする場合について準用する。

第13節　仮収容

第123条　在所者を同行する場合（第78条第１項（同条第２項において準用する場合を含む。）又は第79条第４項（同条第５項において準用する場合を含む。）の規定により連れ戻す場合を含む。）において，やむを得ない事由があるときは，最寄りの少年鑑別所若しくは少年院又は刑事施設の特に区別した場所にその者を仮に収容することができる。

第14節　退所

（被観護在所者の退所）
第124条　被観護在所者の退所は，次に掲げる事由が生じた後直ちに行う。
一　あらかじめ定められた収容の期間が満了したこと。
二　少年法第18条，第23条第２項若しくは第24条第１項の決定又は更生保護法第71条の申請に対する決定により観護の措置が効力を失ったこと（当該決定が審判期日において告知された場合に限る。）。
三　家庭裁判所又は検察官その他のその者の身体の拘束に

ついて権限を有する者の退所の指揮又は通知を受けたこと。
（未決在所者の退所）
第125条　未決在所者の退所は，次に掲げる事由が生じた後直ちに行う。
一　勾留されている被告人について，勾留の期間が満了したこと。
二　刑事訴訟法第167条第１項（同法第224条第２項において準ずる場合を含む。）の規定により留置されている者について，あらかじめ定められた留置の期間が満了したこと。
三　刑事訴訟法第345条の規定により勾留状が効力を失ったこと（同法の規定により勾留されている未決在所者が公判廷にある場合に限る。）。
四　検察官の退所の指揮又は通知を受けたこと。
（在院中在所者等の退所）
第126条　在院中在所者及び各種在所者の退所は，政令で定める事由が生じた後直ちに行う。
（願い出による滞留）
第127条　少年鑑別所の長は，退所させるべき在所者が負傷又は疾病により重態であるとき，その他その者の利益のためにやむを得ない事由があるときは，その願い出により，その者が少年鑑別所に一時とどまることを許すことができる。
２　前項の規定により少年鑑別所にとどまる者の観護処遇については，その性質に反しない限り，各種在所者に関する規定を準用する。
（帰住旅費等の支給）
第128条　退所する在所者に対しては，その帰住を助けるため必要な旅費又は衣類を支給するものとする。

第15節　死亡

（死亡の通知）
第129条　少年鑑別所の長は，在所者が死亡した場合には，法務省令で定めるところにより，その遺族等に対し，その死亡の原因及び日時並びに交付すべき遺留物又は発受禁止信書等があるときはその旨を速やかに通知しなければならない。
（死体に関する措置）
第130条　在所者が死亡した場合において，その死体の埋葬又は火葬を行う者がないときは，墓地，埋葬等に関する法律（昭和23年法律第四十八号）第９条の規定にかかわらず，その埋葬又は火葬は，少年鑑別所の長が行うものとする。
２　前項に定めるもののほか，在所者の死体に関する措置については，法務省令で定める。

第４章　非行及び犯罪の防止に関する援助

第131条　少年鑑別所の長は，地域社会における非行及び犯罪の防止に寄与するため，非行及び犯罪に関する各般の問題について，少年，保護者その他の者からの相談のうち，専門的知識及び技術を必要とするものに応じ，必要な情報の提供，助言その他の援助を行うとともに，非行及び犯罪の防止に関する機関又は団体の求めに応じ，技術的助言その他の必要な援助を行うものとする。

第5章　罰則

第132条　第79条第2項の規定により解放された在所者（刑法（明治40年法律第四十五号）第97条に規定する者に該当するものに限る。）が、第79条第3項の規定に違反して少年鑑別所又は指定された場所に出頭しないときは、1年以下の懲役に処する。

心神喪失等の状態で重大な他害行為を行った者の医療及び観察等に関する法律

（平成15・7・16法律110）
最新改正　平成26法律69

第1章　総則

第1節　目的及び定義

（目的等）

第1条　この法律は、心神喪失等の状態で重大な他害行為（他人に害を及ぼす行為をいう。以下同じ。）を行った者に対し、その適切な処遇を決定するための手続等を定めることにより、継続的かつ適切な医療並びにその確保のために必要な観察及び指導を行うことによって、その病状の改善及びこれに伴う同様の行為の再発の防止を図り、もってその社会復帰を促進することを目的とする。

2　この法律による処遇に携わる者は、前項に規定する目的を踏まえ、心神喪失等の状態で重大な他害行為を行った者が円滑に社会復帰をすることができるように努めなければならない。

（定義）

第2条　この法律において「対象行為」とは、次の各号に掲げるいずれかの行為に当たるものをいう。

一　刑法（明治40年法律第四十五号）第108条から第110条まで又は第112条に規定する行為

二　刑法第176条から第179条までに規定する行為

三　刑法第199条、第202条又は第203条に規定する行為

四　刑法第204条に規定する行為

五　刑法第236条、第238条又は第243条（第236条又は第238条に係るものに限る。）に規定する行為

2　この法律において「対象者」とは、次の各号のいずれかに該当する者をいう。

一　公訴を提起しない処分において、対象行為を行ったこと及び刑法第39条第1項に規定する者（以下「心神喪失者」という。）又は同条第2項に規定する者（以下「心神耗弱者」という。）であることが認められた者

二　対象行為について、刑法第39条第1項の規定により無罪の確定裁判を受けた者又は同条第2項の規定により刑を減軽する旨の確定裁判（懲役又は禁錮の刑を言い渡し、その刑の全部の執行猶予の言渡しをしない裁判であって、執行すべき刑期があるものを除く。）を受けた者

3　この法律において「指定医療機関」とは、指定入院医療機関及び指定通院医療機関をいう。

4　この法律において「指定入院医療機関」とは、第42条第1項第一号又は第61条第1項第一号の決定を受けた者の入院による医療を担当させる医療機関として厚生労働大臣が指定した病院（その一部を指定した病院を含む。）をいう。

5　この法律において「指定通院医療機関」とは、第42条第1項第二号又は第51条第1項第二号の決定を受けた者の入院によらない医療を担当させる医療機関として厚生労働大臣が指定した病院若しくは診療所（これらに準ずるものとして政令で定めるものを含む。第16条第2項において同じ。）又は薬局をいう。

第2節　裁判所

（管轄）

第3条　処遇事件（第33条第1項、第49条第1項若しくは第2項、第50条、第54条第1項若しくは第2項、第55条又は第59条第1項若しくは第2項の規定による申立てに係る事件をいう。以下同じ。）は、対象者の住所、居所若しくは現在地又は行為地を管轄する地方裁判所の管轄に属する。

2　同一の対象者に対する数個の処遇事件が土地管轄を異にする場合において、1個の処遇事件を管轄する地方裁判所は、併せて他の処遇事件についても管轄権を有する。

（移送）

第4条　裁判所は、対象者の処遇の適正を期するため必要があると認めるときは、決定をもって、その管轄に属する処遇事件を他の管轄地方裁判所に移送することができる。

2　裁判所は、処遇事件がその管轄に属さないと認めるときは、決定をもって、これを管轄地方裁判所に移送しなければならない。

（手続の併合）

第5条　同一の対象者に対する数個の処遇事件は、特に必要がないと認める場合を除き、決定をもって、併合して審判しなければならない。

（精神保健審判員）

第6条　精神保健審判員は、次項に規定する名簿に記載された者のうち、最高裁判所規則で定めるところにより地方裁判所が毎年あらかじめ選任したものの中から、処遇事件ごとに地方裁判所が任命する。

2　厚生労働大臣は、精神保健審判員として任命すべき者の選任に資するため、毎年、政令で定めるところにより、この法律に定める精神保健審判員の職務を行うのに必要な学識経験を有する医師（以下「精神保健判定医」という。）の名簿を最高裁判所に送付しなければならない。

3　精神保健審判員には、別に法律で定めるところにより手当を支給し、並びに最高裁判所規則で定めるところにより旅費、日当及び宿泊料を支給する。

（欠格事由）

第7条　次の各号のいずれかに掲げる者は、精神保健審判員として任命すべき者に選任することができない。

一　禁錮以上の刑に処せられた者

二　前号に該当する者を除くほか、医事に関し罪を犯し刑に処せられた者

三　公務員で懲戒免職の処分を受け、当該処分の日から2年を経過しない者

四　次条第二号の規定により精神保健審判員を解任された者

（解任）

第8条　地方裁判所は、精神保健審判員が次の各号のいずれかに該当するときは、当該精神保健審判員を解任しなければならない。

一　前条第一号から第三号までのいずれかに該当するに至ったとき。

心神喪失等の状態で重大な他害行為を行った者の医療及び観察等に関する法律

二　職務上の義務違反その他精神保健審判員たるに適しない非行があると認めるとき。

（職権の独立）

第９条　精神保健審判員は、独立してその職権を行う。

２　精神保健審判員は、最高裁判所規則で定めるところにより、法令に従い公平誠実にその職権を行うべきことを誓う旨の宣誓をしなければならない。

（除斥）

第10条　刑事訴訟法（昭和23年法律第百三十一号）第20条の規定はこの法律の規定により職務を執行する裁判官及び精神保健審判員について、刑事訴訟法第26条第１項の規定はこの法律の規定により職務を執行する裁判所書記官について準用する。この場合において、刑事訴訟法第20条第２号中「被告人」とあるのは「対象者（心神喪失等の状態で重大な他害行為を行った者の医療及び観察等に関する法律第２条第２項に規定する対象者をいう。以下同じ。）」と、同条第三号中「被告人」とあるのは「対象者」と、同条第四号中「事件」とあるのは「処遇事件（心神喪失等の状態で重大な他害行為を行った者の医療及び観察等に関する法律第３条第１項に規定する処遇事件をいう。以下同じ。）」と、同条第五号から第七号までの規定中「事件」とあるのは「処遇事件」と、同条第五号中「被告人の代理人、弁護人又は補佐人」とあるのは「対象者の付添人」と、同条第六号中「検察官又は司法警察員の職務を行つた」とあるのは「審判の申立てをし、又は審判の申立てをした者として職務を行つた」と、同条第七号中「第266条第二号の決定、略式命令、前審の裁判」とあるのは「前審の裁判」と、「第398条乃至第400条、第412条若しくは第413条」とあるのは「心神喪失等の状態で重大な他害行為を行った者の医療及び観察等に関する法律第68条第２項若しくは第71条第２項」と、「原判決」とあるのは「原決定」と、「裁判の基礎」とあるのは「審判の基礎」と読み替えるものとする。

（合議制）

第11条　裁判所法（昭和22年法律第五十九号）第26条の規定にかかわらず、地方裁判所は、１人の裁判官及び１人の精神保健審判員の合議体で処遇事件を取り扱う。ただし、この法律で特別の定めをした事項については、この限りでない。

２　第４条第１項若しくは第２項、第５条、第40条第１項若しくは第２項前段、第41条第１項、第42条第２項、第51条第２項、第56条第２項又は第61条第２項に規定する裁判は、前項の合議体の構成員である裁判官のみでする。呼出状若しくは同行状を発し、対象者に命じ、若しくは付添人を付し、同行状の執行を嘱託し、若しくはこれを執行させ、出頭命令を受けた者の護送を嘱託し、又は第24条第５項前段の規定により対象者の所在の調査を求める処分についても、同様とする。

３　判事補は、第１項の合議体に加わることができない。

（裁判官の権限）

第12条　前条第１項の合議体がこの法律の定めるところにより職権を行う場合における裁判所法第72条第１項及び第２項並びに第73条の規定の適用については、その合議体の構成員である裁判官は、裁判長とみなす。

２　前条第１項の合議体による裁判の評議は、裁判官が開き、かつ、整理する。

（意見を述べる義務）

第13条　裁判官は、前条第２項の評議において、法律に関する学識経験に基づき、その意見を述べなければならない。

２　精神保健審判員は、前条第２項の評議において、精神障害者の医療に関する学識経験に基づき、その意見を述べなければならない。

（評決）

第14条　第11条第１項の合議体による裁判は、裁判官及び精神保健審判員の意見の一致したところによる。

（精神保健参与員）

第15条　精神保健参与員は、次項に規定する名簿に記載された者のうち、地方裁判所が毎年あらかじめ選任したものの中から、処遇事件ごとに裁判所が指定する。

２　厚生労働大臣は、政令で定めるところにより、毎年、各地方裁判所ごとに、精神保健福祉士その他の精神障害者の保健及び福祉に関する専門的知識及び技術を有する者の名簿を作成し、当該地方裁判所に送付しなければならない。

３　精神保健参与員の員数は、各事件について１人以上とする。

４　第６条第３項の規定は、精神保健参与員について準用する。

第３節　指定医療機関

（指定医療機関の指定）

第16条　指定入院医療機関の指定は、国、都道府県又は都道府県若しくは都道府県及び都道府県以外の地方公共団体が設立した特定地方独立行政法人（地方独立行政法人法（平成15年法律第118号）第２条第２項に規定する特定地方独立行政法人をいう。）が開設する病院であって厚生労働省令で定める基準に適合するものの全部又は一部について、その開設者の同意を得て、厚生労働大臣が行う。

２　指定通院医療機関の指定は、厚生労働省令で定める基準に適合する病院若しくは診療所又は薬局について、その開設者の同意を得て、厚生労働大臣が行う。

（指定の辞退）

第17条　指定医療機関は、その指定を辞退しようとするときは、辞退の日の１年前までに、厚生労働大臣にその旨を届け出なければならない。

（指定の取消し）

第18条　指定医療機関が、第82条第１項若しくは第２項又は第86条の規定に違反したときその他第81条第１項に規定する医療を行うについて不適当であると認められるに至ったときは、厚生労働大臣は、その指定を取り消すことができる。

第４節　保護観察所

（事務）

第19条　保護観察所は、次に掲げる事務をつかさどる。

一　第38条（第53条、第58条及び第63条において準用する場合を含む。）に規定する生活環境の調査に関すること。

二　第101条に規定する生活環境の調整に関すること。

三　第106条に規定する精神保健観察の実施に関すること。

四　第108条に規定する関係機関相互間の連携の確保に関すること。

五　その他この法律により保護観察所の所掌に属せしめられた事務

（社会復帰調整官）

第20条　保護観察所に、社会復帰調整官を置く。

２　社会復帰調整官は、精神障害者の保健及び福祉その他のこの法律に基づく対象者の処遇に関する専門的知識に基づき、前条各号に掲げる事務に従事する。

３　社会復帰調整官は、精神保健福祉士その他の精神障害者

心神喪失等の状態で重大な他害行為を行った者の医療及び観察等に関する法律

の保健及び福祉に関する専門的知識を有する者として政令で定めるものでなければならない。
（管轄）
第21条 第19条各号に掲げる事務は、次の各号に掲げる事務の区分に従い、当該各号に定める保護観察所がつかさどる。
一 第19条第一号に掲げる事務 当該処遇事件を管轄する地方裁判所の所在地を管轄する保護観察所
二 第19条第二号から第五号までに掲げる事務 当該対象者の居住地（定まった住居を有しないときは、現在地又は最後の居住地若しくは所在地とする。）を管轄する保護観察所

（照会）
第22条 保護観察所の長は、第19条各号に掲げる事務を行うため必要があると認めるときは、官公署、医療施設その他の公私の団体に照会して、必要な事項の報告を求めることができる。

（資料提供の求め）
第23条 保護観察所の長は、第19条各号に掲げる事務を行うため必要があると認めるときは、その必要な限度において、裁判所に対し、当該対象者の身上に関する事項を記載した書面、第37条第１項に規定する鑑定の経過及び結果を記載した書面その他の必要な資料の提供を求めることができる。

第５節 保護者

第23条の２ 対象者の後見人若しくは保佐人、配偶者、親権を行う者又は扶養義務者は、次項に定めるところにより、保護者となる。ただし、次の各号のいずれかに該当する者を除く。
一 行方の知れない者
二 当該対象者に対して訴訟をしている者、又はした者並びにその配偶者及び直系血族
三 家庭裁判所で免ぜられた法定代理人、保佐人又は補助人
四 破産手続開始の決定を受けて復権を得ない者
五 成年被後見人又は被保佐人
六 未成年者

２ 保護者となるべき者の順位は、次のとおりとし、先順位の者が保護者の権限を行うことができないときは、次順位の者が保護者となる。ただし、第一号に掲げる者がいない場合において、対象者の保護のため特に必要があると認めるときは、家庭裁判所は、利害関係人の申立てによりその順位を変更することができる。
一 後見人又は保佐人
二 配偶者
三 親権を行う者
四 前二号に掲げる者以外の扶養義務者のうちから家庭裁判所が選任した者

第23条の３ 前条の規定により定まる保護者がないときは、対象者の居住地を管轄する市町村長（特別区の長を含む。以下同じ。）が保護者となる。ただし、対象者の居住地がないとき、又は対象者の居住地が明らかでないときは、その対象者の現在地を管轄する市町村長が保護者となる。

第２章 審判
第１節 通則

（事実の取調べ）
第24条 決定又は命令をするについて必要がある場合は、事実の取調べをすることができる。
２ 前項の事実の取調べは、合議体の構成員（精神保健審判員を除く。）にこれをさせ、又は地方裁判所若しくは簡易裁判所の裁判官にこれを嘱託することができる。
３ 第１項の事実の取調べのため必要があると認めるときは、証人尋問、鑑定、検証、押収、捜索、通訳及び翻訳を行い、並びに官公署、医療施設その他の公私の団体に対し、必要な事項の報告、資料の提出その他の協力を求めることができる。ただし、差押えについては、あらかじめ所有者、所持者又は保管者に差し押さえるべき物の提出を命じた後でなければ、これをすることができない。
４ 刑事訴訟法中裁判所の行う証人尋問、鑑定、検証、押収、捜索、通訳及び翻訳に関する規定は、処遇事件の性質に反しない限り、前項の規定による証人尋問、鑑定、検証、押収、捜索、通訳及び翻訳について準用する。
５ 裁判所は、対象者の行方が不明になったときは、所轄の警察署長にその所在の調査を求めることができる。この場合において、警察官は、当該対象者を発見したときは、直ちに、その旨を裁判所に通知しなければならない。

（意見の陳述及び資料の提出）
第25条 検察官、指定入院医療機関の管理者又は保護観察所の長は、第33条第１項、第49条第１項若しくは第２項、第54条第１項若しくは第２項又は第59条第１項若しくは第２項の規定による申立てをした場合は、意見を述べ、及び必要な資料を提出しなければならない。
２ 対象者、保護者及び付添人は、意見を述べ、及び資料を提出することができる。

（呼出し及び同行）
第26条 裁判所は、対象者に対し、呼出状を発することができる。
２ 裁判所は、対象者が正当な理由がなく前項の呼出しに応じないときは、当該対象者に対し、同行状を発することができる。
３ 裁判所は、対象者が正当な理由がなく第１項の呼出しに応じないおそれがあるとき、定まった住居を有しないとき、又は医療のため緊急を要する状態にあって必要があると認めるときは、前項の規定にかかわらず、当該対象者に対し、同行状を発することができる。

（同行状の効力）
第27条 前条第２項又は第３項の同行状により同行された者については、裁判所に到着した時から24時間以内にその身体の拘束を解かなければならない。ただし、当該時間内に、第34条第１項前段若しくは第60条第１項前段の命令又は第37条第５項前段、第42条第１項第一号、第61条第１項第一号若しくは第62条第２項前段の決定があったときは、この限りでない。

（同行状の執行）
第28条 第26条第２項又は第３項の同行状は、裁判所書記官が執行する。ただし、裁判所は、必要があると認めるときは、検察官にその執行を嘱託し、又は保護観察所の職員にこれを執行させることができる。
２ 検察官が前項の嘱託を受けたときは、その指揮により、検察事務官が同行状を執行する。
３ 検察事務官は、必要があるときは、管轄区域外で同行状を執行することができる。
４ 同行状を執行するには、これを当該対象者に示した上、できる限り速やかにかつ直接、指定された裁判所その他の場所に引致しなければならない。ただし、やむを得ない事

心神喪失等の状態で重大な他害行為を行った者の医療及び観察等に関する法律

由があるときは、病院、救護施設、警察署その他の精神障害者を保護するのに適当な場所に、保護することができる。

5　同行状を所持しないためこれを示すことができない場合において、急速を要するときは、前項の規定にかかわらず、当該対象者に対し同行状が発せられている旨を告げて、その執行をすることができる。ただし、同行状はできる限り速やかに示さなければならない。

6　同行状を執行する場合には、必要な限度において、人の住居又は人の看守する邸宅、建造物若しくは船舶内に入ることができる。

（出頭命令）

第29条　裁判所は、第34条第1項前段若しくは第60条第1項前段の命令又は第37条第5項前段、第42条第1項第一号、第61条第1項第一号若しくは第62条第2項前段の決定により入院している者に対し、裁判所に出頭することを命ずることができる。

2　裁判所は、前項に規定する者が裁判所に出頭するときは、検察官にその護送を嘱託するものとする。

3　前項の護送をする場合において、護送される者が逃走し、又は自身を傷つけ、若しくは他人に害を及ぼすおそれがあると認めるときは、これを防止するため合理的に必要と判断される限度において、必要な措置を採ることができる。

4　前条第2項及び第3項の規定は、第2項の護送について準用する。

（付添人）

第30条　対象者及び保護者は、弁護士を付添人に選任することができる。

2　裁判所は、特別の事情があるときは、最高裁判所規則で定めるところにより、付添人の数を制限することができる。

3　裁判所は、対象者に付添人がない場合であって、その精神障害の状態その他の事情を考慮し、必要があると認めるときは、職権で、弁護士である付添人を付することができる。

4　前項の規定により裁判所が付すべき付添人は、最高裁判所規則で定めるところにより、選任するものとする。

5　前項の規定により選任された付添人は、旅費、日当、宿泊料及び報酬を請求することができる。

（審判期日）

第31条　審判のため必要があると認めるときは、審判期日を開くことができる。

2　審判期日における審判の指揮は、裁判官が行う。

3　審判期日における審判は、公開しない。

4　審判期日における審判においては、精神障害者の精神障害の状態に応じ、必要な配慮をしなければならない。

5　裁判所は、検察官、指定医療機関（病院は診療部に限る。）の管理者又はその指定する医師及び保護観察所の長又はその指定する社会復帰調整官に対し、審判期日に出席することを求めることができる。

6　保護者（第23条の3の規定により保護者となる市町村長については、その指定する職員を含む。）及び付添人は、審判期日に出席することができる。

7　審判期日には、対象者を呼び出し、又はその出頭を命じなければならない。

8　対象者が審判期日に出席しないときは、審判を行うことができない。ただし、対象者が心身の障害のため、若しくは正当な理由がなく審判期日に出席しない場合、又は許可を受けないで退席し、若しくは秩序維持のために退席を命ぜられた場合において、付添人が出席しているときは、この限りでない。

9　審判期日は、裁判所外においても開くことができる。

（記録等の閲覧又は謄写）

第32条　処遇事件の記録又は証拠物は、裁判所の許可を受けた場合を除き、閲覧又は謄写することができない。

2　前項の規定にかかわらず、検察官、指定入院医療機関の管理者若しくはその指定する医師、保護観察所の長若しくはその指定する社会復帰調整官又は付添人は、次条第1項、第49条第1項若しくは第2項、第50条、第54条第1項若しくは第2項、第55条第1項若しくは第59条第1項の規定による申立てがあった後当該申立てに対する決定が確定するまでの間、処遇事件の記録又は証拠物を閲覧することができる。

第2節　入院又は通院

（検察官による申立て）

第33条　検察官は、被疑者が対象行為を行ったこと及び心神喪失者若しくは心神耗弱者であることを認めて公訴を提起しない処分をしたとき、又は第2条第2項第二号に規定する確定裁判があったときは、当該処分をされ、又は当該確定裁判を受けた対象者について、対象行為を行った際の精神障害を改善し、これに伴って同様の行為を行うことなく、社会に復帰することを促進するためにこの法律による医療を受けさせる必要が明らかにないと認める場合を除き、地方裁判所に対し、第42条第1項の決定をすることを申し立てなければならない。ただし、当該対象者について刑事事件若しくは少年の保護事件の処理又は外国人の退去強制に関する法令の規定による手続が行われている場合は、当該手続が終了するまで、申立てをしないことができる。

2　前項本文の規定にかかわらず、検察官は、当該対象者が刑若しくは保護処分の執行のため刑務所、少年刑務所、拘置所若しくは少年院に収容されており引き続き収容されることとなるとき、又は新たに収容されるときは、同項の申立てをすることができない。当該対象者が外国人であって出国したときも、同様とする。

3　検察官は、刑法第204条に規定する行為を行った対象者については、傷害が軽い場合であって、当該行為の内容、当該対象者による過去の他害行為の有無及び内容並びに当該対象者の現在の病状、性格及び生活環境を考慮し、その必要がないと認めるときは、第1項の申立てをしないことができる。ただし、他の対象行為をも行った者については、この限りでない。

（鑑定入院命令）

第34条　前条第1項の申立てを受けた地方裁判所の裁判官は、対象行為を行った際の精神障害を改善し、これに伴って同様の行為を行うことなく、社会に復帰することを促進するためにこの法律による医療を受けさせる必要が明らかにないと認める場合を除き、鑑定その他医療的観察のため、当該対象者を第40条第1項又は第42条の決定があるまでの間入院させる旨を命じなければならない。この場合において、裁判官は、呼出し及び同行に関し、裁判所と同一の権限を有する。

2　前項の命令を発するには、裁判官は、当該対象者に対し、あらかじめ、供述を強いられることはないこと及び弁護士である付添人を選任することができることを説明した上、当該対象者が第2条第2項に該当するとされる理由の

心神喪失等の状態で重大な他害行為を行った者の医療及び観察等に関する法律

要旨及び前条第1項の申立てがあったことを告げ、陳述する機会を与えなければならない。ただし、当該対象者の心身の障害により正当な理由がなく裁判官の面前に出頭しないときや、これらを行うことができないときは、この限りでない。

3　第1項の命令による入院の期間は、当該命令が執行された日から起算して2月を超えることができない。ただし、裁判所は、必要があると認めるときは、通じて1月を超えない範囲で、決定をもって、この期間を延長することができる。

4　裁判官は、検察官に第1項の命令の執行を嘱託するものとする。

5　第28条第2項、第3項及び第6項並びに第29条第3項の規定は、前項の命令の執行について準用する。

6　第1項の命令は、判事補が1人で発することができる。

（必要的付添人）

第35条　裁判所は、第33条第1項の申立てがあった場合において、対象者に付添人がないときは、付添人を付さなければならない。

（精神保健参与員の関与）

第36条　裁判所は、処遇の要否及びその内容につき、精神保健参与員の意見を聴くため、これを審判に関与させるものとする。ただし、特に必要がないと認めるときは、この限りでない。

（対象者の鑑定）

第37条　裁判所は、対象者に関し、精神障害者であるか否か及び対象行為を行った際の精神障害を改善し、これに伴って同様の行為を行うことなく、社会に復帰することを促進するためにこの法律による医療を受けさせる必要があるか否かについて、精神保健判定医又はこれと同等以上の学識経験を有すると認める医師に鑑定を命じなければならない。ただし、当該必要が明らかにないと認める場合は、この限りでない。

2　前項の鑑定を行うに当たっては、精神障害の類型、過去の病歴、現在及び対象行為を行った当時の病状、治療状況、病状及び治療状況から予測される将来の症状、対象行為の内容、過去の他害行為の有無及び内容並びに当該対象者の性格を考慮するものとする。

3　第1項の規定により鑑定を命ぜられた医師は、当該鑑定の結果に、当該対象者の病状に基づき、この法律による入院による医療の必要性に関する意見を付さなければならない。

4　裁判所は、第1項の鑑定を命じた医師に対し、当該鑑定の実施に当たって留意すべき事項を示すことができる。

5　裁判所は、第34条第1項前段の命令が発せられていない対象者について第1項の鑑定を命ずる場合において、必要があると認めるときは、決定をもって、鑑定その他医療的観察のため、当該対象者を入院させ第40条第1項又は第42条の決定があるまでの間在院させる旨を命ずることができる。第34条第2項から第5項までの規定は、この場合について準用する。

（保護観察所による生活環境の調査）

第38条　裁判所は、保護観察所の長に対し、対象者の生活環境の調査を行い、その結果を報告することを求めることができる。

（審判期日の開催）

第39条　裁判所は、第33条第1項の申立てがあった場合は、審判期日を開かなければならない。ただし、検察官及び付添人に異議がないときは、この限りでない。

2　検察官は、審判期日に出席しなければならない。

3　裁判所は、審判期日において、対象者に対し、供述を強いられることはないことを説明した上、当該対象者に第2条第2項に該当するとされる理由の要旨及び第33条第1項の申立てがあったことを告げ、当該対象者及び付添人から、意見を聴かなければならない。ただし、第31条第8項ただし書に規定する場合における対象者については、この限りでない。

（申立ての却下等）

第40条　裁判所は、第2条第2項第一号に規定する対象者について第33条第1項の申立てがあった場合において、次の各号のいずれかに掲げる事由に該当するときは、決定をもって、申立てを却下しなければならない。
一　対象行為を行ったと認められない場合
二　心神喪失者及び心神耗弱者のいずれでもないと認める場合

2　裁判所は、検察官が心神喪失者と認めて公訴を提起しない処分をした対象者について、心神耗弱者と認めた場合には、その旨の決定をしなければならない。この場合において、検察官は、当該決定の告知を受けた日から2週間以内に、裁判所に、当該申立てを取り下げるか否かを通知しなければならない。

（対象行為の存否についての審理の特則）

第41条　裁判所は、第2条第2項第一号に規定する対象者について第33条第1項の申立てがあった場合において、必要があると認めるときは、検察官及び付添人の意見を聴いて、前条第1項第一号の事由に該当するか否かについての審理及び裁判を別の合議体による裁判所で行う旨の決定をすることができる。

2　前項の合議体は、裁判所法第26条第2項に規定する裁判官の合議体とする。この場合において、当該合議体には、処遇事件の係属する裁判所の合議体の構成員である裁判官が加わることができる。

3　第1項の合議体による裁判所は、対象者の呼出し及び同行並びに対象者に対する出頭命令に関し、処遇事件の係属する裁判所と同一の権限を有する。

4　処遇事件の係属する裁判所は、第1項の合議体による裁判所の審理が行われている間においても、審判を行うことができる。ただし、処遇事件を終局させる決定（次条第2項の決定を除く。）を行うことができない。

5　第1項の合議体による裁判所が同項の審理を行うときは、審判期日を開かなければならない。この場合において、審判期日における審理の指揮は、裁判長が行う。

6　第39条第2項及び第3項の規定は、前項の審判期日について準用する。

7　処遇事件の係属する裁判所の合議体の構成員である精神保健審判員は、第5項の審判期日に出席することができる。

8　第1項の合議体による裁判所は、前条第1項第一号に規定する事由に該当する旨の決定又は当該事由に該当しない旨の決定をしなければならない。

9　前項の決定は、処遇事件の係属する裁判所を拘束する。

（入院等の決定）

第42条　裁判所は、第33条第1項の申立てがあった場合は、第37条第1項に規定する鑑定を基礎とし、かつ、同条第3項に規定する意見及び対象者の生活環境を考慮し、次の各号に掲げる区分に従い、当該各号に定める決定をしなければならない。
一　対象行為を行った際の精神障害を改善し、これに伴っ

心神喪失等の状態で重大な他害行為を行った者の医療及び観察等に関する法律

て同様の行為を行うことなく、社会に復帰することを促進するため、入院をさせてこの法律による医療を受けさせる必要があると認める場合　医療を受けさせるために入院をさせる旨の決定
　二　前号の場合を除き、対象行為を行った際の精神障害を改善し、これに伴って同様の行為を行うことなく、社会に復帰することを促進するため、この法律による医療を受けさせる必要があると認める場合　入院によらない医療を受けさせる旨の決定
　三　前二号の場合に当たらないとき　この法律による医療を行わない旨の決定
２　裁判所は、申立てが不適法であると認める場合は、決定をもって、当該申立てを却下しなければならない。

（入院等）
第43条　前条第１項第一号の決定を受けた者は、厚生労働大臣が定める指定入院医療機関において、入院による医療を受けなければならない。
２　前条第１項第二号の決定を受けた者は、厚生労働大臣が定める指定通院医療機関による入院によらない医療を受けなければならない。
３　厚生労働大臣は、前条第１項第一号又は第二号の決定があったときは、当該決定を受けた者が入院による医療を受けるべき指定入院医療機関又は入院によらない医療を受けるべき指定通院医療機関（病院又は診療所に限る。次項並びに第54条第１項及び第２項、第56条、第59条、第61条並びに第110条において同じ。）を定め、当該決定を受けた者及びその保護者並びに当該決定をした地方裁判所の所在地を管轄する保護観察所の長に通知しなければならない。
４　厚生労働大臣は、前項の規定により定めた指定入院医療機関又は指定通院医療機関を変更した場合は、変更後の指定入院医療機関又は指定通院医療機関の名称及び所在地を、当該変更後の指定入院医療機関又は指定通院医療機関において医療を受けるべき者及びその保護者並びに当該医療を受けるべき者の当該変更前の居住地を管轄する保護観察所の長に通知しなければならない。

（通院期間）
第44条　第42条第１項第二号の決定による入院によらない医療を行う期間は、当該決定があった日から起算して３年間とする。ただし、裁判所は、通じて２年を超えない範囲で、当該期間を延長することができる。

（決定の執行）
第45条　裁判所は、厚生労働省の職員に第42条第１項第一号の決定を執行させるものとする。
２　第28条第６項及び第29条第３項の規定は、前項の決定の執行について準用する。
３　裁判所は、第42条第１項第一号の決定を執行するため必要があると認めるときは、対象者に対し、呼出状を発することができる。
４　裁判所は、対象者が正当な理由がなく前項の呼出しに応じないときは、当該対象者に対し、同行状を発することができる。
５　裁判所は、対象者が正当な理由がなく第３項の呼出しに応じないおそれがあるとき、定まった住居を有しないとき、又は医療のため緊急を要する状態にあって必要があると認めるときは、前項の規定にかかわらず、当該対象者に対し、同行状を発することができる。
６　第28条の規定は、前２項の同行状の執行について準用する。この場合において、同条第１項中「検察官にその執行

を嘱託し、又は保護観察所の職員にこれを執行させることができる」とあるのは、「検察官にその執行を嘱託することができる」と読み替えるものとする。

（決定の効力）
第46条　第40条第１項の規定により申立てを却下する決定（同項第一号に該当する場合に限る。）又は第42条第１項の決定が確定したときは、当該決定に係る対象行為について公訴を提起し、又は当該決定に係る対象行為に関し再び第33条第１項の申立てをすることができない。
２　第40条第１項の規定により申立てを却下する決定（同項第二号に該当する場合に限る。）が確定したときは、当該決定に係る対象行為に関し、再び第33条第１項の申立てをすることができない。ただし、当該対象行為について、第２条第２項第二号に規定する裁判が確定するに至った場合は、この限りでない。

（被害者等の傍聴）
第47条　裁判所（第41条第１項の合議体による裁判所を含む。）は、この節に規定する審判について、最高裁判所規則で定めるところにより当該対象行為の被害者等（被害者又はその法定代理人若しくは被害者が死亡した場合若しくはその心身に重大な故障がある場合におけるその配偶者、直系の親族若しくは兄弟姉妹をいう。以下同じ。）から申出があるときは、その申出をした者に対し、審判期日において審判を傍聴することを許すことができる。
２　前項の規定により審判を傍聴した者は、正当な理由がないのに当該傍聴により知り得た対象者の氏名その他当該対象者の身上に関する事項を漏らしてはならず、かつ、当該傍聴により知り得た事項をみだりに用いて、当該対象者に対する医療の実施若しくはその社会復帰を妨げ、又は関係人の名誉若しくは生活の平穏を害する行為をしてはならない。

（被害者等に対する通知）
第48条　裁判所は、第40条第１項又は第42条の決定をした場合において、最高裁判所規則で定めるところにより当該対象行為の被害者等から申出があるときは、その申出をした者に対し、次に掲げる事項を通知するものとする。ただし、その通知をすることが対象者に対する医療の実施又はその社会復帰を妨げるおそれがあり相当でないと認められるものについては、この限りでない。
　一　対象者の氏名及び住居
　二　決定の年月日、主文及び理由の要旨
２　前項の申出は、同項に規定する決定が確定した後３年を経過したときは、することができない。
３　前条第２項の規定は、第１項の規定により通知を受けた者について準用する。

第３節　退院又は入院継続

（指定入院医療機関の管理者による申立て）
第49条　指定入院医療機関の管理者は、当該指定入院医療機関に勤務する精神保健指定医（精神保健及び精神障害者福祉に関する法律（昭和25年法律第百二十三号）第19条の２第２項の規定によりその職務を停止されている者及び第117条第２項を除き、以下同じ。）による診察の結果、第42条第１項第一号又は第61条第１項第一号の決定により入院している者について、第37条第２項に規定する事項を考慮し、対象行為を行った際の精神障害を改善し、これに伴って同様の行為を行うことなく、社会に復帰することを促進するために入院を継続させてこの法律による医療を行う必要があると認めることができなくなった場合は、保護

心神喪失等の状態で重大な他害行為を行った者の医療及び観察等に関する法律

観察所の長の意見を付して、直ちに、地方裁判所に対し、退院の許可の申立てをしなければならない。

2　指定入院医療機関の管理者は、当該指定入院医療機関に勤務する精神保健指定医による診察の結果、第42条第1項第一号又は第61条第1項第一号の決定により入院している者について、第37条第2項に規定する事項を考慮し、対象行為を行った際の精神障害を改善し、これに伴って同様の行為を行うことなく、社会に復帰することを促進するために入院を継続させてこの法律による医療を行う必要があると認める場合は、保護観察所の長の意見を付して、第42条第1項第一号、第51条第1項第一号又は第61条第1項第一号の決定（これらが複数あるときは、その最後のもの。次項において同じ。）があった日から起算して6月が経過する日までに、地方裁判所に対し、入院継続の確認の申立てをしなければならない。ただし、その者が指定入院医療機関から無断で退去した日（第100条第1項又は第2項の規定により外出又は外泊している者が同条第1項に規定する医学的管理の下から無断で離れた場合における当該離れた日を含む。）の翌日から連れ戻される日の前日までの間及び刑事事件又は少年の保護事件に関する法令の規定によりその身体を拘束された日の翌日からその拘束を解かれる日の前日までの間並びに第100条第3項後段の規定によりその者に対する医療を行わない間は、当該期間の進行は停止するものとする。

3　指定入院医療機関は、前2項の申立てをした場合は、第42条第1項第一号、第51条第1項第一号又は第61条第1項第一号の決定があった日から起算して6月が経過した後も、前2項の申立てに対する決定があるまでの間、その者の入院を継続してこの法律による医療を行うことができる。

（退院の許可等の申立て）

第50条　第42条第1項第一号又は第61条第1項第一号の決定により入院している者、その保護者又は付添人は、地方裁判所に対し、退院の許可又はこの法律による医療の終了の申立てをすることができる。

（退院の許可又は入院継続の確認の決定）

第51条　裁判所は、第49条第1項若しくは第2項又は前条の申立てがあった場合は、指定入院医療機関の管理者の意見（次条の規定により鑑定を命じた場合は、指定入院医療機関の管理者の意見及び当該鑑定）を基礎とし、かつ、対象者の生活環境（次条の規定により鑑定を命じた場合は、対象者の生活環境及び同条後段において準用する第37条第3項に規定する意見）を考慮し、次の各号に掲げる区分に従い、当該各号に定める決定をしなければならない。

一　対象行為を行った際の精神障害を改善し、これに伴って同様の行為を行うことなく、社会に復帰することを促進するため、入院を継続させてこの法律による医療を受けさせる必要があると認める場合　退院の許可の申立て若しくはこの法律による医療の終了の申立てを棄却し、又は入院を継続すべきことを確認する旨の決定

二　前号の場合を除き、対象行為を行った際の精神障害を改善し、これに伴って同様の行為を行うことなく、社会に復帰することを促進するため、この法律による医療を受けさせる必要があると認める場合　退院を許可するとともに入院によらない医療を受けさせる旨の決定

三　前二号の場合に当たらないとき　この法律による医療を終了する旨の決定

2　裁判所は、申立てが不適法であると認める場合は、決定をもって、当該申立てを却下しなければならない。

3　第43条第2項から第4項までの規定は、第1項第二号の決定を受けた者について準用する。

4　第44条の規定は、第1項第二号の決定について準用する。

（対象者の鑑定）

第52条　裁判所は、この節に規定する審判のため必要があると認めるときは、対象者に関し、精神障害者であるか否か及び対象行為を行った際の精神障害を改善し、これに伴って同様の行為を行うことなく、社会に復帰することを促進するためにこの法律による医療を受けさせる必要があるか否かについて、精神保健判定医又はこれと同等以上の学識経験を有すると認める医師に鑑定を命ずることができる。第37条第2項から第4項までの規定は、この場合について準用する。

（準用）

第53条　第36条及び第38条の規定は、この節に規定する審判について準用する。

第4節　処遇の終了又は通院期間の延長

（保護観察所の長による申立て）

第54条　保護観察所の長は、第42条第1項第二号又は第51条第1項第二号の決定を受けた者について、対象行為を行った際の精神障害を改善し、これに伴って同様の行為を行うことなく、社会に復帰することを促進するためにこの法律による医療を受けさせる必要があると認めることができなくなった場合は、当該決定を受けた者に対して入院によらない医療を行う指定通院医療機関の管理者と協議の上、直ちに、地方裁判所に対し、この法律による医療の終了の申立てをしなければならない。この場合において、保護観察所の長は、当該指定通院医療機関の管理者の意見を付さなければならない。

2　保護観察所の長は、第42条第1項第二号又は第51条第1項第二号の決定を受けた者について、対象行為を行った際の精神障害を改善し、これに伴って同様の行為を行うことなく、社会に復帰することを促進するために当該決定による入院によらない医療を行う期間を延長してこの法律による医療を受けさせる必要があると認める場合は、当該決定を受けた者に対して入院によらない医療を行う指定通院医療機関の管理者と協議の上、当該期間が満了する日までに、地方裁判所に対し、当該期間の延長の申立てをしなければならない。この場合において、保護観察所の長は、当該指定通院医療機関の管理者の意見を付さなければならない。

3　指定通院医療機関及び保護観察所の長は、前2項の申立てがあった場合は、当該決定により入院によらない医療を行う期間が満了した後も、前2項の申立てに対する決定があるまでの間、当該決定を受けた者に対して医療及び精神保健観察を行うことができる。

（処遇の終了の申立て）

第55条　第42条第1項第二号又は第51条第1項第二号の決定を受けた者、その保護者又は付添人は、地方裁判所に対し、この法律による医療の終了の申立てをすることができる。

（処遇の終了又は通院期間の延長の決定）

第56条　裁判所は、第54条第1項若しくは第2項又は前条の申立てがあった場合は、指定通院医療機関の管理者の意見（次条の規定により鑑定を命じた場合は、指定通院医療機関の管理者の意見及び当該鑑定）を基礎とし、かつ、対象者の生活環境を考慮し、次の各号に掲げる区分に従い、当

心神喪失等の状態で重大な他害行為を行った者の医療及び観察等に関する法律

該各号に定める決定をしなければならない。
一　対象行為を行った際の精神障害を改善し，これに伴って同様の行為を行うことなく，社会に復帰することを促進するため，この法律による医療を受けさせる必要があると認める場合　この法律による医療の終了の申立てを棄却し，又は第42条第１項第二号若しくは第51条第１項第二号の決定による入院によらない医療を行う期間を延長する旨の決定
二　前号の場合に当たらないとき　この法律による医療を終了する旨の決定
2　裁判所は，申立てが不適法であると認める場合は，決定をもって，当該申立てを却下しなければならない。
3　裁判所は，第１項第一号に規定する期間を延長する旨の決定をするときは，延長する期間を定めなければならない。
（対象者の鑑定）
第57条　裁判所は，この節に規定する審判のため必要があると認めるときは，対象者に関し，精神障害者であるか否か及び対象行為を行った際の精神障害を改善し，これに伴って同様の行為を行うことなく，社会に復帰することを促進するためにこの法律による医療を受けさせる必要があるか否かについて，精神保健判定医又はこれと同等以上の学識経験を有すると認める医師に鑑定を命ずることができる。第37条第２項及び第４項の規定は，この場合について準用する。
（準用）
第58条　第36条及び第38条の規定は，この節に規定する審判について準用する。

第５節　再入院等

（保護観察所の長による申立て）
第59条　保護観察所の長は，第42条第１項第二号又は第51条第１項第二号の決定を受けた者について，対象行為を行った際の精神障害を改善し，これに伴って同様の行為を行うことなく，社会に復帰することを促進するために入院をさせてこの法律による医療を受けさせる必要があると認めるに至った場合は，当該決定を受けた者に対して入院によらない医療を行う指定通院医療機関の管理者と協議の上，地方裁判所に対し，入院の申立てをしなければならない。この場合において，保護観察所の長は，当該指定通院医療機関の管理者の意見を付さなければならない。
2　第42条第１項第二号又は第51条第１項第二号の決定を受けた者が，第43条第２項（第51条第３項において準用する場合を含む。）の規定に違反し第107条各号に掲げる事項を守らず，そのため継続的な医療を行うことが確保されないと認める場合も，前項と同様とする。ただし，緊急を要するときは，同項の協議を行わず，又は同項の意見を付さないことができる。
3　第54条第３項の規定は，前２項の規定による申立てがあった場合について準用する。
（鑑定入院命令）
第60条　前条第１項又は第２項の規定による申立てを受けた地方裁判所の裁判官は，必要があると認めるときは，鑑定その他医療的観察のため，当該対象者を入院させ次条第１項又は第２項の決定があるまでの間在院させる旨を命ずることができる。この場合において，裁判官は，呼出し及び同行に関し，裁判所と同一の権限を有する。
2　前項の命令を発するには，裁判官は，当該対象者に対し，あらかじめ，供述を強いられることはないこと及び弁

護士である付添人を選任することができることを説明した上，前条第１項又は第２項の規定による申立ての理由の要旨を告げ，陳述する機会を与えなければならない。ただし，当該対象者の心身の障害により又は正当な理由がなく裁判官の面前に出頭しないため，これらを行うことができないときは，この限りでない。
3　第１項の命令による入院の期間は，当該命令が執行された日から起算して１月を超えることができない。ただし，裁判所は，必要があると認めるときは，通じて１月を超えない範囲で，決定をもって，この期間を延長することができる。
4　第28条第６項，第29条第３項及び第34条第４項の規定は，第１項の命令の執行について準用する。この場合において，第34条第４項中「検察官」とあるのは「保護観察所の職員」と，「執行を嘱託するものとする」とあるのは「執行をさせるものとする」と読み替えるものとする。
5　第34条第６項の規定は，第１項の命令について準用する。
（入院等の決定）
第61条　裁判所は，第59条第１項又は第２項の規定による申立てがあった場合は，指定通院医療機関の管理者の意見（次条第１項の規定により鑑定を命じた場合は，指定通院医療機関の管理者の意見及び当該鑑定）を基礎とし，かつ，対象者の生活環境（次条第１項の規定により鑑定を命じた場合は，対象者の生活環境及び同条第１項後段において準用する第37条第３項に規定する意見）を考慮し，次の各号に掲げる区分に従い，当該各号に定める決定をしなければならない。
一　対象行為を行った際の精神障害を改善し，これに伴って同様の行為を行うことなく，社会に復帰することを促進するため，入院をさせてこの法律による医療を受けさせる必要があると認める場合　医療を受けさせるために入院をさせる旨の決定
二　前号の場合を除き，対象行為を行った際の精神障害を改善し，これに伴って同様の行為を行うことなく，社会に復帰することを促進するため，この法律による医療を受けさせる必要があると認める場合　申立てを棄却する旨の決定
三　前二号の場合に当たらないとき　この法律による医療を終了する旨の決定
2　裁判所は，申立てが不適法であると認める場合は，決定をもって，当該申立てを却下しなければならない。
3　裁判所は，第１項第二号の決定をする場合において，第42条第１項第二号又は第51条第１項第二号の決定による入院によらない医療を行う期間を延長する必要があると認めるときは，当該期間を延長する旨の決定をすることができる。第56条第３項の規定は，この場合について準用する。
4　第43条第１項，第３項及び第４項の規定は，第１項第一号の決定を受けた者について準用する。
5　第45条第１項から第５項までの規定は，第１項第一号の決定の執行について準用する。
6　第28条第１項及び第４項から第６項までの規定は，前項において準用する第45条第４項及び第５項に規定する同行状の執行について準用する。この場合において，第28条第１項中「検察官にその執行を嘱託し，又は保護観察所の職員にこれを執行させることができる」とあるのは，「保護観察所の職員にこれを執行させることができる」と読み替えるものとする。
（対象者の鑑定）

心神喪失等の状態で重大な他害行為を行った者の医療及び観察等に関する法律

第62条　裁判所は、この節に規定する審判のため必要があると認めるときは、対象者に関し、精神障害者であるか否か及び対象行為を行った際の精神障害を改善し、それに伴って同様の行為を行うことなく、社会に復帰することを促進するためにこの法律による医療を受けさせる必要があるか否かについて、精神保健判定医又はこれと同等以上の学識経験を有すると認める医師に鑑定を命ずることができる。第37条第2項から第4項までの規定は、この場合について準用する。

2　裁判所は、第60条第1項前段の命令が発せられていない対象者について前項の鑑定を命ずる場合において、必要があると認めるときは、決定をもって、鑑定その他医療的観察のため、当該対象者を入院させ前条第1項又は第2項の決定があるまでの間在院させる旨を命ずることができる。第60条第2項から第4項までの規定は、この場合について準用する。

（準用）

第63条　第36条及び第38条の規定は、この節に規定する審判について準用する。

第6節　抗告

（抗告）

第64条　検察官は第40条第1項又は第42条の決定に対し、指定入院医療機関の管理者は第51条第1項又は第2項の決定に対し、保護観察所の長は第56条第1項若しくは第2項又は第61条第1項から第3項までの決定に対し、それぞれ、決定に影響を及ぼす法令の違反、重大な事実の誤認又は処分の著しい不当を理由とする場合に限り、2週間以内に、抗告をすることができる。

2　対象者、保護者又は付添人は、決定に影響を及ぼす法令の違反、重大な事実の誤認又は処分の著しい不当を理由とする場合に限り、第42条第1項、第51条第1項若しくは第2項、第56条第1項若しくは第2項又は第61条第1項若しくは第3項の決定に対し、2週間以内に、抗告をすることができる。ただし、付添人は、選任者である保護者の明示した意思に反して、抗告をすることができない。

3　第41条第1項の合議体による裁判所の裁判は、当該裁判所の同条第8項の決定に基づく第40条第1項又は第42条第1項の決定に対する抗告があったときは、抗告裁判所の判断を受ける。

（抗告の取下げ）

第65条　抗告は、抗告審の終局決定があるまで、取り下げることができる。ただし、付添人は、選任者である保護者の明示した意思に反して、取り下げることができない。

（抗告裁判所の調査の範囲）

第66条　抗告裁判所は、抗告の趣意に含まれている事項に限り、調査をするものとする。

2　抗告裁判所は、抗告の趣意に含まれていない事項であっても、抗告の理由となる事項に関しては、職権で調査をすることができる。

（必要的付添人）

第67条　抗告裁判所は、第42条の決定に対して抗告があった場合において、対象者に付添人がないときは、付添人を付さなければならない。ただし、当該抗告が第64条第1項又は第2項に規定する期間の経過後にあったものであることが明らかなときは、この限りでない。

（抗告審の裁判）

第68条　抗告の手続がその規定に違反したとき、又は抗告が理由のないときは、決定をもって、抗告を棄却しなければならない。

2　抗告が理由のあるときは、決定をもって、原決定を取り消して、事件を原裁判所に差し戻し、又は他の地方裁判所に移送しなければならない。ただし、第40条第1項各号のいずれかに掲げる事由に該当するときは、原決定を取り消して、更に決定をすることができる。

（執行の停止）

第69条　抗告は、執行を停止する効力を有しない。ただし、原裁判所又は抗告裁判所は、決定をもって、執行を停止することができる。

（再抗告）

第70条　検察官、指定入院医療機関の管理者若しくは保護観察所の長又は対象者、保護者若しくは付添人は、憲法に違反し、若しくは憲法の解釈に誤りがあること、又は最高裁判所若しくは上訴裁判所である高等裁判所の判例と相反する判断をしたことを理由とする場合に限り、抗告裁判所のした第68条の決定に対し、2週間以内に、最高裁判所に特に抗告をすることができる。ただし、付添人は、選任者である保護者の明示した意思に反して、抗告をすることができない。

2　第65条から第67条まで及び前条の規定は、前項の抗告に関する手続について準用する。

（再抗告審の裁判）

第71条　前条第1項の抗告がその規定に違反したとき、又は抗告が理由のないときは、決定をもって、抗告を棄却しなければならない。

2　前条第1項の抗告が理由のあるときは、決定をもって、原決定を取り消さなければならない。この場合には、地方裁判所の決定を取り消して、事件を地方裁判所に差し戻し、又は他の地方裁判所に移送することができる。

（裁判官の処分に対する不服申立て）

第72条　裁判官が第34条第1項前段又は第60条第1項前段の命令をした場合において、不服がある対象者、保護者又は付添人は、当該裁判官が所属する地方裁判所に当該命令の取消しを請求することができる。ただし、付添人は、選任者である保護者の明示した意思に反して、この請求をすることができない。

2　前項の請求は、対象者が対象行為を行わなかったこと、心神喪失者及び心神耗弱者のいずれでもないこと又は対象行為を行った際の精神障害を改善し、これに伴って同様の行為を行うことなく、社会に復帰することを促進するためにこの法律による医療を受けさせる必要がないことを理由としてすることができない。

3　第1項の規定による不服申立てに関する手続については、刑事訴訟法第429条第1項に規定する裁判官の裁判の取消し又は変更の請求に係る手続の例による。

（裁判所の処分に対する異議）

第73条　対象者又は付添人は、第34条第3項ただし書、第37条第5項前段、第60条第3項ただし書又は第62条第2項前段の決定に対し、処遇事件の係属する地方裁判所に異議の申立てをすることができる。ただし、付添人は、選任者である保護者の明示した意思に反して、この申立てをすることができない。

2　前条第2項及び第3項の規定は、前項の場合について準用する。

第7節　雑則

（申立ての取下げ）

第74条　第50条、第55条並びに第59条第1項及び第2項の規

心神喪失等の状態で重大な他害行為を行った者の医療及び観察等に関する法律

定による申立ては、第1審の終局決定があるまで、取り下げることができる。
2　検察官は、第33条第1項の申立てをした後において、当該対象行為について公訴を提起したとき、又は当該対象者に対して当該対象行為以外の行為について有罪の裁判（懲役又は禁錮の刑を言い渡し、その刑の全部の執行猶予の言渡しをしない裁判であって、執行すべき刑期があるものに限る。）が確定して、その裁判において言い渡された刑の執行をしようとするときは、当該申立てを取り下げなければならない。

（警察官の援助等）
第75条　第26条第2項若しくは第3項若しくは第45条第4項若しくは第5項（第61条第5項において準用する場合を含む。）の同行状、第34条第1項前段若しくは第60条第1項前段の命令又は第37条第5項前段、第42条第1項第一号、第61条第1項第一号若しくは第62条第2項前段の決定を執行する場合において、必要があるときは、裁判所又は当該執行を嘱託された者は、警察官の援助又は医師その他の医療関係者の協力を求めることができる。第29条第2項の嘱託を受けた検察官も、同様とする。
2　警察官は、第24条第5項前段の規定により所在の調査を求められた対象者を発見した場合において、当該対象者に対して同行状が発せられているときは、同行状が執行されるまでの間、24時間を限り、当該対象者を警察署、病院、救護施設その他の精神障害者を保護するのに適当な場所に保護することができる。

（競合する処分の調整）
第76条　裁判所は、第42条第1項第一号若しくは第二号、第51条第1項第二号又は第61条第1項第一号の決定を受けた者について、当該対象行為以外の行為について有罪の裁判（懲役又は禁錮の刑を言い渡し、その刑の全部の執行猶予の言渡しをしない裁判であって、執行すべき刑期があるものに限る。）が確定し、その裁判において言い渡された刑の執行が開始された場合であって相当と認めるときその他のこの法律による医療を行う必要がなくなるに至ったときは、指定入院医療機関の管理者又は保護観察所の長の申立てにより、この法律による医療を終了する旨の決定をすることができる。
2　裁判所は、対象者について、2以上の第42条第1項第一号若しくは第二号、第51条第1項第二号又は第61条第1項第一号の決定があった場合において、相当と認めるときは、指定入院医療機関の管理者又は保護観察所の長の申立てにより、決定をもって、これらの決定のうちのいずれかを取り消すことができる。

（証人等の費用）
第77条　証人、鑑定人、翻訳人及び通訳人に支給する旅費、日当、宿泊料その他の費用の額については、刑事訴訟費用に関する法令の規定を準用する。
2　参考人は、旅費、日当及び宿泊料を請求することができる。
3　参考人に支給する費用は、これを証人に支給する費用とみなして、第1項の規定を適用する。
4　第30条第5項の規定により付添人に支給すべき旅費、日当、宿泊料及び報酬の額については、刑事訴訟法第38条第2項の規定により弁護人に支給すべき旅費、日当、宿泊料及び報酬の例による。

（費用の徴収）
第78条　裁判所は、対象者又は保護者から、証人、鑑定人、翻訳人、通訳人、参考人及び第30条第4項の規定により選

任された付添人に支給した旅費、日当、宿泊料その他の費用の全部又は一部を徴収することができる。
2　前項の費用の徴収については、非訟事件手続法（平成23年法律第五十一号）第121条の規定を準用する。

（精神保健判定医以外の医師に鑑定を命じた場合の通知）
第79条　地方裁判所は、第37条第1項、第52条、第57条又は第62条第1項に規定する鑑定を精神保健判定医以外の医師に命じたときは、その旨を厚生労働大臣に通知するものとする。

（最高裁判所規則）
第80条　この章に定めるもののほか、審判について必要な事項は、最高裁判所規則で定める。

第3章　医療
第1節　医療の実施

（医療の実施）
第81条　厚生労働大臣は、第42条第1項第一号若しくは第二号、第51条第1項第二号又は第61条第1項第一号の決定を受けた者に対し、その精神障害の特性に応じ、円滑な社会復帰を促進するために必要な医療を行わなければならない。
2　前項に規定する医療の範囲は、次のとおりとする。
　一　診察
　二　薬剤又は治療材料の支給
　三　医学的処置及びその他の治療
　四　居宅における療養上の管理及びその療養に伴う世話その他の看護
　五　病院への入院及びその療養に伴う世話その他の看護
　六　移送
3　第1項に規定する医療は、指定医療機関に委託して行うものとする。

（指定医療機関の義務）
第82条　指定医療機関は、厚生労働大臣の定めるところにより、前条第1項に規定する医療を担当しなければならない。
2　指定医療機関は、前条第1項に規定する医療を行うについて、厚生労働大臣の行う指導に従わなければならない。

（診療方針及び診療報酬）
第83条　指定医療機関の診療方針及び診療報酬は、健康保険の診療方針及び診療報酬の例による。
2　前項に規定する診療方針及び診療報酬の例によることができないとき、又はこれによることを適当としないときの診療方針及び診療報酬は、厚生労働大臣の定めるところによる。

（診療報酬の審査及び支払）
第84条　厚生労働大臣は、指定医療機関の診療内容及び診療報酬の請求を随時審査し、かつ、指定医療機関が前条の規定により請求することができる診療報酬の額を決定することができる。
2　指定医療機関は、厚生労働大臣が行う前項の規定による診療報酬の額の決定に従わなければならない。
3　厚生労働大臣は、第1項の規定による診療報酬の額の決定に当たっては、社会保険診療報酬支払基金法（昭和23年法律第百二十九号）第16条第1項に規定する審査委員会、国民健康保険法（昭和33年法律第百九十二号）第87条に規定する国民健康保険診療報酬審査委員会その他政令で定める医療に関する審査機関の意見を聴かなければならない。
4　国は、指定医療機関に対する診療報酬の支払に関する事

心神喪失等の状態で重大な他害行為を行った者の医療及び観察等に関する法律

務を社会保険診療報酬支払基金、国民健康保険団体連合会その他厚生労働省令で定める者に委託することができる。

5　第1項の規定による診療報酬の額の決定については、審査請求をすることができない。

（報告の請求及び検査）

第85条　厚生労働大臣は、前条第1項の規定による審査のため必要があるときは、指定医療機関の管理者に対して必要な報告を求め、又は当該職員に、指定医療機関についてその管理者の同意を得て、実地に診療録その他の帳簿書類（その作成又は保存に代えて電磁的記録（電子的方式、磁気的方式その他人の知覚によっては認識することができない方式で作られる記録であって、電子計算機による情報処理の用に供されるものをいう。）の作成又は保存がされている場合における当該電磁的記録を含む。）を検査させることができる。

2　指定医療機関の管理者が、正当な理由がなく前項の規定による報告の求めに応ぜず、若しくは虚偽の報告をし、又は同項の同意を拒んだときは、厚生労働大臣は、当該指定医療機関に対する診療報酬の支払を一時差し止めることができる。

第2節　精神保健指定医の必置等

（精神保健指定医の必置）

第86条　指定医療機関（病院又は診療所に限る。次条において同じ。）の管理者は、厚生労働省令で定めるところにより、その指定医療機関に常時勤務する精神保健指定医を置かなければならない。

（精神保健指定医の職務）

第87条　指定医療機関に勤務する精神保健指定医は、第49条第1項又は第2項の規定により入院を継続させてこの法律による医療を行う必要があるかどうかの判定、第92条第3項に規定する行動の制限を行う必要があるかどうかの判定、第100条第1項第一号の規定により外出させて経過を見ることが適当かどうかの判定、同条第2項第一号の規定により外泊させて経過を見ることが適当かどうかの判定、第110条第1項第一号の規定によりこの法律による医療を行う必要があるかどうかの判定、同項第二号の規定により入院をさせてこの法律による医療を行う必要があるかどうかの判定及び同条第2項の規定により入院によらない医療を行う期間を延長してこの法律による医療を行う必要があるかどうかの判定の職務を行う。

2　精神保健指定医は、前項に規定する職務のほか、公務員として、第96条第4項の規定による診察並びに第97条第1項の規定による立入検査、質問及び診察を行う。

（診療録の記載義務）

第88条　精神保健指定医は、前条第1項に規定する職務を行ったときは、遅滞なく、当該精神保健指定医の氏名その他厚生労働省令で定める事項を診療録に記載しなければならない。

第3節　指定医療機関の管理者の講ずる措置

（指定医療機関への入院等）

第89条　指定入院医療機関の管理者は、病床（病院の一部について第16条第1項の指定を受けている指定入院医療機関にあっては、その指定に係る病床）に既に第42条第1項第一号又は第61条第1項第一号の決定を受けた者が入院しているため余裕がない場合のほかは、第42条第1項第一号又は第61条第1項第一号の決定を受けた者を入院させなければならない。

2　指定通院医療機関の管理者は、正当な事由がなければ、第42条第1項第二号又は第51条第1項第二号の決定を受けた者に対する入院によらない医療の提供を拒んではならない。

（資料提供の求め）

第90条　指定医療機関の管理者は、適切な医療を行うため必要があると認めるときは、その必要な限度において、裁判所に対し、第37条第1項に規定する鑑定の経過及び結果を記載した書面その他の必要な資料の提供を求めることができる。

2　指定医療機関の管理者は、適切な医療を行うため必要があると認めるときは、その必要な限度において、他の医療施設に対し、対象者の診療又は調剤に関する情報その他の必要な資料の提供を求めることができる。

（相談、援助等）

第91条　指定医療機関の管理者は、第42条第1項第一号若しくは第二号、第51条第1項第二号又は第61条第1項第一号の決定により当該指定医療機関において医療を受ける者の社会復帰の促進を図るため、その者の相談に応じ、その者に必要な援助を行い、並びにその保護者及び精神障害者の医療、保護又は福祉に関する機関との連絡調整を行うように努めなければならない。この場合において、指定医療機関の管理者は、保護観察所の長と連携を図らなければならない。

第4節　入院者に関する措置

（行動制限等）

第92条　指定入院医療機関の管理者は、第42条第1項第一号又は第61条第1項第一号の決定により入院している者につき、その保護に欠くことのできない限度において、その行動について必要な制限を行うことができる。

2　前項の規定にかかわらず、指定入院医療機関の管理者は、信書の発受の制限、弁護士及び行政機関の職員との面会の制限その他の行動の制限であって、厚生労働大臣があらかじめ社会保障審議会の意見を聴いて定める行動の制限については、これを行うことができない。

3　第1項の規定による行動の制限のうち、厚生労働大臣があらかじめ社会保障審議会の意見を聴いて定める患者の隔離その他の行動の制限は、当該指定入院医療機関に勤務する精神保健指定医が必要と認める場合でなければ行うことができない。

第93条　前条に定めるもののほか、厚生労働大臣は、第42条第1項第一号又は第61条第1項第一号の決定により指定入院医療機関に入院している者の処遇について必要な基準を定めることができる。

2　前項の基準が定められたときは、指定入院医療機関の管理者は、その基準を遵守しなければならない。

3　厚生労働大臣は、第1項の基準を定めようとするときは、あらかじめ、社会保障審議会の意見を聴かなければならない。

（精神保健指定医の指定入院医療機関の管理者への報告）

第94条　精神保健指定医は、その勤務する指定入院医療機関に第42条第1項第一号又は第61条第1項第一号の決定により入院している者の処遇が第92条の規定に違反していると思料するとき、前条第1項の基準に適合していないと認めるときその他当該入院している者の処遇が著しく適当でないと認めるときは、当該指定入院医療機関の管理者にその旨を報告することにより、当該管理者において当該入院している者の処遇の改善のために必要な措置が採られるよう

心神喪失等の状態で重大な他害行為を行った者の医療及び観察等に関する法律

努めなければならない。

（処遇改善の請求）

第95条 第42条第1項第一号又は第61条第1項第一号の決定により指定入院医療機関に入院している者又はその保護者は、厚生労働省令で定めるところにより、厚生労働大臣に対し、指定入院医療機関の管理者に対して当該入院している者の処遇の改善のために必要な措置を採ることを命ずることを求めることができる。

（処遇改善の請求による審査）

第96条 厚生労働大臣は、前条の規定による請求を受けたときは、当該請求の内容を社会保障審議会に通知し、当該請求に係る入院中の者について、その処遇が適当であるかどうかに関し審査を求めなければならない。

2 社会保障審議会は、前項の規定により審査を求められたときは、当該審査に係る入院中の者について、その処遇が適当であるかどうかに関し審査を行い、その結果を厚生労働大臣に通知しなければならない。

3 社会保障審議会は、前項の審査をするに当たっては、当該審査に係る前条の規定による請求をした者及び当該審査に係る入院中の者が入院している指定入院医療機関の管理者の意見を聴かなければならない。ただし、社会保障審議会がこれらの者の意見を聴く必要がないと特に認めたときは、この限りでない。

4 社会保障審議会は、前項に定めるもののほか、第2項の審査をするに当たって必要があると認めるときは、当該審査に係る入院中の者の同意を得て、社会保障審議会が指名する精神保健指定医に診察させ、又はその者が入院している指定入院医療機関の管理者その他関係者に対して報告を求め、診療録その他の帳簿書類の提出を命じ、若しくは出頭を命じて審問することができる。

5 厚生労働大臣は、第2項の規定により通知された社会保障審議会の審査の結果に基づき、必要があると認めるときは、当該指定入院医療機関の管理者に対し、その者の処遇の改善のための措置を採ることを命じなければならない。

6 厚生労働大臣は、前条の規定による請求をした者に対し、当該請求に係る社会保障審議会の審査の結果及びこれに基づき採った措置を通知しなければならない。

（報告徴収等）

第97条 厚生労働大臣は、必要があると認めるときは、指定入院医療機関の管理者に対し、第42条第1項第一号若しくは第61条第1項第一号の決定により当該指定入院医療機関に入院している者の症状若しくは処遇に関し、報告を求め、若しくは診療録その他の帳簿書類の提出若しくは提示を命じ、又はその指定する精神保健指定医に、指定入院医療機関に立ち入り、これらの事項に関し、診療録その他の帳簿書類を検査させ、若しくは第42条第1項第一号若しくは第61条第1項第一号の決定により当該指定入院医療機関に入院している者その他の関係者に質問させ、又はその指定する精神保健指定医に、指定入院医療機関に立ち入り、第42条第1項第一号若しくは第61条第1項第一号の決定により当該指定入院医療機関に入院している者を診察させることができる。

2 前項の規定により立入検査、質問又は診察を行う精神保健指定医及び当該職員は、その身分を示す証明書を携帯し、関係者に提示しなければならない。

3 第1項に規定する立入検査又は質問の権限は、犯罪捜査のために認められたものと解釈してはならない。

（改善命令）

第98条 厚生労働大臣は、第42条第1項第一号又は第61条第1項第一号の決定により指定入院医療機関に入院している者の処遇が第92条の規定に違反していると認めるとき、第93条第1項の基準に適合していないと認めるときその他第42条第1項第一号又は第61条第1項第一号の決定により指定入院医療機関に入院している者の処遇が著しく適当でないと認めるときは、当該指定入院医療機関の管理者に対し、措置を講ずべき事項及び期限を示して、処遇を確保するための改善計画の提出を求め、当該指定入院医療機関の管理者に対し、提出された改善計画の変更を命じ、又はその処遇の改善のために必要な措置を採ることを命ずることができる。

（無断退去者に対する措置）

第99条 第42条第1項第一号又は第61条第1項第一号の決定により指定入院医療機関に入院している者が無断で退去した場合（第100条第1項又は第2項の規定により外出又は外泊している者が同条第1項に規定する医学的管理の下から無断で離れた場合を含む。）には、当該指定入院医療機関の職員は、これを連れ戻すことができる。

2 前項の場合において、当該指定入院医療機関の職員による連れ戻しが困難であるときは、当該指定入院医療機関の管理者は、警察官に対し、連れ戻しについて必要な援助を求めることができる。

3 第1項の場合において、当該無断で退去し、又は離れた者の行方が不明になったときは、当該指定入院医療機関の管理者は、所轄の警察署長に対し、次の事項を通知してその所在の調査を求めなければならない。

一 退去者の住所、氏名、性別及び生年月日
二 退去の年月日及び時刻
三 症状の概要
四 退去者を発見するために参考となるべき人相、服装その他の事項
五 入院年月日
六 退去者が行った対象行為の内容
七 保護者又はこれに準ずる者の住所及び氏名

4 警察官は、前項の所在の調査により該当者を発見したときは、直ちに、その旨を当該指定入院医療機関の管理者に通知しなければならない。この場合において、警察官は、当該指定入院医療機関の管理者がその者を引き取るまでの間、24時間を限り、その者を、警察署、病院、救護施設その他の精神障害者を保護するのに適当な場所に、保護することができる。

5 指定入院医療機関の職員は、第1項に規定する者が無断で退去した時（第100条第1項又は第2項の規定により外出又は外泊している者が同条第1項に規定する医学的管理の下から無断で離れた場合においては、当該施設で離れた時）から48時間を経過した後は、裁判官のあらかじめ発する連れ戻し状によらなければ、第1項に規定する連れ戻しに着手することができない。

6 前項の連れ戻し状は、指定入院医療機関の管理者の請求により、当該指定入院医療機関の所在地を管轄する地方裁判所の裁判官が発する。

7 第28条第4項から第6項まで及び第34条第6項の規定は、第5項の連れ戻し状について準用する。この場合において、第28条第4項中「指定された裁判所その他の場所」とあるのは、「指定入院医療機関」と読み替えるものとする。

8 前3項に規定するもののほか、連れ戻し状について必要な事項は、最高裁判所規則で定める。

（外出等）

第100条 指定入院医療機関の管理者は、次の各号のいずれかに該当する場合には、第42条第1項第一号又は第61条第

心神喪失等の状態で重大な他害行為を行った者の医療及び観察等に関する法律

1項第一号の決定により当該指定入院医療機関に入院している者を、当該指定入院医療機関に勤務する医師又は看護師による付添いその他の方法による医学的管理の下に、当該指定入院医療機関の敷地外に外出させることができる。
一 指定入院医療機関の管理者が、当該指定入院医療機関に勤務する精神保健指定医による診察の結果、その者の症状に照らし当該指定入院医療機関の敷地外に外出させて経過を見ることが適当であると認める場合
二 その者が精神障害の医療以外の医療を受けるために他の医療施設に通院する必要がある場合
三 前二号に掲げる場合のほか、政令で定める場合において、指定入院医療機関の管理者が必要と認めるとき。
2 指定入院医療機関の管理者は、次の各号のいずれかに該当する場合には、第42条第1項第一号又は第61条第1項第一号の決定により当該指定入院医療機関に入院している者を、前項に規定する医学的管理の下に、1週間を超えない期間を限り、当該指定入院医療機関の敷地外に外泊させることができる。
一 指定入院医療機関の管理者が、当該指定入院医療機関に勤務する精神保健指定医による診察の結果、その者の症状に照らし当該指定入院医療機関の敷地外に外出させて経過を見ることが適当であると認める場合
二 前号に掲げる場合のほか、政令で定める場合において、指定入院医療機関の管理者が必要と認めるとき。
3 指定入院医療機関の管理者は、第42条第1項第一号又は第61条第1項第一号の決定により当該指定入院医療機関に入院している者が精神障害の医療以外の医療を受けるために他の医療施設に入院する必要がある場合には、その者を他の医療施設に入院させることができる。この場合において、厚生労働大臣は、第81条第1項の規定にかかわらず、当該入院に係る医療が開始された日の翌日から当該入院に係る医療が終了した日の前日までの間に限り、その者に対する同項に規定する医療を行わないことができる。
4 前項の規定の適用に関し必要な事項は、政令で定める。
(生活環境の調整)
第101条 保護観察所の長は、第42条第1項第一号又は第61条第1項第一号の決定があったときは、当該決定を受けた者の社会復帰の促進を図るため、当該決定を受けた者及びその家族等の相談に応じ、当該決定を受けた者が、指定入院医療機関の管理者による第91条の規定に基づく援助並びに都道府県及び市町村(特別区を含む。以下同じ。)による精神保健及び精神障害者福祉に関する法律第47条又は第49条、障害者の日常生活及び社会生活を総合的に支援するための法律(平成17年法律第百二十三号)第29条その他の精神障害者の保健又は福祉に関する法令の規定に基づく援助を受けることができるようあっせんする等の方法により、退院後の生活環境の調整を行わなければならない。
2 保護観察所の長は、前項の援助が円滑かつ効果的に行われるよう、当該指定入院医療機関の管理者並びに当該決定を受けた者の居住地を管轄する都道府県知事及び市町村長に対し、必要な協力を求めることができる。

第5節 雑則
(国の負担)
第102条 国は、指定入院医療機関の設置者に対し、政令で定めるところにより、指定入院医療機関の設置及び運営に要する費用の一部を負担する。
(権限の委任)
第103条 この法律に規定する厚生労働大臣の権限は、厚生労働省令で定めるところにより、地方厚生局長に委任することができる。
2 前項の規定により地方厚生局長に委任された権限は、厚生労働省令で定めるところにより、地方厚生支局長に委任することができる。

第4章 地域社会における処遇
第1節 処遇の実施計画
(処遇の実施計画)
第104条 保護観察所の長は、第42条第1項第二号又は第51条第1項第二号の決定があったときは、当該決定を受けた者に対して入院によらない医療を行う指定通院医療機関の管理者並びに当該決定を受けた者の居住地を管轄する都道府県知事及び市町村長と協議の上、その処遇に関する実施計画を定めなければならない。
2 前項の実施計画には、政令で定めるところにより、指定通院医療機関の管理者による医療、社会復帰調整官が実施する精神保健観察並びに指定通院医療機関の管理者による第91条の規定に基づく援助、都道府県及び市町村による精神保健及び精神障害者福祉に関する法律第47条又は第49条、障害者の日常生活及び社会生活を総合的に支援するための法律第29条その他の精神障害者の保健又は福祉に関する法令の規定に基づく援助その他当該決定を受けた者に対してなされる援助について、その内容及び方法を記載するものとする。
3 保護観察所の長は、当該決定を受けた者の処遇の状況等に応じ、当該決定を受けた者に対して入院によらない医療を行う指定通院医療機関の管理者並びに当該決定を受けた者の居住地を管轄する都道府県知事及び市町村長と協議の上、第1項の実施計画について必要な見直しを行わなければならない。
(処遇の実施)
第105条 前条第1項に掲げる決定があった場合における医療、精神保健観察及び援助は、同項に規定する実施計画に基づいて行われなければならない。

第2節 精神保健観察
(精神保健観察)
第106条 第42条第1項第二号又は第51条第1項第二号の決定を受けた者は、当該決定による入院によらない医療を行う期間中、精神保健観察に付する。
2 精神保健観察は、次に掲げる方法によって実施する。
一 精神保健観察に付されている者と適当な接触を保ち、指定通院医療機関の管理者並びに都道府県知事及び市町村長から報告を求めるなどして、当該決定を受けた者が必要な医療を受けているか否か及びその生活の状況を見守ること。
二 継続的な医療を受けさせるために必要な指導その他の措置を講ずること。
(守るべき事項)
第107条 精神保健観察に付された者は、速やかに、その居住地を管轄する保護観察所の長に当該居住地を届け出るほか、次に掲げる事項を守らなければならない。
一 一定の住居に居住すること。
二 住居を移転し、又は長期の旅行をするときは、あらかじめ、保護観察所の長に届け出ること。
三 保護観察所の長から出頭又は面接を求められたときは、これに応ずること。

心神喪失等の状態で重大な他害行為を行った者の医療及び観察等に関する法律

第3節　連携等

（関係機関相互間の連携の確保）

第108条　保護観察所の長は、医療、精神保健観察、第91条の規定に基づく援助及び精神保健及び精神障害者福祉に関する法律第47条又は第49条、障害者の日常生活及び社会生活を総合的に支援するための法律第29条その他の精神障害者の保健又は福祉に関する法令の規定に基づく援助が、第104条の規定により定められた実施計画に基づいて適正かつ円滑に実施されるよう、あらかじめ指定通院医療機関の管理者並びに都道府県知事及び市町村長との間において必要な情報交換を行うなどして協力体制を整備するとともに、処遇の実施状況を常に把握し、当該実施計画に関する関係機関相互間の緊密な連携の確保に努めなければならない。

2　保護観察所の長は、実施計画に基づく適正かつ円滑な処遇を確保する為に必要があると認めるときは、指定通院医療機関の管理者並びに都道府県知事及び市町村長に対し、必要な協力を求めることができる。

（民間団体等との連携協力）

第109条　保護観察所の長は、個人又は民間の団体が第42条第1項第二号又は第51条第1項第二号の決定を受けた者の処遇の円滑な実施のため自発的に行う活動を促進するとともに、これらの個人又は民間の団体との連携協力の下、当該決定を受けた者の円滑な社会復帰に対する地域住民等の理解と協力を得るよう努めなければならない。

第4節　報告等

（保護観察所の長に対する通知等）

第110条　指定通院医療機関の管理者は、当該指定通院医療機関に勤務する精神保健指定医による診察の結果、第42条第1項第二号又は第51条第1項第二号の決定を受けた者について、第37条第2項に規定する事項を考慮し、次の各号のいずれかに該当すると認める場合は、直ちに、保護観察所の長に対し、その旨を通知しなければならない。

一　対象行為を行った際の精神障害を改善し、これに伴って同様の行為を行うことなく、社会に復帰することを促進するため、この法律による医療を行う必要があると認めることができなくなったとき。

二　対象行為を行った際の精神障害を改善し、これに伴って同様の行為を行うことなく、社会に復帰することを促進するため、入院をさせてこの法律による医療を行う必要があると認めるに至ったとき。

2　指定通院医療機関の管理者は、当該指定通院医療機関に勤務する精神保健指定医による診察の結果、第42条第1項第二号又は第51条第1項第二号の決定を受けた者について、第37条第2項に規定する事項を考慮し、対象行為を行った際の精神障害を改善し、これに伴って同様の行為を行うことなく、社会に復帰することを促進するために当該決定による入院によらない医療を行う期間を延長してこの法律による医療を行う必要があると認める場合は、保護観察所の長に対し、その旨を通知しなければならない。

第111条　指定通院医療機関の管理者並びに都道府県知事及び市町村長は、第42条第1項第二号又は第51条第1項第二号の決定を受けた者について、第43条第2項（第51条第3項において準用する場合を含む。）の規定に違反する事実又は第107条各号に掲げる事項を守らない事実があると認めるときは、速やかに、保護観察所の長に通報しなければならない。

第5節　雑則

（保護観察所の長による緊急の保護）

第112条　保護観察所の長は、第42条第1項第二号又は第51条第1項第二号の決定を受けた者が、親族又は公共の衛生福祉その他の施設から必要な保護を受けることができないため、現に、その生活の維持に著しい支障を生じている場合には、当該決定を受けた者に対し、金品を給与し、又は貸与する等の緊急の保護を行うことができる。

2　保護観察所の長は、前項の規定により支払った費用を、期限を指定して、当該決定を受けた者又はその扶養義務者から徴収しなければならない。ただし、当該決定を受けた者及びその扶養義務者が、その費用を負担することができないと認めるときは、この限りでない。

（人材の確保等）

第113条　国は、心神喪失等の状態で重大な他害行為を行った者に対し専門的知識に基づきより適切な処遇を行うことができるようにするため、保護観察所等関係機関の職員に専門的知識を有する人材を確保し、その資質を向上させるように努めなければならない。

第5章　雑則

（刑事事件に関する手続等との関係）

第114条　この法律の規定は、対象者について、刑事事件若しくは少年の保護事件の処理に関する法令の規定による手続を行い、又は刑若しくは保護処分の執行のため刑務所、少年刑務所、拘置所若しくは少年院に収容することを妨げない。

2　第43条第1項（第61条第4項において準用する場合を含む。）及び第2項（第51条第3項において準用する場合を含む。）並びに第81条第1項の規定は、同項に規定する者が、刑事事件又は少年の保護事件に関する法令の規定によりその身体を拘束されている間は、適用しない。

（精神保健及び精神障害者福祉に関する法律との関係）

第115条　この法律の規定は、第42条第1項第二号又は第51条第1項第二号の決定により入院によらない医療を受けている者について、精神保健及び精神障害者福祉に関する法律の規定による入院が行われることを妨げない。

第116条　この法律に定めるもののほか、この法律の実施のため必要な事項は、政令で定める。

第6章　罰則

第117条　次の各号のいずれかに掲げる者が、この法律の規定に基づく職務の執行に関して知り得た人の秘密を正当な理由がなく漏らしたときは、1年以下の懲役又は50万円以下の罰金に処する。

一　精神保健審判員若しくは精神保健参与員又はこれらの職にあった者

二　指定医療機関の管理者若しくは社会保障審議会の委員又はこれらの職にあった者

三　第37条第1項、第52条、第57条又は第62条第1項の規定により鑑定を命ぜられた医師

2　精神保健指定医又は精神保健指定医であった者が、第87条に規定する職務の執行に関して知り得た人の秘密を正当な理由がなく漏らしたときも、前項と同様とする。

3　指定医療機関の職員又はその職にあった者が、この法律の規定に基づく指定医療機関の管理者の職務の執行を補助

するに際して知り得た人の秘密を正当な理由がなく漏らしたときも、第1項と同様とする。

第118条　精神保健審判員若しくは精神保健参与員又はこれらの職にあった者が、正当な理由がなく評議の経過又は裁判官、精神保健審判員若しくは精神保健参与員の意見を漏らしたときは、30万円以下の罰金に処する。

第119条　次の各号のいずれかに該当する者は、30万円以下の罰金に処する。
一　第96条第4項の規定による報告若しくは提出をせず、若しくは虚偽の報告をし、同項の規定による診察を妨げ、又は同項の規定による出頭をせず、若しくは同項の規定による審問に対して、正当な理由がなく答弁せず、若しくは虚偽の答弁をした者
二　第97条第1項の規定による報告若しくは提出若しくは提示をせず、若しくは虚偽の報告をし、同項の規定による検査若しくは診察を拒み、妨げ、若しくは忌避し、又は同項の規定による質問に対して、正当な理由がなく答弁せず、若しくは虚偽の答弁をした者

第120条　法人の代表者又は法人若しくは人の代理人、使用人その他の従業者が、その法人又は人の業務に関して前条の違反行為をしたときは、行為者を罰するほか、その法人又は人に対しても同条の刑を科する。

第121条　第88条の規定に違反した者は、10万円以下の過料に処する。

薬物使用等の罪を犯した者に対する刑の一部の執行猶予に関する法律

（平成25・6・19法律50）

（趣旨）
第1条　この法律は、薬物使用等の罪を犯した者が再び犯罪をすることを防ぐため、刑事施設における処遇に引き続き社会内においてその者の特性に応じた処遇を実施することにより規制薬物等に対する依存を改善することが有用であることに鑑み、薬物使用等の罪を犯した者に対する刑の一部の執行猶予に関し、その言渡しをすることができる者の範囲及び猶予の期間中の保護観察その他の事項について、刑法（明治40年法律第四十五号）の特則を定めるものとする。

（定義）
第2条　この法律において「規制薬物等」とは、大麻取締法（昭和23年法律第百二十四号）に規定する大麻、毒物及び劇物取締法（昭和25年法律第三百三号）第3条の3に規定する興奮、幻覚又は麻酔の作用を有する毒物及び劇物（これらを含有する物を含む。）であって同条の政令で定めるもの、覚せい剤取締法（昭和26年法律第二百五十二号）に規定する覚せい剤、麻薬及び向精神薬取締法（昭和28年法律第十四号）に規定する麻薬並びにあへん法（昭和29年法律第七十一号）に規定するあへん及びけしがらをいう。
2　この法律において「薬物使用等の罪」とは、次に掲げる罪をいう。
一　刑法第139条第1項若しくは第140条（あへん煙の所持に係る部分に限る。）の罪又はこれらの罪の未遂罪
二　大麻取締法第24条の2第1項（所持に係る部分に限る。）の罪又はこれらの罪の未遂罪
三　毒物及び劇物取締法第24条の3の罪
四　覚せい剤取締法第41条の2第1項（所持に係る部分に

限る。）、第41条の3第1項第一号若しくは第二号（使用に係る部分に限る。）若しくは第41条の4第1項第三号若しくは第五号の罪又はこれらの罪の未遂罪
五　麻薬及び向精神薬取締法第64条の2第1項（所持に係る部分に限る。）、第64条の3第1項（施用又は施用を受けたことに係る部分に限る。）、第66条第1項（所持に係る部分に限る。）若しくは第66条の2第1項（施用又は施用を受けたことに係る部分に限る。）の罪又はこれらの罪の未遂罪
六　あへん法第52条第1項（所持に係る部分に限る。）若しくは第52条の2第1項の罪又はこれらの罪の未遂罪

（刑の一部の執行猶予の特則）
第3条　薬物使用等の罪を犯した者であって、刑法第27条の2第1項各号に掲げる者以外のものに対する同項の規定の適用については、同項中「次に掲げる者が」とあるのは「薬物使用等の罪を犯した者に対する刑の一部の執行猶予に関する法律（平成25年法律第五十号）第2条第2項に規定する薬物使用等の罪を犯した者が、その罪又はその罪及び他の罪について」と、「考慮して」とあるのは「考慮して、刑事施設における処遇に引き続き社会内において同条第1項に規定する規制薬物等に対する依存の改善に資する処遇を実施することが」とする。

（刑の一部の執行猶予中の保護観察の特則）
第4条　前条に規定する者に刑の一部の執行猶予の言渡しをするときは、刑法第27条の3第1項の規定にかかわらず、猶予の期間中保護観察に付する。
2　刑法第27条の3第2項及び第3項の規定は、前項の規定により付された保護観察の仮解除について準用する。

（刑の一部の執行猶予の必要的取消しの特則等）
第5条　第3条の規定により読み替えて適用される刑法第27条の2第1項の規定による刑の一部の執行猶予の言渡しの取消しについては、同法第27条の4第三号の規定は、適用しない。
2　前項に規定する刑の一部の執行猶予の言渡しの取消しについての刑法第27条の5第二号の規定の適用については、同号中「第27条の3第1項」とあるのは、「薬物使用等の罪を犯した者に対する刑の一部の執行猶予に関する法律第4条第1項」とする。

刑法（抄）

（明治40・4・24法律45）
最新改正　平成25法律86

第1編　総則

第1章　通則

（国内犯）
第1条　この法律は、日本国内において罪を犯したすべての者に適用する。
2　日本国外にある日本船舶又は日本航空機内において罪を犯した者についても、前項と同様とする。

（すべての者の国外犯）
第2条　この法律は、日本国外において次に掲げる罪を犯したすべての者に適用する。
一　削除
二　第77条から第79条まで（内乱、予備及び陰謀、内乱等

三　第81条（外患誘致）、第82条（外患援助）、第87条（未遂罪）及び第88条（予備及び陰謀）の罪
四　第148条（通貨偽造及び行使等）の罪及びその未遂罪
五　第154条（詔書偽造等）、第155条（公文書偽造等）、第157条（公正証書原本不実記載等）、第158条（偽造公文書行使等）及び公務所又は公務員によって作られるべき電磁的記録に係る第161条の2（電磁的記録不正出及び供用）の罪
六　第162条（有価証券偽造等）及び第163条（偽造有価証券行使等）の罪
七　第163条の2から第163条の5まで（支払用カード電磁的記録不正作出等、不正電磁的記録カード所持、支払用カード電磁的記録不正作出準備、未遂罪）の罪
八　第164条から第166条まで（御璽偽造及び不正使用等、公印偽造及び不正使用等、公記号偽造及び不正使用等）の罪並びに第164条第2項、第165条第2項及び第166条第2項の罪の未遂罪

（国民の国外犯）

第3条　この法律は、日本国外において次に掲げる罪を犯した日本国民に適用する。
一　第108条（現住建造物等放火）及び第109条第1項（非現住建造物等放火）の罪、これらの規定の例により処断すべき罪並びにこれらの罪の未遂罪
二　第119条（現住建造物等浸害）の罪
三　第159条から第161条まで（私文書偽造等、虚偽診断書等作成、偽造私文書行使）及び前条第五号に規定する電磁的記録以外の電磁的記録に係る第161条の2の罪
四　第167条（私印偽造及び不正使用等）の罪及び同条第2項の罪の未遂罪
五　第176条から第179条まで（強制わいせつ、強姦、準強制わいせつ及び準強姦、集団強姦等、未遂罪）、第181条（強制わいせつ等致死傷）及び第184条（重婚）の罪
六　第199条（殺人）の罪及びその未遂罪
七　第204条（傷害）及び第205条（傷害致死）の罪
八　第214条から第216条まで（業務上堕胎及び同致死傷、不同意堕胎、不同意堕胎致死傷）の罪
九　第218条（保護責任者遺棄等）の罪及び同条の罪に係る第219条（遺棄等致死傷）の罪
十　第220条（逮捕及び監禁）及び第221条（逮捕等致傷）の罪
十一　第224条から第228条まで（未成年者略取及び誘拐、営利目的等略取及び誘拐、身の代金目的略取等、所在国外移送目的略取及び誘拐、人身売買、被略取者等所在国外移送、被略取者引渡し等、未遂罪）の罪
十二　第230条（名誉毀損）の罪
十三　第235条から第236条まで（窃盗、不動産侵奪、強盗）、第238条から第241条まで（事後強盗、昏酔強盗、強盗致死傷、強盗強姦及び同致死）及び第243条（未遂罪）の罪
十四　第246条から第250条まで（詐欺、電子計算機使用詐欺、背任、準詐欺、恐喝、未遂罪）の罪
十五　第253条（業務上横領）の罪
十六　第256条第2項（盗品譲受け等）の罪

（国民以外の者の国外犯）

第3条の2　この法律は、日本国外において日本国民に対して次に掲げる罪を犯した日本国民以外の者に適用する。
一　第176条から第179条まで（強制わいせつ、強姦、準強制わいせつ及び準強姦、集団強姦等、未遂罪）及び第

181条（強制わいせつ等致死傷）の罪
二　第199条（殺人）の罪及びその未遂罪
三　第204条（傷害）及び第205条（傷害致死）の罪
四　第220条（逮捕及び監禁）及び第221条（逮捕等致傷）の罪
五　第224条から第228条まで（未成年者略取及び誘拐、営利目的等略取及び誘拐、身の代金目的略取等、所在国外移送目的略取及び誘拐、人身売買、被略取者等所在国外移送、被略取者引渡し等、未遂罪）の罪
六　第236条（強盗）及び第238条から第241条まで（事後強盗、昏酔強盗、強盗致死傷、強盗強姦及び同致死）の罪並びにこれらの罪の未遂罪

（公務員の国外犯）

第4条　この法律は、日本国外において次に掲げる罪を犯した日本国の公務員に適用する。
一　第101条（看守者等による逃走援助）の罪及びその未遂罪
二　第156条（虚偽公文書作成等）の罪
三　第193条（公務員職権濫用）、第195条第2項（特別公務員暴行陵虐）及び第197条から第197条の4まで（収賄、受託収賄及び事前収賄、第三者供賄、加重収賄及び事後収賄、あっせん収賄）の罪並びに第195条第2項の罪に係る第196条（特別公務員職権濫用等致死傷）の罪

（条約による国外犯）

第4条の2　第2条から前条までに規定するもののほか、この法律は、日本国外において第2編の罪であって条約により日本国外において犯したときであっても罰すべきものとされているものを犯したすべての者に適用する。

（外国判決の効力）

第5条　外国において確定裁判を受けた者であっても、同一の行為について更に処罰することを妨げない。ただし、犯人が既に外国において言い渡された刑の全部又は一部の執行を受けたときは、刑の執行を減軽し、又は免除する。

（刑の変更）

第6条　犯罪後の法律によって刑の変更があったときは、その軽いものによる。

（定義）

第7条　この法律において「公務員」とは、国又は地方公共団体の職員その他法令により公務に従事する議員、委員その他の職員をいう。
2　この法律において「公務所」とは、官公庁その他公務員が職務を行う所をいう。

第7条の2　この法律において「電磁的記録」とは、電子的方式、磁気的方式その他人の知覚によっては認識することができない方式で作られる記録であって、電子計算機による情報処理の用に供されるものをいう。

（他の法令の罪に対する適用）

第8条　この編の規定は、他の法令の罪についても、適用する。ただし、その法令に特別の規定があるときは、この限りでない。

第2章　刑

（刑の種類）

第9条　死刑、懲役、禁錮、罰金、拘留及び科料を主刑とし、没収を付加刑とする。

（刑の軽重）

第10条　主刑の軽重は、前条に規定する順序による。ただし、無期の禁錮と有期の懲役とでは禁錮を重い刑とし、有

刑法

期の禁錮の長期が有期の懲役の長期の2倍を超えるときも，禁錮を重い刑とする。
2　同種の刑は，長期の長いもの又は多額の多いものを重い刑とし，長期又は多額が同じであるときは，短期の長いもの又は寡額の多いものを重い刑とする。
3　2個以上の死刑又は長期若しくは多額及び短期若しくは寡額が同じである同種の刑は，犯情によってその軽重を定める。

（死刑）
第11条　死刑は，刑事施設内において，絞首して執行する。
2　死刑の言渡しを受けた者は，その執行に至るまで刑事施設に拘置する。

（懲役）
第12条　懲役は，無期及び有期とし，有期懲役は，1月以上20年以下とする。
2　懲役は，刑事施設に拘置して所定の作業を行わせる。

（禁錮）
第13条　禁錮は，無期及び有期とし，有期禁錮は，1月以上20年以下とする。
2　禁錮は，刑事施設に拘置する。

（有期の懲役及び禁錮の加減の限度）
第14条　死刑又は無期の懲役若しくは禁錮を減軽して有期の懲役又は禁錮とする場合においては，その長期を30年とする。
2　有期の懲役又は禁錮を加重する場合においては30年にまで上げることができ，これを減軽する場合においては1月未満に下げることができる。

（罰金）
第15条　罰金は，1万円以上とする。ただし，これを減軽する場合においては，1万円未満に下げることができる。

（拘留）
第16条　拘留は，1日以上30日未満とし，刑事施設に拘置する。

（科料）
第17条　科料は，1,000円以上1万円未満とする。

（労役場留置）
第18条　罰金を完納することができない者は，1日以上2年以下の期間，労役場に留置する。
2　科料を完納することができない者は，1日以上30日以下の期間，労役場に留置する。
3　罰金を併科した場合又は罰金と科料とを併科した場合における留置の期間は，3年を超えることができない。科料を併科した場合における留置の期間は，60日を超えることができない。
4　罰金又は科料の言渡しをするときは，その言渡しとともに，罰金又は科料を完納することができない場合における留置の期間を定めて言い渡さなければならない。
5　罰金については裁判が確定した後30日以内，科料については裁判が確定した後10日以内は，本人の承諾がなければ留置の執行をすることができない。
6　罰金又は科料の一部を納付した者についての留置の日数は，その残額を留置1日の割合に相当する金額で除して得た日数（その日数に1日未満の端数を生じるときは，これを1日とする。）とする。

（没収）
第19条　次に掲げる物は，没収することができる。
一　犯罪行為を組成した物
二　犯罪行為の用に供し，又は供しようとした物
三　犯罪行為によって生じ，若しくはこれによって得た物又は犯罪行為の報酬として得た物
四　前号に掲げる物の対価として得た物
2　没収は，犯人以外の者に属しない物に限り，これをすることができる。ただし，犯人以外の者に属する物であっても，犯罪の後にその者が情を知って取得したものであるときは，これを没収することができる。

（追徴）
第19条の2　前条第1項第三号又は第四号に掲げる物の全部又は一部を没収することができないときは，その価額を追徴することができる。

（没収の制限）
第20条　拘留又は科料のみに当たる罪については，特別の規定がなければ，没収を科することができない。ただし，第19条第1項第一号に掲げる物の没収については，この限りでない。

（未決勾留日数の本刑算入）
第21条　未決勾留の日数は，その全部又は一部を本刑に算入することができる。

第3章　期間計算

（期間の計算）
第22条　月又は年によって期間を定めたときは，暦に従って計算する。

（刑期の計算）
第23条　刑期は，裁判が確定した日から起算する。
2　拘禁されていない日数は，裁判が確定した後であっても，刑期に算入しない。

（受刑等の初日及び釈放）
第24条　受刑の初日は，時間にかかわらず，1日として計算する。時効期間の初日についても，同様とする。
2　刑期が終了した場合における釈放は，その終了の日の翌日に行う。

第4章　刑の執行猶予

（刑の全部の執行猶予）
第25条　次に掲げる者が3年以下の懲役若しくは禁錮又は50万円以下の罰金の言渡しを受けたときは，情状により，裁判が確定した日から1年以上5年以下の期間，その刑の全部の執行を猶予することができる。
一　前に禁錮以上の刑に処せられたことがない者
二　前に禁錮以上の刑に処せられたことがあっても，その執行を終わった日又はその執行の免除を得た日から5年以内に禁錮以上の刑に処せられたことがない者
2　前に禁錮以上の刑に処せられたことがあってもその刑の全部の執行を猶予された者が1年以下の懲役又は禁錮の言渡しを受け，情状に特に酌量すべきものがあるときも，前項と同様とする。ただし，次条第1項の規定により保護観察に付せられ，その期間内に更に罪を犯した者については，この限りでない。

（刑の全部の執行猶予中の保護観察）
第25条の2　前条第1項の場合においては猶予の期間中保護観察に付することができ，同条第2項の場合においては猶予の期間中保護観察に付する。
2　前項の規定により付せられた保護観察は，行政官庁の処分によって仮に解除することができる。
3　前項の規定により保護観察を仮に解除されたときは，前条第2項ただし書及び第26条の2第二号の規定の適用につ

いては、その処分を取り消されるまでの間は、保護観察に付せられなかったものとみなす。
（刑の全部の執行猶予の必要的取消し）
第26条　次に掲げる場合においては、刑の全部の執行猶予の言渡しを取り消さなければならない。ただし、第三号の場合において、猶予の言渡しを受けた者が第25条第1項第二号に掲げる者であるとき、又は次条第三号に該当するときは、この限りでない。
　一　猶予の期間内に更に罪を犯して禁錮以上の刑に処せられ、その刑の全部について執行猶予の言渡しがないとき。
　二　猶予の言渡し前に犯した他の罪について禁錮以上の刑に処せられ、その刑の全部について執行猶予の言渡しがないとき。
　三　猶予の言渡し前に他の罪について禁錮以上の刑に処せられたことが発覚したとき。
（刑の全部の執行猶予の裁量的取消し）
第26条の2　次に掲げる場合においては、刑の全部の執行猶予の言渡しを取り消すことができる。
　一　猶予の期間内に更に罪を犯し、罰金に処せられたとき。
　二　第25条の2第1項の規定により保護観察に付せられた者が遵守すべき事項を遵守せず、その情状が重いとき。
　三　猶予の言渡し前に他の罪について禁錮以上の刑に処せられ、その刑の全部の執行を猶予されたことが発覚したとき。
（刑の全部の執行猶予の取消しの場合における他の刑の執行猶予の取消し）
第26条の3　前2条の規定により禁錮以上の刑の全部の執行猶予の言渡しを取り消したときは、執行猶予中の他の禁錮以上の刑についても、その猶予の言渡しを取り消さなければならない。
（刑の全部の執行猶予の猶予期間経過の効果）
第27条　刑の全部の執行猶予の言渡しを取り消されることなくその猶予の期間を経過したときは、刑の言渡しは、効力を失う。
（刑の一部の執行猶予）
第27条の2　次に掲げる者が3年以下の懲役又は禁錮の言渡しを受けた場合において、犯情の軽重及び犯人の境遇その他の情状を考慮して、再び犯罪をすることを防ぐために必要であり、かつ、相当であると認められるときは、1年以上5年以下の期間、その刑の一部の執行を猶予することができる。
　一　前に禁錮以上の刑に処せられたことがない者
　二　前に禁錮以上の刑に処せられたことがあっても、その刑の全部の執行を猶予された者
　三　前に禁錮以上の刑に処せられたことがあっても、その執行を終わった日又はその執行の免除を得た日から5年以内に禁錮以上の刑に処せられたことがない者
2　前項の規定によりその一部の執行を猶予された刑については、そのうち執行が猶予されなかった部分の期間を執行し、当該部分の期間の執行を終わった日又はその執行を受けることがなくなった日から、その猶予の期間を起算する。
3　前項の規定にかかわらず、その刑のうち執行が猶予されなかった部分の期間の執行を終わり、又はその執行を受けることがなくなった時に他に執行すべき懲役若しくは禁錮があるときは、第1項の規定による猶予の期間は、その執行すべき懲役若しくは禁錮の執行を終わった日又は

執行を受けることがなくなった日から起算する。
（刑の一部の執行猶予中の保護観察）
第27条の3　前条第1項の場合においては、猶予の期間中保護観察に付することができる。
2　前項の規定により付せられた保護観察は、行政官庁の処分によって仮に解除することができる。
3　前項の規定により保護観察を仮に解除されたときは、第27条の5第二号の規定の適用については、その処分を取り消されるまでの間は、保護観察に付せられなかったものとみなす。
（刑の一部の執行猶予の必要的取消し）
第27条の4　次に掲げる場合においては、刑の一部の執行猶予の言渡しを取り消さなければならない。ただし、第三号の場合において、猶予の言渡しを受けた者が第27条の2第1項第三号に掲げる者であるときは、この限りでない。
　一　猶予の言渡し後に更に罪を犯し、禁錮以上の刑に処せられたとき。
　二　猶予の言渡し前に犯した他の罪について禁錮以上の刑に処せられたとき。
　三　猶予の言渡し前に他の罪について禁錮以上の刑に処せられ、その刑の全部について執行猶予の言渡しがないことが発覚したとき。
（刑の一部の執行猶予の裁量的取消し）
第27条の5　次に掲げる場合においては、刑の一部の執行猶予の言渡しを取り消すことができる。
　一　猶予の言渡し後に更に罪を犯し、罰金に処せられたとき。
　二　第27条の3第1項の規定により保護観察に付せられた者が遵守すべき事項を遵守しなかったとき。
（刑の一部の執行猶予の取消しの場合における他の刑の執行猶予の取消し）
第27条の6　前2条の規定により刑の一部の執行猶予の言渡しを取り消したときは、執行猶予中の他の禁錮以上の刑についても、その猶予の言渡しを取り消さなければならない。
（刑の一部の執行猶予の猶予期間経過の効果）
第27条の7　刑の一部の執行猶予の言渡しを取り消されることなくその猶予の期間を経過したときは、その懲役又は禁錮を執行が猶予されなかった部分の期間を刑期とする懲役又は禁錮に減軽する。この場合においては、当該部分の期間の執行を終わった日又はその執行を受けることがなくなった日において、刑の執行を受け終わったものとする。

第5章　仮釈放

（仮釈放）
第28条　懲役又は禁錮に処せられた者に改悛の状があるときは、有期刑についてはその刑期の3分の1を、無期刑については10年を経過した後、行政官庁の処分によって仮に釈放することができる。
（仮釈放の取消し等）
第29条　次に掲げる場合においては、仮釈放の処分を取り消すことができる。
　一　仮釈放中に更に罪を犯し、罰金以上の刑に処せられたとき。
　二　仮釈放前に犯した他の罪について罰金以上の刑に処せられたとき。
　三　仮釈放前に他の罪について罰金以上の刑に処せられた者に対し、その刑の執行をすべきとき。

刑法

　四　仮釈放中に遵守すべき事項を遵守しなかったとき。
2　刑の一部の執行猶予の言渡しを受け、その刑について仮釈放の処分を受けた場合において、当該仮釈放中に当該執行猶予の言渡しを取り消されたときは、その処分は、効力を失う。
3　仮釈放の処分を取り消したとき、又は前項の規定により仮釈放の処分が効力を失ったときは、釈放中の日数は、刑期に算入しない。

（仮出場）
第30条　拘留に処せられた者は、情状により、いつでも、行政官庁の処分によって仮に出場を許すことができる。
2　罰金又は科料を完納することができないため留置された者も、前項と同様とする。

第6章　刑の時効及び刑の消滅

（刑の時効）
第31条　刑（死刑を除く。）の言渡しを受けた者は、時効によりその執行の免除を得る。

（時効の期間）
第32条　時効は、刑の言渡しが確定した後、次の期間その執行を受けないことによって完成する。
　一　無期の懲役又は禁錮については30年
　二　10年以上の有期の懲役又は禁錮については20年
　三　3年以上10年未満の懲役又は禁錮については10年
　四　3年未満の懲役又は禁錮については5年
　五　罰金については3年
　六　拘留、科料及び没収については1年

（時効の停止）
第33条　時効は、法令により執行を猶予し、又は停止した期間内は、進行しない。

（時効の中断）
第34条　懲役、禁錮及び拘留の時効は、刑の言渡しを受けた者をその執行のために拘束することによって中断する。
2　罰金、科料及び没収の時効は、執行行為をすることによって中断する。

（刑の消滅）
第34条の2　禁錮以上の刑の執行を終わり又はその執行の免除を得た者が罰金以上の刑に処せられないで10年を経過したときは、刑の言渡しは、効力を失う。罰金以下の刑の執行を終わり又はその執行の免除を得た者が罰金以上の刑に処せられないで5年を経過したときも、同様とする。
2　刑の免除の言渡しを受けた者が、その言渡しが確定した後、罰金以上の刑に処せられないで2年を経過したときは、刑の免除の言渡しは、効力を失う。

第7章　犯罪の不成立及び刑の減免

（正当行為）
第35条　法令又は正当な業務による行為は、罰しない。

（正当防衛）
第36条　急迫不正の侵害に対して、自己又は他人の権利を防衛するため、やむを得ずにした行為は、罰しない。
2　防衛の程度を超えた行為は、情状により、その刑を減軽し、又は免除することができる。

（緊急避難）
第37条　自己又は他人の生命、身体、自由又は財産に対する現在の危難を避けるため、やむを得ずにした行為は、これによって生じた害が避けようとした害の程度を超えなかった場合に限り、罰しない。ただし、その程度を超えた行為は、情状により、その刑を減軽し、又は免除することができる。
2　前項の規定は、業務上特別の義務がある者には、適用しない。

（故意）
第38条　罪を犯す意思がない行為は、罰しない。ただし、法律に特別の規定がある場合は、この限りでない。
2　重い罪に当たるべき行為をしたのに、行為の時にその重い罪に当たることとなる事実を知らなかった者は、その重い罪によって処断することはできない。
3　法律を知らなかったとしても、そのことによって、罪を犯す意思がなかったとすることはできない。ただし、情状により、その刑を減軽することができる。

（心神喪失及び心神耗弱）
第39条　心神喪失者の行為は、罰しない。
2　心神耗弱者の行為は、その刑を減軽する。

第40条　削除

（責任年齢）
第41条　14歳に満たない者の行為は、罰しない。

（自首等）
第42条　罪を犯した者が捜査機関に発覚する前に自首したときは、その刑を減軽することができる。
2　告訴がなければ公訴を提起することができない罪について、告訴をすることができる者に対して自己の犯罪事実を告げ、その措置にゆだねたときも、前項と同様とする。

第8章　未遂罪

（未遂減免）
第43条　犯罪の実行に着手してこれを遂げなかった者は、その刑を減軽することができる。ただし、自己の意思により犯罪を中止したときは、その刑を減軽し、又は免除する。

第44条　未遂を罰する場合は、各本条で定める。

第9章　併合罪

（併合罪）
第45条　確定裁判を経ていない2個以上の罪を併合罪とする。ある罪について禁錮以上の刑に処する確定裁判があったときは、その罪とその裁判が確定する前に犯した罪とに限り、併合罪とする。

（併科の制限）
第46条　併合罪のうちの1個の罪について死刑に処するときは、他の刑を科さない。ただし、没収は、この限りでない。
2　併合罪のうちの1個の罪について無期の懲役又は禁錮に処するときも、他の刑を科さない。ただし、罰金、科料及び没収は、この限りでない。

（有期の懲役及び禁錮の加重）
第47条　併合罪のうちの2個以上の罪について有期の懲役又は禁錮に処するときは、その最も重い罪について定めた刑の長期にその2分の1を加えたものを長期とする。ただし、それぞれの罪について定めた刑の長期の合計を超えることはできない。

（罰金の併科等）
第48条　罰金と他の刑とは、併科する。ただし、第46条第1項の場合は、この限りでない。

2 併合罪のうちの2個以上の罪について罰金に処するときは，それぞれの罪について定めた罰金の多額の合計以下で処断する。
（没収の付加）
第49条 併合罪のうちの重い罪について没収を科さない場合であっても，他の罪について没収の事由があるときは，これを付加することができる。
2 2個以上の没収は，併科する。
（余罪の処理）
第50条 併合罪のうちに既に確定裁判を経た罪とまだ確定裁判を経ていない罪とがあるときは，確定裁判を経ていない罪について更に処断する。
（併合罪に係る2個以上の刑の執行）
第51条 併合罪について2個以上の裁判があったときは，その刑を併せて執行する。ただし，死刑を執行すべきときは，没収を除き，他の刑を執行せず，無期の懲役又は禁錮を執行すべきときは，罰金，科料及び没収を除き，他の刑を執行しない。
2 前項の場合における有期の懲役又は禁錮の執行は，その最も重い罪について定めた刑の長期にその2分の1を加えたものを超えることができない。
（一部に大赦があった場合の措置）
第52条 併合罪について処断された者がその一部の罪につき大赦を受けたときは，他の罪について改めて刑を定める。
（拘留及び科料の併科）
第53条 拘留又は科料と他の刑とは，併科する。ただし，第46条の場合は，この限りでない。
2 2個以上の拘留又は科料は，併科する。
（1個の行為が2個以上の罪名に触れる場合等の処理）
第54条 1個の行為が2個以上の罪名に触れ，又は犯罪の手段若しくは結果である行為が他の罪名に触れるときは，その最も重い刑により処断する。
2 第49条第2項の規定は，前項の場合にも，適用する。
第55条 削除

第10章 累犯

（再犯）
第56条 懲役に処せられた者がその執行を終わった日又はその執行の免除を得た日から5年以内に更に罪を犯した場合において，その者を有期懲役に処するときは，再犯とする。
2 懲役に当たる罪と同質の罪により死刑に処せられた者がその執行の免除を得た日又は減刑により懲役に減軽されてその執行を終わった日若しくはその執行の免除を得た日から5年以内に更に罪を犯した場合において，その者を有期懲役に処するときも，前項と同様とする。
3 併合罪について処断された者が，その併合罪のうちに懲役に処すべき罪があったのに，その罪が最も重い罪でなかったため懲役に処せられなかったものであるときは，再犯に関する規定の適用については，懲役に処せられたものとみなす。
（再犯加重）
第57条 再犯の刑は，その罪について定めた懲役の長期の2倍以下とする。
第58条 削除
（三犯以上の累犯）
第59条 三犯以上の者についても，再犯の例による。

第11章 共犯

（共同正犯）
第60条 2人以上共同して犯罪を実行した者は，すべて正犯とする。
（教唆）
第61条 人を教唆して犯罪を実行させた者には，正犯の刑を科する。
2 教唆者を教唆した者についても，前項と同様とする。
（幇助）
第62条 正犯を幇助した者は，従犯とする。
2 従犯を教唆した者には，従犯の刑を科する。
（従犯減軽）
第63条 従犯の刑は，正犯の刑を減軽する。
（教唆及び幇助の処罰の制限）
第64条 拘留又は科料のみに処すべき罪の教唆者及び従犯は，特別の規定がなければ，罰しない。
（身分犯の共犯）
第65条 犯人の身分によって構成すべき犯罪行為に加功したときは，身分のない者であっても，共犯とする。
2 身分によって特に刑の軽重があるときは，身分のない者には通常の刑を科する。

第12章 酌量減軽

（酌量減軽）
第66条 犯罪の情状に酌量すべきものがあるときは，その刑を減軽することができる。
（法律上の加減と酌量減軽）
第67条 法律上刑を加重し，又は減軽する場合であっても，酌量減軽をすることができる。

第13章 加重減軽の方法

（法律上の減軽の方法）
第68条 法律上刑を減軽すべき1個又は2個以上の事由があるときは，次の例による。
一 死刑を減軽するときは，無期の懲役若しくは禁錮又は10年以上の懲役若しくは禁錮とする。
二 無期の懲役又は禁錮を減軽するときは，7年以上の有期の懲役又は禁錮とする。
三 有期の懲役又は禁錮を減軽するときは，その長期及び短期の2分の1を減ずる。
四 罰金を減軽するときは，その多額及び寡額の2分の1を減ずる。
五 拘留を減軽するときは，その長期の2分の1を減ずる。
六 科料を減軽するときは，その多額の2分の1を減ずる。
（法律上の減軽と刑の選択）
第69条 法律上刑を減軽すべき場合において，各本条に2個以上の刑名があるときは，まず適用する刑を定めて，その刑を減軽する。
（端数の切捨て）
第70条 懲役，禁錮又は拘留を減軽することにより1日に満たない端数が生じたときは，これを切り捨てる。
（酌量減軽の方法）
第71条 酌量減軽をするときも，第68条及び前条の例によ

刑法

（加重減軽の順序）
第72条 同時に刑を加重し、又は減軽するときは、次の順序による。
一　再犯加重
二　法律上の減軽
三　併合罪の加重
四　酌量減軽

第２編　罪

第９章　放火及び失火の罪

（現住建造物等放火）
第108条 放火して、現に人が住居に使用し又は現に人がいる建造物、汽車、電車、艦船又は鉱坑を焼損した者は、死刑又は無期若しくは５年以上の懲役に処する。

（非現住建造物等放火）
第109条 放火して、現に人が住居に使用せず、かつ、現に人がいない建造物、艦船又は鉱坑を焼損した者は、２年以上の有期懲役に処する。
２　前項の物が自己の所有に係るときは、６月以上７年以下の懲役に処する。ただし、公共の危険を生じなかったときは、罰しない。

（建造物等以外放火）
第110条 放火して、前２条に規定する物以外の物を焼損し、よって公共の危険を生じさせた者は、１年以上10年以下の懲役に処する。
２　前項の物が自己の所有に係るときは、１年以下の懲役又は10万円以下の罰金に処する。

（延焼）
第111条 第109条第２項又は前条第２項の罪を犯し、よって第108条又は第109条第１項に規定する物に延焼させたときは、３月以上10年以下の懲役に処する。
２　前条第２項の罪を犯し、よって同条第１項に規定する物に延焼させたときは、３年以下の懲役に処する。

（未遂罪）
第112条 第108条及び第109条第１項の罪の未遂は、罰する。

（予備）
第113条 第108条又は第109条第１項の罪を犯す目的で、その予備をした者は、２年以下の懲役に処する。ただし、情状により、その刑を免除することができる。

第22章　わいせつ、姦淫及び重婚の罪

（強制わいせつ）
第176条 13歳以上の男女に対し、暴行又は脅迫を用いてわいせつな行為をした者は、６月以上10年以下の懲役に処する。13歳未満の男女に対し、わいせつな行為をした者も、同様とする。

（強姦）
第177条 暴行又は脅迫を用いて13歳以上の女子を姦淫した者は、強姦の罪とし、３年以上の有期懲役に処する。13歳未満の女子を姦淫した者も、同様とする。

（準強制わいせつ及び準強姦）
第178条 人の心神喪失若しくは抗拒不能に乗じ、又は心神を喪失させ、若しくは抗拒不能にさせて、わいせつな行為をした者は、第176条の例による。
２　女子の心神喪失若しくは抗拒不能に乗じ、又は心神を喪失させ、若しくは抗拒不能にさせて、姦淫した者は、前条の例による。

（集団強姦等）
第178条の２ ２人以上の者が現場において共同して第177条又は前条第２項の罪を犯したときは、４年以上の有期懲役に処する。

（未遂罪）
第179条 第176条から前条までの罪の未遂は、罰する。

（親告罪）
第180条 第176条から第178条までの罪及びこれらの罪の未遂罪は、告訴がなければ公訴を提起することができない。
２　前項の規定は、２人以上の者が現場において共同して犯した第176条若しくは第178条第１項の罪又はこれらの罪の未遂罪については、適用しない。

（強制わいせつ等致死傷）
第181条 第176条若しくは第178条第１項の罪又はこれらの罪の未遂罪を犯し、よって人を死傷させた者は、無期又は３年以上の懲役に処する。
２　第177条若しくは第178条第２項の罪又はこれらの罪の未遂罪を犯し、よって女子を死傷させた者は、無期又は５年以上の懲役に処する。
３　第178条の２の罪又はその未遂罪を犯し、よって女子を死傷させた者は、無期又は６年以上の懲役に処する。

第26章　殺人の罪

（殺人）
第199条 人を殺した者は、死刑又は無期若しくは５年以上の懲役に処する。

第200条 削除

（予備）
第201条 第199条の罪を犯す目的で、その予備をした者は、２年以下の懲役に処する。ただし、情状により、その刑を免除することができる。

（自殺関与及び同意殺人）
第202条 人を教唆し若しくは幇助して自殺させ、又は人をその嘱託を受け若しくはその承諾を得て殺した者は、６月以上７年以下の懲役又は禁錮に処する。

（未遂罪）
第203条 第199条及び前条の罪の未遂は、罰する。

第27章　傷害の罪

（傷害）
第204条 人の身体を傷害した者は、15年以下の懲役又は50万円以下の罰金に処する。

（傷害致死）
第205条 身体を傷害し、よって人を死亡させた者は、３年以上の有期懲役に処する。

第28章　過失傷害の罪

（過失傷害）
第209条 過失により人を傷害した者は、30万円以下の罰金又は科料に処する。
２　前項の罪は、告訴がなければ公訴を提起することができない。

（過失致死）
第210条 過失により人を死亡させた者は、50万円以下の罰

金に処する。

（業務上過失致死傷等）
第211条 業務上必要な注意を怠り、よって人を死傷させた者は、5年以下の懲役若しくは禁錮又は100万円以下の罰金に処する。重大な過失により人を死傷させた者も、同様とする。

第34章 名誉に対する罪

（名誉毀損）
第230条 公然と事実を摘示し、人の名誉を毀損した者は、その事実の有無にかかわらず、3年以下の懲役若しくは禁錮又は50万円以下の罰金に処する。
2 死者の名誉を毀損した者は、虚偽の事実を摘示することによってした場合でなければ、罰しない。

（侮辱）
第231条 事実を摘示しなくても、公然と人を侮辱した者は、拘留又は科料に処する。

第36章 窃盗及び強盗の罪

（窃盗）
第235条 他人の財物を窃取した者は、窃盗の罪とし、10年以下の懲役又は50万円以下の罰金に処する。

（不動産侵奪）
第235条の2 他人の不動産を侵奪した者は、10年以下の懲役に処する。

（強盗）
第236条 暴行又は脅迫を用いて他人の財物を強取した者は、強盗の罪とし、5年以上の有期懲役に処する。
2 前項の方法により、財産上不法の利益を得、又は他人にこれを得させた者も、同項と同様とする。

（強盗予備）
第237条 強盗の罪を犯す目的で、その予備をした者は、2年以下の懲役に処する。

（事後強盗）
第238条 窃盗が、財物を得てこれを取り返されることを防ぎ、逮捕を免れ、又は罪跡を隠滅するために、暴行又は脅迫をしたときは、強盗として論ずる。

（昏酔強盗）
第239条 人を昏酔させてその財物を盗取した者は、強盗として論ずる。

（強盗致死傷）
第240条 強盗が、人を負傷させたときは無期又は6年以上の懲役に処し、死亡させたときは死刑又は無期懲役に処する。

（強盗強姦及び同致死）
第241条 強盗が女子を強姦したときは、無期又は7年以上の懲役に処する。よって女子を死亡させたときは、死刑又は無期懲役に処する。

（他人の占有等に係る自己の財物）
第242条 自己の財物であっても、他人が占有し、又は公務所の命令により他人が看守するものであるときは、この章の罪については、他人の財物とみなす。

（未遂罪）
第243条 第235条から第236条まで及び第238条から第241条までの罪の未遂は、罰する。

（親族間の犯罪に関する特例）
第244条 配偶者、直系血族又は同居の親族との間で第235条の罪、第235条の2の罪又はこれらの罪の未遂罪を犯した者は、その刑を免除する。
2 前項に規定する親族以外の親族との間で犯した同項に規定する罪は、告訴がなければ公訴を提起することができない。
3 前2項の規定は、親族でない共犯については、適用しない。

（電気）
第245条 この章の罪については、電気は、財物とみなす。

第40章 毀棄及び隠匿の罪

（器物損壊等）
第261条 前3条に規定するもののほか、他人の物を損壊し、又は傷害した者は、3年以下の懲役又は30万円以下の罰金若しくは科料に処する。

刑事訴訟法（抄）

（昭和23・7・10法律131）
最新改正　平成28法律54

第1編　総則

第8章　被告人の召喚、勾引及び勾留

第60条 裁判所は、被告人が罪を犯したことを疑うに足りる相当な理由がある場合で、左の各号の一にあたるときは、これを勾留することができる。
一　被告人が定まつた住居を有しないとき。
二　被告人が罪証を隠滅すると疑うに足りる相当な理由があるとき。
三　被告人が逃亡し又は逃亡すると疑うに足りる相当な理由があるとき。
2 勾留の期間は、公訴の提起があつた日から2箇月とする。特に継続の必要がある場合においては、具体的にその理由を附した決定で、1箇月ごとにこれを更新することができる。但し、第89条第一号、第三号、第四号又は第六号にあたる場合を除いては、更新は、1回に限るものとする。
③ 30万円（刑法、暴力行為等処罰に関する法律（大正15年法律第60号）及び経済関係罰則の整備に関する法律（昭和19年法律第4号）の罪以外の罪については、当分の間、2万円）以下の罰金、拘留又は科料に当たる事件については、被告人が定まつた住居を有しない場合に限り、第1項の規定を適用する。

第62条 被告人の召喚、勾引又は勾留は、召喚状、勾引状又は勾留状を発してこれをしなければならない。

第2編　第1審

第1章　捜査

第189条 警察官は、それぞれ、他の法律又は国家公安委員会若しくは都道府県公安委員会の定めるところにより、司法警察職員として職務を行う。
② 司法警察職員は、犯罪があると思料するときは、犯人及び証拠を捜査するものとする。

刑事訴訟法

第190条 森林，鉄道その他特別の事項について司法警察職員として職務を行うべき者及びその職務の範囲は，別に法律でこれを定める。

第191条 検察官は，必要と認めるときは，自ら犯罪を捜査することができる。

2 検察事務官は，検察官の指揮を受け，捜査をしなければならない。

第192条 検察官と都道府県公安委員会及び司法警察職員とは，捜査に関し，互に協力しなければならない。

第193条 検察官は，その管轄区域により，司法警察職員に対し，その捜査に関し，必要な一般的指示をすることができる。この場合における指示は，捜査を適正にし，その他公訴の遂行を全うするために必要な事項に関する一般的な準則を定めることによつて行うものとする。

2 検察官は，その管轄区域により，司法警察職員に対し，捜査の協力を求めるため必要な一般的指揮をすることができる。

3 検察官は，自ら犯罪を捜査する場合において必要があるときは，司法警察職員を指揮して捜査の補助をさせることができる。

4 前三項の場合において，司法警察職員は，検察官の指示又は指揮に従わなければならない。

第194条 検事総長，検事長又は検事正は，司法警察職員が正当な理由がなく検察官の指示又は指揮に従わない場合において必要と認めるときは，警察官たる司法警察職員については，国家公安委員会又は都道府県公安委員会に，警察官たる者以外の司法警察職員については，その者を懲戒し又は罷免する権限を有する者に，それぞれ懲戒又は罷免の訴追をすることができる。

2 国家公安委員会，都道府県公安委員会又は警察官たる者以外の司法警察職員を懲戒し若しくは罷免する権限を有する者は，前項の訴追が理由のあるものと認めるときは，別に法律の定めるところにより，訴追を受けた者を懲戒し又は罷免しなければならない。

第195条 検察官及び検察事務官は，捜査のため必要があるときは，管轄区域外で職務を行うことができる。

第196条 検察官，検察事務官及び司法警察職員並びに弁護人その他職務上捜査に関係のある者は，被疑者その他の者の名誉を害しないように注意し，且つ，捜査の妨げとならないように注意しなければならない。

第197条 捜査については，その目的を達するため必要な取調をすることができる。但し，強制の処分は，この法律に特別の定のある場合でなければ，これをすることができない。

2 捜査については，公務所又は公私の団体に照会して必要な事項の報告を求めることができる。

3 検察官，検察事務官又は司法警察員は，差押え又は記録命令付差押えをするため必要があるときは，電気通信を行うための設備を他人の通信の用に供する事業を営む者又は自己の業務のために不特定若しくは多数の者の通信を媒介することのできる電気通信を行うための設備を設置している者に対し，その業務上記録している電気通信の送信元，送信先，通信日時その他の通信履歴の電磁的記録のうち必要なものを特定し，30日を超えない期間を定めて，これを消去しないよう，書面で求めることができる。この場合において，当該電磁的記録について差押え又は記録命令付差押えをする必要がないと認めるに至つたときは，当該求めを取り消さなければならない。

4 前項の規定により消去しないよう求める期間については，特に必要があるときは，30日を超えない範囲内で延長することができる。ただし，消去しないよう求める期間は，通じて60日を超えることができない。

5 第2項又は第3項の規定による求めを行う場合において，必要があるときは，みだりにこれらに関する事項を漏らさないよう求めることができる。

第198条 検察官，検察事務官又は司法警察職員は，犯罪の捜査をするについて必要があるときは，被疑者の出頭を求め，これを取り調べることができる。但し，被疑者は，逮捕又は勾留されている場合を除いては，出頭を拒み，又は出頭後，何時でも退去することができる。

2 前項の取調に際しては，被疑者に対し，あらかじめ，自己の意思に反して供述をする必要がない旨を告げなければならない。

3 被疑者の供述は，これを調書に録取することができる。

4 前項の調書は，これを被疑者に閲覧させ，又は読み聞かせて，誤がないかどうかを問い，被疑者が増減変更の申立をしたときは，その供述を調書に記載しなければならない。

5 被疑者が，調書に誤のないことを申し立てたときは，これに署名押印することを求めることができる。但し，これを拒絶した場合は，この限りでない。

第199条 検察官，検察事務官又は司法警察職員は，被疑者が罪を犯したことを疑うに足りる相当な理由があるときは，裁判官のあらかじめ発する逮捕状により，これを逮捕することができる。ただし，30万円（刑法，暴力行為等処罰に関する法律及び経済関係罰則の整備に関する法律の罪以外の罪については，当分の間，2万円）以下の罰金，拘留又は科料に当たる罪については，被疑者が定まつた住居を有しない場合又は正当な理由がなく前条の規定による出頭の求めに応じない場合に限る。

2 裁判官は，被疑者が罪を犯したことを疑うに足りる相当な理由があると認めるときは，検察官又は司法警察員（警察官たる司法警察員については，国家公安委員会又は都道府県公安委員会が指定する警部以上の者に限る。以下本条において同じ。）の請求により，前項の逮捕状を発する。但し，明らかに逮捕の必要がないと認めるときは，この限りでない。

3 検察官又は司法警察員は，第1項の逮捕状を請求する場合において，同一の犯罪事実についてその被疑者に対し前に逮捕状の請求又はその発付があつたときは，その旨を裁判所に通知しなければならない。

第200条 逮捕状には，被疑者の氏名及び住居，罪名，被疑事実の要旨，引致すべき官公署その他の場所，有効期間及びその期間経過後は逮捕をすることができず令状はこれを返還しなければならない旨並びに発付の年月日その他裁判所の規則で定める事項を記載し，裁判官が，これに記名押印しなければならない。

2 第64条第2項及び第3項の規定は，逮捕状についてこれを準用する。

第201条 逮捕状により被疑者を逮捕するには，逮捕状を被疑者に示さなければならない。

2 第73条第3項の規定は，逮捕状により被疑者を逮捕する場合にこれを準用する。

第202条 検察事務官又は司法巡査が逮捕状により被疑者を逮捕したときは，直ちに，検察事務官はこれを検察官に，司法巡査はこれを司法警察員に引致しなければならない。

第203条 司法警察員は，逮捕状により被疑者を逮捕したとき，又は逮捕状により逮捕された被疑者を受け取つたとき

刑事訴訟法

は、直ちに犯罪事実の要旨及び弁護人を選任することができる旨を告げた上、弁解の機会を与え、留置の必要がないと思料するときは直ちにこれを釈放し、留置の必要があるときは被疑者が身体を拘束された時から48時間以内に書類及び証拠物とともにこれを検察官に送致する手続をしなければならない。

2　前項の場合において、被疑者に弁護人の有無を尋ね、弁護人があるときは、弁護人を選任することができる旨は、これを告げることを要しない。

3　司法警察員は、第1項の規定により弁護人を選任することができる旨を告げるに当つては、被疑者に対し、弁護士、弁護士法人又は弁護士会を指定して弁護人の選任を申し出ることができる旨及びその申出先を教示しなければならない。

4　司法警察員は、第37条の2第1項に規定する事件について第1項の規定により弁護人を選任することができる旨を告げるに当つては、被疑者に対し、引き続き勾留を請求された場合において貧困その他の事由により自ら弁護人を選任することができないときは裁判官に対して弁護人の選任を請求することができる旨並びに裁判官に対して弁護人の選任を請求するには資力申告書を提出しなければならない旨及びその資力が基準額以上であるときは、あらかじめ、弁護士会（第37条の3第2項の規定により第31条の2第1項の申出をすべき弁護士会をいう。）に弁護人の選任の申出をしていなければならない旨を教示しなければならない。

5　第1項の時間の制限内に送致の手続をしないときは、直ちに被疑者を釈放しなければならない。

第204条　検察官は、逮捕状により被疑者を逮捕したとき、又は逮捕状により逮捕された被疑者（前条の規定により送致された被疑者を除く。）を受け取つたときは、直ちに犯罪事実の要旨及び弁護人を選任することができる旨を告げた上、弁解の機会を与え、留置の必要がないと思料するときは直ちにこれを釈放し、留置の必要があると思料するときは被疑者が身体を拘束された時から48時間以内に裁判官に被疑者の勾留を請求しなければならない。但し、その時間の制限内に公訴を提起したときは、勾留の請求をすることを要しない。

2　検察官は、前項の規定により弁護人を選任することができる旨を告げるに当つては、被疑者に対し、弁護士、弁護士法人又は弁護士会を指定して弁護人の選任を申し出ることができる旨及びその申出先を教示しなければならない。

3　検察官は、第37条の2第1項に規定する事件について第1項の規定により弁護人を選任することができる旨を告げるに当つては、被疑者に対し、引き続き勾留を請求された場合において貧困その他の事由により自ら弁護人を選任することができないときは裁判官に対して弁護人の選任を請求することができる旨並びに裁判官に対して弁護人の選任を請求するには資力申告書を提出しなければならない旨及びその資力が基準額以上であるときは、あらかじめ、弁護士会（第37条の3第2項の規定により第31条の2第1項の申出をすべき弁護士会をいう。）に弁護人の選任の申出をしていなければならない旨を教示しなければならない。

4　第1項の時間の制限内に勾留の請求又は公訴の提起をしないときは、直ちに被疑者を釈放しなければならない。

5　前条第2項の規定は、第1項の場合にこれを準用する。

第205条　検察官は、第203条の規定により送致された被疑者を受け取つたときは、弁解の機会を与え、留置の必要がな いと思料するときは直ちにこれを釈放し、留置の必要があると思料するときは被疑者を受け取つた時から24時間以内に裁判官に被疑者の勾留を請求しなければならない。

2　前項の時間の制限は、被疑者が身体を拘束された時から72時間を超えることができない。

3　前2項の時間の制限内に公訴を提起したときは、勾留の請求をすることを要しない。

4　第1項及び第2項の時間の制限内に勾留の請求又は公訴の提起をしないときは、直ちに被疑者を釈放しなければならない。

5　前条第3項の規定は、検察官が、第37条の2第1項に規定する事件以外の事件について逮捕され、第203条の規定により同項に規定する事件について送致された被疑者に対し、第1項の規定により弁解の機会を与える場合についてこれを準用する。ただし、被疑者に弁護人があるときは、この限りでない。

第206条　検察官又は司法警察員がやむを得ない事情によつて前3条の時間の制限に従うことができなかつたときは、検察官は、裁判官にその事由を疎明して、被疑者の勾留を請求することができる。

2　前項の請求を受けた裁判官は、その遅延がやむを得ない事由に基く正当なものであると認める場合でなければ、勾留状を発することができない。

第207条　前3条の規定による勾留の請求を受けた裁判官は、その処分に関し裁判所又は裁判長と同一の権限を有する。但し、保釈については、この限りでない。

2　前項の裁判官は、勾留を請求された被疑者に被疑事件を告げる際に、被疑者に対し、弁護人を選任することができる旨を告げ、第37条の2第1項に規定する事件について勾留を請求された被疑者に対し、貧困その他の事由により自ら弁護人を選任することができないときは弁護人の選任を請求することができる旨を告げなければならない。ただし、被疑者に弁護人があるときは、この限りでない。

3　前項の規定により弁護人を選任することができる旨を告げるに当つては、勾留された被疑者に対し、弁護士、弁護士法人又は弁護士会を指定して弁護人の選任を申し出ることができる旨及びその申出先を教示しなければならない。

4　第2項の規定により弁護人の選任を請求することができる旨を告げるに当つては、弁護人の選任を請求するには資力申告書を提出しなければならない旨及びその資力が基準額以上であるときは、あらかじめ、弁護士会（第37条の3第2項の規定により第31条の2第1項の申出をすべき弁護士会をいう。）に弁護人の選任の申出をしていなければならない旨を教示しなければならない。

5　裁判官は、第1項の勾留の請求を受けたときは、速やかに勾留状を発しなければならない。ただし、勾留の理由がないと認めるとき、及び前条第2項の規定により勾留状を発しないときは、勾留状を発しないで、直ちに被疑者の釈放を命じなければならない。

第208条　前条の規定により被疑者を勾留した事件につき、勾留の請求をした日から10日以内に公訴を提起しないときは、検察官は、直ちに被疑者を釈放しなければならない。

2　裁判官は、やむを得ない事由があると認めるときは、検察官の請求により、前項の期間を延長することができる。この期間の延長は、通じて10日を超えることができない。

第208条の2　裁判官は、刑法第2編第2章乃至第4章又は第8章の罪にあたる事件については、検察官の請求により、前条第2項の規定により延長された期間を更に延長することができる。この期間の延長は、通じて5日を超える

刑事訴訟法

ことができない。

第209条　第74条，第75条及び第78条の規定は，逮捕状による逮捕についてこれを準用する。

第210条　検察官，検察事務官又は司法警察職員は，死刑又は無期若しくは長期3年以上の懲役若しくは禁錮にあたる罪を犯したことを疑うに足りる充分な理由がある場合で，急速を要し，裁判官の逮捕状を求めることができないときは，その理由を告げて被疑者を逮捕することができる。この場合には，直ちに裁判官の逮捕状を求める手続をしなければならない。逮捕状が発せられないときは，直ちに被疑者を釈放しなければならない。

2　第200条の規定は，前項の逮捕状についてこれを準用する。

第211条　前条の規定により被疑者が逮捕された場合には，第199条の規定により被疑者が逮捕された場合に関する規定を準用する。

第212条　現に罪を行い，又は現に罪を行い終つた者を現行犯人とする。

2　左の各号の一にあたる者が，罪を行い終つてから間がないと明らかに認められるときは，これを現行犯人とみなす。
　一　犯人として追呼されているとき。
　二　贓物又は明らかに犯罪の用に供したと思われる兇器その他の物を所持しているとき。
　三　身体又は被服に犯罪の顕著な証跡があるとき。
　四　誰何されて逃走しようとするとき。

第213条　現行犯人は，何人でも，逮捕状なくしてこれを逮捕することができる。

第214条　検察官，検察事務官及び司法警察職員以外の者は，現行犯人を逮捕したときは，直ちにこれを地方検察庁若しくは区検察庁の検察官又は司法警察職員に引き渡さなければならない。

第215条　司法巡査は，現行犯人を受け取つたときは，速やかにこれを司法警察員に引致しなければならない。

2　司法巡査は，犯人を受け取つた場合には，逮捕者の氏名，住居及び逮捕の事由を聴き取らなければならない。必要があるときは，逮捕者に対しともに官公署に行くことを求めることができる。

第216条　現行犯人が逮捕された場合には，第199条の規定により被疑者が逮捕された場合に関する規定を準用する。

第217条　30万円（刑法，暴力行為等処罰に関する法律及び経済関係罰則の整備に関する法律の罪以外の罪については，当分の間，2万円）以下の罰金，拘留又は科料に当たる罪の現行犯については，犯人の住居若しくは氏名が明らかでない場合又は犯人が逃亡するおそれがある場合に限り，第213条から前条までの規定を適用する。

第218条　検察官，検察事務官又は司法警察職員は，犯罪の捜査をするについて必要があるときは，裁判官の発する令状により，差押え，記録命令付差押え，捜索又は検証をすることができる。この場合において，身体の検査は，身体検査令状によらなければならない。

2　差し押さえるべき物が電子計算機であるときは，当該電子計算機に電気通信回線で接続している記録媒体であつて，当該電子計算機で作成若しくは変更をした電磁的記録又は当該電子計算機で変更若しくは消去をすることができることとされている電磁的記録を保管するために使用されていると認めるに足りる状況にあるものから，その電磁的記録を当該電子計算機又は他の記録媒体に複写した上，当該電子計算機又は当該他の記録媒体を差し押さえることができる。

3　身体の拘束を受けている被疑者の指紋若しくは足型を採取し，身長若しくは体重を測定し，又は写真を撮影するには，被疑者を裸にしない限り，第1項の令状によることを要しない。

4　第1項の令状は，検察官，検察事務官又は司法警察員の請求により，これを発する。

5　検察官，検察事務官又は司法警察員は，身体検査令状の請求をするには，身体の検査を必要とする理由及び身体の検査を受ける者の性別，健康状態その他裁判所の規則で定める事項を示さなければならない。

6　裁判官は，身体の検査に関し，適当と認める条件を附することができる。

第219条　前条の令状には，被疑者若しくは被告人の氏名，罪名，差し押さえるべき物，記録させ若しくは印刷させるべき電磁的記録及びこれを記録させ若しくは印刷させるべき者，捜索すべき場所，身体若しくは物，検証すべき場所若しくは物又は検査すべき身体及び身体の検査に関する条件，有効期間及びその期間経過後は差押え，記録命令付差押え，捜索又は検証に着手することができず令状はこれを返還しなければならない旨並びに発付の年月日その他裁判所の規則で定める事項を記載し，裁判官が，これに記名押印しなければならない。

2　前条第2項の場合には，同条の令状に，前項に規定する事項のほか，差し押さえるべき電子計算機に電気通信回線で接続している記録媒体であつて，その電磁的記録を複写すべきものの範囲を記載しなければならない。

3　第64条第2項の規定は，前条の令状についてこれを準用する。

第220条　検察官，検察事務官又は司法警察職員は，第199条の規定により被疑者を逮捕する場合又は現行犯人を逮捕する場合において必要があるときは，左の処分をすることができる。第210条の規定により被疑者を逮捕する場合において必要があるときも，同様である。
　一　人の住居又は人の看守する邸宅，建造物若しくは船舶内に入り被疑者の捜索をすること。
　二　逮捕の現場で差押，捜索又は検証をすること。

2　前項後段の場合において逮捕状が得られなかつたときは，差押物は，直ちにこれを還付しなければならない。第123条第3項の規定は，この場合についてこれを準用する。

3　第1項の処分をするには，令状は，これを必要としない。

4　第1項第二号及び前項の規定は，検察事務官又は司法警察職員が勾引状又は勾留状を執行する場合に準用する。被疑者に対して発せられた勾引状又は勾留状を執行する場合には，第1項第一号の規定をも準用する。

第221条　検察官，検察事務官又は司法警察職員は，被疑者その他の者が遺留した物又は所有者，所持者若しくは保管者が任意に提出した物は，これを領置することができる。

第222条　第99条第1項，第100条，第102条から第105条まで，第110条から第112条まで，第114条，第115条及び第118条から第124条までの規定は，検察官，検察事務官又は司法警察職員が第218条，第220条及び前条の規定によつてする押収又は捜索について，第110条，第111条の2，第112条，第114条，第118条，第129条，第131条及び第137条から第140条までの規定は，検察官，検察事務官又は司法警察職員が第218条又は第220条の規定によつてする検証についてこれを準用する。ただし，司法巡査は，第122条から第124条までに規定する処分をすることができない。

2　第220条の規定により被疑者を捜索する場合において急速を要するときは，第114条第2項の規定によることを要しない。
3　第116条及び第117条の規定は，検察官，検察事務官又は司法警察職員が第218条の規定によつてする差押え，記録命令付差押え又は捜索について，これを準用する。
4　日出前，日没後には，令状に夜間でも検証をすることができる旨の記載がなければ，検察官，検察事務官又は司法警察職員は，第218条の規定によつてする検証のため，人の住居又は人の看守する邸宅，建造物若しくは船舶内に入ることができない。但し，第117条に規定する場所については，この限りでない。
5　日没前検証に着手したときは，日没後でもその処分を継続することができる。
6　検察官，検察事務官又は司法警察職員は，第218条の規定により差押，捜索又は検証をするについて必要があるときは，被疑者をこれに立ち会わせることができる。
7　第1項の規定により，身体の検査を拒んだ者を過料に処し，又はこれに賠償を命ずべきときは，裁判所にその処分を請求しなければならない。

第222条の2　通信の当事者のいずれの同意も得ないで電気通信の傍受を行う強制の処分については，別に法律で定めるところによる。

第223条　検察官，検察事務官又は司法警察職員は，犯罪の捜査をするについて必要があるときは，被疑者以外の者の出頭を求め，これを取り調べ，又はこれに鑑定，通訳若しくは翻訳を嘱託することができる。
2　第198条第1項但書及び第3項乃至第5項の規定は，前項の場合にこれを準用する。

第224条　前条第1項の規定により鑑定を嘱託する場合において第167条第1項に規定する処分を必要とするときは，検察官，検察事務官又は司法警察員は，裁判官にその処分を請求しなければならない。
2　裁判官は，前項の請求を相当と認めるときは，第167条の場合に準じてその処分をしなければならない。この場合には，第167条の2の規定を準用する。

第225条　第223条第1項の規定による鑑定の嘱託を受けた者は，裁判官の許可を受けて，第168条第1項に規定する処分をすることができる。
2　前項の許可の請求は，検察官，検察事務官又は司法警察員からこれをしなければならない。
3　裁判官は，前項の請求を相当と認めるときは，許可状を発しなければならない。
4　第168条第2項乃至第4項及び第六項の規定は，前項の許可状についてこれを準用する。

第226条　犯罪の捜査に欠くことのできない知識を有すると明らかに認められる者が，第223条第1項の規定による取調に対して，出頭又は供述を拒んだ場合には，第1回の公判期日前に限り，検察官は，裁判官にその者の証人尋問を請求することができる。

第227条　第223条第1項の規定による検察官，検察事務官又は司法警察職員の取調べに際して任意の供述をした者が，公判期日においては前にした供述と異なる供述をするおそれがあり，かつ，その者の供述が犯罪の証明に欠くことができないと認められる場合には，第1回の公判期日前に限り，検察官は，裁判官にその者の証人尋問を請求することができる。
2　前項の請求をするには，検察官は，証人尋問を必要とする理由及びそれが犯罪の証明に欠くことができないもので

あることを疎明しなければならない。

第228条　前2条の請求を受けた裁判官は，証人の尋問に関し，裁判所又は裁判長と同一の権限を有する。
2　裁判官は，捜査に支障を生ずる虞がないと認めるときは，被告人，被疑者又は弁護人を前項の尋問に立ち会わせることができる。

第229条　変死者又は変死の疑のある死体があるときは，その所在地を管轄する地方検察庁又は区検察庁の検察官は，検視をしなければならない。
2　検察官は，検察事務官又は司法警察員に前項の処分をさせることができる。

第230条　犯罪により害を被つた者は，告訴をすることができる。

第231条　被害者の法定代理人は，独立して告訴をすることができる。
2　被害者が死亡したときは，その配偶者，直系の親族又は兄弟姉妹は，告訴をすることができる。但し，被害者の明示した意思に反することはできない。

第232条　被害者の法定代理人が被疑者であるとき，被疑者の配偶者であるとき，又は被疑者の4親等内の血族若しくは3親等内の姻族であるときは，被害者の親族は，独立して告訴をすることができる。

第233条　死者の名誉を毀損した罪については，死者の親族又は子孫は，告訴をすることができる。
2　名誉を毀損した罪について被害者が告訴をしないで死亡したときも，前項と同様である。但し，被害者の明示した意思に反することはできない。

第234条　親告罪について告訴をすることができる者がない場合には，検察官は，利害関係人の申立により告訴をすることができる者を指定することができる。

第235条　親告罪の告訴は，犯人を知つた日から6箇月を経過したときは，これをすることができない。ただし，次に掲げる告訴については，この限りでない。
　一　刑法第176条から第178条まで，第225条若しくは第227条第1項（第225条の罪を犯した者を幇助する目的に係る部分に限る。）若しくは第3項の罪又はこれらの罪に係る未遂罪につき行う告訴
　二　刑法第232条第2項の規定により外国の代表者が行う告訴及び日本国に派遣された外国の使節に対する同法第230条又は第231条の罪につきその使節が行う告訴
2　刑法第229条但書の場合における告訴は，婚姻の無効又は取消の裁判が確定した日から6箇月以内にこれをしなければ，その効力がない。

第236条　告訴をすることができる者が数人ある場合には，一人の期間の徒過は，他の者に対しその効力を及ぼさない。

第237条　告訴は，公訴の提起があるまでこれを取り消すことができる。
2　告訴の取消をした者は，更に告訴をすることができない。
3　前2項の規定は，請求を待つて受理すべき事件についての請求についてこれを準用する。

第238条　親告罪について共犯の一人又は数人に対してした告訴又はその取消は，他の共犯に対しても，その効力を生ずる。
2　前項の規定は，告発又は請求を待つて受理すべき事件についての告発若しくは請求又はその取消についてこれを準用する。

第239条　何人でも，犯罪があると思料するときは，告発を

刑事訴訟法

することができる。
2 官吏又は公吏は、その職務を行うことにより犯罪があると思料するときは、告発をしなければならない。
第240条 告訴は、代理人によりこれをすることができる。告訴の取消についても、同様である。
第241条 告訴又は告発は、書面又は口頭で検察官又は司法警察員にこれをしなければならない。
2 検察官又は司法警察員は、口頭による告訴又は告発を受けたときは調書を作らなければならない。
第242条 司法警察員は、告訴又は告発を受けたときは、速やかにこれに関する書類及び証拠物を検察官に送付しなければならない。
第243条 前2条の規定は、告訴又は告発の取消についてこれを準用する。
第244条 刑法第232条第2項の規定により外国の代表者が行う告訴又はその取消は、第241条及び前条の規定にかかわらず、外務大臣にこれをすることができる。日本国に派遣された外国の使節に対する刑法第230条又は第231条の罪につきその使節が行う告訴又はその取消も、同様である。
第245条 第241条及び第242条の規定は、自首についてこれを準用する。
第246条 司法警察員は、犯罪の捜査をしたときは、この法律に特別の定のある場合を除いては、速やかに書類及び証拠物とともに事件を検察官に送致しなければならない。但し、検察官が指定した事件については、この限りでない。

第2章 公訴

第247条 公訴は、検察官がこれを行う。
第248条 犯人の性格、年齢及び境遇、犯罪の軽重及び情状並びに犯罪後の情況により訴追を必要としないときは、公訴を提起しないことができる。
第249条 公訴は、検察官の指定した被告人以外の者にその効力を及ぼさない。
第250条 時効は、人を死亡させた罪であつて禁錮以上の刑に当たるもの（死刑に当たるものを除く。）については、次に掲げる期間を経過することによつて完成する。
 一 無期の懲役又は禁錮に当たる罪については30年
 二 長期二十年の懲役又は禁錮に当たる罪については20年
 三 前二号に掲げる罪以外の罪については10年
2 時効は、人を死亡させた罪であつて禁錮以上の刑に当たるもの以外の罪については、次に掲げる期間を経過することによつて完成する。
 一 死刑に当たる罪については25年
 二 無期の懲役又は禁錮に当たる罪については15年
 三 長期15年以上の懲役又は禁錮に当たる罪については10年
 四 長期15年未満の懲役又は禁錮に当たる罪については7年
 五 長期10年未満の懲役又は禁錮に当たる罪については5年
 六 長期5年未満の懲役若しくは禁錮又は罰金に当たる罪については3年
 七 拘留又は科料に当たる罪については1年
第251条 2以上の主刑を併科し、又は2以上の主刑中その一を科すべき罪については、その重い刑に従つて、前条の規定を適用する。
第252条 刑法により刑を加重し、又は減軽すべき場合には、加重し、又は減軽しない刑に従つて、第250条の規定を適

用する。
第253条 時効は、犯罪行為が終つた時から進行する。
2 共犯の場合には、最終の行為が終つた時から、すべての共犯に対して時効の期間を起算する。
第254条 時効は、当該事件についてした公訴の提起によつてその進行を停止し、管轄違又は公訴棄却の裁判が確定した時からその進行を始める。
2 共犯の一人に対してした公訴の提起による時効の停止は、他の共犯に対してその効力を有する。この場合において、停止した時効は、当該事件についてした裁判が確定した時からその進行を始める。
第255条 犯人が国外にいる場合又は犯人が逃げ隠れているため有効に起訴状の謄本の送達若しくは略式命令の告知ができなかつた場合には、時効は、その国外にいる期間又は逃げ隠れている期間その進行を停止する。
2 犯人が国外にいること又は犯人が逃げ隠れているため有効に起訴状の謄本の送達若しくは略式命令の告知ができなかつたことの証明に必要な事項は、裁判所の規則でこれを定める。
第256条 公訴の提起は、起訴状を提出してこれをしなければならない。
2 起訴状には、左の事項を記載しなければならない。
 一 被告人の氏名その他被告人を特定するに足りる事項
 二 公訴事実
 三 罪名
3 公訴事実は、訴因を明示してこれを記載しなければならない。訴因を明示するには、できる限り日時、場所及び方法を以て罪となるべき事実を特定してこれをしなければならない。
4 罪名は、適用すべき罰条を示してこれを記載しなければならない。但し、罰条の記載の誤は、被告人の防禦に実質的な不利益を生ずる虞がない限り、公訴提起の効力に影響を及ぼさない。
5 数個の訴因及び罰条は、予備的に又は択一的にこれを記載することができる。
6 起訴状には、裁判官に事件につき予断を生ぜしめる虞のある書類その他の物を添附し、又はその内容を引用してはならない。

第3章 公判

第333条 被告事件について犯罪の証明があつたときは、第334条の場合を除いては、判決で刑の言渡をしなければならない。
2 刑の執行猶予は、刑の言渡と同時に、判決でその言渡しをしなければならない。刑法第25条の2第1項の規定により保護観察に付する場合も、同様である。
第334条 被告事件について刑を免除するときは、判決でその旨の言渡をしなければならない。
第335条 有罪の言渡をするには、罪となるべき事実、証拠の標目及び法令の適用を示さなければならない。
2 法律上犯罪の成立を妨げる理由又は刑の加重減免の理由となる事実が主張されたときは、これに対する判断を示さなければならない。
第336条 被告事件が罪とならないとき、又は被告事件について犯罪の証明がないときは、判決で無罪の言渡をしなければならない。
第337条 左の場合には、判決で免訴の言渡をしなければならない。

一 確定判決を経たとき。
二 犯罪後の法令により刑が廃止されたとき。
三 大赦があつたとき。
四 時効が完成したとき。
第338条 左の場合には、判決で公訴を棄却しなければならない。
一 被告人に対して裁判権を有しないとき。
二 第340条の規定に違反して公訴が提起されたとき。
三 公訴の提起があつた事件について、更に同一裁判所に公訴が提起されたとき。
四 公訴提起の手続がその規定に違反したため無効であるとき。
第345条 無罪、免訴、刑の免除、刑の執行猶予、公訴棄却（第338条第四号による場合を除く。）、罰金又は科料の裁判の告知があつたときは、勾留状は、その効力を失う。

第3編 上訴

第1章 通則

第358条 上訴の提起期間は、裁判が告知された日から進行する。

第2章 控訴

第373条 控訴の提起期間は、14日とする。

犯罪被害者等基本法

（平成16・12・8法律161）
最新改正　平成27法律66

安全で安心して暮らせる社会を実現することは、国民すべての願いであるとともに、国の重要な責務であり、我が国においては、犯罪等を抑止するためのたゆみない努力が重ねられてきた。

しかしながら、近年、様々な犯罪等が跡を絶たず、それらに巻き込まれた犯罪被害者等の多くは、これまでその権利が尊重されてきたとは言い難いばかりか、十分な支援を受けられず、社会において孤立することを余儀なくされてきた。さらに、犯罪等による直接的な被害にとどまらず、その後も副次的な被害に苦しめられることも少なくなかった。

もとより、犯罪等による被害について第一義的責任を負うのは、加害者である。しかしながら、犯罪等を抑止し、安全で安心して暮らせる社会の実現を図る責務を有する我々もまた、犯罪被害者等の声に耳を傾けなければならない。国民の誰もが犯罪被害者等となる可能性が高まっている今こそ、犯罪被害者等の視点に立った施策を講じ、その権利利益の保護が図られる社会の実現に向けた新たな一歩を踏み出さなければならない。

ここに、犯罪被害者等のための施策の基本理念を明らかにしてその方向を示し、国、地方公共団体及びその他の関係機関並びに民間の団体等の連携の下、犯罪被害者等のための施策を総合的かつ計画的に推進するため、この法律を制定する。

第1章 総則

（目的）
第1条 この法律は、犯罪被害者等のための施策に関し、基本理念を定め、並びに国、地方公共団体及び国民の責務を明らかにするとともに、犯罪被害者等のための施策の基本となる事項を定めること等により、犯罪被害者等のための施策を総合的かつ計画的に推進し、もって犯罪被害者等の権利利益の保護を図ることを目的とする。

（定義）
第2条 この法律において「犯罪等」とは、犯罪及びこれに準ずる心身に有害な影響を及ぼす行為をいう。
2 この法律において「犯罪被害者等」とは、犯罪等により害を被った者及びその家族又は遺族をいう。
3 この法律において「犯罪被害者等のための施策」とは、犯罪被害者等が、その受けた被害を回復し、又は軽減し、再び平穏な生活を営むことができるよう支援し、及び犯罪被害者等がその被害に係る刑事に関する手続に適切に関与することができるようにするための施策をいう。

（基本理念）
第3条 すべて犯罪被害者等は、個人の尊厳が重んぜられ、その尊厳にふさわしい処遇を保障される権利を有する。
2 犯罪被害者等のための施策は、被害の状況及び原因、犯罪被害者等が置かれている状況その他の事情に応じて適切に講ぜられるものとする。
3 犯罪被害者等のための施策は、犯罪被害者等が、被害を受けたときから再び平穏な生活を営むことができるようになるまでの間、必要な支援等を途切れることなく受けることができるよう、講ぜられるものとする。

（国の責務）
第4条 国は、前条の基本理念（次条において「基本理念」という。）にのっとり、犯罪被害者等のための施策を総合的に策定し、及び実施する責務を有する。

（地方公共団体の責務）
第5条 地方公共団体は、基本理念にのっとり、犯罪被害者等の支援等に関し、国との適切な役割分担を踏まえて、その地方公共団体の地域の状況に応じた施策を策定し、及び実施する責務を有する。

（国民の責務）
第6条 国民は、犯罪被害者等の名誉又は生活の平穏を害することのないよう十分配慮するとともに、国及び地方公共団体が実施する犯罪被害者等のための施策に協力するよう努めなければならない。

（連携協力）
第7条 国、地方公共団体、日本司法支援センター（総合法律支援法（平成16年法律第七十四号）第13条に規定する日本司法支援センターをいう。）その他の関係機関、犯罪被害者等の援助を行う民間の団体その他の関係する者は、犯罪被害者等のための施策が円滑に実施されるよう、相互に連携を図りながら協力しなければならない。

（犯罪被害者等基本計画）
第8条 政府は、犯罪被害者等のための施策の総合的かつ計画的な推進を図るため、犯罪被害者等のための施策に関する基本的な計画（以下「犯罪被害者等基本計画」という。）を定めなければならない。
2 犯罪被害者等基本計画は、次に掲げる事項について定めるものとする。
一 総合的かつ長期的に講ずべき犯罪被害者等のための施策の大綱
二 前号に掲げるもののほか、犯罪被害者等のための施策を総合的かつ計画的に推進するために必要な事項
3 内閣総理大臣は、犯罪被害者等基本計画の案につき閣議

犯罪被害者等基本法

の決定を求めなければならない。
4 内閣総理大臣は、前項の規定による閣議の決定があったときは、遅滞なく、犯罪被害者等基本計画を公表しなければならない。
5 前2項の規定は、犯罪被害者等基本計画の変更について準用する。

（法制上の措置等）
第9条 政府は、この法律の目的を達成するため、必要な法制上又は財政上の措置その他の措置を講じなければならない。

（年次報告）
第10条 政府は、毎年、国会に、政府が講じた犯罪被害者等のための施策についての報告を提出しなければならない。

第2章 基本的施策

（相談及び情報の提供等）
第11条 国及び地方公共団体は、犯罪被害者等が日常生活又は社会生活を円滑に営むことができるようにするため、犯罪被害者等が直面している各般の問題について相談に応じ、必要な情報の提供及び助言を行い、犯罪被害者等の援助に精通している者を紹介する等必要な施策を講ずるものとする。

（損害賠償の請求についての援助等）
第12条 国及び地方公共団体は、犯罪等による被害に係る損害賠償の請求の適切かつ円滑な実現を図るため、犯罪被害者等の行う損害賠償の請求についての援助、当該損害賠償の請求についてその被害に係る刑事に関する手続との有機的な連携を図るための制度の拡充等必要な施策を講ずるものとする。

（給付金の支給に係る制度の充実等）
第13条 国及び地方公共団体は、犯罪被害者等が受けた被害による経済的負担の軽減を図るため、犯罪被害者等に対する給付金の支給に係る制度の充実等必要な施策を講ずるものとする。

（保健医療サービス及び福祉サービスの提供）
第14条 国及び地方公共団体は、犯罪被害者等が心理的外傷その他犯罪等により心身に受けた影響から回復できるようにするため、その心身の状況に応じた適切な保健医療サービス及び福祉サービスが提供されるよう必要な施策を講ずるものとする。

（安全の確保）
第15条 国及び地方公共団体は、犯罪被害者等が更なる犯罪等により被害を受けることを防止し、その安全を確保するため、一時保護、施設への入所による保護、防犯に係る指導、犯罪被害者等がその被害に係る刑事に関する手続に証人等として関与する場合における特別の措置、犯罪被害者等に係る個人情報の適切な取扱いの確保等必要な施策を講ずるものとする。

（居住の安定）
第16条 国及び地方公共団体は、犯罪等により従前の住居に居住することが困難となった犯罪被害者等の居住の安定を図るため、公営住宅（公営住宅法（昭和26年法律第193号）第2条第二号に規定する公営住宅をいう。）への入居における特別の配慮等必要な施策を講ずるものとする。

（雇用の安定）
第17条 国及び地方公共団体は、犯罪被害者等の雇用の安定を図るため、犯罪被害者等が置かれている状況について事業主の理解を深める等必要な施策を講ずるものとする。

（刑事に関する手続への参加の機会を拡充するための制度の整備等）
第18条 国及び地方公共団体は、犯罪被害者等がその被害に係る刑事に関する手続に適切に関与することができるようにするため、刑事に関する手続の進捗状況等に関する情報の提供、刑事に関する手続への参加の機会を拡充するための制度の整備等必要な施策を講ずるものとする。

（保護、捜査、公判等の過程における配慮等）
第19条 国及び地方公共団体は、犯罪被害者等の保護、その被害に係る刑事事件の捜査又は公判等の過程において、名誉又は生活の平穏その他犯罪被害者等の人権に十分な配慮がなされ、犯罪被害者等の負担が軽減されるよう、犯罪被害者等の心身の状況、その置かれている環境等に関する理解を深めるための訓練及び啓発、専門的知識又は技能を有する職員の配置、必要な施設の整備等必要な施策を講ずるものとする。

（国民の理解の増進）
第20条 国及び地方公共団体は、教育活動、広報活動等を通じて、犯罪被害者等が置かれている状況、犯罪被害者等の名誉又は生活の平穏への配慮の重要性等について国民の理解を深めるよう必要な施策を講ずるものとする。

（調査研究の推進等）
第21条 国及び地方公共団体は、犯罪被害者等に対し専門的知識に基づく適切な支援を行うことができるようにするため、心理的外傷その他犯罪被害者等が犯罪等により心身に受ける影響及び犯罪被害者等の心身の健康を回復させるための方法等に関する調査研究の推進並びに国の内外の情報の収集、整理及び活用、犯罪被害者等の支援に係る人材の養成及び資質の向上等必要な施策を講ずるものとする。

（民間の団体に対する援助）
第22条 国及び地方公共団体は、犯罪被害者等に対して行われる各般の支援において犯罪被害者等の援助を行う民間の団体が果たす役割の重要性にかんがみ、その活動の促進を図るため、財政上及び税制上の措置、情報の提供等必要な施策を講ずるものとする。

（意見の反映及び透明性の確保）
第23条 国及び地方公共団体は、犯罪被害者等のための施策の適正な策定及び実施に資するため、犯罪被害者等の意見を施策に反映し、当該施策の策定の過程の透明性を確保するための制度を整備する等必要な施策を講ずるものとする。

第3章 犯罪被害者等施策推進会議

（設置及び所掌事務）
第24条 内閣府に、特別の機関として、犯罪被害者等施策推進会議（以下「会議」という。）を置く。
2 会議は、次に掲げる事務をつかさどる。
一 犯罪被害者等基本計画の案を作成すること。
二 前号に掲げるもののほか、犯罪被害者等のための施策に関する重要事項について審議するとともに、犯罪被害者等のための施策の実施を推進し、並びにその実施の状況を検証し、評価し、及び監視し、並びに当該施策の在り方に関し関係行政機関に意見を述べること。

（組織）
第25条 会議は、会長及び委員10人以内をもって組織する。

（会長）
第26条 会長は、内閣総理大臣をもって充てる。
2 会長は、会務を総理する。

3 会長に事故があるときは，あらかじめその指名する委員がその職務を代理する。
（委員）
第27条 委員は，次に掲げる者をもって充てる。
一 国家公安委員会委員長
二 国家公安委員会委員長以外の国務大臣のうちから，内閣総理大臣が指定する者
三 犯罪被害者等の支援等に関し優れた識見を有する者のうちから，内閣総理大臣が任命する者
2 前項第三号の委員は，非常勤とする。
（委員の任期）
第28条 前条第1項第三号の委員の任期は，2年とする。ただし，補欠の委員の任期は，前任者の残任期間とする。
2 前条第1項第三号の委員は，再任されることができる。
（資料提出の要求等）
第29条 会議は，その所掌事務を遂行するために必要があると認めるときは，関係行政機関の長に対し，資料の提出，意見の開陳，説明その他必要な協力を求めることができる。
2 会議は，その所掌事務を遂行するために特に必要があると認めるときは，前項に規定する者以外の者に対しても，必要な協力を依頼することができる。
（政令への委任）
第30条 この章に定めるもののほか，会議の組織及び運営に関し必要な事項は，政令で定める。

恩赦法

（昭和22・3・28法律20）
最新改正 平成25法律49

第1条 大赦，特赦，減刑，刑の執行の免除及び復権については，この法律の定めるところによる。
第2条 大赦は，政令で罪の種類を定めてこれを行う。
第3条 大赦は，前条の政令に特別の定のある場合を除いては，大赦のあつた罪について，左の効力を有する。
一 有罪の言渡を受けた者については，その言渡は，効力を失う。
二 まだ有罪の言渡を受けない者については，公訴権は，消滅する。
第4条 特赦は，有罪の言渡を受けた特定の者に対してこれを行う。
第5条 特赦は，有罪の言渡の効力を失わせる。
第6条 減刑は，刑の言渡を受けた者に対して政令で罪若しくは刑の種類を定めてこれを行い，又は刑の言渡を受けた特定の者に対してこれを行う。
第7条 政令による減刑は，その政令に特別の定めのある場合を除いては，刑を減軽する。
② 特定の者に対する減刑は，刑を減軽し，又は刑の執行を減軽する。
③ 刑の全部の執行猶予の言渡しを受けてまだ猶予の期間を経過しない者に対しては，前項の規定にかかわらず，刑を減軽する減刑のみを行うものとし，また，これとともに猶予の期間を短縮することができる。
④ 刑の一部の執行猶予の言渡しを受けてまだ猶予の期間を経過しない者に対しては，第2項の規定にかかわらず，刑を減軽する減刑又はその刑のうち執行が猶予されなかった部分の期間の執行を減軽する減刑のみを行うものとし，また，刑を減軽するとともに猶予の期間を短縮することができる。
第8条 刑の執行の免除は，刑の言渡しを受けた特定の者に対してこれを行う。ただし，刑の全部の執行猶予の言渡しを受けた者又は刑の一部の執行猶予の言渡しを受けてその刑のうち執行が猶予されなかった部分の期間の執行を終わつた者であつて，まだ猶予の期間を経過しないものに対しては，その刑の執行の免除は，これを行わない。
第9条 復権は，有罪の言渡を受けたため法令の定めるところにより資格を喪失し，又は停止された者に対して政令で要件を定めてこれを行い，又は特定の者に対してこれを行う。但し，刑の執行を終らない者又は執行の免除を得ない者に対しては，これを行わない。
第10条 復権は，資格を回復する。
② 復権は，特定の資格についてこれを行うことができる。
第11条 有罪の言渡に基く既成の効果は，大赦，特赦，減刑，刑の執行の免除又は復権によつて変更されることはない。
第12条 特赦，特定の者に対する減刑，刑の執行の免除及び特定の者に対する復権は，中央更生保護審査会の申出があつた者に対してこれを行うものとする。
第13条 特赦，特定の者に対する減刑，刑の執行の免除又は特定の者に対する復権があつたときは，法務大臣は，特赦状，減刑状，刑の執行の免除状又は復権状を本人に下付しなければならない。
第14条 大赦，特赦，減刑，刑の執行の免除又は復権があつたときは，検察官は，判決の原本にその旨を附記しなければならない。
第15条 この法律の施行に関し必要な事項は，法務省令でこれを定める。

索　引

英数字

BBS 会　3
SST（社会生活技能訓練）　44, 79
1 号観察　17, 20, 24
2 号観察　17, 24, 25
3 号観察　17, 26
4 号観察　17, 29, 30, 117
5 号観察　17, 32

あ 行

委託保護　72, 81
一時保護　71
一般遵守事項　38
一般予防　148
入口支援　86, 87
医療観察制度　5
医療観察法病棟　159
応急の救護　45, 69, 81
応報　148
恩赦　28
恩赦による復権　104

か 行

改善処分　33
可塑性　124
家庭裁判所調査官　138, 142
仮釈放　26, 66
仮釈放の取り消し　49
仮出場　68
仮退院　24, 25
簡易送致　130
簡易薬物検出検査　57
観護措置　23, 126, 139

鑑定入院命令　154
帰住予定地　75
起訴強制　146
起訴状一本主義　140
起訴便宜主義　68, 130
起訴猶予処分　68, 130, 150
逆送　145, 154
教育的措置　138
教示　72
矯正施設　1
行政処分　21
強制捜査　126, 127
協力雇用主　3, 60
緊急逮捕　128
虞犯少年　123
虞犯通告　47
ケア会議　163
刑事施設　1
刑事訴訟法　125
刑事手続き　125
刑事未成年者　123, 131, 147
継続保護　71
継続保護事業　80
刑の一部執行猶予　31, 57
刑の時効　96
刑の執行の減軽　105
刑の執行免除　66
刑の執行猶予の取り消し　51
刑の消滅　100
刑の全部執行猶予　29, 66
刑務所出所者等総合的就労支援対策　60
刑を減軽する減刑　105
現行犯逮捕　128
検証　126

263

限定責任能力　147
限定責任能力者　147
公共職業安定所　60
更生緊急保護　31, 65, 91
更生緊急保護事前調整モデル　88
更生保護　1
更生保護委託費　82
更生保護サポートセンター　15
更生保護事業　80
更生保護事業法　80
更生保護施設　3, 72, 79
更生保護女性会　3
更生保護法　2
更生保護法人　72, 80
公訴の時効　96
公訴の提起（起訴）　67
拘置所　126, 128
勾留　128
子どもの権利条約（児童の権利に関する条約）
　20
個別恩赦　103
混合的方法　148

さ　行

財産刑　28
在宅観護　139
再度の全部執行猶予　115
再入院申し立て　165
再犯　32
裁判の確定　67
裁量的保護観察　32, 117
残刑期間主義　27, 29
試験観察　142
自傷他害のおそれ　151
施設内処遇　2, 23
事前の届け出　80
自治事務　4
自庁保護　71
実刑　29

実刑判決　22
指定更生保護施設　89
指定通院医療機関　162
指定入院医療機関　159
指導監督　6, 37, 79, 82
指導監督の特則　38
児童の権利に関する条約（子どもの権利条約）
　20
児童福祉機関先議主義　18, 133, 136
児童福祉法上の措置　135
児童福祉法上の手続き　125
社会貢献活動　41
社会参加活動　41
社会生活技能訓練（SST）　44, 79
社会調査　138
社会内処遇　2
社会復帰調整官　156
就業支援センター　83
自由刑　28
収容観護　139
就労支援　60
主刑　28, 95
準初入者　32, 114
情状　112
少年鑑別所　23, 126, 139
少年刑務所　146
少年の可塑性　18
少年の健全な育成　18
少年保護手続き　124
処遇終了決定　161
処遇の実施計画　163
触法行為　123
触法少年　123, 149
触法精神障害者　149
職権主義　140
初入者　32
自立更生促進センター　41, 83
自立準備ホーム　83
親権　12

索　引

心神耗弱　147
心神喪失　147
審判　139
心理学的要素　147
生活環境の調整　75,160
生活行動指針　43
生活指導　79
制御能力　147
精神障害犯罪者　149
精神保健観察　157,164
精神保健参与員　155
精神保健審判員　154
成年被後見人　13
生物学的要素　147
生命刑　27
政令恩赦　103
責任能力　147
責任無能力者　147
前科　101
前科要件　111,120
全件送致主義　18,130
宣告刑　105
全国就労支援事業者機構　61
専門的処遇　38
専門的処遇プログラム　40
捜査　130
捜索　126
送致　132
訴訟条件　67
措置入院　151

た　行

退院　25,48
退院許可決定　161
大赦　104
対人的強制処分　131
ダイバージョン　87
対物的強制処分　131
逮捕・勾留　126,127,131

代用監獄　128
他害行為　152
段階別処遇　53
地域生活定着支援事業　85
地域生活定着支援センター　86
地域生活定着促進事業　85
地方更生保護委員会　25,27,34,42,50
中央更生保護審査会　108
調査前置主義　138
通告　132
通常逮捕　128
付添人　131,140,141,155
適正手続きの保障　20
出口支援　87
当事者主義　140
当初審判　156
特赦　104
特別遵守事項　38,55,56
特別処遇　89
特別調整　84
特別予防　148

な　行

入院申し立て　165
任意後見　13
任意捜査　127
任意保護　81
認知行動療法　56

は　行

パレンス・パトリエ　168
パロール　34
犯罪者予防更生法　2
犯罪少年　22,123
犯罪人名簿　102
犯罪被害者等施策　61
被害者担当官　62
被害者担当保護司　62
被疑者　127

265

被告人　127
被告人勾留　67
微罪処分　130
必要的保護観察　32, 117
被保佐人　13
被補助人　13
付加刑　28
不起訴処分　67, 150
婦人補導院　33
復権　112
不定期刑　49, 146
不定期刑の終了　28, 49
不良行為少年　123
不良措置　38, 39, 46
プロベーション　34
弁識能力　147
保安処分　33
法定後見　12
法定受託事務　4
法的調査　138
法務教官　23
法務大臣の認可　80
保護カード　72
保護観察官　9
保護観察所　8
保護観察処遇の特則　59
保護観察所長　42
保護観察付一部執行猶予　90
保護観察付全部執行猶予　90
保護観察の仮解除　50
保護司　3, 10, 98
保護者　139
保護処分　18

保護処分優先主義　18, 125
保護的措置　138, 143, 144
補導委託　81, 143
補導援護　6, 37, 38, 44, 60, 69, 79, 81
補導主任・補導員　79
補導処分　33
ポリス・パワー　168

ま行

満期釈放　26, 66
満期退院　48, 68
満齢退院　48, 68
未成年後見　12
未成年後見人　12
無罪の推定　127
戻し収容　48

や行

薬物法　29
要保護児童　133, 136
要保護性　138
予防　148

ら行

留置施設　126
良好措置　26, 28, 46
良好退院　48, 68
類型別処遇　54
累犯　32
累犯者　32, 87, 121
労役場　68
労作処分　33

《著者紹介》

野﨑和義（のざき・かずよし）

1977年　中央大学法学部卒業
　　　　中央大学大学院法学研究科博士（後期）課程を経て
現　在　九州看護福祉大学看護福祉学部教授
主　著　『コ・メディカルのための医事法学概論』ミネルヴァ書房，2011年
　　　　『福祉法学』ミネルヴァ書房，2013年
　　　　『医療・福祉のための法学入門』ミネルヴァ書房，2013年
　　　　『人権論入門』（編著）日中出版，1997年
　　　　『刑法総論』（共著）ミネルヴァ書房，1998年
　　　　『刑法各論』（共著）ミネルヴァ書房，2006年
　　　　『看護のための法学』（共著）ミネルヴァ書房，1999年
　　　　『介護職と医療行為』（共著）ＮＣコミュニケーションズ，2004年
　　　　『消費者のための法学』（共著）ミネルヴァ書房，2006年
　　　　『ミネルヴァ社会福祉六法』（監修）ミネルヴァ書房，各年版
　　　　『オートポイエーシス・システムとしての法』（共訳）未来社，1994年
　　　　『ルーマン　社会システム理論』（共訳）新泉社，1995年
　　　　『法システム』（共訳）ミネルヴァ書房，1997年
　　　　『ドイツ刑法総論』（共訳）成文堂，1999年
　　　　『ロクシン　刑法総論』（共訳）信山社，2003年

　　　　　ソーシャルワーカーのための更生保護と刑事法

　　　　2016年9月15日　初版第1刷発行　　　　　〈検印省略〉

　　　　　　　　　　　　　　　　　　　　　　定価はカバーに
　　　　　　　　　　　　　　　　　　　　　　表示しています

　　　　　　　　著　者　　野　﨑　和　義
　　　　　　　　発行者　　杉　田　啓　三
　　　　　　　　印刷者　　坂　本　喜　杏

　　　　　発行所　株式会社　ミネルヴァ書房
　　　　　　　　607-8494　京都市山科区日ノ岡堤谷町1
　　　　　　　　　　　電話代表　(075)581-5191
　　　　　　　　　　　振替口座　01020-0-8076

　　　　© 野﨑和義, 2016　　冨山房インターナショナル・新生製本
　　　　　　　　ISBN 978-4-623-07798-4
　　　　　　　　　　Printed in Japan

野﨑和義監修　ミネルヴァ書房編集部編
ミネルヴァ社会福祉六法〔各年版〕
4-6判美装カバー　1403頁　本体 2500円

民法典・刑法典の全条文掲載。医療，年金，福祉行政，更生保護，消費者問題に関する法令を完備した最新版。

野﨑和義著
福祉法学
Ａ５判上製カバー　240頁　本体 2800円

福祉の根幹の理念といえる権利擁護を中心に，福祉の諸制度を裏づけている法の見方，考え方を詳細に解説。

野﨑和義著
コ・メディカルのための医事法学概論
Ａ５判上製カバー　236頁　本体 2500円

医療過誤，患者の自己決定権，個人情報の保護……重要テーマを基礎から解説する，医療専門職のための入門書。

野﨑和義著
医療・福祉のための法学入門
Ｂ５判美装カバー　344頁　本体 3000円

憲法・民法・行政法の基礎。法や権利について学ぶための入門書。人権，相続，契約，行政のしくみ…。SW国試の過去問を精選して解説。

野﨑和義／柳井圭子著
看護のための法学〔第４版〕
Ｂ５判美装カバー　192頁　本体 2200円

自律的・主体的な看護をめざして。職場のなかにある「法」を解説。最新の法改正を取り入れた第４版！

藤本哲也・生島浩・辰野文理編著
よくわかる更生保護
Ｂ５判美装カバー　230頁　本体 2500円

更生保護の全体を学び始めの段階で俯瞰できる初学者に必携のテキスト。2頁見開き，クロスリファレンス，重要語句解説により自学自習にも最適。

―― ミネルヴァ書房 ――
http://www.minervashobo.co.jp/